Zu diesem Buch

Moskau war eine Hauptstadt des 20. Jahrhunderts und ist es jetzt, wo es zu Ende geht, um so mehr. Dieser Band ist der Versuch eines Fremden, in der ebenso monströsen wie wunderbaren Stadt Grund unter die Füße zu bekommen. Das Ergebnis der noch vor dem großen Umbruch unternommenen Wanderungen und Recherchen war für den Autor selbst frappierend: die Fragmente fügten sich zu einem anderen und unbekannten Moskau. Da ist das Moskau eines exzessiven Jugendstils, dann das Experimentierfeld der sowjetischen Konstruktivisten-Avantgarde und schließlich die bis heute prägende Steinlandschaft der Stalinschen Hochhäuser. Bauten, Plätze, Straßen sind «Chroniken der Zeit in Stein gefaßt» (Gogol).

Sichtbar wird Erstaunliches: eine Metropole des stürmischen kapitalistischen Booms der Jahrhundertwende, eine Stadt, offen und provozierend, im Einklang mit dem Berlin und Paris der zwanziger Jahre, eine Stadt, über die sich im «37er Jahr» für lange Zeit Dunkel legt. Doch es geht nicht um nostalgische Wiederbelebung einer verlorenen Zeit, sondern: die Dinge erzählen ihre Geschichten, Spuren werden lesbar – Hochhäuser, Villen, Boulevards, das rote Krasnaja Presnja, die Metro, die Klöster und Friedhöfe, Bahnhöfe. Für solches Lesen sind Seiteneinstieg und Details wichtig: Adreßbücher aus der Zeit von 1917 und der Zeit der NEP; nicht nur gebaute, sondern ungebaute Bauten; Entdeckungen in Antiquariaten, die Zacken der Kremlmauer und die Umgangsformen in der Zwischenwelt der Hotels und Ausländergeschäfte.

Der Autor

Karl Schlögel, Jahrgang 1948, Historiker und Schriftsteller, lehrt Osteuropäische Geschichte an der Universität Konstanz. Von ihm stammen: *Der renitente Held – Arbeiterprotest in der Sowjetunion 1953–1983* (Hamburg 1984); *Die Mitte liegt ostwärts – die Deutschen, der verlorene Osten und Mitteleuropa* (Berlin 1986); *Jenseits des Großen Oktober. Petersburg 1909–1921 – Das Laboratorium der Moderne* (Berlin 1988); *Die Krise der russischen Intelligenz* (als Übersetzer und Herausgeber, Frankfurt/M. 1990); *Das Wunder von Nishnij oder die Rückkehr der Städte* (Frankfurt/M. 1991). Im Jahre 1990 erhielt er den Europäischen Essaypreis Charles Veillon.

Karl Schlögel

Moskau – offene Stadt

Eine europäische Metropole

rororo

Rowohlt

Die Originalausgabe erschien 1984 unter dem Titel «Moskau lesen» im Siedler Verlag Berlin.
Ein Stadtplan, der Moskau vor Beginn der Rekonstruktion Mitte der dreißiger Jahre zeigt, findet sich in dieser Hardcover-Ausgabe.
Die einleitenden Texte *Von der Vollkommenheit des Gelingens: Moskau im August 1991* verfaßte der Autor zum Erscheinen der Taschenbuchausgabe.

Veröffentlicht im Rowohlt Taschenbuch Verlag GmbH,
Reinbek bei Hamburg, Juni 1992

Umschlaggestaltung Jens Kreitmeyer
Gesamtherstellung Clausen & Bosse, Leck
Printed in Germany
1990-ISBN 3 499 19188 1

Inhaltsverzeichnis

Über Bücher und Zeiten

Zwischen dem erstmaligen Erscheinen dieses Buches unter dem Titel «Moskau lesen» im Jahre 1984 und der jetzt vorliegenden Taschenbuchausgabe ist eine Epoche zu Ende gegangen. Das Reich, dessen Hauptstadt Moskau einmal war, gibt es nicht mehr. Was einmal Gegenwart war, ist Geschichte geworden, während eine längst vergangene Geschichte aufs neue aktuell zu werden scheint.

Der historische Ort von «Moskau lesen» ist das Moskau der sowjetischen Spätzeit, der Augenblick der größten Erstarrung, kurz bevor alles in Bewegung geriet. Es war eine «bleierne Zeit», in der sich nichts zu bewegen schien. Die blockierte Zukunft legte den Blick in die Vergangenheit nahe, die verlangsamte Bewegung gab Zeit für genaues Hinsehen. Doch in Wahrheit war die Zeit der Stagnation eine Zeit der Inkubation. Die Kräfte, die wenig später die Perestrojka ins Werk setzten, waren bereits vorhanden, als Personen, als Denkhaltung. Aus dieser Distanz heraus erschien die sowjetische Formation schon nicht mehr als die einzig denkbare aller Welten. Wer sich die Freiheit nahm, konnte seinen eigenen Blick auf die sowjetische Hauptstadt werfen – jenseits der offiziösen Intourist-Versionen, aber auch jenseits der westlichen Experten, für die es außer Politik nichts zu geben schien.

Eine Stadt gibt nur das von sich preis, was der interessierte Blick an ihr freilegt. Das war in Moskau nicht anders als anderswo, nur aufregender und aufschlußreicher zugleich. Moskau – so dechiffriert – war: Zentrale eines Weltreiches und Schnittpunkt zweier Kulturen in einem, Stein gewordenes Massiv eines abgelaufenen Zukunftsprojektes, Stadt des europäischen Mittelalters und im Boom der Jahrhundertwende explodierende Metropole, Fluchtpunkt in den zwanziger und dreißiger Jahren und Ausgangspunkt einer Fluchtbewegung in umgekehrter Richtung.

Nicht immer ist es für den Autor ein Glück, wenn sein Buch von der Zeit überholt und eingeholt wird. Im vorliegenden Fall ist es ihm widerfahren. Viele Straßennamen und Ortsangaben, an die er sich seinerzeit gehalten hat, sind zwar inzwischen überholt – oder auch wieder aktuell. Aber was sich damals nur dem Interessierten erschloß, interessiert mittlerweile auch ein breiteres Publikum. Was in der sowjetischen Spätzeit noch der Recherche bedurfte, ist im postsowjetischen Moskau kein Geheimnis mehr. Wo früher nur mühsame Erkundungen hinführten, stehen jetzt die Tore offen. Die Suchbewegung in einer von Schweigen, Verboten und Tabus gezeichneten Stadt ist abgelöst durch die freie Bewegung in einem offen daliegenden, von Trümmern übersäten Gelände. Die Schicht, die sich über alle Vergangenheit gelegt hatte, hat sich aufgelöst. Nun liegt Moskau, der «Moskauer Text» offen da für jeden – man braucht ihn nur zu lesen.

Der «Moskauer Text» geht weiter, die dramatische Biographie einer großen Stadt, wird fortgeschrieben. Heute hält uns nicht so sehr das Moskau der Toten, sondern das lebendige Moskau in Atem. Wer die Stadt jetzt besucht, bekommt zu sehen, was kein Buch bieten kann: Gegenwart – Geschichte im Rohzustand.

Berlin, Januar 1991 *Karl Schlögel*

Von der Vollkommenheit des Gelingens: Moskau im August 1991

Geschichte, auch die von Revolutionen, wird nicht gemacht. Dafür gibt es zu viele Mitwirkende, zu viele Beteiligte. Für Veranstaltungen dieser Größenordnung findet sich kein Regisseur. Geschichte ereignet sich, Revolutionen mißlingen oder glücken. Ob Revolutionen gelungen sind, erkennt man nicht bloß daran, wer danach die Macht errungen hat, sondern daran, wie sie errungen worden ist. Die gelungene Revolution begnügt sich nicht mit dem Fakt der nackten Macht. Die Moskauer Revolution vom August 1991 ist eine geglückte. Niemand kann mit Bestimmtheit sagen, weshalb: weil die Putschisten zu unentschieden waren oder weil es die Untertanen, mit denen sie immer noch rechneten, nicht mehr gab, oder weil beides zusammentraf. Das werden Historiker später herausfinden.

Was gewiß ist: das Antlitz dieser Revolution selbst. Es war schön. Nicht umsonst waren so viele schöne Frauen auf den Barrikaden am Weißen Haus. Die Revolution hat die Menschen verwandelt. Die Menschen, die die Nacht auf den Zufahrtswegen verbracht haben, waren müde, aber nicht so müde wie die ewig Schlange stehenden Moskauer. Ihre Gesichter leuchteten. Sie waren entschlossen, aber nicht aggressiv, wie die in der Metro eingezwängten Passagiere. Manche waren schon zwei Tage und zwei Nächte auf den Beinen, aber niemals verließ sie die Aufmerksamkeit, mit der sie darüber wachten, daß ihrer Hauptstadt nichts geschehen dürfe. Es waren Junge und Alte da, aber die Wut der Jungen auf die ewig bevorteilten Vertreter der Kriegsgeneration war wie weggewischt. Kein schlechtes Wort fiel über die Jungen mit den langen Haaren und den zerschlissenen Jeans, die sonst nichts gelten bei den Alten, «weil sie noch nichts erlebt haben». Die Verteidigung der Stadt und der Regierung hat die Menschen, die sonst müde und resigniert, vom Alltag entnervt und bösartig sind, aufmerksam, freundlich, schön gemacht. Eine Revolution, die von Menschen gemacht wird, die auch auf den Barrikaden schön sind und sich nicht zur Verbitterung hinreißen lassen, ist schwerlich zu besiegen. Sie zeigen, daß sie die Furcht verloren haben. Was sie sagten, verstand sich von selbst. Man mußte niemanden irgendwohin kommandieren oder überreden. Wer gekommen war, hatte es aus freien Stücken getan. Die Verteidiger des Parlaments waren nur Städter, aber sie waren beweglicher als jede Truppe, die ohne Kommando nicht auskommt. Sie schufen aus dem Nichts, was sie nicht hatten: Küchen, Verbandsplätze für den Fall des Falles, ein Nachrichten- und Kuriersystem. Sie leisteten sich für das Warten in der langen Nacht den Auftritt von Humoristen, Sängern und Kabarettisten. Sie waren auf alles gefaßt und hatten sich manchmal schon von ihren Verwandten verabschiedet. Sie waren sich ihrer Sache gewiß. Diese hieß ganz einfach, und durchaus im Stil vertrauter Losungen: No pasarán. Sie kommen nicht durch! Was sich da versammelte, waren keine Profis und keine Politorganisatoren. Es waren die Bataillone des gesunden Menschenverstandes, Leute, die die leeren Phrasen dieser alten Herren einfach nicht mehr aushielten und verstanden, daß sie unbelehrbar waren. Ging es um «Niederwerfung des Kommunismus»? Längst nicht mehr. Es ging darum, so leben zu können, wie man in den letzten Jahren gelernt hatte zu leben. Die alten Herren wären bloß lächerlich gewesen, wenn sie nicht auf die Idee gekommen wären, Panzer gegen das Volk einzusetzen. Ihre Stimmen waren Stimmen aus einer Zeit, die vergangen schien, eine Wortmeldung aus dem Jenseits, ein Ton, der in der Ära Gorbatschow aus Radio und Fernsehen der Sowjetunion verschwunden war. Es war die Stimme der grauen, ereignislosen Zeit ohne Perspektive und ohne Aussicht auf nur das kleinste Glück. Es war eine Verschwörung der Unglücklichen, Verbitterten, für die der Ausnahmezustand zur Lebensform geworden war. Den Herren mit den grauen Gesichtern und der Intonation der Vergangenheit war das Leben entglitten. Daß sie scheiterten, liegt weniger an ihren zitternden Händen und ihrem militärischen Dilettantismus, sondern eher daran, daß sie schon außerhalb der Gesellschaft standen, noch bevor sie sich außerhalb des Gesetzes gestellt hatten. Es waren die Greise der Sowjetzivilisation, deren Zeit vorüber ist.

Moskau hat keinen Putsch vereitelt, sondern einen weltgeschichtlichen Ausnahmezustand beendet. Die Bürger Moskaus haben keinen Kommunismus niedergeworfen, sondern die Herrschaft der Vergangenheit über das Leben abgeworfen. Sie haben weit mehr als eine politische Schlacht gewonnen: Sie haben ihren eigenen, vor Jahren begonnenen Weg heraus aus der fiktiven und grauen Zeit in die Gegenwart hinein fortgesetzt. Keine politische Partei – und sei sie vom Weltgeist geführt – vermag die glückliche Fügung der Ereignisse von Moskau zu arrangieren. Eins kam zum anderen, und eines ergab das andere. Darin lag die Festigkeit, die Zuversicht des zivilen, freilich wehrhaften Moskau in den Augusttagen. Die sonst eher trägen Milizionäre wurden zu Verteidigern des Parlaments. Wer etwas von Waffen verstand, meldete sich zu den Waffen. Wer etwas vom Reden verstand, ging auf die Panzer: Hausfrauen, Rocker, Studenten, Arbeiter, Veteranen. Die Afghanistan-Veteranen fanden endlich wie von selbst den richtigen Ort für die Einsätze, für die sie trainiert worden waren. Die ewigen Außenseiter der sowjetischen Hauptstadt, die man sonst auf keinem politischen Meeting antrifft, waren dabei. Die Börsenmakler spendierten die 30 Meter lange Trikolore, und ausländische Pizzerien lieferten Proviant für die Bewacher der Freiheit. Im kämpfenden Moskau verblich die Sphäre des Offiziösen. Die Mannschaft im Weißen Haus kämpfte mit der Mannschaft auf den Stufen davor. Die Regierung war nichts ohne die Bastler und Techniker vom «Echo Moskaus», ohne die Improvisatoren der Untergrundpresse und ohne die Kuriere, die ins ganze Land hinausgingen. Über dem Parlament schwebte ein Zeppelin, als wäre er eine Installation zur Markierung des Moskauer Himmels, wo er doch einen höchst praktischen Zweck hatte: die Landung der Putschisten auf dem Dach des Weißen Hauses zu verhindern.

In der Stunde der Wahrheit gibt es kein falsches Wort, keine schiefen Begriffe, keine Übertreibungen. Alles stimmt: die Geste, das Symbol. Die Revolution hat Stil. Sie findet die Worte, die man braucht, um ausdrücken zu können, was geschehen ist: daß es nun keine Genossen, keine Masse, keine Paradenbesucher gibt, sondern ein Volk, das weiß, was es will. An einem einzigen Tag setzen sich Worte fest, die man seit einem halben Jahrhundert nicht mehr gehört hatte: *dostoinstvo* – Würde; *grashdanski dolg* – Bürgerpflicht. Ganz mühelos und unvorbereitet wird eine ganze, schwer lastende Tradition umgeprägt, wenn Alexander Ruzkoj, der russische Vizepräsident, auf dem Meeting am Donnerstag, dem 9. Mai, dem Tag des Sieges über die Nazis den Tag des Sieges über das alte Regime hinzufügt und so einen neuen Nationalfeiertag proklamiert. Das Volk auf dem Platz der Freiheit kommentiert die Reden Jelzins und anderer mit Sprechchören, die man sonst nur aus dem Fußballstadion kennt. Die Festredner sind sich ihrer Sache so sicher, daß sie sich witzige Pointen und Ironie leisten können, etwa den Dank an die Radiostationen des plutokratischen Amerika, ohne die die Verteidigung der russischen Demokratie viel schwieriger gewesen wäre. Es ist trotz der Erhabenheit des Augenblicks soviel Frische und Unmittelbarkeit in den Reden der Sieger. Ein Panzerfahrer entschuldigt sich als «einfacher Mensch», der neben Jelzin steht, dafür, daß er unrasiert ist. Die Stimme kippt kein einziges Mal um, kein Moment von Hysterie. Die Demokratie ist nicht rachsüchtig, sagt Alexander Jakowlew. Und ein anderes Wort ist mit dem Tag, an dem die Demokratie gesiegt hat, plötzlich da. Man hatte es ebenfalls seit siebzig Jahren nicht gehört. «Rossijane» – Bewohner Rußlands, *rossijski narod* – Volk von Rußland, was etwas ganz anderes ist als die Russen. Wer hier auf dem Platz war, waren Rossijane, Bewohner Rußlands, aber nicht unbedingt nur Russen. Rußland wird bewohnt von vielen Ethnien und Rassen. Rossija ist etwas anderes als die Rus. Rossija gehört nicht den Russen, sondern den Menschen, die Rußland bewohnen – ob sie nun Tataren, Burjaten, Russen oder Juden sind. Das Wort bezeichnet die Geburt der Nation aus dem Geist der Bürgerrechte, nicht aus dem Geist des Ethnos. Von diesem Moment an ist der Stolz auf Rußland verknüpft mit dem Stolz auf die Verteidigung der Demokratie. So etwas hat es in der russischen Geschichte – wenn überhaupt – nur selten gegeben. Die Rückgewinnung der nationalen Würde geht von nun an einher mit dem Stolz auf die erkämpfte Demokratie. Man kann nun lauthals und voller Stolz Russe sein, ohne daß dies auch nur den Beiklang chauvinistischer Überheblichkeit hätte. Der Minderwertigkeitskomplex und die Demütigung, die allenthalben in dem auseinanderbrechenden Imperium um sich zu greifen begannen, sind wie weggewischt, die Quelle für Revancheforderungen versiegt, für diesen Augenblick jedenfalls. Wenn die Russen ihr Schicksal selber in die Hand nehmen, muß man sich um die UdSSR, die es so nicht mehr gibt, keine allzu großen Sorgen mehr machen. Das Vakuum, das von allen befürchtet, die Panik, die von den meisten vorausgesagt wurde, der große Zusammenbruch, auf den man geradezu programmiert war, hat nicht stattgefunden. Es waren die Russen selbst, die der Auflösung des Imperiums, dem Abschied vom Imperium, dessen Klammer sie doch gewesen waren, ihren Segen gegeben haben. Damit ist die ganze Szenerie radikal verändert und der Weg frei gemacht für eine Vereinigung all derer, die dabeibleiben wollen, ohne dabeibleiben zu müssen.

Von diesem neuen Selbstbewußtsein geht auch die Gelassenheit aus, mit der alles geschieht: man holt um 13 Uhr 25 die alte Flagge nieder und zieht die russische auf – weiß-blau-rot, die Symbole für Edelmut, Ehre und Kühnheit seit mehr als dreihundert Jahren. Man stimmt die neue, von Glinka stammende Nationalhymne an, die so viel weniger imposant als die der Union ist. Man legt der Dserschinski-Statue am Lubjanka-Platz die Schlinge um den Hals, um sie sachkundig von einem Krupp-Kran entfernen zu lassen. Aber man trampelt auf ihr nicht herum, und man führt die Kinderszenen nicht auf, die im Westen derzeit so beliebt sind: gestürzte Denkmäler zu traktieren, die man doch selber nicht gestürzt hat. Die russische Revolution ist gelassen, ihrer Sache sicher. Darin liegt ihre Größe und Schönheit.

Dies zeigt sich in den Tagen des Triumphes, als Hunderttausende Moskauer durch die Stadt ziehen, Besitz ergreifen von ihrer Stadt, und als sie ihre Toten beweinen und zu Grabe tragen. Die Stadt gewinnt ein neues Aussehen. Moskau wird aus einer Hauptstadt der Union wieder zur Hauptstadt Rußlands. Moskau bekommt vorübergehend ein anderes Zentrum. Wenn bisher alles um den Kreml kreiste, so ist nun das nicht gerade schöne Gebäude der russischen Regierung in Krasnaja Presnja zum politischen Mittelpunkt geworden. Das moderne Moskau kümmert sich nicht mehr um die Helden in der Kremlmauer, sondern bestattet die Helden seiner Gegenwart außerhalb der Sphäre der Macht. Neue Gedenkstätten werden inauguriert. In der Unterführung, in der die drei jungen Menschen zu Tode gekommen sind, strömt ganz Moskau zusammen. Die jungen Brautpaare beginnen ihren Weg ins Leben nun nicht mehr vor der ewigen Flamme am Grab des Unbekannten Soldaten im Alexandergarten, sondern an der Stelle unter dem Kalininprospekt, wo Blumen den Tod der Helden markieren. Erstmals scheint die Stadt nicht von den gigantischen Gebäuden und Magistralen beherrscht zu sein, sondern von den Menschen, die sie füllen. Zu Hunderttausenden ziehen sie über den Kalininprospekt und rufen den Insassen des sowjetischen Pentagon ihre Verachtung zu. In den Fenstern des Kremlkrankenhauses weinen die Ärzte vor Freude. Wie verändert ist der Demonstrationszug, der nun über den Manege- und den Roten Platz zieht. Das Mausoleum bleibt rechter Hand liegen und wird zum Bauwerk, von dem die magische Aura längst abgefallen ist. Man zieht durch Kitajgorod, die alte Handelsstadt, die nur darauf wartet, wieder ein Geschäftsviertel zu werden. Am ZK-Gebäude ist es still, in einer Kiste werden Parteibilletts gesammelt. Die Leute diskutieren, was aus dem alten schönen Hotelbau von einst wieder werden könne – natürlich wieder ein Hotel. Die Bürger Moskaus überschreiten für Generationen unantastbare verbotene Zonen. Nie hatte jemand gewagt, den Platz vor der Lubjanka, auf den die Kameras oben auf den Dächern gerichtet sind, zu betreten. Nun ist auch diese Zone des Tabus und der Furcht aufgelöst. Das Monument des Tscheka-Gründers wird vom Sockel geholt, und die Menge kommentiert sachverständig die Kunst der Alpinisten und Fallschirmjäger, die den Eisernen Felix erklimmen. Man will es eben nicht machen wie damals im Sturm und Drang der Russischen Revolution, als Kirchen und Klöster geschleift, Denkmäler zersägt, Ikonen vernichtet worden sind. Die Revolution im Moskau des Sommers 1991 will sich noch im Augenblick der größten Anstrengung die Freiheit nicht nehmen lassen, zu entscheiden, was von den Ikonen der alten Macht ins künftige Museum soll und was nicht.

Der Staatsstreich hat bewirkt, was unter «normalen» Umständen nur in einer Agonie, im langwierigen und schmerzlichen Clinch zwischen den Kräften des Alten und Neuen zustande gekommen wäre –

noch dazu mit ganz unsicherem Ausgang. Die Stimmung, daß es so nicht weitergehen könne, war ja da, wenn auch jene, die sich darüber insgeheim oder offen gefreut hatten, zu Hause geblieben waren. Die Reserve der alten Zeit sind die Stubenhocker. Der Putsch hat die Kräfte des lebendigen Moskau in einer sekundenschnellen Kontraktion auf den Plan gerufen und hat Kräfte zusammengeführt, die ansonsten kaum zueinander gefunden hätten: die Jugend der Vorstädte, die von Politik nichts wissen will, und die Veteranen der Dissidentenbewegung; die Afghanistan-Kämpfer und die Punks; die Kriegsveteranen und die Familienväter, die sonst nicht gut auf die privilegierten Pensionäre zu sprechen sind; Juden, die um ihr Judesein nicht mehr fürchten müssen, und Russen, die den kirchlichen Segen bekommen, obwohl sie nie getauft waren; desertierende Rekruten und Jelena Bonner; der Welt bekanntester Cellist und der namenlose Barrikadenkämpfer. Der Putsch hat wie eine große Zentrifuge die Verhältnisse geklärt. Die Zeitungen, die von ihnen verboten worden waren, können dies nun als eine Auszeichnung empfinden, und jene, die sich zu ihrem Organ gemacht haben, sind wohl ein für allemal um ihren Kredit gebracht. Die Kirche nahm sich ziemlich lange Zeit, bis sie sich gegen die Putschisten stellte – und sie dann auch noch exkommunizierte. Und wieviel Leute gab es, die abwogen, ob die Verhängung des Ausnahmezustandes nicht doch seine guten Gründe habe! Das Tempo der Ereignisse, die Klarheit der Haltung derer, die im Ausnahmezustand nicht mehr leben können, machte solche Arrangements zunichte. Der Putsch und die von ihm ausgelöste Mobilisation der noch verstreuten unverbundenen Elemente des neuen Rußland hat die ganze Situation über Nacht geändert: Rußland ist wiedererstanden, also wird es keine Implosion, kein Vakuum geben; Rußland ist nicht mehr das Synonym für Imperialgewalt, sondern für einen Souverän neben anderen; Rußland ist nicht länger der Name der nationalen Schande des Staatsvolkes von einst, sondern der Name für den rettenden Ausweg aus einer Union, die so nicht mehr lebensfähig war. Der Zusammenbruch der Staatlichkeit hat nicht stattgefunden – vielmehr zeigte sich eine nie die Übersicht verlierende, souverän handelnde politische Klasse, die in ein, zwei Tagen tat, wozu Regime sonst Jahre brauchen. Die Gunst der Stunde zu nutzen, ohne Vabanque zu spielen und ohne Hysterie. Glücklich das Volk, das eine solche politische Klasse im kritischen Punkt seiner Geschichte hat. Es sind nicht bloß Einzelkämpfer und Charismatiker, die die Situation retten. Rußland hat nicht nur Jelzin, sondern eine ganze Garde seines Formats. Ob dies der ebenso männliche wie elegante Vizepräsident Alexander Ruzkoj, der mehrfach in Afghanistan verwundete Kampfflieger ist, oder Sultan Ruslan Chasbulatow, der immer hellwache und souveräne Präsident des Russischen Parlaments. Man muß sich um Rußland, das nun in eine Zeit der Wirren hineinsteuert, nicht die Sorgen machen, die man sich machen müßte, wenn es jenen Festtag des neuen Moskau nicht gegeben hätte. Niemand blickt in die Zukunft – höchstens die Kommunismus-Spezialisten, die auch dann ihre Arbeit nicht verlieren, wenn sie sich gründlich geirrt haben. Noch gibt es keine Antwort auf die Frage, wohin mit Abertausenden von Bürokraten, Geheimpolizisten, Offizieren – kurz dem ganzen Personal des bürokratischen Imperiums. Niemand weiß, wie sich der Wirtschaftskreislauf neu zu bilden vermag, nachdem die Verteilungsökonomie ihren Geist aufgegeben hat. Niemand weiß, wie die Völker zusammenleben werden, die nun nicht mehr im Imperium leben. Gewiß ist aber eins: was folgen wird, ist schon nicht mehr die Fortsetzung der alten, immer gleichen Geschichte, auf die man im Westen insgesamt immer noch eingestimmt ist – wie sonst sollte man das feige Zögern und die vorzeitigen Nachrufe verstehen! Irgendwann wird es sich auch im Westen herumsprechen: im August 1991 wurde in Moskau nicht ein Staatsstreich, sondern das 20. Jahrhundert beendet.

(August 1991)

Die Verwandlung

Die Verwandlung Moskaus ist das, was geschieht, wenn neun Millionen Stadtbewohner ihren Lebensprozeß neu organisieren müssen, weil sie nicht weiterleben können, nicht weiterleben wollen wie bisher. Das ist eine Veränderung in den Köpfen zunächst der wenigen, dann der vielen, irgendwann aber erfaßt sie den ganzen Körper der Stadt. Das nachsowjetische Moskau geht aus der Krise, dem Kollaps der sowjetischen Hauptstadt hervor. Seine Verwandlung ist eine Kette von Zusammenstößen, in denen sich vielleicht die Kräfte finden, die das neue Moskau tragen werden. Das neue Moskau hat nicht wenig aufzubieten: die Gewißheit, daß es so wie bisher nicht weitergeht, das überlegene Wissen eines Scheiterns, das immun macht gegen die Verführung durch die «gute alte Zeit», eine Illusionslosigkeit, die man braucht, wenn man fast von vorn anfangen muß, eine Geduld, die anderswo längst in Gewalt umgeschlagen wäre, eine Konzentration von fähigen und intelligenten Leuten, wie sie sich im Zentrum eines Riesenlandes einfinden, die Findigkeit, die einer zur Überlebensstrategie gewordenen lebenslangen Improvisation entspringt, schließlich eine politische Klasse, deren Führungspersonal im richtigen Augenblick getan hat, was zu tun war: der Desintegration dessen, was nicht zu halten war, eine kontrollierte Form zu geben.

Aber das Moskau im Aufbruch hat es zu tun mit dem kollabierenden. Mit dem Fortvegetieren von Bürokratien, deren Chefs schon gar nichts mehr zu sagen haben; mit einem Verteilungssystem, das die Stadt zur Geisel des sich auflösenden Systems gemacht hat; mit Apparaten, die genährt werden müssen, obwohl sie nichts produzieren oder sinnlos sind; mit einer Generation, die schon einmal alles verloren hatte und nun noch einmal alles verliert; mit einer Generation, die nicht einmal eine Ahnung davon hat, daß der Ernstfall dessen eintreten könnte, was sie im Schulbuch immer gelernt hat: Wer nicht arbeitet, soll auch nicht essen. Die Verwandlung einer Stadt, in der die Ordnung zerfällt, ohne daß sich eine neue schon gebildet hätte, und in der es an allem fehlt, was man zum Leben braucht, hat etwas zu tun mit «survival of the fittest».

Alles ändert sich, alles hat sich geändert. Die Stadt, die nun mehr weiß von sich selbst, tilgt die Namen, die man ihren Plätzen, Straßen und Metrostationen nach der Revolution gegeben hat. Aus dem Dsershinski- ist wieder der Lubjankaplatz geworden, aus dem Karl-Marx-Prospekt die alte Jägerzeile. Die Wiedererinnerung an das vorrevolutionäre Moskau löscht die Namen und Koordinaten, zwischen denen sich mehr als eine Generation bewegt hat. Moskau schreibt die Adreßbücher um, die es nun zum erstenmal seit 1937 wieder gibt. Die alten Helden sind durch neue ersetzt. Lenin und Swerdlow sind von den Denkmalssockeln entfernt, der Heldenbedarf wird nun von den unzähligen Rambo- und Schwarzenegger-Ikonen gedeckt. «The colours of Benetton» haben das rote Fahnentuch verdrängt. Auf Flächen, die leer waren, haben sich die Reklametafeln mit weltbekannten Schriftzügen etabliert, abmontiert sind die Tafeln mit den goldenen Lettern auf schwarzem Grund. Die unendliche Reihe von Unpersonen der sowjetischen Geschichtsschreibung – Trotzki, Bucharin, Rasputin usf. – sind post mortem unter die Lebenden zurückgekehrt, während die überlebensgroßen Gestalten der einst Mächtigen im Orkus verschwinden. Die einst exkommunizierten Schriften liegen überall aus, bis sie von anderen, erfolgreicheren verdrängt werden: Angelique, Dashiell Hammett oder Tarzan zum Beispiel. Die Ära der «dicken Journale» ist vorerst zu Ende, die Ära der Schönheitsjournale, der Handbücher für Marketing und Management hat begonnen.

Wo immer man hinhört: es wird von Geld gesprochen. Das ist in einem Land, wo auch für viel Geld nie etwas zu haben war, neu. Für Geld gibt es nichts, für viel Geld etwas in der Schlange, für sehr viel Geld vielleicht eine Taxifahrt, für DM oder Dollars alles, was man haben will. So entstehen neue Menschenklassen: die Besitzer von Dollarscheinen und die Besitzer von «hölzernen Rubeln». Dahin sind die Zeiten der kleinen Devisenschieber an den Hoteleingängen, jetzt geht es um größere Beträge. Die Stadt des millionenfachen Defizits ist die Goldader der neuen Millionäre. Das Mekka des internationalen Kommunismus von einst beginnt sich um das Goldene Kalb zu drehen – und um die Nachtasyle. Was einst die ZK-Direktive veranlaßte, veranlaßt nun der Wink mit den grünen Scheinen. Die Nomenklaturisten räumen den Platz für die Cleveren. Das Privileg ist hinfort eine Sache, die man sich erwirbt, nicht verliehen bekommt. Die Landeswährung stürzte mit den ewigen Wahrheiten ins Bodenlose, während der Dollar im allgemeinen Tohuwabohu zur einzigen Konstante geworden ist. Um ihn und um das Wissen, was sich mit ihm bewirken läßt, dreht sich alles. Die Wertrelationen sind abenteuerlich, aber noch abenteuerlicher sind jene, die damit jonglieren können, meist Leute, die das, was Markt ist, nur vom Hörensagen kennen, dafür aber die spezifischen Bruchstellen kennen, aus denen Gold zu schlagen ist: das können Physiker, Mathematiker, Komsomolorganisatoren, Parteivorsitzende, Brigadeleiter sein. Die neue Klasse ist da, dem Zusammenbruch der Sowjetökonomie entsprungen wie Pallas Athene dem Haupt des Zeus. In Moskau, das Schlange steht und die Nerven zu verlieren beginnt, schießen die Aktiengesellschaften wie Pilze aus dem Boden, werden Immobilien verschoben, weltweite Transaktionen abgewickelt und Feste gefeiert, auf denen es an nichts fehlt: nicht an internationalen Künstlern, die man auf Kosten der Veranstalter einfliegen läßt, nicht an Bodyguards, die jene schützen, sobald sie die sichere Zone verlassen haben. In Moskau, das seit Jahrzehnten keine Börse mehr hatte, gibt es nun Dutzende davon: Waren-, Rohstoff-, Immobilien- und Wertpapierbörsen. Auf den Flügen von und nach Berlin hat sich das Publikum gewandelt: Das ist nicht mehr der kommunistische Honoratiorentourismus von einst, sondern Leute, die knapp bei Zeit sind, weil Zeit Geld geworden ist, und die wissen: wer jetzt nicht zugreift, schlägt die Chance seines Lebens aus. Der Entnervtheit der Schlangensteher, die Moskau so wohl vertraut ist, hat sich etwas Neues hinzugefügt: die fieberhafte Nervosität derer, die jeden Einsatz riskieren, wenn er sie nur vorwärtsbringt. Indes ist der Selfmademan, auf den alle gewartet haben, nicht immer der Phönix aus der Asche, sondern oft so häßlich wie die Ökonomie, aus der er hervorgeht.

Moskau war grau. Moskau zerfällt in die Farben des Elends und des Geldes. Moskau ist dabei, zum großen eurasischen Basar zu werden. Die Bilder der neuen Twerskaja, vom Kusnezki Most oder Arbat beginnen denen aus alten Tagen zu gleichen. Beim Gang durch das Gewühl der Passanten, die ihre Waren feilbieten, und die kleinen und großen, die besseren und die armseligen Geschäfte läßt sich ermessen, was Eurasien zu bieten hat, wenn der Handel zwischen Orient und Okzident erst einmal in Schwung gekommen sein wird. Pierre Cardins Modelle in Schaufenstern, vom Granit stalinistischer Prachtbauten eingefaßt; altes Porzellan und alte Marx-Ausgaben in dem Geschäft, vor dem der Straßenphotograph seine überlebensgroße Mickey Mouse aufgebaut hat; kaukasische Spezialitäten im Haus Georgiens; Verkäufer von Ikonen, die in Wahrheit Bodybuilder, und Antiquitätenhändler, die in Wahrheit Spezialisten für Devisenfragen sind. Im dichten Gedränge vor Detski Mir, wo ein jeder etwas in die Höhe hält – ein Bügeleisen, ein Paar Schuhe oder eine Schachtel Zigaretten –, kreuzen sich die Handelslinien, die ihren Ausgangspunkt auf den Polenmärkten in Berlin oder Istanbul, auf dem Russenmarkt von Lublin oder in den Depots der Rußlandhilfe im Hafen von Sankt Petersburg haben.

Moskau ruht unbeweglich im Netz der Breiten- und Längengrade, und doch hat sich seine Lage geändert. In die Nähe gerückt ist, was fern war, und unerreichbar droht zu werden, was einmal nah war. Es gibt zwar eine neue Flugverbindung nach Miami, von der man annehmen kann, daß sie funktioniert, aber von der Flugverbindung ins heimatliche Jekaterinburg ist nicht sicher, ob sie noch aufrechterhalten werden kann. Was einmal in Reichweite lag – die Küsten der Ostsee oder der Krim –, ist Ausland geworden, und das westliche Ausland, in das man nun fahren darf, ist nur für den erreichbar, der die monatelange Wartezeit vor den Botschaften durchgestanden hat. Nach Berlin sind es im Auto nur zwei Tage, aber die Wartezeiten an der Grenze liegen bei einer Woche, und die internationalen Züge führen zeitweise nur noch bis zur Grenze. Selbst die Beziehung zwischen der Metropole und nächster Umgebung beginnt sich umzukehren. Die früher täglich zwei Millionen Besucher Moskaus finden die Waren, die sie in der einst privilegierten Stadt fanden, nicht mehr, während die Moskauer wieder aufs Land hinausziehen, um sich das Lebensnotwendige zu besorgen – wie ihre Vorfahren während der Bürgerkriegszeit.

Die gleichförmige Einheitszeit ist zerfallen, Moskau lebt in verschiedenen Zeitaltern. Die zähe Alltagszeit verlangsamt sich noch mehr, die Geschichtszeit beschleunigt sich, daß einem schwindlig wird. Überall geschieht das Unglaubliche, bis endlich der Punkt eintritt, wo Sensationen aufhören, Sensationen zu sein. Überall wird nur ausgesprochen, was der Fall ist, aber indem das geschieht, werden die ewigen Wahrheiten zunichte und die alten Götter gestürzt.

Überall im Fernsehen, in den Zeitungen wird nur von dem, was im Gange ist, berichtet, aber indem das geschieht, wird das Bild einer Epoche gelöscht. Kritisches Wissen hat aufgehört ein Monopol zu sein – mit schmerzlichen Folgen für deren einstige Besitzer. Der alte Dissens wird zum neuen Konsens, bis auch dieser wieder aufgelöst wird durch Fragen, auf die niemand eine Antwort hat: Aus dem Anti allein wächst keine neue Stadt. Und je weniger man einen Ausweg in der Gegenwart weiß, desto mehr werden alt-neue Mythen gepflegt. Eine Bevölkerung, der sehenden Auges der Boden unter den Füßen schwindet und die doch nicht in Panik verfällt, ist stark.

Aus der herrschaftlichen Stadt ist eine Stadt geworden, in der immer weniger an der Herrschaft hängt. Der Staat stirbt ab in einem Augenblick, wo alle die Doktrin als utopisch-falsch entlarvt haben. Säkularisiert sind die Heiligtümer von einst. Resakralisiert wird, was entweiht war. Was jüngst noch Gegenwart war, wird ins Museum für Altertümer geschickt, während Museen leergeräumt werden, um Platz zu schaffen für die Erfordernisse der Gegenwart. Aller Welt hat sich der Rote Platz als Herrschaftsort eingeprägt: der Demonstration militärischer Präzision, der Huldigungsgeste, der paramilitärischen Aufzüge des Volks von Moskau. Nun wird aus ihm endlich das Forum, das eine Stadt braucht, wenn sie die Macht kontrollieren will, vielleicht auch der Marktplatz, der er lange war. Die angeeignete Stadt sieht anders aus als eine Stadt, in der die Menschen nur verfügbare Objekte sind.

Aber die Rezivilisierung der Zentren der Macht geht einher mit der Ausdehnung der Zonen der Herrschaftslosigkeit und Unsicherheit an anderer Stelle. Moskau, die sicherste Stadt der Welt von einst, findet Anschluß an die Dschungelverhältnisse der großen Metropolen der Welt. In seinen Kinos, in denen die Filme aus US-Produktion die aus sowjetischer ersetzt haben, stellt es sich ein auf das, was möglich ist: Moskau-Tuschino als East Los Angeles, die Opfer eines mörderischen Alltags als Fall für die Polizeistatistik und Problem des amtlichen Leichenbeschauers. Es bedarf keines Grundes mehr, Opfer zu werden. Die Kavernen der Anomie breiten sich in den Trabantenstädten aus. Hunderttausende wohnen dort über- und nebeneinander. Das einigende Band ist keine intakte Infrastruktur und immer weniger die Aussicht auf eine rasche Verbesserung ihres Lebens, sondern immer mehr die Hoffnungslosigkeit, die reelle Verarmung, die Verzweiflung. Statt der Wachheit, mit der man sich in Zeiten, da «die Organe» noch das Sagen hatten, durch die disziplinierte Stadt bewegte, braucht man jetzt jenen Instinkt, der notwendig ist, wenn man sich durch Viertel bewegt, in denen es keinen Staat mehr gibt, wo das Recht zum Recht des Stärkeren geworden ist und wo es so kommen kann, daß die Macht dem gehört, der sie von der Straße aufliest, wo sie liegt, wenn sie niemand mehr haben will. Moskau, das im MChAT nur die klassische, parfümierte Version des «Nachtasyls» vorgeführt bekam, macht nun Bekanntschaft mit dem reellen, das sich am Platz der fünf Bahnhöfe auszubreiten beginnt. Das 20. Jahrhundert in Moskau endet mit der Entdeckung des Archaischen, ohne das es kein menschliches Zusammenleben gibt: dem Gesetz Mose.

Moskau im Übergang ist nicht mehr das alte und noch nicht das neue. Seine Gegenwart ist ein Schwebezustand, der auf die Dauer unerträglich ist. Es ist Zerfall und Neubildung in einem. Es ist eine offene Stadt, in der alles möglich ist und wo doch der Stärkere, den niemand kennt, sich durchsetzt. Moskau ist erschöpft und kraftstrotzend, resigniert und erfindungsreich. Neben den Bereitschaften zur Flucht nach vorn oder zurück in die Vergangenheit steht die Kraft zum Ertragen der Gegenwart. Neben Zonen, die rekultiviert werden, erweitern sich die Areale, die der Verwilderung preisgegeben sind. Das postsowjetische Moskau hat sein Zentrum verloren, der Lebenszusammenhang des neuen Moskau hat sich noch nicht neu geknüpft. Die Leere ist der Abgrund, in den alles stürzt, und das Plateau, das man zu Neuanfängen braucht. Die Entwertung aller Werte ist ein Zusammenbruch und eine Befreiung. Die Liquidierung der Vergangenheit ist bloß ein nihilistischer Akt und zugleich das große Vergessen, ohne das sich ein Anfang nicht machen läßt. Der Blick in die Vergangenheit zeigt, wie es gekommen ist, aber er gibt keine Antwort darauf, wie es weitergeht. Moskau begegnet den Schrecken der Normalität mit dem, was es hat. Das sind: die Bewältiger der Zukunft, die von der Vergangenheit nichts mehr wissen wollen; die Arbeiter an der Vergangenheit, die keine Ahnung haben von den Erfordernissen des Tages; die Gottesnarren, die mehr wissen als die, die alles besser wissen; die Veranstalter von Hexenjagden und kurzen Prozessen, die nur auf ihre Stunde warten; die Verwalter von Ämtern, die es nicht mehr gibt; die Deserteure aus der Sphäre der Macht, die noch etwas anderes können; die Systemkritiker von einst, die im Ausland abwarten, wie es weitergeht; Lehrer des Wissenschaftlichen Kommunismus, die sich nun an Gymnasien versuchen; Offiziere, deren Sinn für Disziplin und Verantwortung so wichtig werden kann wie das Organisationsgeschick von Exkomsomolchefs; Spekulanten, deren Geheimwissen unerläßlich ist für die Entwicklung der internationalen Handelsbeziehungen; Leute, die mit allem handeln – sei's mit Ikonen, Jeans oder nuklearen Sprengköpfen; die Flüchtlinge aus der russischen Diaspora, die ein zweites Leben beginnen; die Dozenten der Amerikanischen Universität in Moskau, die nun lernen, daß es außer den Begriffen, die sie aus ihrer Hemisphäre schon kennen, auch noch andere gibt; die Unternehmer, die auch ohne staatliche Rückendeckung zum Engagement bereit sind und neue Wege gehen. Und Moskau hat nicht zuletzt seine Frauen, jene Kraft, die insgeheim zusammenhält, was sonst zusammengefallen wäre, die wirklich herrscht, wo alles andere nur regiert.

(Januar 1992)

Über die Macht des Auges

Es ist wahr, was Musil im «Mann ohne Eigenschaften» einmal festgestellt hat über den Essayismus: zwar sei der Essay manchmal mit «Versuch» übersetzt worden, doch habe das gar nichts gemein mit einem Hinwerfen oder gar der Verwendung von Derivaten aus der eigentlich wissenschaftlichen Arbeit für ein anderes Genre. Welche Unterschätzung des Essays oder jedes Versuchs! Versuch – das hat ebensoviel mit Versuchung zu tun wie mit dem Risiko, das derjenige eingeht, der sich auf solche Versuchung einläßt. Es geht eben nicht bloß um die Abschilderung der uns fremden Stadt. Sind wir auf der Spurensicherung in die Vergangenheit hinein doch auch immer uns selbst auf der Spur, und begegnet uns in dem, was uns ansichtig wird, eine fremde Welt, die uns nur in dem Maße verständlich wird, wie wir sie verstehen, wie wir mehr wissen und mehr sehen, als der plane Anblick uns freigibt.

So ist es auch mit dem Moskau-Bild und dem Versuch, eines zu zeichnen. Vielleicht war es nicht immer so, aber gegenwärtig spricht vieles dafür, daß man immer wieder ein und dieselben Bilder präsentiert bekommt, unterschieden nur im Grad der technischen Vervollkommnung, in einem kaum merklichen Abrücken von der photographischen Perspektive des Vorgängers oder des rivalisierenden Verlages. Es findet kein Blickwechsel statt, in einem fort wird ein und dasselbe Sujet variiert und retuschiert. Stereotypen haben sich gebildet, großformatige Bildbände leuchten in den Auslagen der Buchhandlungen, und kaum jemand nimmt den Staub wahr, der schon zum Zeitpunkt der Auslieferung auf den prachtvollen Bildern liegt. Das stereotype Bild gleicht nicht selten jenen Reliefs, wie man sie zuweilen an Kriegerdenkmälern oder an populären Skulpturen in Museen beobachten kann, wo jeder Besucher zum Beweis dafür, daß er dagewesen, seine Finger in die Vertiefung legt oder über eine

Rundung gleiten läßt, die von solcher Art permanenter und im Vorübergehen demonstrierter Wertschätzung schon abgegriffen ist. Schilder mit der Aufschrift «Berühren verboten!» richten gegen solche Bekundungen des Ergriffenseins wenig aus.

Bilder von Städten ergeht es ähnlich. Die scharfen Konturen verflüchtigen sich zu einem allgemeinen Eindruck, ein Gewirr von Linien wird zu großen Grundzügen und Hauptlinien destilliert, aus einem scharf gestochenen Fragment wird ein allzu weiches Merkbildchen. Das ewig gleiche und doch geringfügig verbesserte oder retuschierte Bild macht uns die Stadt fremd. Die Bilder zeigen uns nicht die Stadt, sondern sie lenken vorbei. Und wer in Moskau ankommt, hat erst einmal genug damit zu tun, sich vom Klischee der Prospekte und Reiseführer freizumachen.

Gewiß ist es nicht die Schuld der Photographen – und da sowohl der ausländischen wie der der großen einheimischen staatlichen Verlage. Hier begegnet einem ein merkwürdiges Phänomen. Selbst im photographischen Stereotyp gibt es Koexistenz und Rivalität. In den Bildbänden der staatlichen sowjetischen Verlage wie *Avrora* oder *Progres* strahlt das Licht der Stadt von der Gegenwart in die Vergangenheit, die Krönung der Stadtgeschichte vollzieht sich bereits aus der Optik des allerjüngsten modernisierten Moskau; die Geschichte hat gewissermaßen das Material angehäuft, aus dem sich mit eiserner Logik das moderne Moskau, wie es sich jetzt darbietet, ergibt. Da ist kein Platz für Sprünge, Risse, Ungeklärtes. Vergangenheit kommt ins Bild so weit und so gut, so diffus oder tiefenscharf, wie sie sich mit dem Licht der Gegenwart verträgt.

Ausländische Bildbandproduzenten hingegen haben Entgegengesetztes im Sinn: Sie wollen gerade das «andere», das «Unverfälschte», das «Echte» gegenüber dem Frisierten, die Wahrheit gegenüber Potjomkin zeigen. Doch was dabei oft genug herauskommt, ist eine lieblich-falsche Ahnung, die sich nicht am Grundriß und am Leben der Stadt orientiert, sondern an der eigenen Vorstellung vom «Echten». Es ist reaktive Photographie und kommt über die Selbstdarstellung der Stein gewordenen Geschichte nicht oder kaum hinaus. Bei Photographen, die dem Auge gehorchen, die wie Jäger dem flüchtigen Gegenstand auflauern, die Bewegung des Moments festhalten und geübt sind in der Macht des Auges, das sich nicht beeindrucken läßt von Vorgaben, da ist das erstaunlich und da hat das Ergebnis in der Tat nichts mit dem Auge an sich oder mit der Technik der Kamera zu tun, sondern eher mit der Handhabung, der Einstellung des Objektivs. Ausnahmen bestätigen auch hier die Regel; man sehe sich einmal den Photoband von Henri Cartier-Bresson vom Anfang der fünfziger Jahre an.

Unser Bild von Moskau ist beileibe nicht einseitig, sondern im besten Sinne des Wortes zweiseitig; es resultiert aus der Optik der Selbstdarstellung einerseits und der des mehr oder minder interessierten und engagierten Besuchers aus der Fremde andererseits. Und der hat sich nur in seltenen Fällen einen Blick angeeignet, der zugleich lebendig und distanziert, frei und historisch-belastet, ausgewiesen, kenntnisreich ist.

Man könnte das als eine weitere Illustration für die Zweiteilung der Welt, diesmal als Zweiteilung des Auges, der Optik und Perspektive bezeichnen. Die These scheint zunächst weit hergeholt, wenn nicht gar unbegründet. Und immerhin gab es ja Bilder von unübertroffener Präzision: Ich denke an Arthur Millers Rußlandbuch mit dem so sicheren Auge Inge Moraths. Und ich denke natürlich an Walter Benjamins «Städtebilder», sein «Moskauer Tagebuch». Doch gehören diese Bilder und Eindrücke einer fast antediluvianischen Epoche des Moskau-Reisens an, sind in Vergessenheit geraten, beschäftigen mehr die Literaturwissenschaftler als diejenigen, die heute Gelegenheit haben, auf den Spuren ihrer Vorgänger zu wandeln.

Für die stereotyp gewordene Blickeinstellung des Fremden gibt es ganz prosaische Gründe. Einer ist, daß Moskau, bei allem Fortschritt des Tourismus, in dem nach wie vor die organisierte Gruppenreise dominiert, bei aller Verflechtung mit der internationalen Geschäftswelt und trotz der Masse politischer und kultureller Delegationen, kein Terrain für vagierende und vagabundierende Besucher ist. Es fehlt die Muße, man reist nicht einfach an und ebenso einfach wieder ab, man läßt sich nicht wie selbstverständlich nieder. Der Fremde begeht die Routen, die ihm zwar nicht vorgeschrieben sind, die es ihm in Anbetracht der Kürze der Zeit aber doch gestatten, die Riesenstadt zu durchqueren und sich einen ungefähren Eindruck zu verschaffen. Man hält sich naturgemäß an die großen Perspektiven und Magistralen, die sicherlich einen Teil der Wahrheit Moskaus als Stadt ausmachen – wohl kaum gibt es sonst eine Stadt dieser Größenordnung auf der Welt, die so sehr von oben her, aus zentralistischer Perspektive, geplant und gebaut ist. Doch selbst solche Zugeständnisse an die Umstände des organisierten Tourismus erklären nicht, warum sich ein Bild von der Stadt festgesetzt hat, das eben nicht das der Stadt ist.

Wer zu Moskau etwas sagen will, muß sich zu Moskau als touristischem Phänomen verhalten und abgrenzen. Es ist vermutlich nicht falsch, wenn man annimmt, daß die Regie des Marktes, die Wünsche der ausländischen Verlage, die Interessen der Tourismusbranche und die von ihr geförderte Wahrnehmungsweise unsere Optik in den letzten beiden Jahrzehnten erheblich bestimmt haben. Es ist vermutlich nicht falsch, anzunehmen, daß die Lektoren und Verleger dort Bilder und Bücher fordern, die die «Schönheit» der Stadt, das «Sowjetische», aber auch das «authentisch Russische» in handlichem Format und zu erschwinglichen Preisen einholen. Und es läßt sich, fast noch bevor die Entwürfe für derlei Publikationen eingereicht sind, unschwer sagen, auf welche Mischung es ankommen soll: Kremlmauer im Winter; herbstliches Laub auf den Boulevards; aber auch Hochzeitspalast; Wohngebiete der sechziger und siebziger Jahre – «auch dort gibt es das Märkische Viertel»; die auf einem Stuhl vor dem Hauseingang sitzende *babuschka*; Michelangelos «David» aus dem Puschkin-Museum und ein gelungenes Szenenphoto mit Maija Plissezkaja aus dem Bolschoi-Theater; Schachspieler auf einer Parkbank mitten im schneereichen Winter; einige Aufnahmen von der unterirdischen Pracht der Metrostationen; politische Köpfe auf der Balustrade des Lenin-Mausoleums – meist behütet oder unter Pelzmützen; eine farbenprächtige Aufnahme von der Parade zum 1. Mai – mit viel Rot und allerlei bunten Papierblumen; und natürlich Kirchen und vergoldete Kuppeln.

Der Fremde, der in die Stadt kommt, ist frappiert, wie sehr er die Stadt bereits kennt, obgleich er noch nie dagewesen ist. Es stellt sich nicht das Gefühl der Fremdheit ein, das einen meist bei der Ankunft

Prominenz auf der Tribüne des Lenin-Mausoleums

in einer unbekannten Stadt befällt. Der Fremde bemerkt es nach einigen Tagen und kann sich nicht ganz erklären, warum sich ihm jenes Gefühl der Befremdlichkeit, das doch so oft nur der Vorbote für kommende Entdeckungen ist, nicht einstellen will oder nur so gering ist, daß ihm lediglich bestimmte Gepflogenheiten «anders vorkommen»: die Geschäfte haben bis 21 Uhr geöffnet; an den Hoteleingängen kontrollieren die Portiers; die Straßen werden allgegenwärtig und jederzeit mit kurzen Reisigbesen gefegt; die Kellner in den Restaurants lassen auf sich warten – und man empfindet die Abwesenheit von Reklame fast physisch. Möglicherweise ist dies keine Besonderheit der touristischen Wahrnehmung in Moskau; sie gibt es auch und erst recht in Teneriffa, in Rom, Paris, in Fes oder auf Korfu. Doch Moskau ist eben nicht Teneriffa oder Paris.

Das Bedürfnis, den Bann der schönen Bilder im Kopf abzustreifen, meldet sich langsam, aber sicher. Man könnte denken, daß es bekräftigt wird, Rückhalt erhält im Umgang mit Ausländern, die schon längere Zeit in der Stadt leben. Verblüffenderweise ist dem nicht so: offensichtlich verliert der Fremde, der sich eingelebt und eingewöhnt hat, den Widerstand gegen die Oberfläche, das vordem Neue wird alltäglich; was als Herausforderung empfunden wurde, verwandelt sich im Laufe der Zeit zum gewöhnlichen Ambiente; viele werden offensichtlich resistent gegen den Anprall auf ihre Sinnesorgane. Dem arbeitet etwas entgegen: zu viele gibt es unter den Ausländern, die in die ihnen fremde Welt ihre eigene mitimportiert haben; zu viele gibt es, die – gezwungenermaßen, aber auch weil es angenehmer ist – in ihrer eigenen Welt leben: in den Diplomatenwohnungen auf dem Kutusowski oder Leninski prospekt, in den Blöcken, in denen die Korrespondenten und Journalisten wohnen, in den Büros der Geschäftsleute. Offensichtlich haben sie ein weitreichendes Informations- und Beziehungsnetz, eine Kultur der Einladungen und Gegeneinladungen, der Partys und Kränzchen hervorgebracht, in der es sich quasi exterritorial leben läßt. Hinzu kommt bei Diplomaten normalerweise das Verbot, Kontakt mit Einheimischen aufzunehmen, was freilich in keiner Weise daran hindern muß, einen eigenen Weg in der Aneignung des fremden Terrains zu begehen. Daß die ausländische Gemeinde, insbesondere Diplomaten und Journalisten, russische Bekannte hat, versteht sich von selbst; ja es gehört in gewissem Sinne zum Berufsethos und guten Ton. Um so mehr fragt sich der Zugereiste, weshalb nicht gerade in diesem Milieu, das trotz Isolierung das unschätzbare Privileg der Augenzeugenschaft an Ort und Stelle genießt, eine Gärung zustande kam, die auch das hartnäckigste Klischee aufgelöst hätte.

Von Berufs wegen Beobachter, Korrespondent oder Journalist in Moskau zu sein, das bedeutet doch wohl, sich der in vieler Hinsicht exponierten Stellung bewußt zu sein: im Zentrum der östlichen Hauptmacht, am Schnittpunkt zweier Welten und Kulturen und endlich an einem Punkt, dessen dramatische Geschichte noch bis in die unmittelbare Gegenwart hineinreicht. Und doch findet sich wenig vom Aroma dieser Umwelt und vom Spannungsreichtum Moskaus als historischem Schauplatz in dem, was uns tagtäglich in den Nachrichtenmedien erreicht. Das Kolorit des Raumes, aus dem und über den berichtet wird, verflüchtigt sich ins graue Einerlei der Agenturmeldungen. Es scheint keinen Unterschied auszumachen, ob sie aus Washington, Tokio oder eben aus Moskau berichten. Man täusche sich nicht darüber, welchen Einfluß die allabendlichen Fernsehmeldungen und die alltäglichen Artikel in den Tageszeitungen aus und über Moskau auf die allgemeine Vorstellung ausüben. In der aufs äußerste verknappten Formel oder Einschätzung des politischen Beobachters wiederholt sich, wenn auch mit weniger Ironie bedacht, dasselbe, was an den Werbeprospekten der Reisebüros offen verspottet wird: die Austreibung einer unendlich farbigen und widerborstigen Wirklichkeit aus der Information und aus der Vorstellungswelt. Vor allem wird suggeriert, Moskau sei eine Stadt wie jede andere – freilich mit einigen Besonderheiten; oft gewinnt man den Eindruck, Moskau sei eine gewissermaßen geschichtsfreie Zone.

Mit dem Hinweis auf die Eigenart der Massenmedien und der Journalisten, denen die Gegenwart alles, Geschichte und Zukunft hingegen nichts seien, läßt sich die eigentümliche Geschichtslosigkeit, wie sie sich in der Berichterstattung zeigt, nicht abtun. Es kann auch kaum daran liegen, daß der mehr wissenschaftliche und analytische Fundus, auf den sich jede Berichterstattung gemeinhin stützt, zu schwach bestückt wäre. Vielmehr scheint es so zu sein, daß der Beobachter in diesem Land sich von seinem geschichtlichen Interesse bewußt suspendiert, um damit auch der Last der Vergangenheit zu entgehen. Es gibt ja eine Vergangenheit der ausländischen westlichen Beobachter von der Zeit der Entente bis zum Kalten Krieg; dazwischen freilich auch Leute vom Schlage eines Paul Scheffer vom liberalen «Berliner Tageblatt» oder Arthur Feiler von der «Frankfurter Zeitung».

Der Blick auf dieses Land hat selbst bereits eine Geschichte, und sie wird heute eher verdrängt, beiseite gelassen, als wirklich aufgearbeitet. Jeder Wechsel in der Großwetterlage brachte auch einen Wechsel der Optik mit sich. Revirements auf den Auslandsposten erfolgten zwangsläufig. Nun, da die böse Geschichte auf beiden Seiten – der Stalinismus, der Hitlerismus und der Kalte Krieg – zu den Akten gelegt zu sein scheint und häufig alerte Vertreter von Koexistenz und Entspannung in die Büros eingerückt sind, wähnt man sich frei vom Alp der Geschichte.

Doch ist Verdrängung der Geschichte nicht allein das Privileg solcher Berichterstatter. Auf dem konservativen Horchposten hat etwas anderes die Wahrnehmung gestört: der Glaube, schon immer im Recht gewesen zu sein, machte über weite Strecken blind gegenüber dem, was sich wirklich tat. Der Schock über den Angriff auf das alt gewordene Europa und Überlegenheitsdünkel raubten – je auf ihre Weise – den Beobachtern die Fähigkeit, das Werden einer anderen Zivilisation genau zu registrieren. Auf beiden Seiten finden sich komplementäre Weisen, Geschichte zu begehen und zu umgehen.

Nicht anders sieht es beim Umgang mit der Gegenwart aus: was die Reportage über die orthodoxe Osternacht beweisen möchte – die Renaissance des Glaubens –, wird von der Reportage über das Konzert Wyssozkis dementiert, daß die materialistisch gewordene Jugend auch ohne Kirchen auskommen könne. Alle Berichterstattung aus Moskau scheint diesen zweiseitigen Blick zu verraten, einen Standpunkt im Niemandsland des Sowohl-Als-auch. Wenn es uns so schwerfällt, in dieser Stadt Boden unter die Füße zu bekommen, so könnte dies auf zweierlei hindeuten: daß wir sie nicht mehr oder kaum noch als einen Teil unserer eigenen kulturellen Herkunft begreifen – oder auch nicht mehr begreifen können, und zwar, weil wir selbst kein oder kein genaues Empfinden mehr dafür haben, woher wir kommen. Was diese Stadt für uns ist oder sein könnte, wird vielleicht klarer, wenn wir in Peking oder Abu Dhabi sitzen: denn dort umgibt uns eine ganz andere Welt aus unbegreiflich höflichem Zeremoniell und fremd anmutender Jade-Eleganz, aus märchenhaftem Reichtum ohne Grundlage inmitten der Sandwüste. Es ist uns weniger klar in den Übergangs- und Zwischenzonen, an den Grenzlinien, wo Europa in ein anderes übergeht oder Europa so sehr eingefaßt ist von verschiedenen Einflüssen, daß das, was uns anheimelt, nicht gleich beim Namen zu nennen ist. Moskau ist offensichtlich ein solcher Ort, nicht nur Zentrum, sondern auch Membrane für die Diffusion zweier Kontinente.

Aber es gibt auch einen von uns unabhängigen Grund: das ist die Geschichtslosigkeit der sowjetischen Öffentlichkeit selbst. Eine solche Behauptung dürfte zunächst verblüffen, gibt es doch in kaum einem Staat der Welt einen derart systematisch durchgearbeiteten Festtagskalender, der auf historischen Ereignissen, Jahrestagen und Jubiläen fußt – angefangen von der Schlacht auf dem Schnepfenfeld, über Borodino, die Salven der Avrora, Stalingrad und den ersten bemannten Kosmosflug. Das Übermaß an Vergangenheitspräsentation deutete indes immer schon auf Schwierigkeiten mit der Geschichte hin. Der gewaltsame Bruch mit der Vergangenheit soll offensichtlich geheilt werden durch ein Übermaß an historischer Erinnerung, selektiver freilich. Doch die Wunde unter dem Verband ist nicht verheilt. Sie bedürfte des Sonnenlichts, der frischen Luft mehr als der Tinkturen, die die verschiedenen, nacheinander zur Visite herantretenden Ärzte verordnet haben.

Doch hat ein geschichtliches Bewußtsein von der Stadt jenseits der verordneten oder freiwilligen Amnesie in diversen fragmentarischen Formen überlebt. Zunächst als Gedächtnis der vielen einzelnen daran, was gewesen ist; dann auch als Wissen, was sich wo abgespielt hat. Das Material für die Rekonstruktion der Haupt- und Nebenhandlungen auf dem monströsen Schauplatz Moskau liegt in Tausenden von Splittern verstreut. Es wird weitergegeben innerhalb der Familien; es findet sich in Büchern, die längst nicht mehr aktuell oder bewußt aus dem Verkehr gezogen worden sind; es findet sich in der offiziellen Enzyklopädie, aber auch in der Zeitungsnotiz. Bevorzugter Zufluchtsort für unliebsame Wahrheiten ist das Abseitige, Unwichtige, die Makulatur. Geschichte wird von jeder Generation neu geschrieben, und so kommt es, daß der Gegenstand, der erledigt erschien, neu beleuchtet uns vielleicht ganz anders vor Augen tritt. Mit jeder Generation ändert sich der Tonfall, in dem über Geschichte, vor allem die allerjüngste und die allereigenste, gesprochen wird. Noch lange bevor die Generallinie umgewälzt wird, melden sich bereits die Fußnote und der bibliographische Apparat zu Wort: die Interlinearversion, die Wortmeldung des Subjektiven innerhalb der Hauptlinie wird aufschlußreicher als der fettgedruckte Text.

Ähnlich verhält es sich mit einer Stadt wie Moskau. Was sich dem Fremden zunächst darbietet, ist ein Bild, ein Text. Man kann den Text diagonal lesen – auch dies nicht ohne Genuß. Man wird bei genauerer Lektüre an einigen Stellen innehalten, irritiert von inhaltlichen Ungereimtheiten oder stilistischen Brüchen. Und hier setzt eine Art Dechiffrierarbeit ein: unter der soeben freigelegten Oberfläche werden neue Schichten sichtbar, ein progressus ad infinitum. «Wer die Welt vernünftig ansieht, den sieht sie auch vernünftig an, beides ist Wechselbestimmung» – dieses Hegelsche Diktum erweist sich auch in Zeiten begründeten Zweifels an einer Vernunft in der Geschichte für solche Lesearbeit als nützlich: Wer auf die Stadt einen historisch interessierten Blick wirft, dem gibt sie einiges preis von sich selbst. Und wenn das Ergebnis nur in der Erfahrung der Vergeblichkeit einer Annäherung bestünde, auch dann hätte sich der Versuch gelohnt.

Mit der Oberfläche beginnen

Alle Bauten müssen so sein in dieser Stadt, wie sie sind. Vielleicht fällt es hier nur mehr auf, weil erst das Stein gewordene Moskau Stadt geworden ist; von hier an und nicht von dem unübersehbaren Meer von Holzhäusern datiert eine Stadtgeschichte, der keine Feuersbrunst und kein Eroberer mehr etwas anhaben können. Mehr als anderswo ist der Stempel jeder Klasse den Stilepochen der Stadt aufgeprägt. Kein wildwuchernder urbaner Rausch hat die Denkmäler der Zeit eingekreist, abgeschliffen, aufgesogen; sie stehen nach wie vor für sich, sichtbar, quaderförmig, voller Dissonanz. Die «Adelsnester», die Stadtwohnungen des Adels, in die Breite gehende, mit viel Sinn für Proportion und Intimität errrichtete, von Mauern umschlossene Gebäude, Gutshöfe in die Stadt verlegt. Dann ein Anflug von Urbanität in der aufstrebenden Metropole des russischen Kapitalismus der Jahrhundertwende; und dann am unübersehbarsten und machtvollsten die Zergliederung des Horizonts durch die Stalinschen Bauten, die sternförmig auf dem Grund der Stadt errichtet wurden. Die Moskauer Stadtlandschaft hat etwas von der Schönheit eines Steinbruchs, wenn man den Blick auf die Totale richtet und sich nicht einen einzelnen Punkt – den Roten Platz, den Alten Platz oder ein Stück des Strastnoi bulwar – vornimmt. Das ungeheure Massiv der Stadtlandschaft verrät einem die Ablagerungen der Jahrhunderte. Die Schichtungen sind in ihrer je verschiedenen Tönung sichtbar. Kanten härteren Gesteins ragen heraus, andere, weichere Lagen sind abgeschliffen, verwittert, weggewaschen. Dem Auge bietet sich unendliches Gleichmaß, wenn nicht Eintönigkeit, dann aber plötzlich ist es konfrontiert mit bizarr geformten Verwerfungen.

Warum kommt einem der Vergleich zu einem Steinbruch gerade in Moskau? Vielleicht liegt es daran, daß die Schneisen, die in das

Haus Issakow, Arch. L. N. Kekuschew, 1906

«Mit dem Beginn des neuen Jahrhunderts, so wenigstens sah ich es in meiner kindlichen Vorstellung, veränderte sich alles wie durch Zauberschlag. Auch Moskau war auf einmal wie besessen vom Geist des Handels und des Geschäfts, der die bedeutendsten Hauptstädte der Welt regierte. Immobilienhändler, die auf raschen Profit spekulierten, ließen im Handumdrehen große Mietshäuser errichten, die sich gut verzinsten. So wuchsen denn in allen Straßen unversehens gigantische Ziegelbauten in den Himmel. Moskau, nicht mehr St. Petersburg, rief im selben Augenblick eine neue russische Kunst ins Leben, die Kunst einer jungen, modernen, lebendigen Weltstadt.»
Boris Pasternak, Über mich selbst

Weichbild der Stadt gehauen wurden und werden, mehr ins Auge stechen als anderswo, da auch Kahlschläge hier in großem Maßstab geplant und zentralistisch durchgesetzt werden. Ein «Generalplan zur Rekonstruktion Moskaus», seit 1935 als Leitlinie dienend und weiterentwickelt, baute in grandiosem Maßstab nicht nur auf, sondern zerstörte auch – natürlich in nicht weniger grandiosem Maßstab. Die Wunden, die hier der Stadt geschlagen wurden, blieben länger geöffnet, die Narben sind sichtbarer. Unsere Städte, deren alte Substanz durch den Wiederaufbau wohl nicht weniger beschädigt wurde als durch den Bombenkrieg, verbergen effektiver, was ihnen angetan wurde, müssen es. Grund und Boden in München, Berlin oder Wien sind teuer, Baulücken bringen nicht nur Spekulationsgewinne, sondern sind auch Faux frais. Geschäftsleute arbeiten auf eigenes Risiko, Geschäfte müssen florieren, Fassaden müssen intakt sein als Gradmesser für die Geschwindigkeit des Umsatzes. Daher die rasche und permanente Veränderung unserer Städte, die eben nicht nur von den Fetischen der Reklame, sondern auch von der Kraft privater Initiative beherrscht sind. Das hat Folgen: Altes wird leichter eingeschmolzen unter dem Firnis permanenter Modernisierung. In Moskau hingegen – und wer hätte nicht schon dieselbe Erfahrung gemacht in Prag oder Ostberlin – gibt es ganze Areale und Straßenzüge im Originalzustand; noch keine Modernisierung, Sanierung oder Restaurierung ist bisher zu ihnen vorgedrungen. In Moskau begegnet uns auch die eigene Vergangenheit, hier konserviert nicht primär durch Rücksichtnahme, sondern durch Stillstand.

Der russische Kapitalismus als Nachzügler unter den Konkurrenten hat die Stadt mit dem Temperament dessen, der noch alles vor sich hat, und mit der gleicherweise exzessiven wie aus Mangel hypertrophen Schönheit des russischen Jugendstils ausgestattet. Moskau ist ein Reservat des Jugendstils – vielleicht auch nur, weil er hier kenntlicher ist und kraß kontrastiert zum lange vorherrschenden grauen Typenbau. Ausländer, die sich über die Monstrosität, Anonymität und sonstige Abnormitäten dieser Stadt beklagen, wissen das nur zu gut; mit Bedacht gehen sie dorthin, wo die Stadt Stadt geworden ist und sich ein urbaner Raum erhalten hat: in die Nebenstraßen des Arbat, in die Gegend um Kusnezki most, in den alten Kitai-gorod oder im Südwesten in die uliza Kropotkinskaja und uliza Metrostrojewskaja. Moskau läßt keinen Platz für eine Mathildenhöhe, für eine

Spielwiese des neuen Stils inmitten profaner Alltäglichkeit; Moskau bietet Straßenzüge und Viertel mit originalem Profil, mit Balkons, schmiedeeisernen Toren, Treppenaufgängen und Interieurs in einer Schönheit, der man anmerkt, daß sie die Stadt heimgesucht hat und nicht bloß experimentell ausprobiert wurde. Diese Bauten sind nie außer Gebrauch gekommen, daher die Würde ihrer Schäbigkeit. Sie stehen auch heute nicht unter gläsernen Vitrinen. Bekannt sind dem Reisenden die damals ersten Häuser am Platz, die Hotels *National*, *Metropol* oder das *Zentralnaja*, doch hier gibt es eben noch – wie gesagt – ganze Straßenzüge, die die Atmosphäre und die Linien einer Zeit aussprechen, die die Härte des arbeitsreichen und hektischen Stadtlebens mit einer Rückkehr zum Ornament, mit dem Einflechten exotischer Motive, mit breiten Friesen und Mosaikflächen an den Giebeln aufzufangen oder doch zu mildern versucht hatte. Bankgebäude, die die Geldpose bereits zurückgenommen haben; Villen, deren Eigentümer und Architekten sich mit der Natur auszusöhnen suchten, noch bevor sie in Rußland überhaupt dem Maschinenlärm unterworfen war; Theaterräume, in denen die Funktion der intimen Darbietung immer schon mehr gewogen hat als die der Repräsentation – keine Arenen der Aristokratie wie das Bolschoi-Theater also –: dieses Moskau der Jahrhundertwende existiert noch in mächtiger Schicht, und man kann sich kaum eine Vorstellung machen, was davon noch übrig wäre, wenn die rationalistischen Projekte zur Umstrukturierung der Hauptstadt Ende der zwanziger Jahre zum Zuge gekommen wären.

Warum ist dieses Moskau der Jahrhundertwende so wenig präsent in unserer Vorstellung von der Stadt? Vielleicht ist dies nur eine andere Nuance des Gedächtnisschwundes, dem das 19. Jahrhundert zum Opfer gefallen ist. Doch wie man weiß, ist auch da eine Revision im Gange.

Der Ankömmling ist sich häufig sehr unsicher in der Datierung mancher Gebäude: gehört das Haus nun in die «Vorgeschichte» oder bereits in die nachkonstruktivistische Ära? Jugendstil und Stalinscher Pomp auf einer Ebene? Aber es gibt mehr Verbindungen zwischen den Stilen der zehner und dreißiger Jahre unseres Jahrhunderts, als man von der Doktrin her sich zunächst eingestehen möchte. Beiden ist jedenfalls eines gemeinsam: der Versuch einer Ästhetisierung der alltäglichen Lebensumwelt – freilich mit je verschiedenen Voraussetzungen und anderem Ergebnis. Es gibt einen Zusammenhang von William Morris und «arts and crafts» und der Losung der dreißiger Jahre, derzufolge das Leben schöner werden sollte.

Die Stalinsche Architektur hat von allem gezehrt, auch von dem, was sie verdrängt oder beseitigt hat: von der Ornamentik des Jugendstils, von den Palladianern der Petersburger Akademie, von der Kühnheit der Konstruktivisten und deren Bolschewismus plus Amerikanismus. Und sie profitierte natürlich von der Macht über ein Land, das viele Nationen und Stämme umfaßte und einen neuen Stil brauchte, und von der unkontrollierten Macht über die Menschen, die zu Punkten herabgemindert werden mußten; von der Überlegenheit des Stalinismus als staatlicher Unternehmung und seiner Eigenschaft als Herr über Grund und Boden, der nun auch die Stadt als Ganzes und auf Jahrzehnte hin für künftige Generationen einrichten konnte. Wer wagte zu behaupten, daß die starke Hand von ehedem nicht überall in der Stadt zu spüren ist! Gigantische Magistralen, Rollbahnen gleich durch die Stadt gelegt, weitläufige Prospekte anstelle schattiger Boulevards, Turmbauten, die doch keine Wolkenkratzer sind, mit Zierat aus allen Himmelsrichtungen. Wer wagte zu behaupten, daß sie nicht standgehalten haben: kein Reiz des heutigen Moskau ohne die so oft verlachten Zuckerbäckerbauten, vor denen der Fremde ratlos steht. Es sind die Bauten dieser Periode – der dreißiger und der vierziger Jahre –, die die Stadt bis heute prägen, und nicht die vereinzelten Experimente der zwanziger und frühen dreißiger Jahre, die überall ins Stadtbild eingesprengt sind, doch nie aus dem Schatten der auf sie folgenden Generation heraustreten können. Die Stalinschen Bauten sind aus der Stadt nicht mehr wegzudenken; alles, was danach kam, hatte sich ihnen perspektivisch unterzuordnen. Selbst die importierte Architektur und die geliehenen Fassaden – so die der Hotels *Meshdunarodnaja* oder *Kosmos* – haben sich ihnen irgendwie angepaßt. Ein eigener Stil ist im Schatten der Stalinschen Kathedralen nur schwer zu entwickeln, es sei denn ambitionslose Dutzendware, die zu Hunderttausenden in den Schlafstädten in der Moskauer Umgebung anzutreffen ist.

(Dem Ankömmling sind natürlich die Debatten über den «inneren Zusammenhang» zwischen der Ästhetik von Faschismus und Stalinismus im Ohr. Doch er legt den Gedanken als schlicht unhistorisch zunächst einmal beiseite. Wie wäre es mit einer Linie, die die reale Genealogie rekonstruiert und Tatlin ebenso einbezieht wie Iwan Sholtowski von der Petersburger Akademie? Dafür spräche historisch mehr als die altbekannte Assoziation.)

Hochhäuser

New York ist die Stadt der Wolkenkratzer von Manhattan. Moskau ist nicht die Stadt des Kreml, sondern die Stadt der Hochhäuser. Wenn die Stadt eine eigene Physiognomie gewonnen hat, die sie unterscheidbar und markant gegenüber anderen macht, dann ist dies nicht die Perspektive auf den Kreml, sondern die durch die sieben Hochhäuser sichtbar gemachte Struktur des Stadtgeländes. Von wo man blickt: immer mündet die Perspektive ein auf eines der monumentalen Hochhäuser. Kommt der Fremde vom Flughafen, so wird er die Ankündigung der Stadt bereits in den Spitzen des Hochhauses an der ploschtschad Wosstanija sehen. Ebenso vom Belorussischen Bahnhof aus. Kommt er mit dem Zug aus Leningrad an: die Stadt schickt ihm den Wink des Hotels *Leningradskaja* entgegen. Kommt er am Kiewer Bahnhof an, eilt ihm die Stadt entgegen mit den Spitzen des Hotels *Ukraina* oder des Außenministeriums an der Smolenskaja ploschtschad.

Oder von der Stadtmitte ausgehend, für welche Richtung sich der Fremde auch entscheidet: überall ragt am Rand des Horizonts eines der Hochhäuser empor. Von der uliza Gerzena aus wird er in der Ferne auf das Hochhaus an der ploschtschad Wosstanija, vom prospekt Kalinina auf das *Ukraina* treffen. Der alte Arbat ist in den Schatten des Gebäudes an der Smolenskaja ploschtschad versetzt. Steht der Fremde auf einer der Moskwa-Brücken, dann wird er weit im Osten, wo die Jausa einmündet, das Hochhaus an der Kotelnitscheskaja nabereshnaja als äußersten Rand des Horizonts im Osten und das *Ukraina* oder gar die Universität auf den Lenin-Bergen im Südwesten als äußerste Begrenzung des Horizonts wahrnehmen.

Oder er steige aus der Metro *Kirowskaja* (durch das von dem Rationalisten Nikolai A. Ladowski geschaffene Tor) an die Erdoberfläche. Was kommt ihm entgegen: das Hochhaus an der ploschtschad Ler-

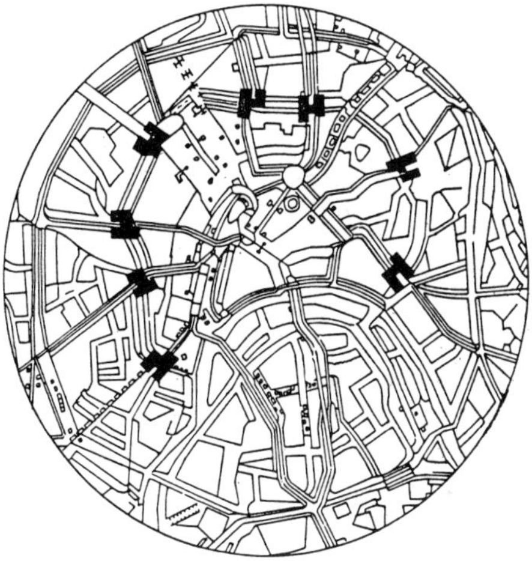

Schematischer Stadtplan von Moskau. Projekt von El Lissitzky für die Errichtung der «Wolkenbügel», 1923–1925

montowa. Oder noch besser: er fahre über den äußeren Ring, und er wird die Systematik der Anordnung dieser Hochhäuser sofort erkennen. Am Smolenski bulwar: rechter Hand das Hochhaus des Außenministeriums, linker Hand über den Fluß hinweg das *Ukraina*; weiter auf dem Ring linker Hand das Gebäude an der ploschtschad Wosstanija. Die Stadt im nördlichen Halbkreis umfahrend, wird er wieder eingekreist: vom *Leningradskaja*, dem Ministerium für Verkehr an der ploschtschad Lermontowa, im Südosten vom Hochhaus an der Kotelnitscheskaja nabereshnaja.

Die Stadt im südlichen Halbrund umfahrend, wird er in der Ferne die Spitzen der Universität erkennen können. Noch besser: er begebe sich an einem der Feiertage, die mit Illumination und Feuerwerk beschlossen werden, auf die Aussichtsplattform auf den Lenin-Hügeln, und er wird einen Blick auf die Stadt werfen können wie auf ein städteplanerisches Modell, das ihm zeigen wird, daß die Struktur der Stadt nach außen gewendet ist und für immer festgeschrieben durch eben diese Hochhäuser.

Die Hochhäuser stehen exponiert, beherrschend, wie früher Burganlagen nach strategischen Gesichtspunkten festgelegt wurden: auf Anhöhen (die Universität), auf von der Biegung eines Flus-

Hochhaus an der Smolenskaja ploschtschad. Entwurf W. G. Helfreich und M. A. Minkus, 1948

ses gebildeten Halbinseln (*Ukraina*), am Zusammenfluß zweier Gewässer (Kotelnitscheskaja nabereshnaja), an Einfallstoren in die Stadt (*Leningradskaja* an dem Platz, wo drei Bahnhöfe zusammentreffen), entlang von Festungsmauern (entlang des äußeren Gürtels: ploschtschad Lermontowa, Smolenskaja ploschtschad, ploschtschad Wosstanija). Was hier schriftlich etwas umständlich vorgeführt werden muß, ist anhand einer Reliefkarte der Stadt sogleich augenscheinlich.

Doch die monumentalen Hochhäuser stehen nicht für sich: sie haben Ableger in der gesamten Stadt, kleinere Bauten, die es mit ihnen an Rang, Höhe und Pracht nicht aufnehmen können, die aber ihre Kinder sein könnten: so das Hotel *Peking* an der ploschtschad Majakowskogo, so die gewaltige Eingangspforte zum Leninski prospekt an der ploschtschad Gagarina, so zahllose Gebäude entlang der uliza Gorkogo. Kurz: die Hochhäuser sind eine Art Schwerezentrum, das je einen Rayon zusammenhält, auf sich zieht, ihm ein Gesicht gibt.

Zusammengenommen geben eben diese Hochhäuser der Stadt

Hotel Ukraina. Entwurf A. G. Mordwinow, 1948

ihr Gesicht: es ist so schön und so häßlich, wie ein Gesicht ist. Nichts ist falscher, als diese Gebäude, die man dem Zuckerbäckerstil zuzurechnen beliebt, als exotisch abzutun – zu eng sind sie in den Knochenbau der Stadt implantiert und mit ihm verwachsen. Nichts ist falscher, als sie mit jener vielsagenden und nichtssagenden Geste abzutun, daß das halt ein Überbleibsel aus einer bizarren Epoche sei. Ehrlicher und interessanter sind die Eingeständnisse von Fremden, die hier schon längere Zeit leben, oder von Einheimischen: daß die Stadt ohne diese Gebäude – man möge so viel dagegen haben, wie man will – gesichtslos, farblos sei, so wie jede andere auch... Aufschlußreich ist auch die Umgereimtheit in den Urteilen derer, die sich über den Stil lustig machen und dennoch die für sie unerreichbaren Wohnungen in den soliden Gebäuden haben möchten.

Wer nach Moskau kommt, der wird unweigerlich – so nehme ich an – seine Leseübung beginnen mit den Hochhäusern, und er wird – so nehme ich auch an – nicht weit kommen. Er wird sich schnell auf die ihm verständlichen klassischen Ensembles verlegen: den Kreml,

Hochhaus an der ploschtschad Wosstanija. Entwurf. Arch. M. W. Possochin, A. A. Mndojanz, 1948

die klassizistische Universität, die Jugendstilvilla von Fjodor Schechtel, den Arbeiterklub der Wesnins für die Lichatschow-Autowerke der Wesnins. Denn dort hat er Formen vor sich, die er noch verstehen und einordnen kann. Doch unwillkürlich wird er wieder auf jene Gebäude zurückkommen, die die Stadt zu dem gemacht haben, was sie heute ist: eine Stadt, die ihre Gestalt dem Generalplan von 1935 und der Verwirklichung der Rekonstruktion verdankt, d. h. auch den auf Beschluß des Ministerrats im Jahre 1947 gebauten Hochhäusern. Das Gesicht der Stadt ist das Gesicht einer in den dreißiger und vierziger Jahren errichteten Stadt, vieles wird sich daran modifizieren lassen, in Nuancen, jedoch nicht im Grundriß, nicht in den maßgeblichen städtebaulichen, den Kern der Stadt betreffenden Akzenten.

Der Fremde hat keine Skyscraper vor sich, sondern *wyssotnyje sdanija*, d. h. Hochhäuser. Das ist wichtig, denn ausdrücklich wurde im Beschluß von 1947 formuliert, daß man nicht vorhabe, die Silhouette von Manhattan, Chicago oder Detroit zu imitieren; es sollten «originelle Bauwerke sein, die die Muster der im Ausland bekannten mehrstöckigen Gebäude nicht wiederholen». So wie Manhattan als die Versinnbildlichung einer kapitalistischen Architektur und Städteplanung galt, so sollten die Hochhäuser die neue sowjetische Lebensform zum Ausdruck bringen: keine Verwandlung von Vierteln in düstere Schattenfelder, keine Straßenschluchten, kein architektonischer Wildwuchs, keine bloß nackte funktionale Fassade, sondern sie sollten ein auf die Stadt als Ganzes bezogener städtebaulicher Imperativ, ein Gliederungsmerkmal sein, Gebäude, die Sonne und Wind nicht behinderten und nicht nur funktional, sondern auch schön sein sollten.

Um so verständnisloser steht der Betrachter heute am Fuße dieser Massive: Was kann er mit einer Formensprache beginnen, die ihm die Elemente mehrerer Stilepochen und mehrerer Kulturkreise in einem Gebäude zusammengedrängt vorführt? Wie soll er fertig werden mit den Turmaufsätzen, die weder gotisch sind noch von einer Kathedrale aus Kasan stammen? Wie kann er die von der Kreml-

Hotel Leningradskaja. Entwurf. Arch. L. M. Poljakow, A. B. Borezki, 1948

mauer entlehnten Zacken zusammenbringen mit den realistischen Skulpturen? Was hat eine Arbeiter- und Bauernskulptur von Überlebensgröße über der Toreinfahrt eines Wohnhauses zu suchen? Wozu überhaupt eine Toreinfahrt im Stile des Leningrader Generalstabsgebäudes, die nicht weiter führt als in einen Hinterhof? Was konnte einen Künstler und Architekten bewegen, Elemente der italienischen Renaissance und des russischen Festungsbaus, die bizarren Spitzen der tatarischen Architektur und die mächtigen runden Säulen der Moskauer Klassik in einem Gebäude zusammenzubringen? Und was konnte ihn dazu veranlassen, die Halle eines Hotels aus der zweiten Hälfte des 20. Jahrhunderts mit schweren Eichenholzornamenten und Täfelungen der Neogotik des letzten Jahrhunderts, mit Butzenscheiben und brüllenden Löwen zu versehen – auch oder gerade wenn die Halle nicht weiter führt als zu einem ebenfalls in schwerem Holz getäfelten Lift? Was hat ihn inspiriert, eine Prachttreppe aufzuführen, über die der Fremde lediglich zum Friseur gelangt? Welchen Sinn kann ein Deckengemälde in einem üppig stuckierten Raum haben, das eine Himmelswölbung vorspiegelt und auf dem moderne Flugapparate, ein junger Mensch mit Fahrrad sowie Flöten- und Harmonikaspieler einen griechischen Tempel umgeben? Welche Beziehung besteht zwischen dem fahrradfahrenden Jungkommunisten und dem griechischen Tempel, zwischen dem Aeroplan und dem Flötenbläser? Und welchen Sinn hat es, wenn ein Gebäude von palastförmigem Format im Innern fast nur Zweizimmerwohnungen beherbergt (Kotelnitscheskaja nabereshnaja)? Und was soll ein Hotelgebäude, in dem nur 22 Prozent der Gesamtfläche für Wohnraum, nur 7 Prozent für die gastronomische Seite des Unternehmens übrigbleiben? Wozu hat es vier Lifte, wenn auf jeder Etage nur fünfzehn Zimmer untergebracht sind? Und warum wurden die Zimmer, die im übrigen sehr klein sind, oft nicht einmal 10 Quadratmeter, auch noch über Eck gebaut? Nur der Fassade zuliebe?

Die Nachfolger Stalins, auf dessen persönliche Initiative im übrigen der Bau dieser Gebäude zurückgehen soll, haben es sich in der Abrechnung einfach, allzu einfach gemacht. Man bemühte natürlich die leere Formel von der Dialektik von Form und Inhalt, daß die

Moskauer Staatsuniversität. Detail. Arch. L. W. Rudnew, 1948

Form dem Inhalt widerspreche, daß ein Hotel ein Hotel und kein neugotisches Museum sei, daß ein Wohnhaus ein Wohnhaus und kein Palazzo sei usf., und hat dabei – wie dies immer der Fall ist – den Widerhaken der Hegel-Marxschen Ästhetik nicht herausgezogen; zu schmerzlich wäre die Operation. Denn sie besagte nichts anderes, als daß die Form ihre eigene Wahrheit hat und ihr der Inhalt nicht bloß äußerlich angehört. Was ist dann aber die Wahrheit dieser Form?

Am offensichtlichsten ist die buchstäbliche Negativbilanz dieser Form – und das ist post festum auch den verantwortlichen Architekten und Ingenieuren ausführlich vorgerechnet worden: daß der Unterhalt eines der Wohnhäuser so viel koste wie der mehrerer «normaler» zusammengenommen; daß die Auslastung mit Bürofläche nicht überall so glücklich gelöst worden sei wie im Gebäude des Außenministeriums an der Smolenskaja ploschtschad. Und als

Hochhaus an der Smolenskaja ploschtschad. Detail. Zeichnung von M. A. Minkus, 1948/49

schwerwiegendstes Argument: das Land, dessen Bewohner nach dem Krieg zusammengepfercht in den von der Verwüstung verschonten Wohnvierteln hausten, die Stadt insbesondere, aus allen Nähten platzend, habe es sich nicht leisten können, derart verschwenderisch umzugehen mit den kostbaren Stoffen Stein, Beton, Zement, Stahl, Marmor.

Man hat mit der Diskreditierung des Stils und seiner Architekten – voran des obersten Bauherrn – Luft geschaffen für die eigene Baupolitik: für die Errichtung unübersehbarer Wohnquartiere in den Außenbezirken, für die Entfaltung des Massenwohnbaus mit Typenwohnungen für Millionen. Doch an den Rändern dieser Pioniertat nistete auch die Einfallslosigkeit und der Verzicht auf jeglichen Anspruch, der über die bloße Erfüllung der Funktion – Wohnen oder Verwaltung – hinausging.

Es ist immer seltsam zu sehen, wie eine spätere Zeit mit den ihr entstammenden Begriffen und Maßstäben an die Be- und Verurteilung einer anderen, vergangenen Zeit herangeht: denn natürlich war es den Planern und Bauherren von 1947 klar, was sie taten. Sie kalkulierten den Verlust a priori ein, sie wollten kein gesichtsloses

Massenquartier, sie wollten keine unterschiedslosen Bürosilos. Die Argumente der Nachgeborenen träfen nur dann ins Schwarze, wenn es damals eine wirksame Alternative gegeben hätte – im Jahre 1947, einem Jahr, in dem das ganze Ausmaß der Kriegszerstörung offensichtlich war, einem Jahr der Hoffnung, daß die paradoxerweise durch den Krieg bewirkte Öffnung nach außen eine bleibende sein werde, aber auch einem Jahr, in dem bereits die Weiche gestellt wurde für das Folgende: für die Abgrenzung, für die antikosmopolitische Kampagne und für eine Welle des Chauvinismus, die nun nicht mehr aus der Bedrohung durch Nazi-Deutschland herrühren konnte. 1948: das Jahr der Verurteilung der «bürgerlichen Formalisten», der «Dekadenten», der «Speichellecker vor dem europäischen Ausland und vor der bürgerlichen Kultur», das Jahr der Hetzjagd auf Schriftsteller, Wissenschaftler – vor allem, wenn sie Juden waren – und auf die von bisherigen Säuberungen noch verschonten Parteileute. Mit ihm verbindet sich ja die Begründung eines neuen patriotischen Selbstverständnisses: kein Zweifel durfte mehr aufkommen, daß Rußland nicht nur zu allem fähig sei, sondern daß der Fortschritt der Menschheit untrennbar mit den Errungenschaften russischer bzw. sowjetischer Wissenschaftler verbunden sei, ob in der Genetik, der Raketentechnik, der Philosophie oder der Architektur.

Die Hochhäuser, die keine Wolkenkratzer sein sollten und durften, sind ein Moment polemischer Selbstbehauptung mit der darin liegenden Krampf- und Zwanghaftigkeit. Wie anders sollte man sich die ungeheuerliche Leistung, solche Gebäude innerhalb von vier bis sechs Jahren aufzuführen, sonst erklären können? Es war die letzte Initiative eines Systems, das sich erschöpft hatte, das aber noch Kraft genug aufbrachte, der Stadt für immer seinen Stempel aufzudrükken. – Nur der letztendliche, die Zukunft der Stadt für immer mit dem Namen des Herrn verkettende Bau wurde nicht ausgeführt: der Palast der Sowjets, dort, wo die Schnittlinie der sieben Hochhäuser liegt.

Wäre die Architektur dieser Gebäude jedoch nur ein ideologisches Phänomen und nicht auch begründet in dem praktischen Sinn, in der Bereitstellung von Raum und prachtvollen Interieurs –

sollen wir uns scheuen zu sagen: in ihrer Brauchbarkeit? –, sie wären heute Ruinen oder lediglich – wie mir im *Leningradskaja* gesagt wurde – ein «Denkmal der Architektur». Sie sind es nicht. Die Universität auf den Lenin-Bergen ist ein – soweit ich das dem Augenschein nach beurteilen kann – funktionierender Mechanismus der Wissenschafts- und Ideologieproduktion; der Bau, der hier aufgeführt wurde, tut bisher seine Dienste. Über 6000 Menschen – Studenten, Aspiranten, Professoren – leben in diesem Gebäude mit den hotelähnlichen langen Fluren, mit den in einem Block zusammengefaßten Appartements mit Toilette, Dusche und Vorraum. Unter einem Dach findet der Studierende alles zum Leben und Arbeiten: mehrere Mensen – natürlich auch mit marmorverkleideten Säulen und schweren Lüstern –, einen Photographen, einen Friseur, einen Schuster, Lebensmittelläden und Buffets; er findet Sportsäle, Konzert- und Musikräume, ein Kino, Festsäle verschiedener Größenordnung, ein Schwimmbad, auf jeder Etage einen Gesellschaftsraum mit Fernseher. Der zentrale «tower», der von einer vergoldeten Spitze gekrönt wird, beherbergt die hellen Hörsäle, Bibliotheken, Arbeitsräume, die gesamte Verwaltung. Gewiß ist das Gebäude weitläufig, doch dafür, daß es eine ganze Stadt enthält, erstaunlich rationell und wenig ermüdend. Es ist von seiner Einteilung und seinen Funktionen her übersichtlich, unübersichtlich und anonym ist es vom Gesichtspunkt der Bewohner – doch muß das nicht schlecht sein. In der Regel wird ja auch die Unterbringung hier bevorzugt: wo sonst findet man derart solide Ausführung im Material, Luxus in der Unterbringung (Einzel- und Zweibettzimmer), wo sonst hat man Kino, Bad und Einkaufsladen unter einem Dach? «Wissen ist Macht» – so könnte man den Bau, vor allem, wenn er an Festtagen illuminiert ist und wie ein künstliches Gebirge Schaulustigen vorgeführt wird, kommentieren. Vielleicht ist es auch das Wissen der Macht, ganz bewußt: Rudnew, der Architekt, der auch den Bau der Militärakademie ausgeführt hat, kannte sich in derlei Gestaltungen aus.

Doch läßt sich mit dem Hinweis auf die Vernünftigkeit der Planung des Ж-förmigen Grundrisses, die Effizienz eines solchen Komplexes der Wissenschaft und des studentischen Lebens nicht der

Hochhaus an der Kotelnitscheskaja nabereshnaja. Entwurf D. N. Tschetschulin, A. K. Rostowski, 1948

Rest von Unerklärlichem und Unbehagen vertreiben, der einem bleibt, wenn man die Hallen zu den Ausgängen durchschreitet: auf steinernen Fliesen, die erst nach dreißig Jahren durch leichte Rundungen an den Treppenstufen die ersten Abnutzungserscheinungen aufweisen; vorbei an bis zur Decke reichenden Spiegeln und Granitsäulen, die mich an die Reproduktion des Palastes von Knossos in unserem Schulgeschichtsbuch erinnerten; in einem Kino mit Stuckdecke sitzend; durchs Foyer zum Theaterraum, der Anleihen beim Kolonnensaal gemacht hat, schreitend: Es bleibt für den, der dort lebt, immer ein Rest von Unbehagen, ein Gefühl für das Mißverhältnis von Funktion und Ausstattung. Es bleibt eine Gleichgültigkeit gegenüber dem überreichen Schmuck, der einen ja doch anziehen soll. Man kann ihm jedoch nur entgehen, wenn man ihn ignoriert.

Die Disproportion zwischen dem Aufgebot an Details, Zierat und Schmuck und dem Seh- und Wahrnehmungsvermögen läßt sich nur überspiegeln durch den Blick en passant. Zu sehr wäre der Passant strapaziert und von den großen Zielen des schweren Alltags abgelenkt. (In der Metro übrigens ist der Kontrast zwischen Aufforderung zum Sehen und Verschwinden des Bildes durch beschleunigte Bewegung auf die Spitze getrieben.)

Die Wahrnehmung wird dann kompliziert, wenn der Betrachter sich nicht mit der Attitüde des durch das bloße Fortschreiten der Zeit ermöglichten Mehrwissens oder Besserwissens zufriedengibt, sondern sich auf einen Dialog mit den Architekten dieser Monumente einläßt. Das sind immerhin Leute wie Wladimir Helfreich und Ljudwig Minkus (Smolenskaja ploschtschad), Aleksei Duschkin (ploschtschad Lermontowa), Michail Possochin und Aschot Mndojanz (*Ukraina* und ploschtschad Wosstanija), Tschetschulin (Kotelnitscheskaja nabereshnaja) und Lew Rudnew (Universität). Man könnte mit Recht auch die großen Namen derer einfügen, die nicht weniger rätselhafte Bauten zu verantworten haben und die uns aufgrund ihrer künstlerischen Herkunft noch weniger begreiflich erscheinen: also Schtschussew, Iofan, Sholtowski, Fomin. Künstlerarchitekten, die noch zu Beginn dieses Jahrhunderts ihre Ausbildung an der Petersburger Akademie erhielten, die für die Petersburger Aristokratie und die Moskauer Kaufleute nicht nur die prunkvollsten, sondern oft auch geschmackvollsten Villen und Paläste errichtet haben. Leute, die zu den gefragten Bühnenbildnern des Petersburger Theaters gehörten, die sich als fähig erwiesen, wohl ohne falsche Kompromisse an ihren kultivierten Geschmack Originelles in moderner konstruktivistischer Manier zu bauen (Schtschussew: Narkomsem-Gebäude, vor allem aber das Lenin-Mausoleum). Wie kommt es nun, daß gerade sie sich bereit fanden zum üppigsten und auf den ersten Blick sinnlosesten Phantasieren – etwa Schtschussew beim Bau der Metrostation *Komsomolskaja*, Fomin beim Bau der Metrostation *Ploschtschad Swerdlowa*, Sholtowskij bei der «palladianischen» Fassade des Wohnhauses an der Manege?

Daß der Zwang und die Möglichkeit, die Architekten außer Brot zu setzen, indem man sie von den Aufträgen des einzigen, nämlich staatlichen Bauherrn ausschloß, eine beträchtliche Rolle gespielt haben, ist sicher zutreffend – immerhin waren schon im Juli 1932 die zahlreichen miteinander konkurrierenden Architektenvereinigun-

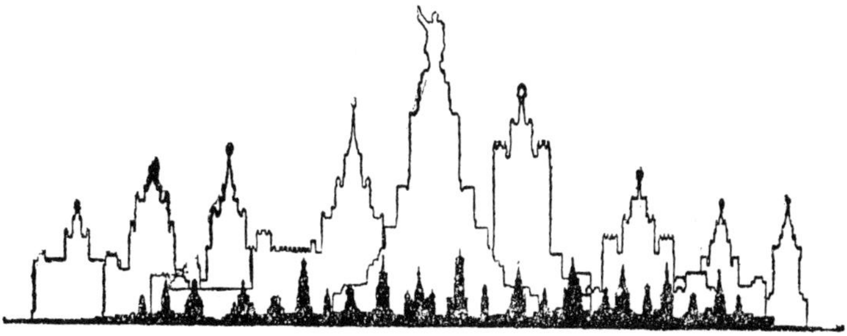

Die Vertikale der Kirch- und Glockentürme des alten Moskau ist auf die Skyline des sowjetischen Moskau übergegangen

gen zugunsten des einen Verbandes der Architekten der UdSSR aufgelöst und an der Stelle heterogener Architekturkonzeptionen die eine des «sozialistischen Realismus» proklamiert worden. Doch der Druck, der auf die Architekten ausgeübt wurde, erklärt sowenig den Übergang zu eklektischen Formen, wie überhaupt die These vom Stalinismus als blankem Terrorismus haltbar ist. Man handelt sich mit solcher Aussage leicht den Vorwurf des Apologetentums ein; doch führt die gängige und immer wiederholte Behauptung vom absoluten Bruch, der sich an der Grenze der zwanziger zu den dreißiger Jahren vollzogen haben soll, und derjenigen, die den Weg in den Eklektizismus der dreißiger und vierziger Jahre als bloße Reaktion oder gar «Abweichung» abtut, erst recht nicht weit. Druck zeigt bekanntlich Wirkung, wo derjenige, der unter Druck gesetzt werden soll, sich seiner Sache nicht mehr sicher genug ist; neue Gewißheit erwächst auf dem Boden der Verunsicherung und Ratlosigkeit alter Konzeptionen; ein neues Programm kann da wirksam werden, wo sich ein altes erschöpft hat oder die Bedingungen, denen sich das alte verdankt hatte, in Umwälzung begriffen sind. Man übersieht bei den gesellschaftlich und politisch gesetzten Daten und Zäsuren häufig die Eigenmächtigkeit von Entwicklungen in künstlerischen Mikrokosmen. Zweifellos wurde das Bauhaus in Berlin 1933 aufgelöst ebenso wie dessen sowjetisches Pendant WChUTEMAS bzw. WChUTEIN im Jahre 1930 – doch erklärt sich allein daraus das Ende der funktionalistischen und konstruktivistischen Ära? Die Schubkraft, mit der erst die Neoklassizisten, die Vertreter der Art deco und später des Eklektizismus vorstoßen konnten, muß etwas mit dem Vakuum zu tun haben, das die vorangegangene Ära zurückgelassen hatte. Es ist nicht immer nur ästhetisches Urteil im Spiel, wenn der Zwanziger-Jahre-Architektur Anerkennung gezollt und über die der dreißiger und vierziger Jahre leichthin die Nase gerümpft wird; hier spielt auch Solidarität mit den Opfern, Trauer um die, die unter die Räder kamen, eine große Rolle.

Die großen Bauten der dreißiger und vierziger Jahre – etwa die Lenin-Bibliothek, der Tschaikowski-Konzertsaal, die Wohnhäuser Nr. 4, 6, 8 auf der uliza Gorkogo, das Wachtangow-Theater auf dem Arbat, zahlreiche Metrostationen und die genannten Hochhäuser – hätten schwerlich ausgeführt werden können, wenn dahinter keine konstruktive und mit Graden überzeugende Idee gestanden hätte. Die Frage ist ja immer: überzeugend für wen und wodurch?

Daß es sich um eine einfache Reaktion gehandelt habe und die lange im Hintergrund stehenden Klassizisten von der Petersburger Akademie einfach wieder zu Ehren gekommen wären, so als sei nichts gewesen, leuchtet nicht ein. Denn zu einer einfachen Wiederholung des Klassizismus konnte es gar nicht kommen, die Ergebnisse der sowjetischen Moderne konnten nicht einfach übergangen werden, zu viele der neuen Architektengeneration waren durch die Schule der zwanziger Jahre gegangen. Wenn es ein ästhetisches Programm gibt, das sich in den Bauten der dreißiger und späten vierziger Jahre niedergeschlagen hat, so dürfte es negativ definiert lauten: weg von einer nackten, bloß funktionalistischen Architektur; positiv definiert: hin zu einer Synthese der diversen Stilrichtungen und Kulturen, als deren Erbe sich der Sowjetstaat begriff. Das Geheimnis des Eklektizismus ist der Versuch, zu einer eigenständigen, d. h. nicht von vornherein gewalttätigen Formensprache zu kommen.

Dem Sinn des Eklektizismus als einem gewissermaßen vergeblichen Syntheseversuch nachzugehen stellt in Moskau eine größere Herausforderung dar als anderswo. In Warschau (Kulturpalast), in Ostberlin (ehemalige Stalinallee) ist der Zuckerbäckerbau monströses Exportgut, erhebt nicht einmal den Anspruch darauf, etwas mit den bodenständigen Traditionen gemein zu haben. In Moskau hingegen ist er mit der Stadt verwachsen, erscheint geradezu als Neuauflage jenes Ringens in den beiden letzten Jahrzehnten des 19. Jahrhunderts, wo es ja auch um die Kreierung eines eigenen, d. h. neorussischen Stils ging. Eklektizismus läßt sich ja vielleicht gerade als Scheitern eines Syntheseprozesses definieren, als Produkt eines künstlich abgekürzten Wachstumsprozesses; als gewaltsames und von außen gesteuertes Zusammenfügen von Teilen, denen man Zeit zum Reifen nicht gewähren wollte oder konnte. Die Künstlichkeit dieses Unternehmens ist nur ein anderer Ausdruck für die Gewaltsamkeit, unter der der gesellschaftliche Bau vorangetrieben wurde; doch auch Gesellschaften werden nicht «gebaut» oder «errichtet», sondern sie wachsen.

Indes wird oft genug in der blasierten Kritik an Eklektizismus und Zuckerbäckerei die ungeheure und übermenschliche Anstrengung, die in sie investiert wurde, vergessen, wenn nicht gar verspottet. Man vergißt angesichts des überbordenden Dekors allzu leicht, daß diese Strömungen Monumente eines gewaltsam antizipierten Syntheseversuchs sind, der noch genug Selbstbewußtsein aufbrachte, sich als Platzhalter auf Ewigkeit hin einzurichten.

Wer vor einem halben Jahrhundert nach Moskau kam, hatte das Moskau der Kirchen und Glockentürme um sich. Walter Benjamin fühlte sich noch «von mehr als vierhundert Kapellen und Kirchen, will sagen von zweitausend Kuppeln rings umstellt», sprach von der «Ochrana der Architektur». Heute ist die Vertikale der Glockentürme eingeebnet, ihre aufstrebende Kraftlinie von ehedem ist an die Hochhäuser übergegangen.

(Anmerkung: Fast alle Kapitel dieses Buches entstanden etwa in der Reihenfolge meiner Erschließungen und Wanderungen mit Ausnahme des vorliegenden. Der Grund ist einfach: Man beginnt mit der Oberfläche, wird immer wieder von ihr abgestoßen, muß aber doch immer wieder zu ihr zurück. Nur aus diesem Grund erlaubte ich mir, ein Resultat an den Beginn einer Darstellung zu setzen.)

Schichtungen

Ist Moskau eine organisch gewachsene Stadt, so daß der Fremde wie anderwärts auch an der Architektur die Jahresringe der Zeit abtasten, nachvollziehen kann? So daß sich ihm ein Gefühl der Kontinuität mitteilt, vermittelt über Erfahrungsraum und Hintergrund, die er aus der Fremde mitgebracht hat: einen Raum aus Marktplätzen, umstanden von Bürgerhäusern, mit der Spannung zwischen Burganlage und Kathedrale einerseits und den republikanischen Einrichtungen wie Rathaus und Zunfthäusern andererseits; einen Raum, umschlossen erst von Wällen und Ringen, die von der wild wachsenden Stadt allmählich gesprengt und überrollt wurden, so daß die alte Anlage nur noch in der Namensgebung von Straßen und Plätzen fortlebt? So organisch gewachsen, daß man von der Geburt der mittelalterlichen Stadt bis zur modernen Industriehochburg über die Brüche hinweg vor allem die Kontinuität der Stadtwerdung verspürt?

Ich denke, daß es nicht so ist. Moskau ist die vorpetrinische, vorpetersburgische, altrussische Metropole und dann wieder die moderne, kapitalistische nach der großen Reform von 1861 und natürlich die sowjetische, die ins Zentrum des Reiches auch alle zentralen Institutionen zurückgeholt hat, die an die Newa verlagert worden waren. Moskau – das ist die Abwesenheit einer ganzen Epoche von Hauptstadtgeschichte, auch wenn die Stadt immer die heimliche Hauptstadt geblieben ist und der Zar erst hier zum Zaren gekrönt werden konnte. Natürlich ist Moskau reich an Errungenschaften des Absolutismus, ja es gibt buchstäblich einen «Moskauer Barock» und erst recht den «Moskauer Klassizismus», bestimmend für das Gesicht der Hauptstadt wurden sie indes nicht. Dieses Stück Geschichte, dieser Torso von Stadtgeschichte lagert anderswo: an der Newa, wo Peter der Große 1703 mit dem Bau der Peter-und-Pauls-Festung begann und wohin 1712 auch der Hof übersiedelte, um dort bis zur Revolution von 1917 zu bleiben. Auch in Petersburg wird die scharfe Diskontinuität empfunden. «Sanktpiterburch», wie die aus dem Sumpf herausgestampfte Stadt zunächst heißt, hat keinen Vorläufer; der Anschluß in die Vorgeschichte fehlt. Und nach 1918, als die Sowjetregierung nach Moskau übersiedelt, wird Petrograd, wie es nun heißt, als Hauptstadt abgesetzt und in die Provinzialität zurückgestoßen.

Auch in den zwei Jahrhunderten, in denen Petersburg zu einem phantasmagorisch schönen Ort wurde, hat die Stadt nie das Gespenstische, das in ihrer voraussetzungslosen Gründung lag, verleugnen können. Dostojewskis und Belys Helden haben das Lebens- und Zeitgefühl dieser unwirklichen Stadt ausgesprochen, Anziferow hat den Mythos, der sich um sie gebildet hat, aufgezeichnet in seinem Buch «Die Seele Sankt Petersburgs». Für Fremde, denen es beim Anblick Leningrads nach wie vor den Atem verschlägt, ist es meist eine ausgemachte Sache, daß sie Petersburg/Petrograd/Leningrad Moskau vorziehen, sich in der alten Hauptstadt wohler fühlen. Petersburg – das ist für die meisten der Inbegriff von Urbanität und europäischer Stadtkultur.

Doch vielleicht ist auch hier viel Anhänglichkeit an einen Mythos im Spiel. Moskau scheint auf den ersten Blick für das urbane Gefühl wenig zu bieten. Es erscheint fast wie ein Vakuum vom beginnenden 18. bis zum ausgehenden 19. Jahrhundert, als eine leere Fläche, die sich offenhielt für eine Wendung der Geschichte, die kommen mußte, die freien Raum bot, um die pulsierenden Ströme des Riesenreiches endlich in sich aufnehmen zu können. Vielleicht hat der große Brand von 1812 ganz absichtlich das Terrain bereinigt, auf dem dann um so unbelasteter die Stadt und das Land Rache nehmen konnten für die demütigende Zurücksetzung.

Zwei Städte also, die zwei gegeneinander verselbständigte Entwicklungsabschnitte der Geschichte verkörpern: hier das voraufgeklärte, vorpetrinische, orthodoxe, zarische und dann das bereits kapitalistische, in einem beispiellosen Boom aufblühende Moskau, dort das silberne, absolutistische, aufgeklärte imperiale Petersburg, dessen klassizistische Fassaden auch durch die Großbetriebe des Kapitals nicht mehr aus dem Gleichschritt zu bringen sind. Hier die sympathische Anmut organischen Wildwuchses, dort der Zauber der Geometrie.

Das Bild von den «zwei Hälften» taucht bezeichnenderweise wieder bei Lenin auf, wenn er Anfang 1918 bemerkt, daß Rußland zur fortgeschrittensten politischen Form gefunden habe – der «Diktatur des Proletariats» –, daß die dazugehörige fortgeschrittene ökonomische Basis, die andere Hälfte also, außerhalb Rußlands bereits existiere: im deutschen Staatskapitalismus Wilhelms II. und Rathenaus. Aber was bedeutet die Verselbständigung zweier Kulturen, was bedeutet es für die Entwicklung einer städtischen Kultur, wenn sich unterschiedliche Kulturniveaus und Traditionen getrennt entwikkeln, sich nicht aneinander reiben und abarbeiten können, wenn es gar so weit kommt – wie oft genug geschehen –, daß Petersburg zum Vorposten Europas, Moskau hingegen zum «Rom der Tataren» (Madame de Staël) stilisiert wird?

Der Blick, den die Petersburger oft hochmütig auf die Moskauer, und der oft neidisch-verachtungsvolle Blick, den die Moskauer auf Petersburg geworfen haben, läßt sich geradezu dechiffrieren als Frage-und-Antwort-Spiel – oder, etwas seriöser ausgedrückt: als Versuch einer Selbsterkenntnis der Petersburger wie Moskauer Russen, wer sie eigentlich sind, wohin sie gehören. Die Spannung zwischen Moskau und Petersburg setzt sich subtil fort in den Spannungen und Animositäten zwischen Moskauern und Leningradern heute, und sie ist wohl die Spannung, die der Identität des Russentums als Russentum innewohnt. Den Schlagabtausch und die Liebeserklärungen, die die Hauptstädter sich von jeher geliefert haben, zu rekonstruieren, dies ergäbe so etwas wie die Ortsbestimmung eines zwischen den Polen Ost und West heimischen und zwischen diesen Polen oszillierenden Selbstbewußtseins.

Niemand hat brillanter das Gesicht der beiden Hauptstädte erfaßt als Gogol in seinen «Petersburger Aufzeichnungen aus dem Jahre 1836», zu einem Zeitpunkt also, da der Charakter der Städte weitgehend geprägt war. «In der Tat, wohin hat es die russische Hauptstadt verschlagen – ans Ende der Welt! Ein tolles Stück vollbringt die russische Hauptstadt, wenn sie sich in der Nachbarschaft des Nordpols niederläßt!» ruft er verwundert aus. Und dann wirft er

Der Kreml. Gravüre von S. Machajew, 18. Jahrhundert

eine phänomenologische Skizze hin, die auch heute noch präzise ist, wenn man die Provinzialisierung des ehemaligen Petersburg in Rechnung stellt. Moskau bietet sich ihm «mit Vollbart», Petersburg dagegen als «akkurater Deutscher». Moskau liegt «groß und breit hingestreckt», Petersburg ist «straff und gertenschlank und elegant». Moskau ist für ihn das «hausbackene Weib», Petersburg der «Stutzer». Petersburg ist ein akkurater Mensch, «und ehe er zu einer Abendgeselligkeit einlädt, sieht er nach, wieviel er in der Tasche hat; Moskau ist ein russischer Adliger, und wenn sich Moskau vergnügt, so tut es das bis zur Erschöpfung...» In Moskau reden die Journale tiefsinnig von Kant, Schelling «und so weiter und so fort, ...in den Petersburger Journalen ist von nichts als vom Publikum und der rechten Gesinnung die Rede». Petersburg ist ein Ort, wo die Schriftsteller ihr Geld verdienen, Moskau der, wo sie es verschwenden. «Moskau ist ein großes Handelshaus; Petersburg ist ein schöner, heller Laden. Rußland braucht Moskau, Petersburg braucht Rußland. Petersburg macht sich gern über Moskau lustig, darüber, wie plump und ungeschlacht und geschmacklos es sei; Moskau stichelt

Petersburg damit, daß die Stadt einem käuflichen Menschen gleiche und nicht russisch zu sprechen verstehe.» Gogol fällt es schwer, einen allgemeinen Ausdruck für das zu finden, was Petersburg ausmacht, und er formuliert vorsichtig: «In gewisser Weise gleicht die Stadt einer europäisch-amerikanischen Kolonie. Hier ist ebensowenig bodenständig Nationales und ebensoviel international Gemischtes, noch nicht zu einem neuen festen Körper Verschmolzenes.»

Schon seit geraumer Zeit blüht Nostalgie um die versunkene silberne Stadt, werden aber auch verspätete Bannflüche gegen die Schuld, die die petrinische Epoche auf sich geladen habe, ausgestoßen; diese Schuld bestehe darin, daß sie Rußland, wie Solshenizyn etwa meint, auf einen «falschen Weg» geführt habe. In solcher Überspitzung ist wie immer Wahres: allein schon der Bau Petersburgs wurde erzwungen mit dem Verbot, in Moskau Häuser in Stein aufzuführen – von den zivilisatorisch-ideellen Konsequenzen ganz zu schweigen. Für Jahrhunderte hat der Kraftakt Peters des Großen Energien absorbiert, die anderswo zu Stillstand und Auszehrung führen mußten. Cum grano salis läßt sich daher wohl sagen, daß die Gründung Petersburgs die Stadtwerdung Moskaus unterbrochen, gehemmt hat, daß Moskau die Kosten der petrinischen Reformen zu tragen hatte. Doch lenkt die Rede von Petersburg als der «europäischen» und Moskau als der «russischen», wenn nicht gar halbasiatischen Stadt davon ab, daß Moskau immer schon die europäischere Stadt war. Die pointierte Formulierung tut not, um den erstarrten Mythos etwas in Bewegung zu setzen.

Alle Elemente der Stadtbildung, wie sie uns aus Europa vertraut sind, finden sich fast komplett im Moskau des Mittelalters. Es findet sich die Burg als Zufluchtsort und Stätte der Exploitation, die Kultur erst möglich macht; es findet sich ein Grundriß der Stadt, der nicht von ungefähr erinnert an den von Paris; es residiert nicht nur der Zar, sondern auch der Patriarch auf diesem Gelände, und damit beinhaltet es zumindest der Potenz nach die für Europa so heilsam und folgenreich gewordene Spaltung der Macht in die rivalisierenden Mächte des irdischen und himmlischen Reiches (freilich wurde der Cäsaropapismus nicht außer Kraft gesetzt, aber Häresien und Reformationsbemühungen gab es doch); es finden sich einige der Ingredienzien sozialer Unruhen, wie sie auch in den mittelalterlichen Städten Westeuropas vorhanden waren, auch wenn es hier niemals zu Zunftbildungen mit republikanischem Gefüge kam.

In Moskau entstanden die ersten russischen Schulen und – noch 1755, als Petersburg bereits Hauptstadt war – die erste russische Universität. Und vor allem: Moskau steht lange vor 1703 in enger Fühlung mit Oberitalien, mit der europäischen Renaissance, mit der «Wiedergeburt» Europas. Venezianische und Mailänder Bauleute arbeiteten in Moskau zu einem Zeitpunkt, als es die Vision von einem «Venedig des Nordens» noch nicht einmal gab. Sowenig also das, was man als europäisch bezeichnet, identisch ist mit dem Zeitalter der Aufklärung, insbesondere der Zeit der Französischen Revolution, sowenig trifft offensichtlich zu, daß Moskau die nicht europäische Stadt par excellence ist. Es scheint fast so, als sei mit der Verdoppelung der Hauptstädte auch das Konfliktpotential, das in Westeuropa so fruchtbar zum Austrag kam, gespalten, isoliert und damit weniger produktiv gemacht worden. Was in Frankreich etwa unter einem Druckkessel zusammengesperrt war – Versailles und der Dritte Stand von Paris –, das war hier in den Raum verteilt mit erheblichem Energie- und Druckverlust. Und als der Kessel dann doch barst, sprengte er nicht nur Versailles / Sankt Petersburg, sondern sogleich auch das Frankfurt der Paulskirche / das Petrograd der Konstituante in die Luft – das ist wohl der Sinn der von Lenin immer wieder zitierten Kette 1789–1848–1917.

Moskau hat sich revanchiert; ob auf die glücklichste Art, steht dahin. Die Geometrie Petersburgs läßt sich nicht wiederholen durch einen Generalplan zur Rekonstruktion Moskaus; der Klassizismus kann allenfalls als Neoklassizismus reüssieren; der Newski prospekt läßt sich mit der Verwandlung der Twerskaja in die uliza Gorkogo bestenfalls überholen, aber nicht einholen. Das klingt spekulativ, wenn nicht paradox; doch auch die geschichtliche Lage war in vielem paradox. Zudem gibt es viel gewagtere Spekulationen über den Charakter von Hauptstädten. Gibt es nicht Leute, die behaupten, nicht New York sei die amerikanischste Stadt, sondern Chicago? Demgegenüber ist es fast trivial, zu behaupten, Moskau sei die russischste der russischen Städte. Das Chicago Rußlands also?

Wilder Boom

Was macht es aus, daß noch heute die elementare Kraft des Jugendstils, einer Stilperiode, die hier «Stil modern» genannt wird, so allenthalben im Stadtbild präsent ist, nein: hervorbricht, es einem antut, angesichts des Massigen, Ungeformten oder zuviel Geformten? Es müssen die Triebkräfte sein, die in diesem Stil Gestalt angenommen haben und die man auch in Moskau inzwischen als seine Motive und Charaktermerkmale anerkennt.

Internationalität: Moskau und Petersburg hatten teil an einem allgemeinen europäischen Unbehagen an der Kultur und ihren traditionellen Formen; und hier brach es vielleicht elementarer hervor, weil es sich mit der Entdeckung der heimischen Elementarquellen verband.

Demokratisierung des Lebens: Luxus, der so viele Blüten trieb, daß das Leben darunter zu ersticken drohte, schoß gewissermaßen ins Kraut, so daß das Bedürfnis nach der Sichtbarmachung der Lebenslinien, des Grundes, aus dem alles hervorwuchs, sich bemerkbar machte. Von der Ästhetisierung des «L'art pour l'art» zur ästhetischen Gestaltung des Lebens, uralter Traum von der humanisierten Natur und der naturalisierten Menschheit. Aber kein «Zurück zur Natur!», sondern ein Wunsch, daß der Städter sich seine Behausung zurückerobere in der Stadt.

Kulturkrise: soll heißen Zerbrechen der Kultur, die sich dem lebendigen Leben als Korsett anlegt, es fesselt. Verbrauchtsein der überkommenen Formen, des Klassizismus ebenso wie der Irrwege des Eklektizismus (die indes so fruchtbar den Boden lockerten für das radikal Neue des «Stil modern»).

Lebensform gegen Technikform: Apotheose des Organisch-Kreatürlichen gegen die rationalen Formen, auf denen unsere Städte und unsere effektiven Geschäfte errichtet sind. Das Rechteck wird durch die vegetabilische Linie von Flora und Fauna gebrochen, außer Kraft gesetzt. Primat des Inneren und Ursprünglichen vor dem Äußeren und Sekundären, «Kultivierten».

Nicht immer ist in anerkennenden und Einverständnis bekundenden Worten vom «Stil modern» gesprochen worden. Es gab eine lange Zeit, in der er als die Verkörperung der décadence und diese wiederum als der Schwanengesang einer morbiden Klasse denunziert, wenn nicht verschwiegen wurde (doch gab es ja auch bei uns eine Zeit, wo dem Lachen über den Jugendstil, wie Dolf Sternberger bemerkt, «ein Ton von Absicht und Gewaltsamkeit beigemischt» war, ein «nachbebender Vernichtungswille, der dunkel weiß, daß er noch nicht wahrhaft zum Ziel gekommen ist»).

Moskau hatte teil an der europäischen Bewegung des «Stil modern»; die Querverbindungen nach München, Darmstadt, Berlin, Wien und Brüssel waren nachweislich intensiv. Das Publikum war auf dem laufenden durch Zeitschriften wie «Mir iskusstwa» von Alexandr Benois und Sergei Djagilew, «Apollon» und «Solotoje runo». Viele, die sich später in ganz andere Richtungen entwickelten – wie Kandinsky oder Igor Grabar – kannten die Münchener und Wiener Sezession aus eigener Anschauung. Fomin – später Hauptvertreter einer «proletarischen Dorik» – richtete bereits 1902 für Moskau die «Ausstellung für Architektur und Kunstindustrie des Neuen Stils» aus; gezeigt wurden u. a. ein Salon Mackintoshs und ein Speisezimmer von Josef Maria Olbrich. Es war Peter Behrens, der nach seiner Zeit in der Darmstädter Künstlerkolonie das Gebäude der Deutschen Botschaft in Petersburg ausführen sollte; und vielleicht nicht zufällig hatte sich El Lissitzky die Technische Hochschule Darmstadt als Studienort im Ausland erkoren.

Moskau und Rußland überhaupt hatten teil an dieser Bewegung, wie immer fast etwas verspätet, dafür exzessiver, radikaler. Kein Wort war in den zehner Jahren dieses Jahrhunderts wohl geläufiger als das der «Krise»: in der Literatur, in der bildenden Kunst, in der Philosophie. Nicht von ungefähr hatten hier Bergsons «élan vital», Losskis Intuitivismus, Berdjajews Existentialismus und die Umwertung der Werte des Neonietzscheanertums Hochkonjunktur. Im Chaos der neuen Ismen blieb sogar die stählerne Partei, die schließlich die Krise für sich wendete, nicht unangefochten, zu sehr war deren intellektuelle Crème de la crème verbunden mit der radikalen Verunsicherung des Zeitgefühls. Es ist nur eine Marginalie, die doch nicht ganz bedeutungslos ist, daß der Autor des «Mythos des XX. Jahrhunderts», der aus Reval gebürtige Alfred Rosenberg, am Moskauer Polytechnikum zu jener Zeit Architektur studierte.

«Und überall erschien der buntfarbige freche Stil – der Jugendstil», notierte Waleri Brjussow 1909. Etwas von der Frechheit, Frische und sich wohltuend abhebenden Gediegenheit ist allenthalben im Moskauer Stadtbild wahrzunehmen (auch in den von den Gründerjahren besonders geprägten Städten der russischen Provinz wie Nishni-Nowgorod / Gorki, Samara / Kuibyschew oder in der damals dritten russischen Metropole Odessa). Es gibt Konzentrationspunkte des «Stil modern»: in den abgelegeneren Vierteln des Arbat, auf der Meschtschanskaja uliza, auf der Kropotkinskaja und Metrostrojewskaja. Es gibt bevorzugte Objekte, an denen sich die Architekten in den beiden Jahrzehnten vor der Revolution erprobten: Bahnhöfe, Gesellschaftsbauten, großzügige Mietshäuser des Bürgertums, Banken und natürlich Villen. Vielleicht drückt sich auch am Stil dieser Zeit der unterschiedliche Charakter der beiden Hauptstädte aus. Die Petersburger Exemplare aus jener Periode – das Haus Tolstois, das Jelissejew-Geschäft und das Haus Singer am Newski prospekt und andere – erscheinen mir kühler, nordischer, englischer, gotischer. Moskau ist auch hier unorthodoxer, farbiger, überschwenglicher.

Was die Jahrhundertwende in Moskau architektonisch so markant erscheinen läßt, obwohl sie von allen Seiten eingekreist wird, muß damit zusammenhängen, daß der «Stil modern» sich radikal absetzt gegen den Historismus der zweiten Hälfte des 19. Jahrhunderts, der allzuoft in bloßen Eklektizismus eingemündet war. «Es findet keine Renaissance der Renaissance statt, sondern eine ‹Naissance›», hatte Otto Wagner geschrieben und damit den revolutionären Impetus einer Bewegung charakterisiert, der sich noch die spätere Avantgarde, die so scharfe Worte gegen den Jugendstil finden sollte, verdankte.

Trotz vieler Eingriffe ist die Architektur der beiden vorrevolutionären Jahrzehnte nicht eingeebnet worden, zu nachhaltig hat sie das

Gesicht der Stadt geformt, zu sehr steckt darin die Kraft des kapitalistischen Booms, der Rußland und Moskau herausgerissen hat aus dem Idyll einer weltabgelegenen Provinz.

Moskau war Stadt, lange bevor es Hauptstadt geworden war. Anders gelegen als Petersburg – mitten im Reich, die Lebenssäfte absorbierend, verarbeitend, konzentrierend –, anders gebaut – als nach allen Seiten hin offener Kern, entwicklungsfähig und nicht behindert durch einen klassizistischen Schachbrettgrundriß –, ist es das Zentrum des kapitalistischen Booms, selbst wenn die größten Industriekomplexe, wie Werften, Putilow- und Obuchow-Werke in Petersburg lagen. Ein Bürgertum mit nationalem Gesicht sammelt sich da, wo Platz genug ist, wo die Verbindungslinie zur nationalen Geschichte und zum Volkskörper unmittelbarer, direkter sichtbar ist, wo die Bourgeoisie selbst noch die Zeichen ihrer Herkunft trägt: die Rjabuschinskis, die Konowalows, Tretjakows, Morosows, Mamontows, Tschetwerikows, die führenden Magnaten der Jahrhundertwende sind dies erst in zweiter oder dritter Generation, haben sich emporgearbeitet aus bäuerlichen Verhältnissen, manchmal liegt die Leibeigenschaft noch nicht allzuweit zurück.

Die Stärke des bäuerlichen Selfmademan hat indes von Anfang an schon den Geschmack der bürgerlichen Endzeit an sich. Mamontow, Rjabuschinski und andere sind Herren der Stadt, obwohl die Macht noch nicht in ihren Händen liegt. Sie partizipieren an der Kultur des Adels und sind sich schon über dessen Ende und die Gründe – das bloß unproduktive Zehren vom Landbesitz – im klaren. Ihre Zeit ist gekommen in dem Augenblick, da sie schon abgelaufen ist. Ihre Lebenssphäre entfaltet sich auf dem schmalen Terrain zwischen den aristokratischen *ussadby* und den aus dem Boden sprießenden Betrieben und Fabriken, ihre Institutionen schieben sich in den Raum zwischen Adelsversammlung und Kontor und Börse. Die russische Bourgeoisie hat Moskau in einer Weise umgestaltet, die einen Lenins Worte glauben lassen könnte: daß die russische Bourgeoisie aufgeholt habe und sogar in die Spitzengruppe der kapitalistisch-imperialistischen Staaten aufgerückt sei.

Die Denkmäler des nachreformistischen Booms, da trotz gebremster Bauernbefreiung von 1861 die «freigesetzten» *mushiki* in die Stadt

Villa Rjabuschinski. Arch. F. O. Schechtel, 1900–1902

Treppenaufgang in der Villa Rjabuschinski. Arch. F. O. Schechtel, 1900–1902

strömen, sind allenthalben zu sehen, sie gaben der Stadt nicht nur etwas wild Chaotisches, wie Reisende von damals berichteten, sondern auch etwas von der Logik des Kapitals: Neue Bahnhöfe entstehen an der Ringlinie – so etwa der Brjansker (Kiewer) von Rerberg, der Kasaner von Schtschussew, der Jaroslawler von Schechtel, der Rigaer Bahnhof. Fabriken werden aus dem Boden gestampft oder die alten Manufakturbetriebe radikal erweitert: Trjochgornaja, Bromley, List, Gratschew, Michelson, Abrikossow. Niederlassungen des ausländischen Kapitals eröffnen. Kirchen, Kapellen, Glockentürme, Kneipen, Buden, Tausende von kleinen Geschäften machen den neuen Bauten Platz. Banken, Handelshäuser, Geschäftshäuser großen Stils, Hotels rücken vor, das Chaos des händlerischen Moskau nicht auflösend, sondern potenzierend und sich eher durch die neue Dimension, den neuen Maßstab unterordnend. So geschieht es in Kitai-gorod, auf der Iljinka, Warwar ka, in der Mjasnizkaja, auf Kusnezki most, im Viertel hinter dem Großen Theater.

Wo Kapital ist, ziehen auch die Arbeitshände nach: in die Mietskasernen um die Fabriken, alle außerhalb des Rings, der die Weiße Stadt umgibt. Nur wenig ist noch zu sehen von diesem Typ der Wohnkasernen (auf dem Warschawskoje schosse zum Beispiel), gar nichts mehr von dem unendlichen Meer von Holzhäusern, das sich noch auf jedem Moskau-Bild dieser Zeit ausbreitet.

Was sich erhalten hat, sind die Wohnhäuser des Bürgertums, das sich nicht nur aus Geldgründen vom Typus der aristokratischen *ussadba* abkehrt. Bis zu zehn Etagen hoch sind die Häuser entlang den Straßen der sich neu konstituierenden städtischen Öffentlichkeit und Geschäftigkeit gebaut, ermöglicht durch die Revolution im Liftbau. Sie sind großzügig angelegt, mit breit ausladenden Aufgängen, geräumigen Treppenhäusern und bei aller Großartigkeit der Anlage vielfach gegliedert, durch Balkons gerundet, mit wellenförmigen Gittern oder farbigen Majolikabändern aufgelockert. Sie bringen Farbe und Rhythmus ins Stadtbild. Man wird schon bei einer Fahrt im Trolleybus «B» über den Ring (vor allem in den Abschnitten Sadowaja – Triumfalnaja, Sadowaja–Kudrinskaja) von der Lebhaftigkeit und Lebensfähigkeit einer Architektur, die nicht bloß dank exzellenten Baumaterials überlebte, überzeugt.

Moskau, Teatralnaja ploschtschad. Postkarte aus der Serie «Das Moskau der Zukunft», 1913

Die Stadt wuchs in jenen Jahren zur Stadt zusammen, freilich eher spontan als geplant. Die Straßenbahn wird zum Konkurrenten der ein Heer von Zehntausenden bildenden Kutscher. Ein Raum wird zur Stadt. Ein Agglomerat wird Gesellschaft, strukturiert sich, um funktionsfähig bleiben zu können: Krankenhäuser werden errichtet, Volkshäuser, Versicherungsgesellschaften, Waisenhäuser, Institutionen der politisch sich artikulierenden Gesellschaft. An Museumsbauten – ob am Historischen Museum von Sherwood oder dem Puschkin-Museum für darstellende Künste von Klein – und den öffentlich ausgetragenen Kontroversen um deren Gestaltung läßt sich das neue Selbstbewußtsein des dritten Standes ablesen. Fast bilderbuchhaft, wie aus dem «Kapital» abgeleitet, beginnen die Sphären von Konsumtion und Produktion arbeitsteilig auseinanderzufallen, das Gefäßsystem der Distribution wächst nach. Große Kaufhäuser und Geschäftspassagen wie die «Handelsreihen» (ein Teil davon das heutige GUM) oder die Passagen in der Petrowka, Warenparadiese von der Größe ganzer Stadtviertel, breiten sich in der Innenstadt aus.

Wo Geschäft und Privatleben auseinandertreten, wo die Intimität des adligen Salons zu eng wird für die neuen Teilhaber am Kultur- und Gesellschaftsgeschäft, da entstehen auch die Pflanzstätten einer neuen Umgangsform, die Intimität und weltläufige Anonymität zusammenbringen. Hotels, Cafés, Restaurants, Klubs produzieren eine Öffentlichkeit, die sich fundamental unterscheidet von der des «Adelsnestes» (und die doch ihrerseits schon wieder zu exklusiv und eng ist, um diejenigen aufzunehmen, die auch etwas zu sagen haben). Restaurants mit Klubräumen werden mehr als einmal erwähnt in der Literatur der Moskauer Szene der zehner Jahre: die *Eremitage*, das Restaurant *Schtschorbaki* und *Welde*, das *Livorno*, die *Alpenrose* auf der Sofijka, der *Slawjanski Bazar*, das *Eldorado*, das Restaurant *Praga* (das es auch heute noch gibt), das Hotel *Berlin* (auch dies ist noch zu besichtigen, zwischendurch hat es mehrmals den Namen gewechselt und hieß u. a. *Savoy*), *Dusseaux* und *Billo* (dies Etablissement in deutscher Hand, weshalb wohl Richard Wagner hier 1863 abgestiegen ist). Große Hotels von internationalem Format wie das *Metropol*, das *Grand Hotel* (vis-à-vis vom *Metropol*, auf der Rückseite des Hotels *Moskwa*, heute abgerissen), das *National*, das *Lux*, Hotel *Dresden*, Hotel *Paris* und viele andere dokumentieren einen neuen Grad des Anschlusses an den internationalen Verkehr, überhaupt einen neuen Grad von Mobilität und Verlorenheit.

Die aufschießende Metropole der Jahrhundertwende hat ihr «Dickicht» (Ist Petersburg mit einem Dickicht so recht vorstellbar?) um die Sucharewskaja ploschtschad (heute Kolchosnaja) mit dem pittoresken Turm aus Peters I. Zeiten (auch ihn hat man abgerissen, um großzügigen Neuplanungen Platz zu schaffen, wohl auch, um ein Denkmal des Handels, des Marktes, des schwarzen zumal, zu tilgen: die Sucharewka – das war in der Zeit der «Neuen Ökonomischen Politik» die Chiffre für Spekulantentum). Moskau hat die Chitrowka, den Schauplatz von Gorkis «Nachtasyl», beherbergt mit all den Kneipen, Tavernen, Herbergen und Spelunken, die Wladimir Giljarowski aus erster Hand beschrieben hat (und während er dies schrieb, rückten die Baubrigaden vor, um den Schandfleck zu beseitigen; Moskau sollte schöner werden). Moskau hat seinen natürlichen Bauch, die Gegend um den Ochotny rjad, dort, wo heute das Hotel *Moskwa* und das Ministerratsgebäude von Langman stehen.

Unübersehbar, unkontrollierbar, undurchdringlich in seinen Gerüchen, seinen Transaktionen, seinem Lärm, seiner Verschlingung von offenem und dunklem Geschäft. Das bäuerliche Rußland nährte die Stadt, und für die Kinder der Reichen war es ein Abenteuer sondergleichen, mit der Gouvernante oder Mama auf jenem Markt mit ungläubigen Augen dieses Rußland zu bestaunen. Marina Zwetajewas Schwester Anastassija war dort in der großen Fastenzeit und sah in den Bottichen die «winzigen Stinte mit ihren silbrigen Schuppen. Es roch nach Brötchen und Plinsen. Schlitten transportierten große Teigbottiche und Glasballons mit Kwaß und heißen gewürzten Honiggetränken.»

Von diesem Bauch Moskaus, der die Stadt nicht nur physisch ernähren half – auch die Theaterleute profitierten vom Einbruch des Originalen –, ist absolut nichts geblieben. Mehrspurig preschen hier Auto- und Buskolonnen über den Asphalt, der Fußgänger ist unter die Erde verbannt.

(Eine winzige Ahnung, wie jenes Chaos gewirkt haben muß, befällt mich an einem Winterabend, als ich über die uliza Shdanowa zur Metro gehe, nicht weit von den Buchhandlungen in der Puschetschnaja. Dort stehen im Halbdunkel Menschen in Gruppen herum, ein oder zwei Bücher unter dem Jackett oder Mantel vorzeigend, so daß der potentielle Kunde weiß, worum es geht. Das Seltsame, was an Dickicht-Schwarzmarkt erinnert, wird ausgelöst durch die kreisende Bewegung der Menschen, die sich aneinander vorbeischiebend die Bücherrücken zeigen; doch wechselt der Ort für solche Transaktionen ständig. Moskau hat keinen Platz mehr fürs «Dickicht der Städte» – oder besser: es wächst woanders heran, in den neuen Mikrorayons, den Wohnsilos und Vierteln an der Peripherie mit Hunderttausenden von Mietern ohne ausreichende technische und soziale Infrastruktur; vielleicht stellt sich hier am ehesten das Problem der «Unregierbarkeit» in sowjetischer Form.)

Das Verhältnis der Heutigen zur Leistung der Bourgeoisie ist komplizierter, als es die Formel «bürgerliche Entwicklung als objektiv notwendiges Übergangsstadium» andeutet. Während einem einerseits in Geschichtsbüchern allenthalben ein Rjabuschinski und Tretjakow begegnen, die das Proletariat nicht nur «ausgebeutet» haben, sozusagen in den objektiven Termini der politischen Ökonomie, sondern auch mit subjektiv-persönlichen, ins Moralische gehenden Vorwürfen bedacht werden, erscheinen andererseits ein Tretjakow und Rjabuschinski, die in versöhnlichem und generösem Ton als Wegbereiter einer wiedererwachten russischen Nationalkultur präsentiert werden. Die Bilder, die sie gesammelt, die Dichter, die sie unterstützt, die Villen, die sie errichtet haben (und die heute den Botschaften als Quartier dienen oder gar zu Museen umgewandelt wurden), genießen den Segen der siegreichen Klasse, man weist sie vor – doch ohne den Untergrund, aus dem sie hervorgegangen sind. Das hat etwas Irritierendes an sich.

Aber wie irritierend muß aus der Perspektive des Schul-Diamat erst ein Bourgeois sein, der wie Sawwa Timofejewitsch Morosow die bolschewistische Parteipresse mitfinanzierte und sich als enger Freund des legendären Moskauer Bolschewiken Baumann bezeichnen konnte? Wie irritierend muß ein Fabrikantensohn wie jener Nikolai Pawlowitsch Schmitt erscheinen, der bereits 1904, noch vor der Revolution, in seiner Möbelfabrik in Krasnaja Presnja den Neunstundentag einführt, Ambulatorien einrichtet und der Moskauer Organisation der RSDRP 20000 Rubel zur Finanzierung der Zeitschrift «Nowaja shisn» überläßt, und der schließlich selbst auf den Barrikaden kämpft? 1907 kam er in der Einzelhaft im Butyrka-Gefängnis um. Wie seltsam muß dem am Histomat-Raster Geschulten ein Mäzen wie Tretjakow anmuten, der die Bilder des Widerstands, des Elends der «Erniedrigten und Beleidigten» sammelte, als sie noch keine Konjunktur hatten, und sie dann dem «Volk» vermachte – lange bevor von Enteignung und Nationalisierung die Rede war? Wie verhält man sich zu Kaufleuten, «Charaktermasken der Warenzirkulation», die Krankenhäuser auf eigene Kosten errichteten, wie Soldatenkow das 1908 bis 1910 errichtete Botkin-Krankenhaus (Architekt I. A. Iwanow-Schitz)? Oder zu der so vielseitig begabten Familie der Botkins, die mit dem Teehandel zu Geld kam, deren Sprößlinge zu den bedeutendsten Sammlern russischer und westeuropäischer Kunst in Rußland wurden und einer von ihnen – Dmitri Petrowitsch Botkin – ein hervorragender und sozial engagierter Arzt?

Auch die Schtschukins, ein in der Textilbranche groß gewordener

Clan, haben ihr Geld in einer Weise angelegt, daß noch heute der Sowjetstaat stolz davon profitiert. Pjotr Iwanowitsch übergab bereits 1905 seine an die 15000 Stücke umfassende Sammlung altrussischer Kunst dem Historischen Museum in Moskau. Und von Sergei Iwanowitsch, der Picasso, Matisse, Cézanne in einer unvergleichlichen Kollektion nach Rußland geholt hat, wird berichtet, daß er – seit 1917 im französischen Exil – das Ansinnen, Rechtsansprüche auf seine Sammlung geltend zu machen, abgewehrt habe mit dem Hinweis, daß er nicht für sich selbst, sondern für sein Land und sein Volk gesammelt habe.

Die Rjabuschinskis, Morosows, Mamontows haben mehr hinterlassen, als die triumphierenden Erben sich einzugestehen bereit sind. Die Rjabuschinskis, Kaufleute, Bankiers und Fabrikanten mit bäuerlichem und altgläubigem Hintergrund – der Ahnherr stammt aus dem Kalugaer Gouvernement –, haben noch 1916 den Grundstein zu den AMO-Werken, die später Stalin-Autowerke und heute Lichatschow-Autowerke heißen, gelegt. Die Mamontows riskierten ihr Geld bei der Erschließung Rußlands durch die Eisenbahn. Die Morosows – übrigens ebenfalls aus einer altgläubigen Leibeigenenfamilie hervorgehend – haben die für Rußland so lebenswichtige Textilindustrie mitbegründet.

Am Aufstieg dieser Familien erstaunt die beinahe amerikanische Art. Mit einer bloß ökonomischen Interpretation dieser Karrieren kommt man nicht weit. Es ist fast so, als sei der russische Bourgeois, der nicht mehr die Zeit fand, zum Citoyen zu werden, auf das Gebiet der schönen Künste verdrängt worden. Politisch eingezwängt von der Autokratie einerseits, bedrängt von den verelendeten und doch schon disziplinierten bäuerlichen und proletarischen Massen andererseits, blieb die Sphäre von Kunst und Kultur. Privatinitiative und Mäzenatentum machen wett, was ein sozial wie intellektuell impotent gewordenes politisches System nicht mehr leisten kann. Ist die russische und später auch sowjetische Avantgarde überhaupt vorstellbar ohne die von Sawwa Iwanowitsch Mamontow begründete Künstlerkolonie von Abramzewo, um die sich Repin, Wrubel, Korowin, Wasnezow scharten? Ist die Blüte des russischen Theaters und des Musiktheaters überhaupt vorstellbar ohne die Initiative Ma-

Sergei Djagilew, im Hintergrund seine Amme. Gemälde von Léon Bakst, 1905

montows für eine «Russische Privatoper»; Sawwa Mamontow war beileibe nicht nur Finanzier, auch nicht nur der Freund Schaljapins oder Stanislawskis: er komponierte, musizierte, spielte selbst (in seinem Haus in der Sadowaja-Spasskaja 6).

Wie schwer tut sich doch eine Geschichtsschreibung, die unter permanentem Denunziationszwang hinsichtlich der «untergehenden Klassen» steht, mit Vertretern einer Klasse, die von sich aus, ohne Zwang, Argumente beisteuerten für eine andere, neue, vielleicht bessere Welt, und die den Mut besaßen auszusprechen, daß sie für jene neue Welt zwar eintreten, nicht mehr aber an ihr teilhaben könnten. Sawwa Timofejewitsch Morosow, auch er ein Freund Stanislawskis und Gorkis, treibende Kraft bei der Gründung des legendären Kleinen Künstlertheaters und Geldgeber für die Untergrundpresse, gleichzeitig aber Initiator einer überfälligen Arbeitsgesetzgebung, zog auf dem Höhepunkt der ersten Revolution die Konsequenzen. Der Fabrikant und Sympathisant der Bolschewisten setzte seinem Leben 1905 ein Ende, indem er sich eine Kugel in den Kopf schoß.

Der revolutionäre und stürmisch-produktive Charakter der russischen Bourgeoisie muß eben nicht bloß in einer ihr objektivistisch zugeschriebenen «transitorischen Mission» bestehen, nach der sie gefälligst abzutreten habe; er besteht unter anderem darin, daß sie nicht auf Kosten des ihr Möglichen gelebt hat, daß sie ihre Grenzen, ohne sich selbst oder anderen etwas vorzumachen, deutlich erkannt und zum Teil sogar anerkannt hat. Diese Einsicht in die Grenzen ihrer Möglichkeiten, das radikale Eingeständnis ihrer notwendigen und zugleich schon in Frage stehenden Position, verlieh ihren besten Vertretern einen Zustand unglücklichen, ja tragischen Bewußtseins. Djagilew ist nur ein Fall, wenn auch ein unübertroffen prägnanter, für solch radikale Selbsteinsicht. Auf einem ihm zu Ehren von Moskauer Künstlern gegebenen Dinner eröffnete Djagilew der anwesenden Prominenz – Mamontow, Serow, Mussatow, Ostrouchow waren erschienen –, was er, und wohl nicht nur er, dachte, was aber nur er in absoluter Rücksichtslosigkeit auszusprechen vermochte: Er habe sich beim «Hauch des Sommerwinds», bei seinen Fahrten durchs weite Rußland davon überzeugt, «daß die Zeit gekommen ist, Bilanz zu ziehen… Verödet sind die Majorate, furchtgebietend in ihrer erstorbenen Pracht die Paläste, die seltsam bevölkert werden von den heutigen kleinen und mittleren Leuten, die die Bürde einstiger Paraden nicht ertragen… Und von Stund an war ich überzeugt, daß wir in einer furchterregenden Zeit des Umbruchs leben; wir sind zum Sterben verurteilt, um einer neuen Kultur zum Auferstehen zu verhelfen, die von uns das übernehmen wird, was von unserer müden Weisheit übrigbleibt… Und deshalb erhebe ich ohne Furcht und Unglauben das Glas auf die zerstörten Mauern der schönen Paläste wie auch auf die neuen Gebote einer neuen Ästhetik. Und der einzige Wunsch, den ich als unverbesserlicher Sensualist äußern möchte, lautet: Daß der bevorstehende Kampf nicht die Ästhetik des Lebens verletzen möge und der Tod genauso schön und strahlend sei wie die Auferstehung.»

Ort der Handlung: Hotel *Metropol*, gerade erst nach Plänen von Walcott und Erichson fertiggestellter weißer Ozeandampfer am Theaterplatz. Zeit der Handlung: Das Jahr 1905, inmitten der Wogen der Revolution.

Bemerkung zu Schechtel

Freunden zuliebe eine Tour unternommen; wenn man anderen etwas zeigt, sieht man seltsamerweise weniger – das Gegenteil müßte der Fall sein. Das Moskau zu Anfang des 20. Jahrhunderts erschöpft sich nicht in Schechtels Werk, aber Schechtel ist vielleicht der Farben- und Nuancenreichste. Man müßte auch auf Kekuschew, Walcott, Erichson, Klein und Schtschussew eingehen, auf die Neoklassik und den neorussischen Stil. Schechtel (1859–1926) schulte sich anfangs im neorussischen Stil (russischer Pavillon auf der Ausstellung in Glasgow), lieferte eine neogotische Arbeit (Villa Morosow in der uliza Tolstogo 17), lehrte an der Stroganow-Schule und war Vorsitzender der Moskauer Gesellschaft für Architektur (MAO) von 1906 bis 1922, also auch in deren stürmischster Periode. Folgendes besichtigt:

Villa, Kropotkinski pereulok 13. 1901 errichtet, heute australische Botschaft. Wahrscheinlich einer der schönsten Villenbauten überhaupt. Das Gebäude ist rundum interessant, beläßt es nicht bloß bei einer Fassade zur Straße hin. Konzentration nach innen, sichtbar wird der große Raum durch großflächige Verglasung auf der rechten Gebäudeseite.

Mietshaus in der uliza Frunse 13. Errichtet 1909, mit runden Erkern, grau und vornehm, fast abweisend.

Villa Rjabuschinski in der uliza Katschalowa 6/2. 1902 gebaut. Von Photos her hatte ich ein einheitlich weiß getöntes, ruhiges Gebäude erwartet. In Wirklichkeit ist es bunt, belebt von den Pflanzenornamenten auf dem Mosaikfries. Überdies ist es in rosafarbenem Ton gehalten. Die Eisengitter der Umzäunung und der Balkons sind wellenförmig. Die Villa ist aus jedem Blickwinkel asymmetrisch gebaut und ruht doch fest wie ein Kubus. Innen dominiert die Wellenlinie erst recht: man wird im Treppenhaus entweder hinauf- oder hinabgetragen auf einem Wellenkamm. Man fragt sich, wie Gorki sich hier zwischen 1931 und 1936 wohl gefühlt haben mag.

Villa Morosow in der uliza A. Tolstogo 17. Errichtet zwischen 1893 und 1898, stilistisch fast ein Pendant zu einer anderen Villa der Morosows, die heute das Haus der Völkerfreundschaft beherbergt (prospekt Kalinina 16).

Dann zu Mittag gespeist – ja gespeist! – im Haus der Architekten. Andrei Burow hat hier eine Villa von Erichson mit einem Renaissance-Zitat temperamentvoll umgebaut. Im Foyer gibt es Ausstel-

Gebäude der Zeitung «Utro Rossii». Detail der Fassade. Arch. F. O. Schechtel, 1907

lungen und diverse Vergnügungsmöglichkeiten für die Mitglieder des Architektenverbandes. Vor dem Gebäude eine Büste Schtschussews, die ihn, den Russen mit tatarischem Blut, recht gut trifft: der kahle runde Schädel, das energische Gesicht weist ihn wahrhaft als Generalstäbler der Stadtrekonstruktion aus.

Lewinson-Druckerei im Trjochprudny pereulok (die Zwetajews – der Vater Gründer und Direktor des heutigen Puschkin-Museums, Marina Zwetajewa, die Dichterin – wohnten im Trjochprudny pereulok 8). Das Haus erinnert wenig an eine Druckerei, eher an eine englische Villa mit ihren gotischen Erkern. Alles ist grün getüncht, die alte Eingangstür hat sich, zwar rot lackiert, erhalten. Die Gasse liegt in einem Viertel, in dem man so ziemlich jeden letzten Schrei damaliger Architekturmoden zu sehen bekommen kann.

Gebäude der Rjabuschinski-Zeitung «Utro Rossii» (projesd Skworzowa-Stepanowa 3, gleich hinter dem Kino *Rossija* an der Puschkinskaja ploschtschad). 1907 gebaut. Das ist schon ein ganz anderes ästhetisches Programm. Unverputzter Klinkerbau, große, Helligkeit gewährende Fenster, Ausdruck bürgerlicher Sparsamkeit und Bestimmtheit. In dieselbe Richtung – ist sie vielleicht schon als protokonstruktivistisch, protofunktionalistisch zu bezeichnen – deuten die Rjabuschinski-Bank (ploschtschad Kuibyschewa 2) am alten Börsenplatz, und das Handelshaus an der Ecke Maly Tscherkasski pereulok/Nowaja ploschtschad, in dem heute eine Cafeteria untergebracht ist. Weiter gehört hierher das Wohnhaus der Stroganow-Schule in der alten Mjasnizkaja (heute uliza Kirowa 21). Bei all diesen Bauten bezaubern die Klarheit der Konstruktion, die Solidität des Materials, die Rundungen der Ecken, Tür- und Fensterkanten. Wer hier baut, hat es offensichtlich nicht nötig zu protzen, man ist über das Stadium des Parvenüs und dessen Geschmacklosigkeiten hinaus.

An den Innenhof des Stroganow-Wohnhauses (inmitten des Bankenviertels und der City von ehedem also), schließt sich ein kleiner Platz, eine Piazza an mit Bäumen, Kinderspielplatz und stehender Stille. Straßenlärm ist nur ein fernes, gedämpftes Geräusch. Man ist also inmitten der Stadt und doch vor ihr geschützt. Solche Plätze lassen sich nicht planen, sie sind gewachsen. Sie sind nicht Überbleibsel eines präurbanen Wildwuchses, sondern schon Produkt der Urbanisierung, Ausdruck der Reife einer Stadt.

Fjodor Schechtels Grab ist auf dem Waganow-Friedhof.

Zum Abschluß der Tour Kaffee mit Kognak im Dachrestaurant des *Rossija* getrunken. Vielleicht ergibt sich von hier aus ein Blick, der Zugang verschafft zum Sozialistischen Forum.

Ungebaute Bauten

Am Bild einer Stadt zählt nicht bloß, was gebaut wurde, sondern häufig ist aufschlußreicher das, was nicht gebaut wurde. Was von den Plänen realisiert wird, bildet nur das nackte Resultat, an dem die Konflikte seines Zustandekommens meist gelöscht sind. Pläne und Projekte sind so etwas wie eine Folie, vor der sich das Realisierte wie der übriggebliebene harte Kern abhebt.

Es gibt eine Entwurfsskizze von Iwan Leonidow für das Gebäude des Volkskommissariats für Schwerindustrie, eines jener Bauvorhaben, mit denen das Gesicht Moskaus von Grund auf umgestaltet werden sollte. In El Lissitzkys Überlegungen zur künftigen Gestaltung des Roten Sozialistischen Forums, in dessen Zentrum der Kreml liegen sollte, ist auch von diesem Gebäude die Rede, Leonidows Skizze zeigt ein schlankes, wohl an die 300 Meter hohes Gebäude, einen Tower mit quadratischem Grundriß, daneben einen Zwillingsturm von etwas geringerer Höhe, aber rund, fast wie ein schlanker Kühlturm gewaltiger Höhe. Davor – und aus der Perspektive des Zeichners wird das noch betont – rückt die Basilius-Kathedrale mit ihrem Gewirr von Zwiebeln und Kuppeln ins Bild. Das exotische Kernstück des alten Moskau ist sozusagen zu einem Zitat geworden, das sich in der Stahl- und Glashaut des eleganten Riesen spiegelt.

Das Projekt stammt zwar erst aus dem Jahre 1934, und doch gibt die Zeichnung eine Vorstellung von dem, wie die Stadt geworden wäre, wenn sich die Linie durchgesetzt und verallgemeinert hätte, die seit den frühen zwanziger Jahren sich so eindrucksvoll formiert hat. Moskau, das wäre heute nicht jenes massige Steingebirge, dessen Gipfel in warmem Gelb in der Sonne leuchten, sondern wohl eine modern-futuristische Metropole aus Stahl, Glas und Beton. Die Skyline der Stadt hätte sich ja nicht nur an diesem Punkt Moskaus –

Iwan Leonidow, Entwurfszeichnung für das Gebäude des Volkskommissariats für Schwerindustrie am Roten Platz. Perspektive mit Basilius-Kathedrale. 1934

auf der Längsseite des Roten Platzes zur Moskwa hin – in einer ebenso gigantischen wie eleganten Konvulsion in den Himmel erhoben, sondern an vielen anderen Punkten der Stadt.

An der ploschtschad Rewoljuzii, auf der Verkehrsinsel, auf der heute das Hotel *Moskwa* steht, sollte der Palast der Arbeit errichtet werden.

Für die Lubjanskaja ploschtschad gab es den Plan, für den Obersten Volkswirtschaftsrat einen Wolkenkratzer zu bauen.

Auf den Lenin-Bergen, an der Stelle, die heute von der Lomonossow-Universität okkupiert ist, sollte sich ein Institut für Marxismus-Leninismus erheben, genauer: es sollte geradezu schweben, wenn man der Projektskizze von Leonidow folgt.

An der Kalantschewskaja ploschtschad war ein Moskauer Zentralbahnhof vorgesehen, in verschiedenen Rayons waren Markthallen gewaltigen Ausmaßes im Gespräch, dem Geist der Zeit folgend: phantastische Wunderwerke aus stählernen Skeletten und Glas. Und an zentraler, heute unscheinbar anmutender Stelle – nämlich dort, wo sich heute das Freibad Moskwa befindet – war die Aufführung des Obersten Gebäudes des Landes projektiert: des Palastes der Sowjets.

«Wäre» und «wenn» stimulieren die Spekulation und sind allemal handliche Argumentationsglieder für bequemere Explanation ziemlich unbequemer Geschichte gewesen. Man muß sich an das halten, was sich realisiert hat, und gerade daran dechiffrieren, was sich von der Idee oder vom Traum erhalten hat. Dann wird es sogar legitim zu fragen, was von El Lissitzkys «Wolkenbügeln», den horizontalen, auf Türmen aufliegenden Hochhäusern an den Verkehrsknotenpunkten der Stadt, sich in den Hochhäusern Stalinscher Provenienz erhalten hat.

Indes ist es doch lohnend, sich eine Weile beim «Wenn» aufzuhalten, allerdings nicht bei der direkten und unfruchtbaren Fragestellung: «Was wäre aus Moskau geworden, wenn die Meister des Konstruktivismus und Funktionalismus sein Gesicht hätten prägen können?», sondern mit etwas anderem Sinn: Das Moskau, wie es sich den Heutigen darbietet, ist nicht bloß ein Resultat, sondern ein Faktum im buchstäblichen Sinn. So, wie es gestaltet, «gemacht» wurde, wurde es gegen anderes. Der Blick auf das andere Moskau, das Moskau der zwanziger Jahre, ist nicht nur für sich wichtig und nach wie vor fesselnd, sondern dient sozusagen der Verflüssigung des Faktischen, der Freilegung derjenigen Kräfte, die sich durchgesetzt, und derjenigen, die sich haben fügen müssen. Was heute für uns und vor uns feststeht, war für die beteiligte Generation noch in Bewegung, der heute geschlossene Raum war für sie offenes Gelände. Es ist nicht einfach, die Steinmasse, wie wir sie vorfinden, noch einmal, retrospektiv, in Bewegung zu setzen.

Den Architekten und Städteplanern ging es nie nur um das eine oder andere Gebäude, den einen oder anderen Platz, es ging ihnen ums Ganze. Nehmen wir nur die Pläne und die Auseinandersetzun-

Iwan Leonidow, Lenin-Institut. Modell. 1927

«Dem Russen dagegen ist Technik ein Kollektivbegriff, ein Abstraktum, von dem er nicht abgeht, selbst wenn es ihn persönlich betrifft, sein Haus, seine Werkstatt. Das Technische ist das Primäre, die Behausung nur untergeordnetes Attribut. So groß ist seine Ehrfurcht vor der neuen technischen Welt, daß er auch seinen politischen Glauben mit ihr in Wechselbeziehung bringt. Bei dem Projekt für ein Lenin-Institut symbolisieren das für 4000 Menschen berechnete Auditorium in Form einer Weltkugel und die Turmbibliothek für 12000000 Bände die Weltidee seines revolutionären Bekenntnisses.»
Erich Mendelsohn, Rußland, Europa, Amerika

gen darum, wie die Hauptstadt der neuen Gesellschaft auszusehen habe und zu bauen sei. Für uns heute ist nicht ausgemacht, ob wir uns vor der Kühnheit der damaligen Stadtplaner fürchten oder uns von ihr angezogen fühlen sollen. Von der Stadt, so wie wir sie heute

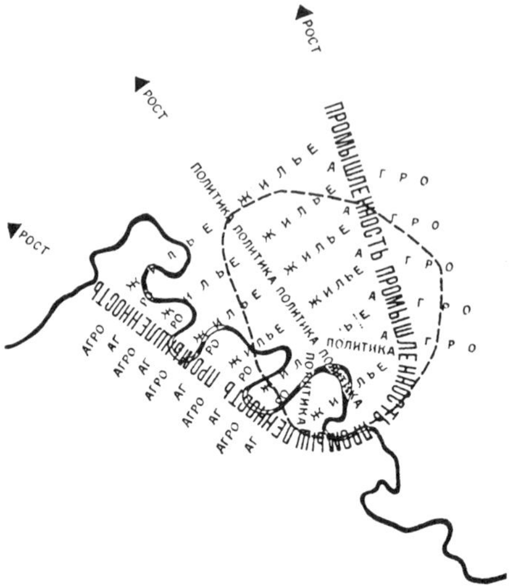

N. Ladowski, Planentwurf für die Rekonstruktion Moskaus. Anfang der dreißiger Jahre

> *«Der Aufbau aller Großstädte der Welt vollzieht sich nach ein und demselben Plan. Alles für das Zentrum und fast nichts für die Randgebiete: Pflasterung, Beleuchtung, Kanalisation, Wasserversorgung, Anlagen, Theater, Kinos, Lesehallen – alles liegt im Zentrum, alle Säfte der Bevölkerung saugen die Spinnen des Zentrums auf. Und die Arbeiterviertel der Vorstädte bleiben unbefahrbar für Wagen und Fußgänger, unbeleuchtet, vernachlässigt, so wie sie vielleicht vor einem halben Jahrhundert waren. Nur die proletarische Macht ist fähig, die Arbeit des Städtebaus von Grund auf zu ändern.»*
> L. S. Sosnowski, Taten und Menschen

vor Augen haben, wäre jedenfalls wenig geblieben. Le Corbusiers Vorschlag von 1930 etwa, Moskaus radiales Ringsystem durch ein rechtwinklig geführtes Verkehrsnetz zu ersetzen, bedeutete ja nichts anderes. Ladowskis Plan, die Stadt zu gliedern, das administrative Zentrum an eine elliptisch geführte Peripherie zu verlagern, die Stadt um eine zentrale Achse herum, die nach einer Seite hin geöffnet ist, in Wohn-, Industrie- und Grünzonen zu zerlegen, wäre wohl auf dasselbe hinausgelaufen. Dabei sind die genannten Konzeptionen wohl die moderatesten, die in den Debatten um 1922 und 1929 vorgebracht wurden. Es war damals ja auch von «kosmischen Städten» (K. Malewitsch), von der «fliegenden Stadt» (G. Krutikow) die Rede.

In den Kontroversen um die neue sozialistische Stadt ging es keineswegs nur um Details, sondern um den Status der Stadt überhaupt, stand dieser doch schon seit Ebenezer Howards Gartenstadt und der Marxschen These von der Aufhebung der Scheidung von Stadt und Land von zwei Seiten unter Beschuß. Wohl wäre bei all den radikalen Lösungen der historische Kern der Stadt seiner Funktionen verlustig gegangen und zum reinen Museum geworden, vom neuen Leben umflutet, nicht mehr aber erfüllt. Moskau ist gewissermaßen das Schicksal, ein zweites Petersburg zu werden, erspart geblieben. Es hat sich mit Macht, mit der Hartnäckigkeit seines Grundrisses gewehrt. Es war schon zu sehr Stadtmassiv, als daß Architekten nach der Art, mit der Katharina II. die Kolonistenstädte auf dem Schachbrett entworfen hat (Rostow am Don), hätten zu Werk gehen können.

Der Generalplan von 1935 akzeptiert in gewisser Weise die historisch gewachsene Struktur als Ausgangspunkt. Doch der Weg dorthin führte über die weit ausholende, auf phantastische wie auf begründete Experimente nicht verzichtende Kontroverse der vorangegangenen Jahre. Einzugestehen, wenn auch nicht ganz frohen Herzens, daß der Generalplan von 1935 zur Rekonstruktion Moskaus wohl die Mitte zwischen Konservierung des Alten und notwendiger Umgestaltung gefunden hat, heißt nicht die avancierten Überlegungen der sowjetischen Architektenavantgarde zu verschweigen. Was von ihnen an Kritik der kapitalistischen Stadtentwicklung, Ausarbeitung neuer Lösungen geleistet wurde, ist in vielem hochaktuell und brisant geblieben: grüne Stadt, verkehrsberuhigte Zonen, kreuzungslos fließender Verkehr, Schaffung von Ensembles, Vereinigung von Produktion und Freizeit – das sind ihre Stichworte, als es das von der «Unwirtlichkeit der Städte» noch nicht gab.

Doch ist die Zeit der zwanziger Jahre tatsächlich so sehr eine des Tabula-rasa-Denkens? Führt sie nicht ebenso fort, was längst schon

Gebäude des Volkskommissariats für Schwerindustrie. Modell. Entwurf Brüder Wesnin, 1935/36

vorbereitet war in der Zeit vor dem Krieg und vor der Revolution? Dafür gibt es Anhaltspunkte: Der Entwurf für das Gebäude der Versicherungsgesellschaft *Arcos* von Alexandr Wesnin, dem Haupt der Konstruktivistischen Schule, hat nicht nur in technischer Hinsicht vom Gebäude des «Utro Rossii» (F. Schechtel) oder des Handelshofes (I. Kusnezow) gelernt, sondern auch in ästhetischer. Die «rote Klassik» schulte sich an der bürgerlichen. Und selbst da, wo aus der radikalen Umwälzung der gesamten Lebensform der neue Mensch und mit ihm die neue Behausung hervorgehen sollte – bei der Projektierung von Gesellschaftsbauten, Fabriken, Schulen, Arbeiterklubs –, selbst da führen Spuren zurück: zu den meist von bürgerlichen Mäzenen gestifteten «Volkshäusern» in Moskau oder Petersburg (Universität Schinjawskis), zu den Ingenieurbauten, wie sie Rußland bereits vor dem Krieg in avanciertester Gestalt vorweisen konnte.

Wenn die Architekten der zwanziger Jahre Moskau nicht den Stempel, den heute sichtbaren Stempel aufgeprägt haben, wenn die zwanziger Jahre selbst als Übergang in Erinnerung sind, so bedeutet es nicht, daß sie spurlos vergangen wären. Dies gehört zu den großen Entdeckungen in dieser Stadt: die konstruktivistische Ära. Nirgendwo ist sie so gut zu besichtigen, wenn auch nicht immer gut erhalten; nirgendwo ist mehr in dieser Art gebaut worden als in Moskau, Leningrad und Charkow (in Charkow kann man heute noch auf dem Platz, der vom Haus der Industrie umbaut ist, eine Vorstellung gewinnen, was eine «konstruktivistische Stadt» hätte werden können!).

Wo sind diese Spuren sichtbar? Topographisch gesprochen an den Rändern des heutigen Zentrums, in den alten und rekonstruierten Arbeitervierteln um die großen traditionsreichen Betriebe herum sowie in diversen Bauten mit gesellschaftlichen Funktionen. Sozial gesprochen sind es Fabrik- und Institutsgebäude, Fabrikküchen, Arbeiterklubs, Kaufhäuser, öffentliche Bäder, Stadien, Verwaltungsgebäude, Kommunehäuser, Wohnhäuser der Regierung, ganze Arbeiterviertel. Wo immer sie ins Bild treten, heben sie sich von ihrer Umgebung ab durch das, was ich immer als «Offenheit» empfunden habe. Schmucklose große Flächen, großzügige Verglasungen, ruhige Proportionen, glückliche Verbindung von Rundung und Rechteck. Aber sie stehen für sich, bilden keinen Zusammenhang, bilden an keinen Punkt der Stadt die Dominante. Dazwischen sieht man auch schon das Stereotyp eines Stils, der kein Stil hatte werden wollen; alle auf einem Punkt zusammengetragen, ergäben möglicherweise das Bild, das die Pioniere der sowjetischen «Moderne» später denunzierte: die «Schachtelarchitektur». Trotz kühner Projekte fügte man sich damals also in vorgefundene Baulücken ein, gab sich bescheiden.

Es war nicht erst und nicht nur der Wegfall der Grundrente und die damit frei gewordene Bahn für Städteplaner und Architekten, die Moskau in diesen Jahren zum Mekka der internationalen Architektengemeinde werden ließ. Wenn Walter Gropius, Erich Mendelsohn, Le Corbusier, die Brüder Taut, Ernst May und Hannes Meyer sich für Moskau interessierten, viele von ihnen auch nach Moskau reisten, dann deshalb, weil sie hier geniale Inspiratoren für ihre eigene Architektur vorfanden: die Brüder Wesnin, besonders

Hochhaus in Sarjadje. Entwurf S. Tschetschulin, 1948

Alexandr Wesnin und Moissei Ginsburg, Nikolai Ladowski und Konstantin Melnikow, Wladimir Tatlin und Iwan Golossow, Nikolai Miljutin, Iwan Leonidow, Wladimir Krinski. Wenn es zu einem fruchtbaren Austausch zwischen ihnen gekommen ist, dann deshalb, weil sie an einer gemeinsamen Problemlage ansetzten: den entwickelten Widersprüchen der Stadt im Kapitalismus. Dies betraf keineswegs nur die Sympathisanten im engeren Sinn – etwa die Novembergruppe des Bauhauses. Es gibt einen Zusammenhang zwischen Mies van der Rohes Entwurf für das Gebäude der «Chicago Herald Tribune», der auf der Moskauer Bauausstellung von 1927 bestaunt werden konnte, und den Entwürfen sowjetischer Architekten für die Gebäude der «Iswestija» und der «Leningradskaja Prawda». Es gab einen gemeinsamen Ausgangspunkt für die Konzeptionen eines Bruno Taut, der die Siedlungen am Prenzlauer Berg und um Onkel Toms Hütte in Zehlendorf entwarf, und den neuen Moskauer Arbeitervierteln in Sokol, in der Dangauerowka, der uliza Usatschewa und uliza Schabolowskaja. Doch man darf einen Unterschied nicht übersehen:

Die Probleme der Hauptstädte Moskau und Leningrad waren für Rußland nur einige von vielen; vordringlicher als die Widersprüche, die sich aus der Urbanisierung ergaben, waren jene, die auf dem Weg *zur* Urbanisierung überhaupt erst zu bewältigen waren. Der Konstruktivismus ist im Weichbild Moskaus als fremde und doch zugehörige Nuance präsent, jedenfalls untergeordnet bei aller formalen Auffälligkeit.

Wenn es richtig ist, was Gogol über Architektur sagt – daß sie «steinerne Chronik» des gesellschaftlichen Lebens sei –, dann ist dieses Moment als Ausdruck eines Übergangs zu werten, und die Gründe, die zum Ende der WChUTEMAS-Experimente geführt haben, sind dieselben, die auch der NEP ein Ende gesetzt haben. Moskau und Leningrad sind nicht Rußland. Das Rußland der NEP ist das aus sechs extrem unterschiedlichen Produktionsweisen zusammengesetzte Reich, wie Lenin diagnostizierte, und von der starken Hand, die das Reich in die Industrialisierung geführt und in die Zerstörung des Dorfes getrieben hat, blieben auch die Inseln des avantgardistischen Experiments nicht verschont.

Selbstinszenierung für den Augenblick

Die bewegtesten Zeiten hinterlassen offensichtlich am wenigsten Spuren. Die Jahre 1917 bis 1920 haben Geschichte gemacht, nicht aber Stadtgeschichte. Noch ist die Zeit seit der Revolution zu kurz, um schon neue Fundamente legen zu können. Nicht die neue Gesellschaft wird errichtet, nicht die Stadt wird umgebaut, sondern der Vorschein wird in Szene gesetzt. Die freigewordenen Energien, auch der Massen, sind bei allem Hunger und Elend so heftig, daß sie noch ausreichen für die Selbstinszenierung der siegreichen Klasse. Nicht gründlich umgewälzt und umgebaut wird in diesen Jahren, sondern Kulissen werden ins alte Ambiente geschoben, Eingriffe vorgenommen, die großes dramaturgisches Können voraussetzen und schon die Fähigkeit zur großdimensionalen und effektsicheren Schau verraten. Es ist ein ungestümes, unbescheidenes Ausgreifen auf die Plätze und Räume der Stadt, es ist ein Besitzergreifen. So hatte es ja auch Majakowski verstanden:

> Genug des lauen Gewinsels,
> Werft ab die rostigen Ketten.
> Die Straßen sind unsere Pinsel,
> Die Plätze unsere Paletten.

Doch zuerst wird der Opfer gedacht und der großen Vorkämpfer. Im Moment der höchsten Geschichtslosigkeit, in jenem Augenblick, da die Revolutionäre auf die Kirchturmuhren schießen und die Zeit anhalten, in diesem Augenblick senken sie auch die Häupter und gedenken der Gefallenen. Schon im Mai 1917 wird ein Wettbewerb für ein Denkmal zu Ehren der Gefallenen der Februarrevolution ausgeschrieben. Der Zwang zum Handeln greift noch auf die Toten über, die nun nicht mehr verscharrt, sondern öffentlich aufgebahrt und in Nekropolen der Revolution bestattet werden.

In Petrograd wird das Marsfeld zum Heldenfriedhof gestaltet, in Moskau gewinnt Konjenkow den ersten Preis für das Denkmal, das an die Gefallenen des Oktober erinnern soll. An der Stelle der Kremlmauer, vor der heute das Mausoleum steht, war das Relief in die Mauer eingelassen: aus farbiger Keramik, mit feierlich-ikonenhaften Zügen. Die Morgensonne muß es zum Glühen gebracht haben. Und überall wurden die Denkmäler der alten Herren von den Postamenten gestürzt und die der gefallenen Heroen aufgerichtet. Es sind natürlich nicht einfach Gräber, die zu Einkehr und Ehrfurcht auffordern, eher schon Vermächtnisse für und Wegweiser in die Zukunft. Die Brüder Wesnin zum Beispiel gestalteten eine Nekropole mit einer Tribüne obenauf – so wie Schtschussew es später beim Lenin-Mausoleum wiederholt. Die Toten sind nicht tot.

Und die Helden des Tages setzen sich selbst die ersten Denkmäler. Sie waren es, die Geschichte gemacht haben, nicht die Geschichte hat etwas bewegt. Die bisher in den Untergrund verbannten Revolutionäre setzen auf die sichtbarsten Plätze der Stadt ihre Denkmäler – freilich nicht für immer, wie sich schon bald zeigen soll. An Revolutionsfeiertagen werden die Denkmäler von Marx und Engels enthüllt, der gesamte Kosmos der Arbeiterbewegung und «fortschrittlichen Menschheit» hält Einzug in der Stadt: Robespierre und Heine, Verhaeren und Chalturin, Jaurès und Liebknecht, Galilei und Kropotkin. Noch werden sie in der Großmut der Stunde unterschiedslos präsentiert: die Terroristin Sofija Perowskaja und der deutsche Sozialdemokrat Lassalle – später, da die Differenzen in der Partei zum Kampf der Linien stilisiert und in die Geschichte zurückprojiziert werden, müssen auch die Granitblöcke versetzt werden.

Doch nicht immer sind es politische Unbillen, mit denen sich die Bildhauer auseinanderzusetzen haben. Der kubofuturistische Bakunin an der ploschtschad Lermontowa mit der Inschrift «Der Geist der Zerstörung ist der Geist der Entwicklung» bedurfte schon lange vor der Ächtung des Stils als «formalistisch» eines Schutzgeländers gegen das unverständige Publikum.

Utopie ist abstrakt. Was sich in ihr ausdrückt, ist mehr, als das gegenständliche Denken im Augenblick fassen und bewältigen

Danton-Denkmal vor dem Hotel Metropol. Aufnahme um 1925

kann. Diese Schwäche wird ihr und der revolutionären Romantik später zum Verhängnis, und es werden die Organisatoren der Maschinerie, die Kenner der Details sein, die die Führung ergreifen.

Man verändert Oberflächen, nicht Strukturen – das kommt erst mit der «Revolution von oben». Aus den Wappen von Zaren und Großfürsten werden deren Embleme herausgeschlagen und der Sowjetstern eingesetzt. An die Stelle von Ikonen treten Plakate und Inschriften von der Art «Religion ist Opium fürs Volk». Auf Wänden wird verkündet, was alle Welt wissen soll: Wer nicht arbeitet, soll auch nicht essen. Und es wird inszeniert, wenn auch nicht überall so fulminant wie im roten Petrograd, wo die Erstürmung des Winterpalais nachgestellt und die Bewegung der Masse von einer Tribüne auf der Mitte des Schloßplatzes dirigiert wird.

Keine Spur ist geblieben von den akustischen Räumen. Die «Sinfonija gudkow», Symphonie der Fabriksirenen also wie überhaupt aller Pfeif-, Hup- und sonstigen Lärminstrumente, wie sie etwa am 7. November 1923, zum vierten Jahrestag der Oktoberrevolution, aufgeführt wurde, ist für immer in den Äther verschwunden. An Tagen nationaler Trauer, wie beim Begräbnis Breshnews etwa, knüpft man an diese Erfahrung kollektiver Gefühlsbekundung, die die ganze Stadt in eine Klangwolke hüllte, an.

Der Raum, von dem die Architekten und Künstler Besitz ergreifen, kennt keine Grenzen – jedenfalls nicht auf Alexandr Wesnins Aquarellzeichnungen zur Gestaltung der Oktoberfeierlichkeiten. Luftschiffe, die Symbole einer Zeit, in der fast schon die Schwerkraft aufgehoben scheint, hängen vertäut an Trossen über dem Bolschoi-Theater.

Eine Photographie aus jenen Tagen zeigt auf dem Platz vor dem berühmten Theater noch ein anderes Denkmal: Dantons Löwenhaupt. Es liegt dem Granitblock auf, als sei es abgeschnitten. Im Hintergrund ist die Fassade des *Metropol* zu sehen. Das heißt umgekehrt auch: Wer immer von der jungen Regierungsmannschaft, die im *Metropol* zunächst Quartier bezogen hatte, aus dem Fenster blickte, der wußte, daß Revolutionen nicht nur andere, sondern auch den eigenen Kopf kosten können.

Die Vernunft an die Macht!

Man muß sich etwas vornehmen, sonst verschlingt einen die Stadt ganz absichtslos. Nichts erschließt sich von selbst. Daher die zweite, mehr oder minder systematische Tour. Man gewinnt mit der Zeit ein Gefühl dafür, was man in welchen Stadtteilen entdecken kann. Die Tour beginnt gleich mit dem Finale, anstatt es aufzusparen für den dramatischen Endpunkt: mit dem *Kulturpalast der Lichatschow-Autowerke* (Dworez kultury SIL, Wostotschnaja uliza 4). Bereits auf der Metrostation *Awtosawodskaja* wird man eingestimmt, sofern man den richtigen Ausgang hinausgeht. Der Tunnel, durch den die Rolltreppe nach oben führt, ist nicht der übliche Schacht, sondern eine Röhre, die sich weitet, indem die Decke in konzentrisch angelegten Stufen immer mehr zurücktritt, bis sie sich zum Raum des Vestibüls öffnet. Die Wesnins kündigen sich an!

Schon die Lage des Kulturpalastes ist bezeichnend. Man hat Ernst gemacht mit dem Gedanken, die Kultur an die Produktion heranzuführen. Vom Metroausgang aus sind linker Hand die glatten Fassaden des Werkes *Dinamo* zu sehen, an der Straßenkreuzung gegenüber liegt die dazugehörige Fabrikküche. Dahinter ist, halb verdeckt durch den noch verbliebenen mächtigen Eckturm des Simonow-Klosters, bereits die Eingangsfassade zum Theater des Kulturpalastes auszumachen. Wir gehen erst einmal um das Gebäude herum. Obwohl das ursprüngliche Projekt nicht ganz ausgeführt wurde, beeindruckt die Größe des Objekts, offensichtlich der größte unter den Arbeiterklubs in Moskau (der Name «Arbeiterklub» machte im Laufe der Zeit bezeichnenderweise dem des «Kulturhauses» Platz). Der Grundriß ist etwa T-förmig, aber nicht ganz symmetrisch. Im Fuße des T, der Straße zu, ist der Theaterraum untergebracht, ein großer Raum, wiederum ausgestattet mit einer Decke, die den Balkons entsprechend in konzentrischen Schleifen zurücktritt. Der

Raum ist hell von Tageslicht, das durch die Fensterbänder eintritt. Im Schaft des T, der Achse des Gebäudes, empfangen den Besucher in mehreren Etagen säulengestützte Foyers, die zu beiden Seiten durch hohe Glaswände das Tageslicht einlassen. Im Balkenteil des T sind zahlreiche Räume untergebracht, die den besonderen Aufgaben des Arbeiterklubs dienen sollten. Kultur, das hieß nicht nur Theatergruppen (am Tag, an dem wir den Klub besichtigten, gab eine der Gruppen Alexandr Ostrowskis «Schuldlos Schuldige»), Gesangverein, rotes Kabarett und Revue, sondern auch: Vorbereitung auf die Produktion, Lese- und Schreibunterricht, Aneignung von Organisationswissen, schließlich auf *fiskultura*, also Leibesertüchtigung und Sport. Auf dem Dach des Gebäudetraktes, in dem sich die Bibliothek befindet, ist die Kuppel eines Observatoriums auszumachen. Dem Park zugewandt öffnet sich das Foyer zu einem im Halbrund verglasten Wintergarten. Die Etagen sind durch eine Art Wendeltreppe verbunden, die an die Etagenführung des Guggenheim-Museums von Frank Lloyd Wright erinnert. Von außen wirkt der Komplex in sich gegliedert durch Galerien, Fensterbänder, etwas vorgesetzte Treppenhäuser, die mit der Hauptfassade verbunden sind und jene Rundungen aufweisen, die noch der strengsten und kahlsten Fassade Anmut verleihen (beide Elemente – das Arbeiten mit einer fast klassizistischen Gestaltung großer Fensterflächen und mit Rundungen und Bogen – sind schon bei frühen Arbeiten der Wesnins zu beobachten: Haus Kusnezow, uliza Kirowa 15; Gebäude der Junger-Bank auf Kusnezki most 13).

Das *Haus Melnikow* (Kriwoarbatski pereulok 10). Der Architekt hat es für sich und seine Familie als Wohnhaus und Studio gebaut. Offensichtlich wird es gerade renoviert; hinter dem Bauzaun entlang einer der Straßen in der vornehmeren Gegend des Arbat ist es kaum zu sehen, dafür um so besser vom Hinterhof eines benachbarten Wohnhauses aus. Es ist ein Rundbau, nur der Eingang ist rechteckig. Die Wand des Rundbaus ist in mehreren Bändern von rhombenförmigen Fenstern durchbrochen. Ich finde den Bau extravagant, empfinde ihn ein bißchen als die Herausforderung eines Individualisten an die Umgebung (auf einem Photo ist Melnikow neben seiner Frau denn auch als Grandseigneur in Pelz und Schlapphut zu identifizieren), die Fenster erinnern an Schießscharten; jedenfalls ist es ein Refugium in stürmischer Zeit, trotzige Selbstdarstellung bürgerlicher Wohnkultur im sozialistisch werdenden Moskau. Das Haus entstand in den Jahren 1927 bis 1929.

Wohnhaus des Volkskommissariats für Finanzen (Dom Narkomfina, uliza Tschaikowskogo; man muß um das Gebäude der amerikanischen Botschaft herumgehen). Der langgestreckte sechsgeschossige Trakt beherbergt die Wohnungen, seitwärts – nur durch einen Übergang im zweiten Stock verbunden – ist der Wirtschaftsteil zu sehen, in dem Küchen, Kindergarten u. ä. untergebracht waren. Es sollen hier Experimente mit verstellbaren Wänden, menschengemäßen Raummaßen und verschiedenen Beleuchtungsmöglichkeiten angestellt worden sein. In den dreißiger Jahren war das Gebäude bekannt für die Rattenplage. Architekt: Moissei Ginsburg.

Fast gegenüber, auf der anderen Seite der uliza Tschaikowskogo ist ein anderer Bau der Wesnins zu sehen: das Haus der Filmschauspieler, bis 1934 *Haus der Gesellschaft der politischen Gefangenen* (gebaut 1931–1934). Es ist sogleich auszumachen an der Kombination kastenförmiger Gebäudeteile – und die «Verschachtelung» war ja als ein Element des zum Stil erhobenen Konstruktivismus kritisiert worden. Hier scheint mir der Vorwurf zuzutreffen. Das Gebäude, das auch ein Museum der Katorga beherbergen sollte, wurde nach der Auflösung der Gesellschaft im Jahr des Kirow-Mordes nicht zu Ende geführt.

Planetarium (Sadowaja-Kudrinskaja 5). Gebaut 1929 von den Architekten M. Barschtsch und M. Sinjawski. Die eiförmige, aluminiumverkleidete Kuppel wölbt sich über einem 500 Menschen fassenden Zuschauerraum. Zwischen Außenhaut und Innendecke verläuft die Treppe. Der erste Stock wird getragen von einem Pfeiler in der Mitte. Vom Haupteingang aus sieht es aus wie das Innere einer Turbine.

Es gibt einen weiteren Konzentrationspunkt konstruktivistischer Architektur, im ehemaligen Geschäftsviertel an der Ecke uliza Kirowa / Sadowaja-Spasskaja. Da ist zu bestaunen das *Gebäude des Narkomsem* (heute Landwirtschaftsministerium) am Orlikow pereulok 1/11. Sein Baumeister ist Schtschussew, gebaut wurde es 1928 bis 1933. Angesichts der imposanten Glasfassade tauchte die Frage auf, inwieweit der so üppig verwendete Baustoff Glas auch den klimatischen Verhältnissen in Moskau entspricht.

An der Kreuzung uliza Kirowa/Gartenring treffen sich die Moskauer Stilgenerationen: Da gibt es den eindrucksvollen konstruktivistischen Bau von Schtschussew, noch erhalten gebliebene Mietshäuser mit hypertrophem Ornamentenschmuck, da gibt es an der Ecke zur Nowaja Basmannaja 2 das von Fomin umgestaltete *Gebäude des Volkskommissariats für Kommunikationswesen*, da gibt es unübersehbar das *Verwaltungs- und Wohnhochhaus*, das im Todesjahr Stalins fertiggestellt wurde, und vis-à-vis die rosafarben getünchte Muschel, die den Eingang zur Metrostation *Lermontowskaja* bildet (Architekt N. Ladowski).

Die uliza Kirowa liegt an diesem Sonntagnachmittag so verlassen wie die City von Cleveland oder Hamburg. Wir gehen Richtung Innenstadt, auf der rechten Seite, uliza Kirowa 39, ist das von Le Corbusier und Kolli geplante *Gebäude des Zentrosojus* zu besichtigen. Von der Straße aus ist nicht einzusehen, weshalb das Gebäude, Le Corbusiers erster Gesellschaftsbau überhaupt, so sehr Furore gemacht haben soll. Nicht begreiflich ist auch, weshalb die steil und hoch aufragende Längsseite des Baus so nahe an die Straße gerückt ist und den Schluchtcharakter der uliza Kirowa unterstreicht. Doch die Intentionen Le Corbusiers sind eben nicht leicht zu durchschauen: Das Gebäude wird in den ursprünglichen Zustand versetzt und ist daher mit einem Bretterzaun umstellt; nicht zu sehen ist von der Straße aus, daß der gesamte Komplex auf Säulen ruht, der Blick also durchgehen kann auf die andere Seite. Von der Rückseite aus, zu der sich das Gebäude mit einem ovalen überdachten Foyer hin öffnet, erscheint es bewegter, kraftvoll. Von der revolutionären Innenstruktur ist freilich auch von hier aus nichts auszumachen. Heute ist in dem Gebäude, das zwischen 1928 und 1936 errichtet wurde, die Zentralverwaltung für Statistik untergebracht.

Weiter die uliza Kirowa Richtung Zentrum. Die Straße wird noch enger. Sonne fällt in die Schlucht nur, wenn sie auf- oder untergeht. Nach dem Überqueren der Boulevardrings taucht auf der linken Seite eine Fassade auf, wie sie zu Beginn des Jahrhunderts besonders

Tempel der Maschinen-anbeter. Zeichnung von W. Krinski

Kulturpalast der Licha-Tschow-Autowerke. Vestibül. Arch. Brüder Wesnin, 1931–1937

«Amerikas Technik ist organisch gewachsen.
Selbständig, daher selbstverständlich.
Unproblematisch, weil sein großer flüssiger Reichtum sie voll auszunutzen vermag.
Amerika nimmt die Technik für das, was sie ist:
als sehr geeignetes Mittel zur Hebung seiner Macht
und seines Wohlstandes.
Rußlands Technik ist unentwickelt, kaum erst vorhanden.
Unselbständig, daher unsicher.
Technik ist Rußlands großes Problem, weil nur ihre Hilfe das lang Versäumte nachholen, der Idee erst den wirtschaftlichen Unterbau geben kann: den Ausgleich der Wirtschaftzweige – Ackerbau und Industrie – die Hebung der Bodenschätze, die Konkurrenzfähigkeit mit dem Ausland, die Unabhängigkeit von der kapitalistischen Umwelt, die ersehnte Autarkie.
Deshalb ist die Technik für Rußland das Symbol einer Zukunft, von deren Erfolg der Wert seiner Zukunftsgedanken überhaupt erst abhängt.
Aber da Rußlands Armut an Kapital den Erfolg zunächst qualvoll verzögert, übertreibt der Plan – die Ausführung, die Idee – die Wirklichkeit.
Folge?
Die irdische Technik verbiegt sich zu mystischer Zukunft, die absolute Wirklichkeit entgleist im Irrweg der Romantik.»

in Hafenstädten errichtet wurde. Ein Hauch von exotischen, indischen Elementen. Die Wesnins haben hier (noch vor dem Ersten Weltkrieg) an der Gestaltung von Fassade und Vestibül mitgearbeitet. Gegenüber vom Postamt in dem heruntergekommenen Eckhaus Nr. 21, das vermutlich von einem der Großen des Moskauer Klassizismus, Bashenow, geplant wurde, befand sich das «Moskauer Bauhaus» WChUTEMAS (russische Abkürzung für Höhere Staatliche Künstlerisch-Technische Werkstätten).

Am Ende der uliza Kirowa, in der Gasse unmittelbar hinter dem *Gebäude der Lubjanka*, das im übrigen ebenfalls ein Gemisch verschiedener Moskauer Stilperioden aufweist, sticht ein markanter Bau hervor. Das *Wohnhaus der Gesellschaft «Dinamo»*. Es kann vielleicht als der interessanteste Versuch gelten, die Petersburger Klassik und den Konstruktivismus unter einem Dach zu vereinen (nach Plänen von Fomin Ende der zwanziger Jahre errichtet): konstruktivistisch sensibilisierte rote Dorik oder durch rote Dorik gehärteter Konstruktivismus.

Nördlich des Gartenrings, zwischen Belorussischem und Rigaer Bahnhof, scheint ein weiteres Experimentierfeld gelegen zu haben. Man gewinnt einen Eindruck von dem Viertel, wenn man an der Metro *Belorusskaja* aussteigt, den Leningradski prospekt stadtauswärts hinaufgeht. Dort kommt dem Betrachter die gesuchte Zeit schon entgegen. Linker Hand, Leningradski prospekt 7, die erste in Moskau errichtete Fabrikküche (1929 gebaut), ein bescheidenes Überbleibsel, eingekreist von den Prunkfassaden, die den gesamten Prospekt bestimmen. Ein Vorstoß zur Rationalisierung, Vergesellschaftung der Haus- und Küchenarbeit, gedacht letztlich als Schritt zur Emanzipation der Frau. Heute sind in dem Gebäude, das wie eine Mischung aus Fabrik und Pavillon wirkt und in der obersten Etage offensichtlich ein Dachrestaurant beherbergte, ein Institut für Slawistik und der Klub der Moskauer Automobilisten untergebracht.

Etwas weiter auf derselben Straßenseite die Konditoreiwarenfabrik *Bolschewik*, vor 1917 Dépendance des französischen Süßwarenkonzerns *Siou und Co.* Die Süßigkeiten von Siou und Abrikossow waren im vorrevolutionären Moskau ein Begriff: heute wird im Rahmen der Produktionsvereinigung «Rot Front» gearbeitet, dem deutschen Kommunisten Thälmann zu Ehren.

Fast gegenüber zweigt die uliza Prawdy vom Prospekt ab. In der uliza Prawdy 24 sind das *alte Gebäude der Prawda*, 1931 bis 1937 nach Plänen von P. Golossow, und in Verlängerung der Fassade das neue, bei weitem größere Gebäude untergebracht. Die Fassade des siebengeschossigen Altbaus ist lakonisch einfach, doch wiederum anmutig durch die durchgehende Glasfront, hinter der sich Treppenhaus und Foyer befinden, und durch den mächtigen elliptischen Sockel, der das Dach des Eingangs bildet. Der Erweiterungsbau aus den sechziger Jahren – und da fühlte man sich erneut angerührt durch die Tradition der Konstruktivisten –, ist bei aller Anpassung an das Vorbild doch gesichtsloser, glatter, etablierter. In dem alten Trakt ist seitwärts die Produktion untergebracht, und man kann durch die niedrig angesetzten Fenster sehen, wie die Maschinen arbeiten – so gleichmäßig scheint's, wie der Bau selbst beschaffen ist.

Gebäude des Volkskommissariats für Landwirtschaft. Arch. A. Schtschussew, 1929–1933

Sujew-Klub. Arch. Iwan Golossow, 1928

Zu Fuß dann in Richtung Lesnaja uliza 18. Man überquert auf einer Fußgängerbrücke den Moskauer Eisenbahnring. Das Viertel ist so dicht bebaut wie die Arbeiterstädte des Ruhrgebiets, die Dortmunder Nordstadt etwa. Vorherrschend ist der warme Ton des roten Gemäuers, wie er für die Fabrikbauten Rußlands um die Jahrhundertwende fast obligatorisch ist. Der *Sujew-Klub*, 1928 nach den Plänen von I. Golossow gebaut, fügt sich in die Häuserfront der Lesnaja ein, schließt an ein Fabrikgebäude an. Die neue Architektur hatte es offensichtlich nicht nötig, den Raum um sich herum kahlschlagen zu lassen, um dann aus sicherer Distanz die Menschen zu beeindrucken.

Was dieses Gebäude ist, ist es allein durch sich selbst, durch Einfallsreichtum ebenso wie durch Disziplin. Die Spannung, durch die man unwillkürlich angezogen ist, wird erzeugt durch den Kontrast von runder zylindrischer und rechteckiger Form, vom Kontrast des Materials Glas und Beton. Die Masse der festen Flächen wird geradezu schwerelos durch den rundum verglasten Zylinder, der – wie ich später sehe – das Treppenhaus enthält. Wie die gegensätzlichen Elemente ineinandergreifen, das hat etwas von der Perfektion einer Maschine, doch einer, der man sich durchaus anvertrauen möchte.

Erstaunlich ist, was in dem Klub alles untergebracht ist – er ist nach wie vor intakt, gehört heute zur Moskauer Firma *Moslift*. Es gibt mehrere Theater- und Kinosäle; Erdgeschoß und erste Etage sind offen und durch das Treppenhaus zusammengeschlossen. Im Augenblick probt eine Band, abends ist Diskothek, Scheinwerfer werden in Stellung gebracht. Ein anderes Mal sehe ich Ballettunterricht für Kinder, dem die Eltern von der ersten Etage aus zusehen. Von Klavierunterricht, Sport bis zu Lyrikabenden und Näh- und Strickkursen wird laut Anschlagtafel alles geboten. Die Treppe, die in dem gläsernen Zylinder bis in die oberste Etage führt, ist so fein gearbeitet und geschwungen wie das Gehäuse einer Muschel, doch nicht jugendstilhaft, sondern technisch rationell; es wird deutlich, daß nicht die Muschel, sondern die Turbine das Vorbild abgab; nicht der Maler, sondern der Ingenieur und der Mann an der Drehbank gaben die Inspiration. Die Trägerfunktion des Pfeilers, um den die Treppe nach oben führt, ist unverkennbar. Und die Helle, die die Verglasung gewährt, wird nur gedämpft durch die Stores, die hier auf alte Weise nicht seitlich gerafft, sondern an Schnüren nach oben gezogen werden.

Wer durch das Haus geht, der kann Gedichte deklamieren hören; etwas verlassen auf dem obersten Treppenabsatz steht ein schwarzpoliertes Pianoforte – das Klavier: die russische Institution schlechthin. Was hier gefällt: alles hat zivile, offene wie intime Formen, nicht jene ausladende Breite und Weite, die man heutzutage bei öffentlichen Bauten für nötig zu halten pflegt.

Eine Überraschung am späten Nachmittag. Die Sonne fällt bereits schräg von Westen ein. Doch es gibt einen Reflektor, der wie ein Schiff am Kai liegt und das Licht auffängt, zurückwirft. So sehe ich den *Russakow-Klub* bereits aus der Ferne, im Taxi von der Komsomolskaja ploschtschad zur Stromynka 10 fahrend. Das Schiff ist festgemacht an der Haltestelle *Klub im Russakowa* der Buslinie 42. Der Schnee verdoppelt den Glanz. Was ist das für ein Gebäude? Nach drei Seiten hin ragen symmetrisch, von einem Zentrum ausgehend, drei Balkons in den Himmel. Man kann die Balkons durch seitlich hinaufführende Treppen erreichen und auf einer Galerie die Fassade abschreiten. Hier sind die Ein- und Ausgänge. Zwischen den Balkonen überziehen gebäudehohe Fensterschlitze die Front.

Doch vielleicht ist das Bild vom Schiff nicht zutreffend: ein Schiffsbug strebt fort. Dieser Bau mit seinen drei ausladenden Balkonen verweist nach innen. Doch ich gehe erst um den Klub herum. Die drei Balkone, die in Wirklichkeit nur die Außenhaut dreier großer Räume sind, die miteinander verbunden werden können, streben auf einen Punkt zu, auf die Spitze, in die der Bau mündet. Es gehört offensichtlich Kraft dazu, die Entfaltung des Raums an einem Punkt zusammenzuhalten.

Drinnen: die *deshurnaja* (Etagenfrau) ist in guter Stimmung einen Tag vor dem Internationalen Frauentag. Ich sei nicht der erste, der die Zuschauerräume sehen wolle; heute seien schon Leute aus Riga dagewesen. Im Dunkel ist zunächst nichts wahrzunehmen, außer einem amerikanischen Kriminalfilm der dämlichsten Sorte (solche bekommt man bei uns gar nicht zu sehen). Als das Licht angeht, wird klar: die drei Balkons ließen sich je nach Bedarf mit dem großen

Wiktor Alexandrowitsch Wesnin

Parterre zu einem großen Raum zusammenschließen oder aber separieren. Die Konstruktion des Daches ist unverhüllt. Melnikow, nach dessen Plänen 1927 bis 1929 dieser Klub errichtet wurde, hatte einen multifunktionalen Raum im Sinn. Im Erdgeschoß ist ein großer Sportsaal untergebracht. Die Ebenen des Klubs sind verbunden durch Treppen, die so aus dem großen Foyerraum mehrere Foyers machen (sind es die aus den Meyerhold-Inszenierungen geläufigen Treppen und Übergänge?).

Am Ende erzählt mir die *deshurnaja*, daß sie seit 41 Jahren Parteimitglied sei und sich noch genau daran erinnern könne, wie mit den Bauarbeiten begonnen wurde. Auch habe sie hier, obgleich sie doch kein schönes Mädchen gewesen sei, ihre erste Tanzstunde mit Erfolg absolviert. Beiläufig erwähnt sie, daß Melnikow nicht immer ein «glückliches Schicksal» beschieden gewesen sei. Zum Schluß gibt sie mir ein großes Stück von der Prager Torte, die die Komsomolzen ihr anläßlich des Internationalen Frauentags überreicht haben.

Nach einigem Hin und Her, Verirrung im Viertel, mit der Taxe in die 3-ja Rybinskaja uliza gefahren. Dort, gegenüber der 1924 gegründeten Schuhfabrik gleichen Namens, steht der von Melnikow 1929 projektierte *Klub «Burewestnik»*, etwas seitlich davon auch noch die Villa des ehemaligen Firmenchefs, ein Gebäude der russischen Gründerzeit. Das ist kein schlechter Ort für einen Kontrapunkt. Das Bemerkenswerteste an diesem Klub ist der fast separate gläserne Trakt, der sich an das Hauptgebäude von rechteckigem Grundriß anschließt. Der Grundriß des «gläsernen Turms» ähnelt der Form einer gotischen Rosette bzw. einem fünfzackigen Sowjetstern. Die Besonderheit erschließt sich erst im Inneren: fünf überaus helle Räume, übereinandergeschichtet, rundum verglast, getragen und zusammengehalten von einem Pfeiler in der Mitte. Volle Entfaltung des Raumvolumens.

Doch auch in diesem Raum stammen die Klänge aus einer anderen Zeit; es sind die Klänge der vorkonstruktivistischen Welt. Freilich gibt es auch im *Burewestnik* – dem «Sturmvogel» also – Sportsäle, eine Bibliothek, einen Vortragsraum für wissenschaftlich inter-

Russakow-Klub. Arch. Konstantin Melnikow, 1927–1929

essierte Hörer. Doch durch die Flure hallen spätromantisch angeschlagene Akkorde, von der seitlichen Treppe im Foyer tänzeln kaum achtjährige Mädchen mit Schleifen im Haar und Ballettschuhen an den Füßen herab. In der zweiten Etage des gläsernen Turms findet gerade eine Generalprobe für einen Liederabend statt: Rachmaninows Lieder im Zigeunerstil, begleitet von einem Mann am Flügel. Die Sängerin bewegt sich im leeren Raum vor einem imaginären Publikum, keine Notiz nehmend von dem fremden Besucher. Die noch melodische Spätromantik, die Anspielungen auf das gediegene Ambiente der alten Klassen war schon immer das, worauf die neue Klasse, ganz entgegen den Vertretern einer proletarischen Kultur, zurückgegriffen hat. Auch im Terminus des «Kulturhauses» ist die vorsichtige Distanzierung von der proletarischen Erbschaft enthalten.

Einen dritten Melnikow-Klub lernte ich anläßlich einer Generalprobe für ein Stück Schukschins kennen. Der *Klub des Werkes «Kautschuk»* liegt ebenfalls in einem alten Arbeiterrayon. In seiner unmittelbaren Nachbarschaft (von der uliza Pljuschtschicha 64 aus gut zu sehen) erhebt sich der ungeheure Bau der Frunse-Militärakademie mit der rigorosesten Fassade, die man sich denken kann (und doch läuft die Assoziation, die von diesem Rudnew-Bau aus dem Jahre

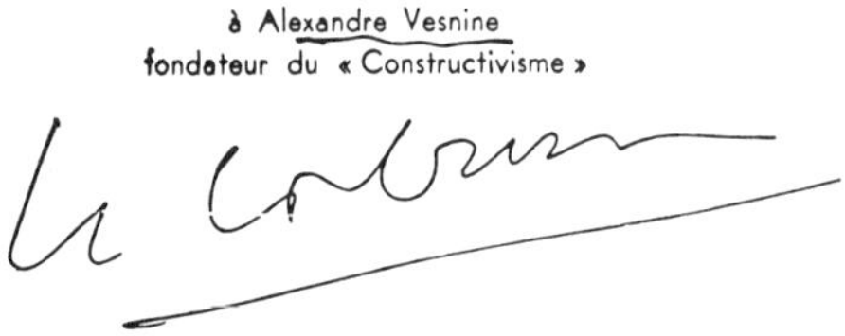

Widmung Le Corbusiers an Alexandr Wesnin, «den Begründer des Konstruktivismus»

1937 zu den Bauten Speers immer wieder geknüpft wird, ins Leere: der ihr angefügte Rundbau verweist eindeutig auf die Elemente, mit denen auch Mendelsohn so gern gearbeitet hat). Der Kautschuk-Klub präsentiert seine runde Fassade den Straßen, die sich vor ihm kreuzen. Die Fassade ist aufgelöst durch die in regelmäßigen Abständen angebrachten Glasstreifen, die den Innenraum mit Licht versorgen. Auch hier ist das Vestibül vorgesetzt zur Straße, ein überdeckter Durchgang leitet erst zum Rund. Außerdem führen Brücken von außen zur ersten Etage. Der Rundbau enthält einen runden Theaterraum mit drei zentrierten Rängen. Auf den Galerien und Foyers ist wiederum genug Raum für «künstlerische Selbstbetätigung», wie hier kulturell anspruchsvollere Hobbys genannt werden. Schauspielgruppen, Anhänger lateinamerikanischer Tänze proben ungeniert vor den Theatergästen. Auch für Esperantisten ist ein Raum im Klub abgefallen (es gab eine Zeit, wo die Zugehörigkeit zu einem Esperanto-Verein Kosmopolitismus und Spionagevorwürfe nach sich ziehen konnte, fällt mir beim Blick auf das Türschild ein). Im Theaterraum hat man die nackte Konstruktion für verbesserungsbedürftig gehalten: der Plafond ist nunmehr von goldgerahmten Figuren bedeckt, ganz im Stil des Bolschoi-Theaters; sie stellen indes nicht Musen dar, sondern Arbeiter, Bauern und Komsomolzen.

Spät am Nachmittag noch zum *Krasnopresnenski uniwermag* (uliza Krasnaja Presnja 48/2): ein Eckbau mit einer Glasfront zur Straße. Er ist in schlechtem Zustand, etwas schäbig. Und da diese Arbeit der Brüder Wesnin zum Prototypen des Kaufhausbaus überhaupt wurde, wirkt er nicht mehr allzu auffällig, man kann in Moskau mehrere Ausgaben dieses Typs bestaunen. Das Kaufhaus – ein einziges Schaufenster.

Nicht weit vom Donskoi-Kloster entfernt, in der uliza Ordshonikidse 8/9, ist eines der bemerkenswertesten Exemplare des Wohnungsbaus zu sehen, das Ende der zwanziger Jahre die Debatten über die Revolution dieses Gebäudetyps bestimmte: das Kommunehaus. Natürlich ging es um weit mehr als nur einen Gebäudetyp. So wie der Arbeiterklub die architektonische Antwort auf die Frage nach der spezifischen Lebens- und Reproduktionsform des Arbeiters sein sollte, so sollte für einen gewissen Zeitraum das Kommunehaus auch den Auflösungsprozeß der traditionellen bürgerlichen Lebensform dokumentieren, forcieren und konstruktiv wenden. Dies bedeutete Vergesellschaftung der Haushaltsfunktionen in speziellen Komplexen, Vergesellschaftung der Erziehungsfunktionen, Vergesellschaftung der Freizeit, in der rigorosesten Phase hieß es wohl auch: Vergesellschaftung der Privatsphäre und des Lebens der

Geschlechter. Die Struktur der neuen Lebensform sollte in diesem, von I. Nikolajew konzipierten Kommunehaus Gestalt annehmen. Sie ist sichtbar in dem vielstöckigen Wohntrakt, in dem Komplex, der Aufenthaltsraum, Werkstätten, Theatersaal enthält, in dem Trakt, der für Küche, Wäscherei vorgesehen war. Alles gruppiert um einen Innenhof.

Wenn man von der Längsfront her auf das Gebäude zugeht, ist man etwas erschrocken über die Länge des Gebäudes, die noch unterstrichen wird von den durchgehenden Bändern, die die Fenster bilden. Das Gebäude hat etwas Studentenheimhaftes, oder, böswilliger ausgedrückt: etwas von einem Gefängnis, wie man sie neuerdings baut (der neue Trakt des Moabiter Gefängnisses kam mir in den Sinn). Die Vermutung war nicht ganz falsch. Das Kommunehaus ist heute Wohnheim für Dritte-Welt-Studenten, die an der nicht allzuweit entfernten Patrice-Lumumba-Universität studieren. Die Lebensform der Kommune hatte nicht nur mit den Widerständen des alten bürgerlichen Individualismus zu kämpfen, sie mußte auch rechnen mit dem neuen Individualismus der Stachanow-Generation. Durchgesetzt, vergesellschaftet hat sich also die Vergesellschaftung des Privaten nicht.

Wie kommt es, daß man nichtsahnend – und es war an diesem Abend schon halb dunkel, nichts war mehr zu erwarten – dennoch wahrnimmt, daß die Schwere der Umgebung, die Masse der Häuserfronten sich auflöst, obgleich sie doch da ist? Was tut sich in der Atmosphäre? Es ist einfach die Leichtigkeit, die durch die Brechung der ebenmäßigen Fassade erreicht wird, wo man sich mittlerweile doch daran gewöhnt hat, von überladenen Fassaden erdrückt zu werden. Hier aber, nur wenige Schritte vom Nordausgang der Metro *Sportiwnaja* entfernt, zieht sich an der uliza Ussatschewa ein Komplex von Wohnhäusern hin, die weit genug auseinanderstehen, um einen nicht zu beengen, und nah genug zusammenstehen, um ein Raumgefühl entstehen zu lassen. Man fühlt sich durch das menschliche Maß geborgen. Es stellt sich dann erst heraus, daß der Komplex doch sehr umfangreich ist. Es ist schwer zu definieren, wodurch diese einfachen Häuser Aufmerksamkeit auf sich ziehen, worin ihr Adel besteht. Vielleicht ist es auch nur die Verwandtschaft mit dem Wiener Karl-Marx-Hof oder den Berliner Siedlungen Bruno Tauts.

Jedenfalls war es die Luft, die im Viertel an der uliza Ussatschewa wehte, die mich in Bewegung gesetzt hat, mehr von dieser Art, mehr von dieser Zeit in Moskau ausfindig zu machen.

Bemerkung über Photographie

Vielleicht schreibt der Fremde nur, weil er des photographischen Auges nicht mächtig ist. Was er festhalten möchte, vermißte er immer schon auf den von ihm gemachten Bildern. Es waren Kästen, in die Flächen eingesperrt waren – kein Raum, kein Fluchtpunkt, keine Perspektive, keine Erinnerung an die Tiefe. Er spürte diese Ohnmacht so besonders vor den Kuben und in Bewegung gesetzten Massen der Konstruktivisten; er empfand es als verschenkte Gunst eines winterlichen Sonntagnachmittags, als die Sonne, vom Schnee reflektiert, das *Metropol* mit seinem etwas schäbigen Cremeglanz in alte Frische tauchte und er trotz aller Bedenken nicht anders konnte: dies müßte festgehalten werden!

Doch ist es nur die Impotenz des im Umgang mit dem technischen Auge nicht Versierten? Als er es eher pflichtbewußt dennoch unternahm, sich von seinem Gerät begleiten zu lassen, merkte er: unwillkürlich zog ihn der Begleiter von seinem Standpunkt, von seinem freien Herumgehen um die «Objekte» fort und zwang ihn dorthin, von wo «das Ganze», der bestimmte «Winkel» zu erfassen sein sollten. Tatsächlich: die Schwerkraft verlagerte sich von seinem Auge und seiner Konzentration auf das Gesehene auf das Auge in seiner Hand. Und die Hand zwang ihn durch einen Sucher zu schauen, der niemals zusammenbrachte, was das Auge im Kopf wahrnahm.

Es bleibt wohl kaum etwas anderes übrig, als sich auf einen der beiden Blickwege einzustellen: jeder hat seine eigene Richtung, auch sein eigenes Denken. Das Auge mittels der Hand ist reiner, wahrhaftiger, reproduziert, ist in diesem Sinne unbestechlich. Wer das Auge in der Hand nicht versteht, wird es nur benutzen können als Hilfsmittel, als Fixierung des «Dort», dieses oder jenes Details, als Markierung für die Spekulation.

Außerdem: Ich empfinde immer noch etwas Scham bei der unmittelbar zugreifenden und ergreifenden Tätigkeit des Photographen. Sie bemächtigt sich der anderen merklich und sichtbar. Der Schriftsteller tut dies zwar auch, aber unsichtbar, im Akt des Schreibens. Die Schonfrist, die ihm bis zur Veröffentlichung dessen, was er geschrieben hat, zusteht, kann eine Haltung befördern, daß man es nicht so genau nehmen müsse oder daß dem subjektiven Wiedergeben von Eindrücken ein größeres Recht zustünde als denen, die objektiv-photographisch wiedergegeben werden, was natürlich eine Illusion ist.

Der Schatten eines imaginären Turms

Es gibt Gebäude, die werfen einen Schatten, obwohl sie nie gebaut worden sind.

Das im Sommer wie Winter durchgehend geöffnete Freiluftbad *Moskwa* an der Kropotkinskaja nabereshnaja, fast im Zentrum der Stadt gelegen, gilt gemeinhin und auf den ersten Eindruck als Pioniertat einer Stadtplanung, die den Menschen nicht aus der Steinlandschaft vertreiben, ihm vielmehr Bewegung des Körpers, Natur, Sonne, Luft zukommen lassen will. Ein riesiges Rund, von der Wolchonka aus zu übersehen, liegt das Bad in der Tat zentral: nur ein paar Schritte zum Puschkin-Museum, fast ebenso wenig Schritte vom Borowizki-Tor des Kreml entfernt, leicht erreichbar über die Metrostation *Kropotkinskaja*. Im Winter, inmitten einer eisigen, verschneiten Stadt zu schwimmen, eingehüllt in Dampfwolken, die bis über die Straße ziehen, das hat etwas Phantastisch-Mutiges an sich – fast so, als ob man in Wall Street die Banken abreißen und Platz für Kindergärten schaffen wollte. Dabei ist das riesige Rund nichts weiter als eine Verlegenheitsschöpfung. Wo heute die Punkte der Bademützen im Dampf verschwinden, sollte sich ursprünglich das neue, unübersehbar-gewaltige, ja monströse Zentrum der Sowjetmacht in den Himmel türmen. Dazu ist es nicht gekommen, nicht wegen einer Verwirrung der Sprache, die dem Turmbau zu Babel ein Ende setzte, doch immerhin aufgrund eines Vorgangs, der dem Scheitern dieses himmelstürmenden Projekts nicht ganz unähnlich ist.

Der Palast der Sowjets war nicht der erste Vorstoß, einen die neue Gesellschaft weithin symbolisierenden Bau aufzuführen. Zu legendärer Berühmtheit haben es Tatlins Turm der III. Internationale und das Projekt des Palastes der Arbeiter der Brüder Wesnin zu Beginn der zwanziger Jahre gebracht.

Tatlin türmte drei Geschosse, die um eine vertikale Achse rotieren, aufeinander und verband sie mit einer außen herumlaufenden spiralförmigen Skelettkonstruktion zu einer Gesamthöhe von 400 Metern. Das Gebäude hatte nie eine Chance auf Verwirklichung, doch in seiner Mischung aus technischer Phantasie und revolutionärer Romantik setzte es die Hirne der Architekten der zwanziger Jahre auf der ganzen Welt in Bewegung. Ähnlich erging es dem Palast der Arbeiter der Brüder Wesnin, 1922 aus Anlaß der Gründung der UdSSR als Projekt eingereicht. Transparenz, strikte Funktionalität und Verzicht auf alle überflüssigen Ornamente – so lautete die Devise der Väter des sowjetischen Konstruktivismus.

1931, schon mitten im sogenannten Großen Sprung des ersten Fünfjahrplans, wurde die Idee, ein repräsentatives Kongreßzentrum zu schaffen, erneut virulent. Die Geschichte dieses Projekts ist von Anatole Kopp, Antonia Cunliffe und sowjetischen Architekturhistorikern untersucht worden. Ein Architekturwettbewerb wurde ausgeschrieben, dessen Phasen sich lesen wie eine kondensierte Geschichte der sowjetischen Architekturentwicklung; vom Konstruktivismus zum Neoklassizismus, von bescheidener Funktionalität zur auftrumpfenden Drohgebärde jenes Stils, der hilflos als Zuckerbäckerstil bezeichnet wird.

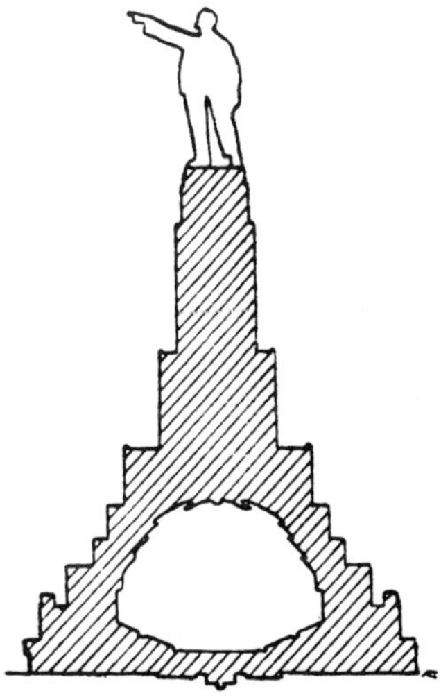

Schnitt durch den Palast der Sowjets

W. Gropius. Wettbewerbsentwurf für den Palast der Sowjets, 1931

Der Wettbewerb unter der Leitung des «Palastbaurats», wie das Gremium schon ein bißchen byzantinisch hieß – geleitet von einem von Stalins Treuesten: Molotow –, durchlief insgesamt vier Runden. Der Text der Ausschreibung klang vage genug, um den verschiedenen miteinander rivalisierenden Richtungen Raum zu bieten. Er umschrieb die Funktionen des Gebäudes so: Es sollte als Unterkunft der Regierung und als Kulturzentrum genutzt werden, für Kongresse und Tagungen des Obersten Sowjet, aber auch für Theater- und Musikdarbietungen. Zwei Kongreßhallen mit 6000 beziehungsweise 15000 Plätzen und vier weitere Konferenzräume mit je 500 Plätzen sollten unter seinem Dach Platz finden können. Die ästhetischen Richtlinien waren auf ein Minimum beschränkt: das Gebäude sollte monumental sein, von hervorragender Gestaltung, und es mußte sich in die Moskauer Stadtlandschaft einfügen.

Die Jury, die die Rahmenbedingungen des Wettbewerbs ausarbeitete und die im Juni 1931 zusammentrat, erstaunt durch ihre Zusammensetzung. Von zwölf Jurymitgliedern sind nur drei Russen, die übrigen Ausländer, darunter illustre Namen: Le Corbusier und Perret aus Frankreich, Gropius, Mendelsohn und Poelzig aus Deutschland. Nun: Noch war der Geist der zwanziger Jahre nicht ganz verflogen, die Schiene Moskau–Berlin–Paris war noch intakt. Moskau war damals so etwas wie ein Mekka der modernen Architekten; Le Corbusier, Mendelsohn und Gropius nahmen nicht nur an Wettbewerben teil, sondern konnten hier teilweise auch bauen. Unter den russischen Jurymitgliedern finden sich die Namen Sholtowski, ehemals Mitglied der Petersburger Akademie und Palladianer, und Iofan, ein in Rom ausgebildeter Neoklassizist von erlesenem Geschmack. Noch schien alles offen und nichts entschieden.

Das Echo, das der erste offene Wettbewerb hervorruft, ist überwältigend: rund 160 Entwürfe werden eingereicht, 24 davon von ausländischen Architekten. Der Wettbewerb ist jedoch nicht nur Sache der Profis: weitere 112 Entwürfe stammen von interessierten Laien, Arbeitern, Angestellten, freischaffenden und namenlosen Brigaden. Die Projekte werden im August 1931 ausgestellt und von der Öffentlichkeit begutachtet. Die gesamte Phalanx der damals noch existierenden Schulen – der Rationalisten, Konstruktivisten, der Vertreter einer proletarischen Architektur – und die besten Namen engagieren sich; denn allen ist klar: in der Gestaltung des «Obersten Gebäudes» des Landes werden Weichen gestellt, wird über den Geschmack der Zukunft entschieden – vielleicht sogar über Schicksale. Entsprechend vielfältig sind Konzeptionen und Formen: da gibt es traditionalistische Lösungen mit Anleihen von der römischen Engelsburg oder dem Dogenpalast in Venedig; da gibt es vordergründige symbolische Kompositionen – der Grundriß des Palasts in Form «eines Sechstels der Erde», wie damals die UdSSR genannt wurde; da gibt es kühne räumliche Konzeptionen, die den Palast der Sowjets als Forum der Völker offenhalten möchten und mit verschiebbaren Wänden, offenen Amphitheatern, Galerien, Balkonen und sonstigen Zugängen ins Zentrum der Macht arbeiten; und es gibt einfach monumentalistische Formen, die sich das Gebäude als einheitlichen Komplex denken.

Wie spannend im einzelnen die vier Wettbewerbsdurchgänge auch gewesen sein mögen, wie groß auch die Qual der Wahl: am 5. Mai 1933 entschied sich der Palastbaurat für die Annahme des Projekts von Iofan, einem in vier Stufen sich nach oben hin verjüngenden Rundbau von 220 Metern mit vorgelagerten Kolonnaden. Oder genauer gesagt: das Projekt wurde als *Grundlage* für die weitere Ausarbeitung des Entwurfs genommen. Irgend etwas mußte die obersten Palastbaumeister noch unzufrieden stimmen und nicht in Ruhe lassen. War es die Höhe von nur 220 Metern, wo es doch einen Eiffelturm von 300 Metern Höhe und ein Empire State Building von

381 Metern gab? Das ist nicht aus dem Abstand des Nachgeborenen gefragt, der sich Ironie meint leisten zu können. Denn von vornherein stand der Palast der Sowjets unter enormem Konkurrenzdruck. Immerhin hatte der unglückselige Kirow, der das Finale des Projekts nicht mehr miterleben konnte, schon 1922 mit drohendem Unterton angekündigt, daß ein Palast der Rätemacht auch äußerlich nichts mit den parlamentarischen Fassaden der untergehenden Welt gemein haben dürfe; auch architektonisch solle es die als zurückgebliebenen verachtete Arbeiter- und Bauernmacht dem bürgerlichen Westen heimzahlen: Bauten sollten entstehen, «die sich unsere Feinde nicht einmal im Traume vorstellen können».

Anfang der dreißiger Jahre gab es einen konkreten Rivalen auf diesem Gebiet: den Palast des Völkerbundes in Genf, damals oft heruntergemacht als parlamentarische und pazifistische Schwatzbude. Der Palast der Sowjets sollte und mußte also etwas ganz anderes werden. Aber was? Es ist ein – freilich zweifelhaftes – Verdienst des Wettbewerbs, daß in seinem Verlauf geklärt wurde, was sozialistischer Realismus für Architekten bedeuten solle. Das war ziemlich diffus und bestand mehr aus Reizworten. Aber man wußte, was und wer gemeint war, oder genauer: man wußte, was er nicht sein sollte. Während des Wettbewerbs entbrannte die Polemik, und die betroffenen Architekten waren bald nicht weniger in der Defensive als die linke Opposition, die schon lange vorher von der Bühne hatte abtreten müssen. «National» müsse der Stil sein, hieß es, auch wenn darunter nur negativ definiert wurde: nicht modern, nicht modernistisch, nicht wie das Bauhaus in Deutschland oder WChUTEMAS in der Sowjetunion. «Modernismus» und «Konstruktivismus» bekamen den Hauch das Anationalen, Vaterlandslosen, Kosmopolitischen, Intellektualistischen. «Proletarisch» sollte er sein, auch wenn das noch schwieriger zu definieren war; denn: waren es nicht gerade die «linken» Konstruktivisten, die den bedeutendsten Beitrag zu einer betont sachlichen, zweckmäßigen und doch phantasievollen Bauweise im Dienste der Arbeiter entwickelt und scharf gegen Pomp und Verschwendung protestiert hatten? Blieb schließlich die Forderung nach «Monumentalität». Und die ließ sich, da sie primär quantitativ gemeint war, ins Unermeßliche steigern.

In der Werkstatt des Palasts der Sowjets in der Leniwka, 1934

Der ohnehin unrealistische Plan, den Palast der Sowjets noch innerhalb des laufenden Fünfjahrplans fertigzustellen, war mittlerweile hinfällig geworden. Auf der Sitzung des Palastbaurats vom 10. Mai 1933 machte Stalin daher den Vorschlag, Iofans Gebäude mit einer Lenin-Statue zu krönen, die um vieles höher sein sollte als die vom Architekten zunächst vorgesehene Statue des «Befreiten Proletariers». Iofan wurde, zusammen mit den Architekten Schtschuko und Helfreich, beauftragt, bis zum 1. Januar 1934 das endgültige Projekt auszuarbeiten, das dann praktisch die Größenordnung des ursprünglichen Entwurfs auf das Doppelte steigerte.

Zunächst zur räumlichen Dimension: der Palast sollte 420 Meter in die Höhe ragen; sein Gesamtvolumen sah 7,5 Millionen Kubikmeter vor. Die große Kongreßhalle im Sockel war für 21 000 Menschen gedacht (Kopp). Gekrönt wurde der Palast von einer über 70 Meter hohen Lenin-Statue. Um überhaupt nur einen Ausschnitt des Gebäudes ins Auge fassen zu können, hätte der Passant in enormer Distanz gehalten werden müssen. Dies war auch vorgesehen: der Palastturm war umgeben von einer gewaltigen Ebene mit Aufmarschplätzen, Triumphbogen und Paradealleen.

Dies alles scheint jedoch Sinn zu haben: Wer hierher zur Konferenzteilnahme kommen sollte, war vorab präpariert durch den heiligen Schauer der Erhabenheit. Wer hier die Hand in der Abstimmungsprozedur erhob, der wußte schon vorab, daß er degradiert war zum bloßen Piedestal eines monströsen Symbols aus Zement und Granit. Das Gebäude hat etwas von einem künstlichen Gebirge an sich oder von einem vorgeschichtlichen Grabdenkmal. Selbst das Sinnlose rechnet noch mit dem Effekt: denn wohin hätte die Figur des Revolutionsführers in über 400 Meter Höhe, durch eine Wolkendecke dem Blick des Sterblichen entrückt, weisen können, wenn nicht auf das blanke Blau des Himmels und die blinkenden Sterne. Schon damals meinte ein führender Kulturfunktionär wie Igor Grabar vorsichtig, niemand komme wohl auf die Idee, eine Skulptur Michelangelos in 400 Meter Höhe zu postieren. Doch der Palastbaurat hatte wohl seine Gründe, wenn er den irdischen Führer einer irdischen Revolution hinauf ins Reich über die Wolken beförderte. Und er wußte auch wohl um die Effekte, die Monsterbauten dieser Art erzielen. Gogol, eher bekannt durch seinen Roman «Tote Seelen» als durch seine tiefgründigen Studien zur Architektur, hat etwas vom Geheimnis der Bauten, die alle menschliche Dimension sprengen, ausgesprochen: «Gewaltige, kolossale Türme werden in einer Stadt unbedingt gebraucht... Sie bieten nicht nur ein stattliches Bild, sie sind auch nötig als Leuchtturm, der jedem den Weg weist.» Und: «Noch notwendiger sind sie in Hauptstädten zur Beobachtung der Umgebung.» Und schließlich die Pointe, um die auch der Palastbaurat aus eigener Erfahrung gewußt haben muß: «Das Gebäude soll ins Unermeßliche sich erheben, geradezu überm Kopf des Betrachters, damit er innehalte, überwältigt von plötzlichem Staunen, kaum imstande, mit den Augen die Höhe zu fassen. *Die Menschen sollen ganz dicht an seinen Mauern stehen und mit ihrer Kleinheit seine Größe steigern!*»

Auf dem Plenum des Architektenverbandes 1939 konnte sich Mordwinow, einer der Chefs der stalinistischen Fraktion, denn auch nicht genugtun an Lobsprüchen über das «himmelstürmende» Projekt, das sich letztlich der weisen Intervention der Partei verdanke. Seine Ausführungen endeten, wie damals üblich, mit einem Lebehoch auf «unsere große und weise Partei» und «unseren Führer, dem großen Stalin». Das Protokoll verzeichnet «stürmischen Beifall, alle erheben sich von ihren Plätzen».

Alte Moskauer erinnern sich an den Beginn der Bauarbeiten 1939. Noch ältere Moskauer erinnern sich an das, was den Bauarbeiten vorangegangen war: den Abbruch der bombastischen Christ-Erlöser-Kirche, die an zentraler Stelle einem so zentralen Vorhaben im Wege gestanden hatte. Sowjetische Kunsthistoriker damals wie heute spielen den künstlerischen Wert dieses Baudenkmals bewußt herunter, wenn sie lediglich von dessen kleinbürgerlich-kitschig-pompösen Qualitäten sprechen. Tatsächlich war die Kirche bis in die dreißiger Jahre ein Wahrzeichen Moskaus: Sie war errichtet worden nach dem Sieg über Napoleon, fast über ein halbes Jahrhundert war an ihr gebaut worden. Mit ihrem byzantinisch-russischen Prunk und ihren Dimensionen – sie faßte 10000 Menschen – war sie zu einem Symbol des slawophil gefärbten nationalen Erwachens Rußlands geworden. Auf kaum einer Ansichtspostkarte aus dem Moskau vor 1930 konnte dieser Kuppelbau fehlen. Nun riß man ihn binnen kürzester Zeit ab und bewies auch damit die Überlegenheit der staatlichen Planung – so meinte jedenfalls der damals in Moskau weilende ehemalige Chef des Dessauer Bauhauses, Hannes Meyer, wenn er feststellte, daß man in Genf vier Jahre nach einem Standort für den Völkerbundpalast gesucht habe, in Moskau hingegen sei die Standortwahl nach vier Wochen entschieden gewesen.

Hier lohnt es sich, für einen Augenblick innezuhalten, aus dem Zug der sowjetischen Geschichte der dreißiger Jahre kurz auszusteigen. Orthodoxe Kirchenleute wußten schon damals, daß der Abriß des gewaltigen Gotteshauses nicht ungestraft bleiben würde, und auch heute berichten gottesfürchtige Leute, daß das Scheitern des Palastbaus nur Gottes Rache für den Kirchenfrevel sein könne. Nun können wir zwar nicht dem Gehalt solcher Prophezeiungen nachgehen, wohl aber erstaunlichen Parallelen, die zwischen der Errichtung der monströsen Kathedrale im letzten Jahrhundert und dem Plan eines noch monströseren Sowjetpalasts etwa hundert Jahre später bestehen. Fast scheint es, als wäre in der Baugeschichte des Sowjetpalasts die Baugeschichte der Kathedrale verkapselt:

Nach dem Brand Moskaus 1812 war Napoleons Schicksal besiegelt, Rußland erschien als die Vorhut der europäischen Befreiungsbewegung gegen den Eroberer und Diktator, und mit dem aufgeklärten Zaren Alexander I. schien eine neue Zeit anzubrechen. Diese Zeit eines neuen nationalen Selbstgefühls – Rußland in der Rolle des Erretters Europas vor dem Monstrum, das die Ideale der Französischen Revolution verraten zu haben schien –, eines romantischen Kosmopolitismus und innerer Gärung verlangte nach Ausdruck. Die Idee eines hoffnungsvoll angebrochenen Zeitalters sollte Stein werden. Zar Alexander I. ließ einen Wettbewerb für eine Votivkirche ausschreiben, und Alexandr Lawrentewitsch Witberg war wohl der Architekt, der der Realisierung der Idee am nächsten kam. Witberg sah als Standort den höchsten Punkt Moskaus, die Sperlingsberge – die heutigen Lenin-Berge – vor, der Tempelkomplex sollte in Gestalt von drei übereinandergebauten Kirchen die Vereinigung von drei Themen – Körper, Geist und Seele – symbolisieren. Wir sind über das Projekt und den Künstler Witberg gut informiert durch die Memoiren Alexandr Herzens, der Witberg später in der Verbannung in Wjatka kennengelernt hat. Alexandr Herzen: «Hätte man einen besseren Ort für einen Tempel zum Gedenken an das Jahr 1812 finden können als diesen äußersten Punkt, bis zu dem der Feind vorgedrungen war?

Aber damit noch nicht genug, der Berg selber sollte zum unteren Teil des Tempels umgestaltet, das Gelände bis zum Fluß von einem Säulengang umfaßt werden, und auf dieser Basis, die von drei Seiten durch die Natur selbst erbaut war, sollten ein zweiter und ein dritter Tempel erstehen, die alle zusammen eine wunderbare Einheit darstellten. Der Tempel Witbergs war, wie das Hauptdogma des Christentums, dreifaltig und unteilbar. Der untere Tempel, der in den Berg eingehauen ist, hatte die Form eines Parallelogramms, eines Sarges, eines menschlichen Körpers.

Über diesem Grabe, über diesem Friedhof streckten sich nach allen Seiten die gleich langen Enden eines griechischen Kreuzes, des zweiten Tempels, aus, des Tempels der ausgestreckten Hände, des Lebens, des Leidens, der Arbeit.

Über ihm, ihn krönend, abschließend und vollendend, befand

Christ-Erlöser-Kathedrale in Moskau, vor dem Abbruch im Jahre 1931, vom Kreml aus gesehen

sich der dritte Tempel in der Form eines Rundbaus. Dieser hell erleuchtete Tempel war der Tempel des Geistes.» (A. Herzen, Mein Leben)

Aus dem Projekt Witbergs wurde jedoch nichts, der feinsinnige Künstler wurde durch höfische Intrigen zu Fall gebracht, mußte in die Verbannung. Sein Fall und damit die Absetzung seines Projektes signalisieren jedoch einen politischen Umschwung, der zwischen der Regierungszeit Alexanders I. und der Nikolais I. vonstatten gegangen war – im Innern war die Dekabristenrevolte unterdrückt worden, im Äußern begann Rußland im Metternichschen System die Rolle eines «Bollwerks der europäisch-feudalen Reaktion» zu spielen, wie Marx es nannte.

Als man 1839 unter Nikolai I. mit dem Bau der Kathedrale beginnt, trägt sie bereits den Stempel der neuen Administration. Die Romantik ist abgelöst durch das Empire, der kosmopolitische Hauch ist dem Wind nationaler Eigenart gewichen, an die Stelle Witbergs ist der Meister des zuweilen aufdringlich-pompösen Empire, Konstantin Andrejewitsch Thon, getreten. Was nach seinen Plänen innerhalb der nächsten 50 Jahre ausgeführt wird, charakterisiert Alexandr Herzen wie folgt: «Ohne Glauben und ohne besondere Umstände wurde es schwierig, etwas Lebendiges zu schaffen; alle neuen Kirchen trugen den Stempel der Gezwungenheit, der Heuchelei und des Anachronismus, gleich jenen fünfteiligen Gewürzständern, die in indisch-byzantinischer Manier Zwiebeltürme statt der Pfropfen aufweisen, wie Nikolai und Thon sie bauen.»

Was sich an der 1883 fertiggestellten Christ-Erlöser-Kathedrale also resümieren läßt, ist dies: Der Wechsel von Witberg zu Thon, von der Romantik zum Empire spiegelt den Umschwung von der Regierungszeit des aufgeklärten Zaren Alexander I. zu dem, was man als nikolaitische Reaktion bezeichnet. Die ideologische Befrachtung des Baus brachte die Bauherren zuweilen in Schwierigkeiten – doch hatten die Bauherren Moskaus im letzten Jahrhundert offensichtlich noch die Macht und Kraft, ihre Idee auch Stein werden zu lassen – anders als die Chefs, die den Palast der Sowjets dirigierten, zu dessen Geschichte, die keineswegs beendet ist, wir nun zurückkehren.

1939 gingen, wie gesagt, die Himmelsstürmer ans Werk. Kaum zwei Jahre später unterbrach der Überfall der Hitler-Armeen auf die Sowjetunion die Bauarbeiten – Stahl, Beton und Arbeitskräfte wurden nun für Wichtigeres gebraucht und an die Front umdirigiert. Doch wurde der Plan nicht aufgehoben, sondern nur aufgeschoben. Bis 1957 hieß die Metrostation in der Nähe der Baustelle «Palast der Sowjets». In diesen Jahren muß man sich unsicher geworden sein: der oberste Bauherr war 1953 gestorben, die ersten Stimmen meldeten sich vorsichtig zu Wort, daß es eventuell sinnvoller sei, statt eines Palasts solide Wohnungen in dem aus allen Nähten platzenden Moskau zu bauen. Hinzu kam die ebenso vorsichtige Kritik an dem falschen Pomp und den sinnlosen und überschwenglichen und vor allem teuren Zuckerbäckerbauten. 1956 lieferte Chruschtschow auf dem 20. Parteitag die Stichworte für die sogenannte Entstalinisierung.

Die Bauarbeiten am Kreml und am Moskwa-Ufer wurden nicht mehr aufgenommen. Selbst innerhalb der Logik sowjetischer Dialektiker war es kaum der Krieg, der die Himmelsstürmer aufgehalten hat, sondern eher die Selbstbesinnung, zu der man sich nach dem Tod des obersten Bauherrn bereitfand – denn letzten Endes sind es ja «innere Widersprüche» und nicht äußere, die laut dialektischer Logik ausschlaggebend sind. Auch das Argument, daß Grundwasserspiegel und Bodenbeschaffenheit am Moskwa-Ufer einen Bau solcher Dimension nicht hätten «ertragen» können, scheint eher nachgeschoben: denn in der Regel berechnen so etwas die Statiker *vor* Baubeginn; freilich ist zweifelhaft, ob der nun tote Vater der Völker sich von der Empirie der Baumeister hätte beeindrucken lassen.

Die Idee ist zählebig, mußte es auch sein, stellte das Projekt des Palasts der Sowjets doch eine Probe auf die Überlegenheit des Systems dar, gewissermaßen einen Beweis für die eigene unanfechtbare Identität. Dennoch entlastet sich die neue Führung von den enormen Erwartungen, wirft ideologischen Ballast ab. Dies kommt schon in der Wahl des neuen Standorts zum Ausdruck. Der Wettbewerb, der zwischen 1957 und 1959 läuft, weicht aus dem Zentrum aus, vermeidet die Nähe zum historischen Kern der Stadt, den Stalin ja unnachgiebig in den Schatten hatte stellen wollen. Nun hat man die Lenin-Berge, wo die Universität bereits aufragt, im Auge. Noch wichtiger ist die ästhetische Distanzierung, die in den eingereichten Projekten zum Ausdruck kommt – ja es ist fast eine Überdistanzierung vom Stil der vergangenen Stalin-Epoche. Nichts mehr erinnert an die Ambition zu symbolischer Verkörperung der Zukunft. Fast ununterscheidbar von Sportpalast oder Weltausstellungshalle sind die Entwürfe geraten. Doch auch daraus wird nichts. Vermutlich erschien den neuen Herren die Lage fern auf den Bergen jenseits der Moskwa doch zu abseitig.

Was nun folgt, ist wohl als das Ende des ursprünglichen Projekts aufzufassen, wenngleich kein Finale mit Pauken und Trompeten:

Die Architekten werden beauftragt, sich hinter die Kremlmauern zurückzuziehen. Innerhalb von zwei Jahren, 1959 bis 1961, entsteht dort parallel zur nördlich verlaufenden Mauer der Kongreßpalast, ein Bau aus Beton, Stahl und Glas, der seine ungewöhnlichen Ausmaße hinter einer Allerweltsfassade verbirgt. Doch bleiben inner-

B. Iofan, W. Schtschuko, W. Helfreich. Entwurf für den Palast der Sowjets, 1934

halb der alten Zarenburg immerhin die Proportionen gewahrt, die Hälfte des Bauvolumens wird unter die Erde verlegt. Diesen Kongreßpalast kennt jeder Sowjetmensch, denn von dort werden die Parteikongresse und Tagungen des Obersten Sowjets ins Land übertragen; diesen Palast kennt auch so ziemlich jeder Moskau-Tourist, der «Schwanensee» oder «Iwan den Schrecklichen» meist hier und nicht im allzeit ausverkauften Bolschoi-Theater kennenlernen darf.

Und hier ist die Spur ausgelöscht. Nichts erinnert an die große dramatische Bewegung, die ihr vorausging: an Tatlins utopisches und doch fruchtbares Projekt; an das maßlos gewordene und brutale Monument, das inmitten der Stadt errichtet werden sollte. Es regiert die Normalität, auch wenn sie nur eine Verlegenheit überdeckt.

Aber gibt es tatsächlich keine Spur? Muß nicht ein Gebäude, mit dem man fast dreißig Jahre lang sich krampfhaft identifiziert hatte, Spuren hinterlassen haben, die tiefer eingeprägt sind ins Gesicht der Stadt? Die Frage ist nicht rhetorisch. Es gibt eine solche Spur, weit nachhaltiger als das Schwimmbad an der Stelle der Baugrube, weit imposanter als der Kongreßpalast auf dem Kremlgelände. Doch um sie überhaupt in den Blick bekommen zu können, muß der Betrachter auf Distanz gehen. Um den gewaltigen Schatten, den ein monströses Bauwerk wirft, abschätzen zu können, muß er aus dem Schatten heraustreten. Die Betäubung, die von großen Gebäuden ausgeht, verliert sich erst mit wachsender Distanz. Auch dazu hatte Gogol schon eine Meinung: «Gebt dem Menschen großen Abstand, und er wird sogleich von oben und hochmütig auf die Gegenstände blicken, die vor ihm sind.» Und es gibt in Moskau einen solchen Punkt: auf der Aussichtsplattform auf den Lenin-Bergen, hoch über der Moskwa. Das Panorama ist, wie jeder bescheinigen wird, der dort gewesen, «zauberhaft». Tatsächlich blinken in der Ferne die goldenen Kuppeln der Kirchen im Kreml. Unmittelbar vor dem Betrachter, auf dem anderen Flußufer, dehnt sich das Riesenoval des Lenin-Stadions. Dreht er sich um 180 Grad, so findet er hinter seinem Rücken den befremdlich-imposanten Bau der Moskauer Staatsuniversität, 260 Meter hoch auf dem höchsten Punkt der Lenin-Berge. Der freilich nicht ganz ahnungslose Beschauer des Panoramas ahnt, daß er sich auf einer geheimnisvollen Schnittlinie befinden muß. Er sucht sich zu orientieren. Was seinen Blick lenkt und festhält, das sind die aus dem Moskauer Häusermeer deutlich emporragenden sieben Hochhäuser, die sternförmig am Rand des Zentrums errichtet sind, und die als die Prachtexemplare des Zukkerbäckerstils in die Architekturgeschichte eingegangen sind. Zwischen ihnen muß es eine Beziehung geben, die intensiver ist, als es ihre bloß stilistische Verwandtschaft glauben machen möchte. Und es ist so: Die sieben Hochhäuser, die bis heute die Skyline Moskaus bestimmen, sind an den sieben wichtigsten, markantesten Stellen der Stadt gebaut worden. Sie wenden sich alle einem einzigen Punkt zu. Doch heißt dieser Punkt nicht Kreml, sondern: «Palast der Sowjets» – ein Schnittpunkt also, der existiert und doch nicht existiert. Wie soll man dies auf einen Begriff bringen können, welche

Metapher bietet sich an? Peripherie ohne Zentrum? Akkord ohne Dominante? Fixierung der Fluchtpunkte, aber Dementierung des Ausgangspunkts? Die imaginären Achsen zwischen den Hochhäusern schneiden sich, platt empirisch gesprochen, an der Stelle des Schwimmbades *Moskwa*; die Imagination des Betrachters, freilich mit einiger historischer Recherche im Rücken, weiß es nun genauer: die sieben Hochhäuser, die das Profil der Stadt prägen, ergeben erst dann ein geschlossenes Ensemble, wenn der geschichtlich geschärfte Blick das zentrale Mittelstück einsetzt, eben jenes «Oberste Gebäude», das zugleich das höchste und größte hätte werden sollen. Die Nachforschungen in den Materialien der dreißiger und vierziger Jahre zeigen denn auch eindeutig, daß der Palast der Sowjets als das Herzstück eines neuen, rekonstruierten Moskau gedacht war. Doch auch hier kehrten sich im Laufe der Planung die Verhältnisse um: hieß es zunächst, der Palast solle sich in das Stadtbild einfügen, so bedeutete die Annahme des monströsen Palastprojektes praktisch doch das Gegenteil – daß die Stadt sich den Dimensionen und dem Bild des Palasts zu unterwerfen habe.

Was also ist wirklich geblieben von diesem Monument der Zukunft? Ich würde es so nennen: geblieben ist im Stadtbild der von den Zuckerbäckerhochhäusern weitergegebene Imperativ – ohne das dazugehörige Ausrufezeichen, vor allem aber ohne den Imperator. Doch selbst das ist für ein Monument, das nie gebaut wurde, und für einen Imperator, der längst tot ist, immer noch mehr als genug.

Postskript: Zufällig finde ich in Lion Feuchtwangers «Moskau 1937 – Ein Reisebericht für meine Freunde», erschienen im Querido Verlag Amsterdam im Jahre 1937, einen Abschnitt, der überschrieben ist «Der Turm von Babel». Feuchtwanger spricht da nicht vom konkreten Palast der Sowjets, über den er zweifellos informiert war, sondern benutzt den Turmbau zu Babel als Metapher, wendet sie gegen den Mythos. Es heißt da: «Die Luft, die man im Westen atmet, ist verbraucht und schlecht. Es gibt innerhalb der westlichen Zivilisation keine Klarheit und Entschiedenheit mehr. Man wagt nicht, sich gegen den andrängenden Barbarismus mit der Faust zu wehren oder auch nur mit starken Worten, man tut es mit halbem Herzen, mit vagen Gesten, und die Erklärungen der Verantwortlichen gegen den Faschismus sind verzuckert und verklausuliert.» Und dann heißt es über den Eindruck in der UdSSR: «Man atmet auf, wenn man aus dieser drückenden Atmosphäre einer verfälschten Demokratie, eines heuchlerischen Humanismus in die strenge Luft der Sowjet-Union kommt. Hier versteckt man sich nicht hinter mystischen, phrasenhaften Schlagworten, es herrscht vielmehr eine nüchterne Ethik, wirklich ‹more geometrico constructa›, und diese ethische Vernunft allein bestimmt den Plan, nach welchem man die Union aufbaut. Es ist also eine neue Methode, nach der sie dort bauen, und es ist vollkommen neues Material, das sie verwenden. Aber die Zeit des Experimentierens liegt bereits hinter ihnen. Noch ist überall Schutt und schmutziges Gerüst, aber schon hebt sich rein und deutlich der Umriß des gewaltigen Baus. Es ist ein wahrer Turm von Babel, doch ein solcher, der nicht die Menschen dem Himmel, sondern den Himmel den Menschen näherbringen will. Und das Werk ist geglückt, sie haben sich ihre Sprache nicht verwirren lassen, sie verstehen sich untereinander.

Es tut wohl, nach all der Halbheit des Westens ein solches Werk zu sehen, zu dem man von Herzen Ja, Ja, Ja sagen kann. Und weil es mir umständlich schien, dieses Ja im Busen zu bewahren, darum schrieb ich dieses Buch.»

WDNCh

Was als schön zu gelten habe, ist nicht nur in der Vergangenheit umstritten gewesen. Was zieht die Ströme von Besuchern in die WDNCh, was lenkt sie vorbei? Es ist Samstagmorgen, und es ist erstaunlich viel los an der Metrostation WDNCh (Ausstellung der Errungenschaften der Volkswirtschaft der UdSSR) gegenüber dem Hotel *Kosmos*, das über der Straße, nicht weit vom Haupteingang zur Ausstellung, sich zu einem dröhnenden Halbrund aufbaut. An Sonntagen, vor allem aber an Feiertagen, ist hier auf dem von Lautsprechermusik überrieselten Gelände sicher noch mehr los. Und was wird sein, wenn der Sommer ausgebrochen ist?

Man muß frei sein von Geschichte, frei von irgendeinem Bezug und von Assoziationen, um sich hier ergehen zu können. Vielleicht muß man die Gleichgültigkeit eines Jahrmarktbesuchers haben, der mit dem Kind an der Hand zwischen den Buden hindurchschlendert und dem von Attraktion zu Attraktion fortgerissenen Kind immer wieder erklärt, daß die Ungeheuer doch gar nicht mehr leben, sondern ausgestopft sind. Doch man kann sich nicht einfach von der Illusion dispensieren, zu konkret, zu gewaltig, zu bedeutsam ist sie in Szene gesetzt – eben keine Illusion, sondern ein Vorgriff auf die Utopie des schöneren Lebens. Es gibt vermutlich Menschen, gar eine Generation, eine Menschenklasse, denen diese Ansammlung von Gebäuden unter die Haut geht bis zur Unerträglichkeit oder zumindest bis zu einem Gefühl, daß das, was zu sehen ist, nicht unter einen Hut, einen Gesamteindruck zu bringen ist. Man stelle sich nicht nur vor die WDNCh, sondern man gehe hinein!

Der Haupteingang: von einem gewiß 50 Meter hohen Triumphbogen gebildet, fünf symmetrisch gestaltete Arkaden, in der Mitte ein gewaltiges Emblem und obenauf ein Paar, das eine Ährengarbe trägt; doch man schreitet nicht durch die Arkaden, sondern durch einen vollautomatisierten Nebeneingang (wie in der Metro). Es öffnet sich eine breite, von Springbrunnen gesäumte Allee, die zu einem Gebäude führt, dessen untere Hälfte von massigen weißen Säulen bestimmt ist, in der zweiten Etage von einem rechteckigen Kubus und obenauf von einer goldenen Nadel; nach allen vier Seiten hin wiederum Arbeiter und *kolchosniki*. An diesem Zentralpavillon vorbei betritt man eine gewaltige Rotunde, an deren Peripherie Bauten verschiedenster Stile auftauchen. In der Mitte der vergoldete Brunnen «Völkerfreundschaft», wiederum mit einem Bündel von Ähren.

Das Spiel der rauschenden Fontänen ist noch nicht aufgenommen, die Bänke sind noch nicht besetzt. Bestürzend ist nicht nur die Zusammenballung verschiedener Stile, sondern auch die Kombination, die Kreuzung der verschiedenen Stile in einem Gebäude. Moskauer Klassizismus in weißen Säulen, Aufgänge wie zum Pergamonaltar, usbekistanisches Tempelchen für einen Brunnen, nordrussisches Holzhaus und rötlicher kaukasischer Granit, glasierte Ziegel aus Samarkand und Eisenbetonkonstruktionen, Ornamente wie auf einem Teppich der Seidenstraße, Balustraden mit Säulen, elegante Kuppeln aus dem Zeitalter der Glaspaläste, doch mit triumphalen Eingangspforten, goldene Mosaike aus der Apsis von Ravenna, doch nicht mit den zwölf Aposteln, sondern wieder und wieder: Arbeiter, Bauer, Arbeiterin, Bäuerin.

Der heutige Besucher dürfte mehr irritiert sein als der von 1939. Die Idee, daß jede Republik sich darstelle in dem ihr eigenen Stil, ist zumindest verwässert, entwertet worden. Heute teilen sich die Pavillons auf in «Landwirtschaft», «Industrie», «Wissenschaft und Kultur», dazwischen Geschäfte, Restaurants, Cafés. Freilich wehrt sich die ursprüngliche Konzeption gegen die Umfunktionierung. Oder ist es einzusehen, warum in dem Gebäude mit den Mustern von Buchara und Samarkand ausgerechnet die Abteilung für «Sowjetische Kultur» untergebracht ist?

Doch dies alles war schon damals nicht die bloße Selbstdarstellung der Republikstraditionen und nationalen Architektur, sondern dessen, was die Architekten der Zentrale Moskau darunter erstanden. Ausstellungsarchitektur hat ja immer etwas von einem

Gelände der WDNCh. Aufnahme Anfang der fünfziger Jahre

Vorgriff auf Zukünftiges an sich, hier wohl Vorgriff auf die Einheit des Sowjetvolkes, auf die große Synthese. Doch kann man Synthesen nicht einfach «machen», man kann zitieren und es dabei belassen im Vertrauen auf die Zukunft, in der sie heranwachsen mögen. Ich führe das Gefühl des Unklaren oder gar des Unbehagens auf den Eindruck des Gewollten, Konstruierten, Gemachten zurück.

Und dann ist da noch etwas, was zumindest einen Reflex herausfordert, reizt: überall drängt sich die triumphale Geste in den Vordergrund. Garben stemmende Bäuerinnen, Triebräder in Bewegung setzende Arbeiter, nach vorn weisende Idealgestalten. Nichts gibt es, was auf die Anwesenheit von Objekten der Aufmerksamkeit, auf Ausstellungsstücke hinwiese; Vorherrschaft des stolzen, demonstrativen Gestus über die Evidenz der gebotenen Sache. Dieses muß nicht immer und nicht von jedem als Mißverhältnis empfunden worden sein. Eine Zeit, die noch vom Pathos erfüllt ist, wird schwerlich etwas Unangenehmes, gar Aufdringliches daran finden. Eine Zeit, die darüber hinaus ist und sich mit elektrischen Wagen durch das Gelände kutschieren läßt, wird wohl nur noch an der Eigenart der Gebäude einen Reiz finden, möglicherweise auch an diesem oder jenem Bemerkenswerten: dem ersten Sputnik oder an der Demonstration der neuesten Melkmaschine.

Der Besucher bewegt sich in einem merkwürdigen Gelände, er schreitet Tempelfassaden ab, trinkt ein Glas Kaffee auf einem Balkon, auf dem ein cäsarischer Troß ohne weiteres Platz nehmen könnte. Und selbst ein so prosaischer Pavillon wie der der Fleischindustrie bekommt etwas Malerisch-Blutrünstiges: Obenauf, wo ansonsten Quadrigen stampfen, sieht der Besucher einen gewaltigen Stier, gerade noch angehalten von einem muskulösen Gladiator, der eigentlich nur Schlachter ist. Leicht komisch wirkt schon das um das Gebäude herumlaufende Band aus abgeschlagenen Stierköpfen.

Man hat den Architekten der Schau zuviel zugemutet: Wenn man schon nicht die karge Sprache der einfachen Ausstellungsarchitektur akzeptieren wollte, der Stil der neuen Epoche aber noch nicht gereift, die Ornamentensprache noch nicht ausgebildet war, die Nationalismen des Stils nicht nur nicht ausgelöscht, sondern gerade erst zur Entwicklung gekommen sind – wie sollte da ein Architekt auch nur im Ansatz die Idee umsetzen können?

Der Vorgriff auf die Zukunft des «schöneren Lebens», die Inszenierung des Bauern und Arbeiters als Erben einer reichen und luxuriösen Vergangenheit rächt sich im Voranschreiten der Zeit. Man vergegenwärtige sich nur die Kombination: neben einem Tempel die Triebwerke der Rakete, die den ersten Mann in die Orbitallaufbahn geschossen haben; vor der glasierten Kuppel einer Moschee eine Transformatorenstation. Das heißt, schon damals muß es einen fühlbaren Widerspruch zwischen der Umwälzung der alten Welt, dem Denken der «Henry Fords mit bolschewistischem Temperament» und der Fixierung der vergangenen Pracht gegeben haben. Heute erscheint jeder Kran, der auf dem Gelände herumfährt, um die Fassaden für den Frühling zu säubern und die Goldmosaike blank zu polieren, als Verstoß gegen die alte Welt. Zwei Arbeiter, emporschwebend in der Kanzel eines Hebekrans, faßten nach der ausgestreckten Hand der Kolchosbäuerin neben dem Eingang des Pavillons «Landwirtschaft», bekamen sie nicht zu fassen, schwebten weiter und nahmen dann ihre Arbeit auf. Die Inschrift war schon bis zum ersten «L» gereinigt.

P.S. Unbegreiflich ist mir, weshalb Wera Muchinas «Arbeiter und Kolchosbäuerin», eine Monumentalplastik von beträchtlichem Reiz, so weitab vom Hauptgelände postiert ist. Die Monumentalplastik blickt zur Straße hin, von wo aus gesehen sie im Eiltempo vorbeigleitet. In der Tat, sie ist nur aus der Ferne imposant. In ihrem Schatten treten die Fugen, die Materialoberfläche deutlich hervor; der vom Wind der Zukunft gebildete Faltenwurf des Gewandes erweist sich als zusammengebaut – doch aus der Ferne wirkt die Skulptur kraftvoll und überzeugend: wie aus einem Guß.

Kasakow

Es gibt ein Gesicht, es gibt eine Struktur, die durch keinen großen Brand und schon gar nicht durch einen Generalplan auszulöschen sind, weil sie der Stadt womöglich inhärent sind noch in der Form ihrer Negation. Ein Dementi, daß die Stadt die Stadt der Hochhäuser sei, ist noch nicht fällig, wohl aber eine präzisierende Bemerkung, die der aufmerksame Passant längst für überfällig hält: Denn in welcher Stadt sieht er ein derartiges Übermaß unauffällig sich einfügender Kolonnaden, regelmäßige Gesichtszüge niemals alternder Fassaden, im Halbrund sich öffnende Palasteinfahrten, wo säumen wie selbstverständlich Gartenportale die großen Avenuen? In welcher Stadt sieht er die Säule derart als gewöhnliche Stütze, kraftvoll und schlank, ebenmäßig, weiß, plastisch, zu jeder Tageszeit, zu jedem Wechsel der Jahreszeiten andere Schatten werfend? Säule, Fassade, Ornamente springen nicht ins Auge, sondern wirken unaufdringlich, einladend. Wo immer diese Gruppierung von Elementen antikischer Einfachheit und Klarheit, von vornehmem Weiß und warmem Habsburger Gelb dem Auge begegnet: es ruht sich aus, es beruhigt sich, es findet einen Punkt. An den unscheinbarsten Stellen Moskaus: eingesprengt in die langen, keinen Halt bietenden Straßenzüge; in der tiefen Fassade der alten Universität, auf der Insel der Manege, die beiderseits vom Verkehr umströmt wird; in der uliza Gerzena auf beiden Seiten; auf den Boulevards oder auf dem Theaterplatz. Welches Gefühl gibt die Stimmung am ehesten wieder: Entzücken? Kaum, denn wir haben kein, an Porzellan erinnerndes Teehäuschen vor uns. Ehrfurcht? Wir haben keine Unterwerfung fordernde Fassade vor uns. Erhabenheit? Auch dies ist es nicht. Ich würde die Reaktion auf die Begegnung mit dem klassizistischen Moskau beschreiben als Ausbreitung von angenehmer Ruhe, ausgehend von Gebäuden, die in sich ruhend daliegen, wie selbstverständlich.

Es gibt Plätze in der Stadt, die tun so wohl wie der Blick auf eine Waldlichtung im Zenit des Frühlings; dazu gehören Plätze wie der vor der Universität oder der vor dem Großen Theater, dazu gehören Straßenzüge wie die heutige Kropotkinskaja und bestimmte Abschnitte des Boulevardrings; dazu gehören einzelne Häuser, nein: Gebäude, nein: Bauwerke, die über die ganze Stadt verstreut sind und Moskau gebildet haben, auch wenn sie heute nur noch Einsprengsel im Weichbild sind. Die Meister, deren Handschrift so unaufdringlich und doch nachdrücklich sich hier eingeprägt hat: Matwei Kasakow (1738–1812), Wassili Bashenow (1737–1799), Giacomo Quarenghi (1744–1817), Domenico Gilardi (1788–1845), Afanasi Grigorjew (1782–1868), Ossip Beauvais (1784–1834).

Das Aroma dieser Zeit vor dem großen Brand von 1812 hat sich niedergeschlagen an einem Ort, der nicht zufällig sowohl für große wie betroffen machende Ereignisse bis auf den heutigen Tag genutzt wird: im Säulensaal des Gewerkschaftshauses, der ehemaligen Adelsversammlung (rekonstruiert nach dem Brand). Feierlichkeit durch sein Ebenmaß und die weiß glänzenden Säulen verströmend, groß genug für öffentliche Anlässe und doch intim genug, um nicht zur Halle zu entarten. Was hier nach innen gewendet ist, stellt sich andernorts nach außen dar: an der Fassade des Golizyn-Krankenhauses, den Häusern Demidows und Dolgorukows (letzteres in der Kropotkinskaja); oder in den Bauten von Bashenow: der Rasumowski-Palast auf dem prospekt Kalinina, das Juschkow-Haus in der uliza Kirowa und das Paschkow-Haus, erhöht liegend, angrenzend an den Neubau der Lenin-Bibliothek. Es wären noch andere Bauten zu nennen, die dieser Periode angehören: Gilardis Gebäude des Vormundschaftsrates, das Haus Lunin und das Haus Gagarin; von Quarenghi das Haus Scheremetew oder Jacques Legrands Kriegskommissariat.

Das klassizistische Moskau ist freilich nicht nur in Einzelstücken verkörpert, es hat auch große Ensembles zustande gebracht: etwa den Manegeplatz, den Theaterplatz, die Kropotkinskaja, den Boulevardring. Und doch muß man der Frage, was das Stadtbild Moskaus so anarchisch gemacht hat, nachgehen; die Ambitionen, die Petersburg zu einem einheitlichen Traumgebilde werden ließen, haben

Säulensaal in der Adelsversammlung, heute Haus der Gewerkschaften. Arch. M. F. Kasakow

hier nie Fuß gefaßt, sind aber auch nicht spurlos vorbeigegangen. Es ist eine weitere Ironie, daß Moskau Moskau wurde, weil Petersburg Petersburg werden sollte. Mit Peters I. Verbot von 1714, in Moskau und anderen Städten Bauten aus Stein aufzuführen, blieb Moskau in gewissem Sinne die Utopie der geplanten Stadt erspart. Ein weiterer staatlicher *ukas*, die Befreiung des Adels vom Militärdienst durch Katharina II., in der Absicht, die Initiative des Adels auf Landwirtschaft und Gewerbe zu lenken, wirkte im Sinne einer Entfaltung der Kräfte von unten. Moskau wurde buntscheckig, farbig bebaut, weil hier der Phantasie der reichen Geschlechter Raum gelassen wurde und Planvorgaben nicht existierten. Und mehr noch: die Baumeister des Moskauer Klassizismus hatten keine Tabula rasa vor sich, sondern eine in Türmen aufragende bunte, malerische Stadt. Wie konnten sie davon unbeeindruckt bleiben!

Die Ruhe, die von den Bauten des Moskauer Klassizismus ausgeht, muß eine andere sein als die der antikisierenden französischen

Klassizisten. Sie anzusehen ist fast immer Begegnung mit ein und demselben Typus von Gebäude – Kunsthistoriker wie I. Grabar haben darin eine gewisse Einförmigkeit gesehen. Doch was macht diesen Typus aus? Es ist das Landhaus des Gutsbesitzers, vom Gut in die Stadt verlegt: ein zentral von einer Kuppel gekrönter symmetrischer Portikus, beiderseits flankiert von vorspringenden Flügeln, so einen Innenhof bildend, mit Portalen, die eine Einfahrt umfangen. Im Innern meist dieselbe Struktur: in der Mitte die Empfangs- und Schlafräume, in den Flügeln Arbeits- und Aufenthaltsräume, auf der Gartenseite die Stallungen und Unterkünfte für Dienstboten. Der Grundriß der gutsbesitzerlichen *ussadba* wurde zum Grundriß der städtischen *ussadba* und dann des Stadthauses überhaupt. Das Geheimnis des Vorwurfes, daß Moskau immer nur Dorf gewesen sei, ist aufzudecken im Geheimnis dieses die Stadt zwanglos formenden Gebäudetyps.

Dann erst kommen hinzu: das viele Grün der Parks, eine gewisse Planlosigkeit, das anarchische Zusammenwachsen der *slobody* und Bezirke. Moskau als Dorf – das wird meist mit dem Unterton des zivilisatorisch Fortgeschritteneren gegenüber dem Zurückgebliebenen vorgebracht. Welcher Irrtum! Noch in der Lebensform des Gutsbesitzers, noch in den steinernen «Adelsnestern» hat sich etwas

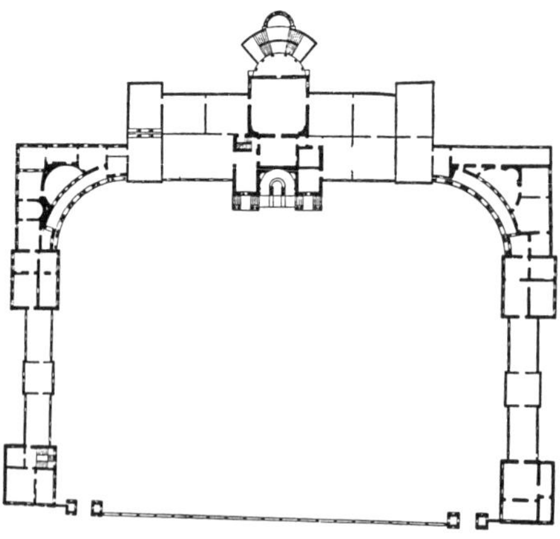

Ussadba Rasumowskis. Arch. M. F. Kasakow, 1790–1793

von der Selbständigkeit, der Großzügigkeit, der Distanziertheit des Grundbesitzers, zuweilen auch etwas von der – bei aller Pracht – Einfachheit des Bodenständigen bewahrt. Die städtische *ussadba* des Moskauer Klassizismus wie der Moskauer Klassizismus überhaupt – das ist: Bestimmtheit und Festigkeit der Form, Betonung des Nützlich-Konstruktiven, Selbstdarstellung dessen, der etwas darstellt, Meisterung der Form bis zur Eleganz, die sich indes nicht verselbständigt. Grabar hat irgendwo bemerkt, daß der russische Klassizismus die russische Stilrichtung schlechthin sei. Man könnte dieser Auffassung zustimmen, vor allem wenn man sieht, in welcher Form, wie verfremdet, parzelliert, manchmal auch heruntergewirtschaftet er sich immer wieder die Zeiten hindurch am Leben erhielt. Daß der elegantesten Fassade noch das Kraftvolle und Ebenmäßige, manchmal auch das Bodenständig-Provinzielle anzusehen ist – dies nimmt mich für Grabars These ein.

Man kommt freilich nicht weit, wenn man den Klassizismus linear in Beziehung setzt zum revolutionären Bürgertum und später das Empire zum Bonapartismus. Wer hier in der zweiten Hälfte des 18. und im ersten Drittel des 19. Jahrhunderts gebaut hat, das war kein Bürgertum, sondern eine Aristokratie, die sich häufig genug schon Rentiersallüren angeeignet hatte und Grund und Boden, Bauersleute und Fuhrknechte nur vom Hörensagen und vom Auktionsplatz her kannte. Doch findet der Genius der schaffenden Leute indirekt Eingang in die Häuser der Besitzenden – wenn auch nicht immer so unvermittelt, wie uns das die «Museen für die Kunst der Leibeigenen» erklären wollen. Die Vergleiche stimmen – wie meistens – nicht, denn der Gedanke des Wohlfahrtsbundes und die Parolen von 1789 wurden hier nicht in den Klubs gedacht und formuliert, sondern in den Salons der besten Geschlechter.

Selbst noch Figuren wie Pjotr Kropotkin und Michail Bakunin haftet etwas von der großen Natur des Landes und der Landgutbehausungen an. Wer so radikal sich die Welt anders denkt, der muß die Welt durchmessen haben, die zwischen dem Glanz der Parkettfußböden, den von Lüstern erhellten Sälen und Bibliotheken und den schmutzstarrenden Hütten liegt. Wer sich die Welt so sehr als «eigene» und keinem untergeordnet denkt, der muß im praktischen

Ussadba Archangelskoje bei Moskau. Hofkolonnade. Ende 18., Anfang 19. Jahrhundert

Leben die Erfahrung gemacht haben, niemandem und nichts untergeordnet zu sein. Der große Gedanke der Anarchie hatte nicht den Mief des nihilistischen Zirkels zur Voraussetzung, sondern die Lebensweise des voll entwickelten Individuums, das niemandem Rechenschaft schuldet.

Die Initiative der besten Geschlechter wurde zerschlagen, dem Jahre 1825 folgte – auch im Stadtbild ablesbar – eine romantisch-mystische Wende. Vielleicht war es gerade die grundherrliche Weise der Gesellschaft, die den Herren so lange so zu leben gestattete, bis sie alle Fähigkeit verloren hatten, sich um die Geschicke des Landes zu kümmern. Die Paläste also als Gehäuse für Kommendes: Lustschlösser wie Neskutschnoje für die Akademie der Wissenschaften, Schloßkomplexe wie Ostankino für die Rehabilitierung der Leibeigenen, die Adelsversammlung für die Aktivitäten der Gewerkschaften.

Daß man sich in einem Traum verlieren könnte und vergessen

könnte, wovon sich die Gesellschaft der Salons nährte, von wessen Hände Arbeit sie lebte, dies könnte dem widerfahren, der eine dieser Traumlandschaften aufsucht: Archangelskoje zum Beispiel. Wer das Wort «Traum» benutzt, der ist verpflichtet zu sagen, was er meint: Es ist nicht bloß die Wohlproportioniertheit des Landsitzes, des Schlosses erst der Golizyns, dann der Jussupows; es ist nicht die Gediegenheit der Interieurs, der Musiksalons, der Arbeitskabinette, des Jagdzimmers, der Zauber der im Park aufgestellten Statuen. Es ist etwas anderes: die humanisierte Natur. Wo immer der Besucher geht: im ovalen, von einer Kolonnade umschlossenen Innenhof; auf die Veranda und durch ein Spalier von Statuen und Büsten in die Ferne blickend, wo das Plateau zur Moskwa abfällt; beim Teehäuschen; bei der von Klein im ersten Jahr des Weltkriegs im neoklassizistischen Stil erbauten, etwas abliegenden Kolonnade, die als Familiengruft gedacht war – immer lebt der weiße Stein, das weiche Ocker vom Spiel der Parkanlage, vom Kontrast der sich wandelnden Natur zur steingewordenen Behausung des Menschen. Es ist der Reiz der zwanglos gestalteten Beziehung zur Natur, in der die Differenz zwischen steinernem Löwen, Herkules und Antäus auf der Veranda zum grün aufbrechenden Wald, zum verglühenden Herbstwald, zur verschneiten Schneelandschaft unmerklich, aber doch letztlich unüberwindlich festgehalten wird. Eine merkwürdige Entwicklung: nachdem die *ussadby* von den ländlichen Gütern ihren Weg in die Stadt gefunden haben, kehren sie versehen mit den Feinheiten und Nuancen des städtischen Lebens aufs Land zurück, vielleicht schon als Flucht.

Eine Fluchtbewegung anderer Art setzt jedes Wochenende ein, am besten zu beobachten auf den großen Bahnhöfen, auf den Plattformen für die Vorortzüge. Moskau macht sich auf den Weg in die Datschen. Auch sie haben ihren eigenen Stil. Erst die moderne Fertigbauweise gleicht sie einander an (finnische Importe womöglich). Datscha – das ist, so möchte ich behaupten, nicht nur ein Wochenendhaus, sondern eine Lebensform: daß man hier nicht nur unterkommt für zwei Tage, sondern sich ausrüstet für ein anderes Leben unter freien und «natürlichen» Bedingungen, daß man den Garten umgräbt, jätet, zu ernten gedenkt. Es gibt Datschen, die in die Literaturgeschichte eingegangen sind, wie die Pasternaks in Peredelkino; auch Solshenizyn hatte sich in der Zeit größter Bedrängnis auf eine Datscha zurückgezogen, die der Rostropowitschs in Schuchowka. Es ist mehr als eine Laubenpieperkolonie und zugleich weniger als ein Villenvorort: es ist Freiraum, Landwirtschaft en miniature, Rückzugsort für gehetzte Großstädter und Betätigungsfeld für verhinderte Ackerbauern. Unbeschreiblich der Duft von Flieder, Pfingstrosen, Wald, den die Sonne zur Entfaltung bringt, die niemals aber ihre Kühle verliert, und unbeschreiblich der Rauch der allenthalben entzündeten Feuer, die nicht bloß wärmen, romantisches Lagerfeuerlicht werfen, sondern nützlich sind: Abfall wird verbrannt. *Ussadba* und Datscha – sie sind nicht nur Gebäude, sondern Lebensform, Kontinuität trotz der Differenz von Vierspänner und *elektritschka*, trotz des Auseinanderfallens von Stadt und Dorf (die hier eben noch zäh aneinanderhängen).

Am Rande einer Zeit

Manche Bauten, manche Straßen haben Glück: sie überleben einfach deshalb, weil sie niemandem im Wege stehen oder sich ganz unabsichtlich in die Planungen der Zukunft fügen. So muß es auch mit dem Moskauer Boulevardring zugegangen sein. Nicht auszudenken ist, was ihm geschehen wäre, hätte er in derselben Weise das Interesse auf sich gezogen wie die Twerskaja. Die Twerskaja, heute uliza Gorkogo, ursprünglich die Straße, durch die die Sankt-Petersburger ihr Moskau betraten, mußte nach dem Machtantritt der neuen Herren dazu dienen, dem aristokratischen Newski prospekt aus der Rivalenstadt Paroli zu bieten. Die Bauherren haben es in den dreißiger und vierziger Jahren an nichts fehlen lassen, es der alten Hauptstadt heimzuzahlen – auf Kosten der Twerskaja, der heutigen Prachtstraße mit dem Namen des bitter-sensiblen Dichters.

Dies war wohl zwangsläufig so: die Twerskaja führte ins Zentrum der Macht; sie hinunterfahrend, sticht dem zum Zentrum Strebenden der matte Glanz des Kopfsteinpflasters des Roten Platzes ins Auge, er sieht von fern schon die Wölbung des Platzes zwischen Historischem Museum und Basilius-Kathedrale. Die Twerskaja, einst – so darf man vermuten – geräumig und ruhig genug für Geschäfte und Flaneure, ist unter den Strahlen der Macht zu etwas anderem geworden. Zu einer der wenigen Avenuen Moskaus, die fast immer so vom Verkehrsstrom erfüllt ist, daß ihre Breite gerechtfertigt erscheint und die Verbannung des Fußgängers unter die Erde verständlich ist; zu einer Straße, die Wohnhäuser mit überbordenden Fassaden, hemmungslosem Zierat darbieten und sie in eine Linie bringt mit den geretteten Gebäuden des letzten Jahrhunderts (die auf Schienen zurückzusetzen man keine Kosten gescheut hat); zu einer Straße, die von Schaufenstern gesäumt ist, in denen die Ware sich nur verschämt, in ihrem Als-ob-Gewand, darbietet; zu

«Auf diesem Boulevard, diesem langen, sanftgewundenen Erholungsweg platzt keine Bombe, knallt kein Gewehr und blitzt kein diktatorischer Blick. Es ist sehr friedlich auf diesem Boulevard. Pärchen gehen, rote Soldaten wandeln, Menschen kommen von der Arbeit über diese Promenade. Es wird gescherzt, Probleme werden durchleuchtet, Hintenrumgeschäfte werden beflüstert und Frauen werden geliebt. Frei geht, sitzt und spaziert der Bürger Moskaus über den braungrünen Gürtel. Allein und gepaart, ernst und fröhlich, sorgenvoll und hochbrüstig.»
Alfons Goldschmidt, Moskau 1920

einer Straße, die fast an jedem Haus eine Galerie bedeutender Bewohner präsentiert. Doch sie ist eben kein Newski prospekt, sondern die uliza Gorkogo.

Ganz anders der Boulevardring, der an die Stelle der Mauer trat, die bis zum großen Brand Moskaus (1812) innere, die Weiße Stadt umschloß. Als innerer Ring fügte er sich dem Wachstum der aufstrebenden neuen Metropole, ohne in die Schußlinie des Zentralismus der neuen Hauptstadt zu geraten. Er wurde akzeptiert und in Ruhe gelassen – zu seinem größten Teil jedenfalls. Nicht der Boulevard wurde zerstört, sondern die Stellung des Boulevards. Er schirmt heute nicht mehr die Weiße gegen die Vorstadt ab, er ist einfach zu einem der Ringe degradiert, ohne dessen Existenz der Körper der Stadt nicht funktionsfähig geblieben wäre. Die magische Grenze, die das Zentrum von der Vorstadt trennte, abschirmte, hat ihre Bedeutung verloren. Ein ganzes städtisches Gefäßsystem, ein kompletter Kosmos städtischer Kultur wanderte ins Museum – zu groß, um in Einzelstücke zerkleinert und ins Museum verfrachtet zu werden, zu solide gebaut, um verzichtbar zu sein in der allgemeinen Wohnungsnot.

Bis heute zeugen die «Altbauwohnungen» der ehemaligen Weißen Stadt davon, daß die ehemals «Erniedrigten und Beleidigten» Besitz ergriffen haben von den Interieurs der Bourgeoisie; freilich nicht, indem der Fabrikarbeiter in die weitläufigen Wohnungen am Tschistoprudny bulwar einzog, sondern anders: der Raum wurde um- und unterteilt, die Etagen von ehemals wurden zu Kommunalwohnungen und sind es zum Teil heute noch. Vielleicht kommt erst noch die Zeit, da die Altbauwohnungen der Bourgeoisie von ehedem wieder in ihre alte Form zurückgeführt, von kommunalen Fluren, Küchen und Enge befreit und denjenigen übergeben werden, die heute schon antikes Mobiliar gehortet haben, um es endlich einmal in den dazugehörigen Räumen auch auf- und ausstellen zu können. Die Verfrachtung der Eingesessenen in die Vorstädte und die Wiederaufwertung der «alten Bausubstanz» geht auch hier vonstatten, wenngleich anders, vielleicht zäher. Im Dunkeln, wenn die Weitläufigkeit der Zimmer, die mit Stuck geschmückten Decken, die fein gearbeiteten Treppengeländer dem Straßenpassanten sichtbar werden, könnte eine Ahnung davon auftauchen, daß die Behausungen der vertriebenen besitzenden Klasse erst noch auf den Einzug der neuen Besitzer warten.

Doch selbst ohne Kenntnis des Lebens hinter den Fassaden vermittelt der Boulevardring dem Besucher seinen Zauber. Er verläuft in folgenden Abschnitten halbkreisförmig um das Zentrum: Pokrowski, Tschistoprudny, Sretenski, Roshdestwenski, Petrowski, Strastnoi, Twerskoi, Suworowski und Gogolewski bulwar. Was ist ein Boulevard? Weder eine Straße noch ein Platz, also sowohl Platz wie Straße. Weit genug, um den Himmel als Raumgröße zu akzeptieren, nicht weit genug, um vergessen zu machen, daß der Raum von Häusern, Wohnungen, menschlichen Geschäften begrenzt wird. Offen nach beiden Seiten, um den Verkehr, den Puls der Stadt, aufzunehmen, passieren zu lassen, geschlossen genug, um nicht bloße Durchfahrt zu sein, mit einem Geräusch in der Luft, das bezeugt, daß man inmitten der Stadt nicht fern vom alles entscheidenden Zentrum sich befindet, und das nicht stark genug ist, um die vielfältigen Geräusche der spielenden Kinder zu übertönen, und den Anwohnern verdeutlicht, daß das ihre Sphäre ist und nicht die der Geschäfte. Möglicherweise ist der Boulevardring Moskaus der nach außen gewendete Gedanke der Passagen, wie er in der Petrowka oder im GUM inwendig zu finden ist. Das intim gewordene Geschäft, das auf die Straße hinaustritt, die keine Straße, sondern überdachter Raum ist, die Illusion der beleuchteten Passage an Stelle der von Tageslicht beschienenen Straße ist vielleicht nur das Pendant zum Boulevard.

Pokrowski bulwar: Tram 3, die über Ustinski most kommt, fährt in den Boulevardring ein, es geht etwas aufwärts. Bei der ersten Haltestelle des Rings linker Hand, Haus 18/15, ein Eckhaus, vor dem Brand Moskaus Haus des Kaufmanns Karsinkin; seit 1913 bis zu seinem Tode Domizil des Literaten Nikolai Teleschow, bei dessen literarischen Mittwochen sich so ziemlich alles traf, was Rang und Namen hatte – von Schaljapin, Andrejew, Gorki bis Bely. Weiter oben rechter Hand eine ziemlich breite klassizistische Front – auch solche beherrschenden und selbständigen Fassaden werden vom Boulevardring verkraftet! –, hinter der sich heute die Akademie für militärisches Ingenieurwesen verbirgt.

Tschistoprudny bulwar: Erstreckt sich bis zur Metrostation *Kirowskaja* hin. Rechter Hand das heutige Theater *Sowremennik*, noch vor dem Ersten Weltkrieg von dem Architekten Klein gebaut – damals beherbergte das neoklassizistische Gebäude in Weiß das Theater *Colosseum*. Zur Metrostation hin löst sich der Boulevard kurzzeitig auf, er selbst ist stellenweise erheblich und ohne Not verunstaltet. Man hat an den Teich in der Mitte ein Restaurant gebaut, fast scheint es aus Fertigteilen und besserem Wellblech. Die Gäste können auf einem Balkon sitzen, der den Sprungtürmen der Badeanstalten gleicht.

Sretenski bulwar: Linker Hand geht man die uliza Kirowa hinunter, man erblickt die schiefergraue Fassade des Postamtes; rechter Hand uliza Kirowa sieht man die beiden Flügel von *Zentrosojus.* Dem Platz zugewandt steht heute ein monströses neues Gebäude aus protzigem Beton, dann freie Flächen, die noch der Bebauung harren. Man ahnt schon, was da kommen soll; immerhin ist der Platz aber so eng, daß er nicht eine neue Ebene in die Stadt brechen kann, man wird in die Höhe gehen müssen. Dann fängt sich der Boulevard allmählich wieder: es gibt beiderseitig Geschäfts- und Mietshäuser mit überladenem Prunk und von Nôtre Dame entliehenen Fratzen, die jedoch kein Wasser speien. Hier wie auf dem gesamten Ring dominieren aber der Moskauer Klassizismus und Neoklassizismus, nicht die Formen des Jugendstils oder gar der englischen Pseudogotik und des neorussischen Stils. Der Boulevard gehört den aristokratischen Stadterneuerern nach dem großen Brand.

Roshdestwenski bulwar: Es ist eigentümlich: Moskau ist in der Tat auf Hügeln gebaut – vielleicht nicht auf sieben, wie behauptet wird. Der Boulevard neigt sich anmutig und großzügig zugleich hinunter zur Trubnaja ploschtschad. Und es ergibt sich eine Perspektive, wie sie die frühen Moskau-Besucher immer wieder beschrieben haben: Kirchen, zackige Kronen, Glockentürme, gezackte Mauern in Rot, grüne Dächer, jawohl, die grünen Dächer, die ich zuvor nie habe entdecken können, von hier aus sind sie zu sehen. Auch ist wahrzunehmen, daß der Boulevard gesäumt war von Kirchen und Klöstern. Die Namen der Boulevards stammen ursprünglich ja auch von den Klöstern, an *ihrer* Peripherie entwickelte sich der neue Ring, nicht umgekehrt, *sie* waren zuerst da! Jetzt, da die Sonne auf den Boulevard scheint, wird vorstellbar, was es heißt, daß Moskau viermal vierhundert Kirchen gezählt haben soll, daß die Luft an Ostertagen erfüllt war vom Gebimmel und Gedröhne der Glocken. Unten, in der Talsohle, liegt die Trubnaja ploschtschad, eigentlich – heute jedenfalls – kein Platz, sondern eine Fläche, die sich nach Norden hin noch weiter öffnet. Auf der rechten Seite der Kreuzung ein Gebäude, das aussieht wie einer der Getreidesilos in den Häfen des La Plata oder in St. Louis. Vermutlich ist es heute ein Speicher der Wissenschaft, speichert Daten, beherbergt ein Institut der Union. In der

Tat deutet der Platz auf etwas, was darunterliegt: die in den Untergrund verbannte Neglinka, die hier durch die «Röhre», d. h. durch das Tor der niedergerissenen Mauer der Weißen Stadt, getreten ist, ein Platz also, nicht so sehr geformt durch die Umgrenzung der Häuser, sondern der Naturgewalt abgerungen. Wenn man den Zwetnoi bulwar hinaufgeht, dann erlebt man eine Überraschung: auf der rechten Seite ein Eckhaus, das zunächst mit den spiralförmig nach oben laufenden Fenstern aussieht wie eine Filmrolle; bei näherem Hinsehen ist es eine Garage, gebaut in den zwanziger Jahren – natürlich mußte die «Funktion» auch nach außen sichtbar sein. Linker Hand zurückgesetzt hinter einem Zaun das Theater für Puppen und Miniaturen, etwas weiter ein Pavillon, der von seiner Konstruktion her etwas von einem chinesischen Gartenhaus und der Eleganz eines Thonetstuhls hat. *Eremitage* – das muß vor 1914 so eine Art Lunapark gewesen sein. Heute stehen im Park blumenförmig gestaltete Leuchtkörper und Lautsprecher, aus denen für alle die gleiche Musik strömt. Die Sonne ist schon stark, es weht eine angenehme Brise – aber die Erde ist noch matschig.

Das Café *Eremitage* indes, das ich eigentlich aufsuchen wollte, liegt anderswo: in der Neglinnaja uliza 29/14.

Und wodurch verdient die Trubnaja ploschtschad noch Erwähnung? Hier sollten sich die von Trauer und Hysterie erfaßten Massen am 9. März 1953 zu ordentlichen Kolonnen formieren, um zum toten Stalin, der im Gewerkschaftshaus aufgebahrt lag, geleitet zu werden. Und hier schon begann die Trampelei, kam es zu Hunderten von Toten, deren genaue Zahl offiziell verschwiegen wird. Ein tödlicher Trichter, zu klein, um das Erschrecken der Hunderttausende zählenden Masse aufnehmen zu können.

Petrowski bulwar: In Erinnerung habe ich ein- bis zweistöckige, auf weichem Grund errichtete Häuser, die, statt zu zerbrechen und auseinanderzufallen, einfach nachgeben, die klassizistische Gerade der Fassade in eine Schlangenlinie verwandelnd. Linker Hand, am Eingang der *Petrowka* wiederum ein Kloster, Kirchen, Glockentürme – doch der Zugang ist mit Metallplatten verschlossen.

Strastnoi bulwar: Dies ist das Stück des Rings, der auf jede erdenkliche Weise erniedrigt worden ist. Dort, wo er einst vom Strastnoi-

Kloster abgeschlossen wurde, hat man in den sechziger Jahren der Gedanken- und Geschmacklosigkeit architektonisch ein Denkmal gesetzt in Gestalt des Kinotheaters *Rossija*, das nun dem Boulevard seinen Rücken zukehrt. Der hoch aufragende, monströse Klotz wirft seinen Schatten auf eines der vielleicht kostbarsten Häuser Moskaus: die Druckerei und Redaktion des ehemaligen «Utro Rossii».

Puschkinskaja ploschtschad: Es ist schwer, sich eine Vorstellung zu machen, wie die Kreuzung früher aussah. Die Twerskaja wurde enorm verbreitert, die Häuser, die man respektierte, wurden versetzt (etwa Sytins Verlagshaus). Die Südseite dürfte erhalten geblieben sein, die Nordseite ist bemerkenswert durch das Iswestija-Gebäude von Barchin (1925–1927).

Der Platz hat seine Anmut allein von den Menschen, die dort spazieren, sich für längere Zeit auf den bequemen Bänken niederlassen, Zeitungen und Bücher lesen, rauchen. Puschkins Denkmal hierher versetzt, Treffpunkt für Verabredungen. Einer der Plätze, auf denen nicht die Hast der Käufer die Stimmung der Zielstrebigen dominiert. Wäre dies nicht, man könnte verzweifeln. Das Kino *Rossija*, von einem Fachmann immerhin als repräsentativ für die «Periode der Suche» der späten fünfziger und sechziger Jahre benannt, kann ich nur als ungestaltes Erproben von Glas und Beton ansehen, bei dem die Architekten ihr Reißbrett mit der Wirklichkeit verwechselten; dort wäre zu löschen gewesen, was als Experiment Berechtigung gehabt hat, hier nicht. Auf der Strecke blieb das Strastnoi-Kloster.

Die uliza Gorkogo überquerend, läßt man offensichtlich auch den Scheitel des Boulevardrings hinter sich. Von nun an hat man den Eindruck, abwärts im großen Bogen der Moskwa zuzustreben. Wir verlieren uns im gepflegten Viertel zwischen Twerskoi bulwar und Gartenring. Es ist hier so etwas wie großstädtische Ruhe, ab und zu auch breiten sich Rasenflächen vor den Häusern aus. Wir gehen quer durch das Viertel, um einen bestimmten Teich aufzusuchen, der noch halb im Eis liegt. Hier ist die Stelle, an der Bulgakows Berlioz (aus «Meister und Margarita») unter die Räder der Tram kam und von der Vorsehung eingeholt wurde. Auch dieser Platz hat etwas von großstädtischer Kultiviertheit. Zurück zum Boulevardring durch die uliza A. Tolstogo mit dem Haus der Morosows und dem der Tarassows, von der Rückseite auf die Villa Rjabuschinski zugehend.

Suworowski bulwar: Er beginnt bei den Nikitskije worota, nach wie vor einem der schönsten Kreuzungspunkte Moskaus, allerdings etwas aus dem Gleichgewicht geraten durch den Moskauer Meister des Betons, der sich im TASS-Gebäude verewigt hat. Aber gegenüber das Eckhaus, in dem Ogarjow seine Kindheit verbrachte und in dem heute, wie man unter Kinoliebhabern sagt, gute Filme gezeigt werden. Interessanter ist das Ende des Boulevards rechter Hand. Dort, im Haus 7a, lebte und starb Gogol, dem man im Hof der heutigen Bibliothek auch das Denkmal belassen hat. Welch ein Gogol! Auf einem Granitblock sitzend, vornübergeneigt, so daß seine Nase noch länger ausläuft und dem Gesicht vollends den Ausdruck von Zerknirschung und Verzweiflung gibt. Ein Gogol, der sich vornüberneigt, nicht aus Stärke. Das Denkmal ist von Belang, weil es das «eigentliche» Gogol-Denkmal war bis zu seinem 100. Todestag 1959. Der neue Gogol, der Gogol der sowjetischen Periode, ist nun am Eingang zum Gogolewski bulwar zu besichtigen, wo er aufrecht dasteht, eher das Standbild eines politischen Führers und in eine Zukunft weisend, die er nicht kannte oder auch nicht kennen mochte. Vermutlich ließe sich in einem Vergleich dieser beiden Standbilder eine kleine Etüde über die Uminterpretation von Literatur und ihre Subsumtion unter die Weisheit der späteren Geschlechter anfertigen.

Wir überqueren den prospekt Kalinina, den furchterregenden, der so offen und plan daliegt, daß nicht auszumachen ist, ob es sich um einen Platz oder Prospekt handelt. Er wird flankiert von dem zweiten Architektenverbrechen der sechziger Jahre, den Hochhäusern, vor denen der alte Arbat in den Hinterhof ausweichen mußte. Mit den aufgeschlagenen Büchern nachempfundenen Hochhäusern hat die Bürokratie vom Arbat und seinen Winkeln Besitz ergriffen, läßt den Wind über die Fläche pfeifen und die «Unwirtlichkeit der Städte» spüren. Nichts tröstet. Auch nicht der Blick auf die fernen Hochhäuser an der Smolenskaja plotschtschad und das Hotel *Ukraina*. Herausgelöst und nackt steht das Restaurant *Praga*, wie ein

Skelett, von dem das Fleisch abgelöst wurde. Man muß den alten Arbat gesehen haben, den in Liedern besungenen und Geborgenheit in der Stadt vermittelnden Stadtteil: Er ist noch zu besichtigen, längs der Segel, die dreißig Stockwerke hoch entlang dem Prospekt aufgespannt sind; er ist zu besichtigen in den abgeschnittenen Fassaden, in den zugebauten Hinterhöfen der schönen Häuser, die aus dem Gleichgewicht geraten sind und beziehungslos dastehen, andeuten, daß sie zu einem großen Verbund, zu einem Geflecht gehört haben, das man grausam durchschnitten hat – wozu? Für Käufer, die ihres Lebens nicht mehr froh werden, die sich müde laufen? Für Passanten, die die Unterquerung der Straße soviel Zeit kostet wie die Fahrt in der Metro von einer Station zur anderen? Der prospekt Kalinina hat die Überspitzungen der dreißiger und vierziger Jahre gewiß nicht zurückgenommen, sondern sie eher noch ins Extrem getrieben, dabei schmuck- und kraftlos. Er ist für mich Unwirtlichkeit, ein Anschlag auf das Bedürfnis nach Umgebung und Begrenzung, geplante Schutzlosigkeit. Aber es wird auch gesagt, daß die Moskauer ihren neuen Arbat schon lieben gelernt hätten. Ich traf solche Liebhaber bisher nicht. Doch es mag sein, daß sich eine neue Wahrnehmung herausbildet.

Weiter auf dem Gogolewski bulwar, der erst unten an der Metrostation *Kropotkinskaja* seinen Abschluß findet. Bis in die dreißiger Jahre dieses Jahrhunderts stieß der Boulevardring hier auf die Christ-Erlöser-Kathedrale; auch die Bauherren des Palasts der Sowjets, der an deren Stelle errichtet werden sollte, suchten sich den Boulevard gewissermaßen als Auffahrt unterzuordnen. Heute mündet er ein in den weiten Platz, der von der Verlegenheitslösung des Schwimmbassins *Moskwa* ausgefüllt wird. Der Boulevardring ist eine Zeit, eine Epoche für sich geblieben, resistent gegen Einverleibungsanmaßungen. Noch heute empfiehlt sich dem Fremden eine andere Gang- und Bewegungsart als die gewöhnliche. Seit es die vornehme Linie A – jene Straßenbahnlinie, auf der der junge Konstantin Paustowski Moskau aus der Perspektive des Schaffners kennenlernte – nicht mehr gibt, empfiehlt sich die Rückkehr zum Bewegungsmodus des Flaneurs.

Bahnhöfe

Ungleichzeitigkeit der Zeit. Ausgleichung der Zeitunterschiede. Einvernahme des nach allen Himmelsrichtungen auseinanderstrebenden Riesenreiches. Täglicher Kreuzungspunkt für die Bewegungen von Millionen. Heerlager, Berge von Bündeln lebensnotwendiger Fracht. Gesichter der hundert Rassen. Ausgangspunkt von Tagereisen und Endpunkt wochenlanger Bahnfahrten.

Moskaus Bahnhöfe sind allesamt Kopfbahnhöfe, und es gibt deren neun. Sie alle öffnen den Weg in die verschiedenen Regionen des Reiches, sie alle verbinden die entferntesten Regionen mit dem Zentrum. Der Belorussische Bahnhof empfängt täglich die Reisenden aus dem Westen, aus Paris, Berlin, Prag, Warschau, Minsk, Smolensk und verabschiedet die Reisenden in dieselbe Richtung. Vom Kiewer Bahnhof brechen die Reisenden Richtung Ukraine, Bulgarien, Rumänien, Budapest, Wien auf. Der Pawelezker Bahnhof gibt den Süden und den Donbass frei. Der Kursker Bahnhof, von dessen altem Gebäude nur noch ein kläglicher Rest als Denkmal bewahrt neben dem Glashallendach steht, eröffnet die Route nach Kursk, Orjol, Charkow, Rostow am Don und in den Kaukasus. Vom Rigaer Bahnhof wird das Baltikum versorgt. Am nachdrücklichsten macht sich der Anspruch der Hauptstadt dort geltend, wo drei Bahnhöfe an einem Platz zusammengefaßt sind – an der Komsomolskaja ploschtschad, die eingefaßt ist vom Jaroslawler und Leningrader Bahnhof auf der Nordwestseite und dem Kasaner Bahnhof auf der Südseite. Als Abschluß des Platzes ragt das in den vierziger Jahren errichtete Hotel *Leningradskaja* auf.

Kopfbahnhof – das heißt: nichts vermischt sich zum anonymen, bunten Einerlei, alles bleibt bis zu den Grenzen der Stadt, wie es ist; die Regionen und die Passagiere, die sie entsenden, erhalten sich in ihrem Kolorit, in ihrer Bewegung. Die Menschenmassen brechen

Jaroslawler Bahnhof. Arch. F. O. Schechtel, 1902

sich erst nach der Ankunft, wenn sie entweder aufgesogen werden von der Stadt, abfließen in die Schächte der Metro, fortgetragen werden von den Reihen der wartenden Taxis oder in die Radialbahnen geschleudert und am gewünschten Ausstiegspunkt wieder abgesetzt werden: auf einem der anderen Bahnhöfe, auf einem der fünf Flughäfen. Kein Durchgangspunkt also, sondern Innehalten, Verzögerung der Bewegung, Aufenthalt, auch Anhalten der Zeit in gewisser Weise, denn hier ist Moskauer Zeit; und die Uhren werden umgestellt, acht Stunden Unterschied für den aus der entferntesten Stadt Anreisenden, einige Stunden für den aus Zentralasien Kommenden immerhin. Und doch gehen trotz Moskauer Zeit die Uhren verschieden. Moskaus Bahnhöfe – das ist Sammlung der russischen, nein: sowjetischen Erde, stündlich, täglich, jahraus, jahrein.

Dort, wo die Gleise nach Kuibyschew, Omsk, auch Samarkand, Duschanbe weisen – am Kasaner Bahnhof –, steigen gleichsam das Getriebe und die Ruhe auf, die Reisende, die sich auf mehrere Tage Aufenthalt im Abteil einrichten, aufbringen müssen. Die Reise nach Moskau hat sich gelohnt, muß sich gelohnt haben, denn das Gepäck ist so, wie es unsereiner nur einmal in seinem Leben vielleicht auf sich nähme – bei einer Flucht, wo alle Habseligkeiten zusammenzubringen sind, oder bei einem überstürzten Umzug, bei dem auf ordentliche Transportmittel verzichtet werden muß. Moskau bietet Teppiche, Vorhangstangen, kiloweise Orangen, Skistöcke, eine Badewanne aus Plastik für das Baby in Irkutsk. Zu Bündeln geschnürt, kunstvoll zu einem Turm aus Koffern, Kisten, Säcken geschichtet, lagert das Gut auf den schon verschneiten Perrons und in der großen Halle des Bahnhofs – ein Bahnhof, dem noch die wilde Zeit seiner Entstehung und die Zeitläufe, die er gesehen hat, anzumerken sind.

Langgestreckt am Platz, einer mächtigen, unübersteigbaren Stadtmauer gleich mit gezackten Rändern, in dunklem Rot und mit weißen Linien und Feldern, wird der Bahnhof bekrönt von einem spitzen Turm Kasaner Art: mit Erkern, bizarren Zifferblättern, überall den Spitzen, die auf Abwehr hinweisen. Der Fremde denkt unwillkürlich an die Eroberung Kasans im Schutz der Muttergottes. Er ist gewärtig, daß jeden Augenblick Feuer und Schwefel aus den Zinnen herabschießen und vom Turm ein scharfes Trompetensignal ertönt, daß auch irgendwo ganz unvermittelt lanzenschwingende tatarische Reiter hervorbrechen.

Etwas von diesen lanzenschwingenden Reitern ist auch im Bahnhof zu betrachten: scharfe und dunkle Gesichter, junge Rotarmisten in ihrem olivgrünen Zwillich, umgürtet und mit elegant aufgesetzten Käppis; so jung sind manche von ihnen, daß man sie für Kinder

Kasaner Bahnhof. Arch. A. W. Schtschussew, 1913–1926

halten könnte, sie sprechen Kasachisch, Usbekisch, Tungusisch – vermutet der Fremde im Vorbeigehen. Da sind die alten Kämpfer mit ihren Orden, zum Teil auf Krücken gestützt; da ist der gewaltige Troß von Frauen, Kindern, Gepäck – ein Troß, der sich auf einen halben Tag oder eine Nacht Quartier eingerichtet hat. Vor den Reihen roter Plastiksessel in der Nebenhalle bilden sich Schlangen von Menschen, die einen Sitzplatz für die lange Wartezeit ergattern wollen. Es wird gewartet und nicht flaniert, wie auf deutschen Bahnhöfen üblich, seit italienische, griechische, spanische Arbeiter Bahnhöfe als einzigen Ort in Beschlag genommen haben, wo sich unter freiem Himmel und doch geschützt das Gefühl der heimatlichen Piazza bewahren läßt, wo die Zeitungen aus den Heimatländern am ehesten eintreffen, wo Filme zu besichtigen und Bekanntschaften zu machen sind. Hier kommt nichts von dieser Regsamkeit auf, sondern eher Konzentration vor einer langen Reise.

Der Kasaner Bahnhof – das ist auch jener Punkt, an dem ein gewisser Wladimir Iljitsch Uljanow, aus Samara kommend, auf der Durchreise nach Sankt Petersburg zum erstenmal Moskauer Boden betrat – damals, Ende August 1890, als der Bahnhof noch der Rjasaner Bahnhof hieß.

Das Tor nach Kasan ist trotz der Fassade eine moderne Schöpfung, das kann man schon bei einem Blick auf die Stahlbetonkonstruktion des Gewölbes über der Haupthalle sehen. Unter Leitung Schtschussews wurde 1913 mit dem Bau des Bahnhofs begonnen. Die neorussische Fassade bezeugt nicht bloß ein neues Selbstbewußtsein, sondern auch eine Flucht vor dem brutalen Einbruch der Moderne, deren Konstruktionsprinzip in diesem Bau nicht minder anwesend ist.

Nirgendwo ist die zivilisatorische Mission des Eisenbahnbaus deutlicher abzulesen als in Rußland. Schon dem Namen ist sie anzusehen. *Woksal*, das russische Wort für Bahnhof, enthüllt sich dem hinhörenden Ohr als *vauxhall*, und die wörtliche Übersetzung von *shelesnaja doroga*, dem russischen Wort für Eisenbahn, läßt sich präziser mit «eiserner Weg» wiedergeben. Darin ist enthalten weit mehr als bloße Verkehrsverbindung, darin liegt die ganz bestimmte Negation der Unwegsamkeit des Geländes, der Sümpfe und Flußniederungen, eine Kampfansage an die Abhängigkeit von den so kommunikationsfeindlichen klimatischen und geographischen Bedingungen in diesem Lande. Bauern aus Zentralrußland, die zur Saisonarbeit in den Südwesten wanderten, brauchten nicht weniger Zeit, als die europäischen Emigranten benötigten, um ihren Fuß auf den Boden der Neuen Welt zu setzen. Es ist recht eigentlich das Gefäßsystem der Eisenbahn, das Rußland auf den Weg der Gesellschaftsbildung führen half.

Dabei ging es nicht ohne Zwang, nicht ohne Schock ab. Der Bau der Linie zwischen Warschau und Wien im Jahre 1839 nahm sich noch wie eine Pflichtübung im westlich-fortgeschrittenen Grenzland aus. Die Eröffnung der Linie Sankt Petersburg–Moskau 1851 erscheint ebenfalls als die längst fällige Verknüpfung der beiden Hauptstädte durch ein Regime, das sich modern geben wollte. Eisenbahnbau im großen Maßstab beginnt indes erst unter dem vernichtenden Schlag der Niederlage im Krimkrieg, die zugleich eine Niederlage des Leibeigenschaftssystems war. Nun braucht man Linien, um die Truppen bewegen zu können; nun bedarf es der Transportmittel, um russisches Getreide und Holz auf den Weltmarkt bringen zu können; nun bedarf es funktionierender Adern, die die aus dem Boden schießenden industriellen Zentren zum Austausch zusammenschließen. In gewaltigen Schüben – mit den Höhepunkten in den Jahren 1871, 1899, 1915 – wird Rußland ins «eiserne Zeitalter» hineingetrieben. Eine Region nach der anderen wird für den Verkehr erschlossen – damit aber auch in den Krisenzyklus des Kapitalismus hineingerissen. Und in Rußland war die Eisenbahn so sehr Domäne des privaten, oft ausländischen Kapitals, daß Alexander III. es für nötig hielt, vor den «kleinen Eisenbahnkönigen in ihren Eisenbahnkönigtümern» zu warnen und in ihnen eine Bedrohung der russischen Autokratie zu sehen (nach E. Ames und V. T. Bill). Die Eisenbahnen wurden staatlich.

Es ist kein Zufall, daß heute ein Schriftsteller wie Mamin-Sibirjak, der den Goldrausch jener Zeit beschrieben hat, zu den meistgelesenen gehört: auch Rußland hatte seine amerikanische Pionierzeit, exzessiv und wild. Eine Kulturgeschichte des Schocks, den die *tschugunka*, wie das eiserne, feuer- und dampfspeiende Monster von den Einheimischen genannt wurde, verbreitete, ist indes im klassischen Land der Eisenbahn noch nicht geschrieben worden.

Als Nervenstränge des weiten Landes waren die Eisenbahnlinien freilich auch besonders empfindlich; über sie verlief nicht nur der Warentransport, auch die soziale Gärung bediente sich der Transportmittel. Die Eisenbahnarbeiter gehörten wohl zur geschultesten und diszipliniertesten Fraktion des Proletariats. Kein Zufall also, daß nicht weit vom Kasaner Bahnhof sich das «Zentrale Haus der Eisenbahner» befindet, ein Arbeiterklub der zwanziger Jahre – allerdings wiederum verborgen hinter Schtschussews neorussischer Fassade. Der Fokus der Revolution hat sich dicht neben dem Zentrum etabliert. Kein Zufall vielleicht auch, daß die von Lenin so gerühmte «Große Initiative» der freiwilligen kommunistischen Arbeit in den Werkstätten der Kasaner Linie ihren Ausgang nahm. Die Arbeiter der damaligen Rjasan-Uraler Linie revanchierten sich, indem sie Le-

«Freundeskreis»-Versammlung bei S. I. Mamontow. Von links nach rechts: I. E. Repin (sitzend), W. I. Surikow, S. I. Mamontow, K. A. Korowin, W. A. Serow, M. M. Antokolski

nin 1923 zum ordentlichen Maschinisten der Lok U-127 wählten. Es ist dieselbe Lokomotive, die ein Jahr später den toten Lenin aus Gorki bei Moskau in die Hauptstadt zurückbrachte.

Etwas vom Geist der Pionierzeit hat sich auf den Plattformen des Kasaner Bahnhofs bewahrt: die Passagiere, die hier warten, eingehüllt schon vom Holzkohlenduft der angeheizten Waggons, eine letzte Zigarette rauchend, haben sich den Moden der Allerweltsstadt noch nicht assimiliert. Es gibt sogar ungeniert in aller Öffentlichkeit ausgetragene Dramen. Eine blonde Frau will sich schreiend und weinend von zwei Männern losreißen. Das Publikum reckt die Hälse, es muß sich die Zeit vertreiben. Es gibt auch verschwiegene Dramen, die sich hier abspielten. Ich denke an den 17. Januar 1928, als Trotzki von hier aus den Weg in die Verbannung von Alma-Ata antrat. Ich denke auch an den 11. Mai 1970, da General Grigorenko, prominenter Dissident, von dieser Stelle im vergitterten Häftlingswagen aus Moskau deportiert wurde.

Der Versuch, den Zusammenprall von «eisernem Zeitalter» und

russischer Tradition zu mildern, ist auch dem Jaroslawler Bahnhof, am Ostausgang des Platzes gelegen, anzumerken. Sawwa Mamontow, dem die Nordrussische Eisenbahngesellschaft gehörte, gab sich mit keinem Geringeren als Schechtel zufrieden. In Schechtels Gebäude vom Beginn dieses Jahrhunderts fungiert die Architektur Nordrußlands als Zitat, eingebaut in die Formen des Jugendstils. Es herrscht die runde Linie vor, die Anlage ist asymmetrisch. Die Rundbogen der Eingänge kontrastieren mit der geraden Fensterpartie, das Schiefergrau des Daches mit dem Weiß, in dem die Wände gestrichen sind. Um das Gebäude herum läuft ein Fries aus grünen Kacheln mit bunten Majolika-Einlagen. Doch es gibt auch Elemente, die von einer Festung oder einem Kloster stammen könnten.

Mamontow hat nicht nur eine Eisenbahnlinie gebaut, sondern eine Linie in den russischen Norden, das so spät wiederentdeckte und dann schon legendäre Zentrum russischen Kraftgefühls; als Bauherr mit Geschmack schickte er die Künstler, die er mit der Innengestaltung der Bahnhofshalle betraute, erst einmal auf Reisen dorthin. Doch Korowins Bilder, Abbilder der Landschaft, in die die Linie führt, sind verschwunden – in der Halle wurde eine Zwischendecke eingezogen mit einem Monster von Rolltreppe. Manche der Städte, die damals zugänglich gemacht wurden, heute auf der Anzeigetafel verzeichnet sind – Archangelsk, Wologda, Workuta, Taischet –, haben seither den Klang der Jungfräulichkeit eingebüßt. Zu viele lernten die Städte am Polarkreis unfreiwillig, nach unerforschlichem Ratschluß kennen. Die Zeit, da sie wiederkamen, liegt knapp dreißig Jahre zurück.

Der Bau der Linie Moskau–Archangelsk, die Errichtung des Bahnhofs zeigen zugleich das Ende der Ära Mamontow und damit überhaupt jenes Typs von Eisenbahnmagnaten an, die in der zweiten Hälfte des letzten Jahrhunderts das Verkehrswesen revolutioniert haben: Selfmademen wie Derwis, der aus bäuerlichem Milieu kam; Asketen wie Samuel Pojakow, der philanthropisch gesinnte und ebenfalls aus jüdischem Haus stammende Iwan Bljoch oder der Ingenieur K.F. von Meck. Sawwa Mamontow kam zu Fall während des Baus der Nordlinie. Man warf ihm Bestechung vor, er mußte ins Gefängnis, und trotz Freispruchs war er ein ruinierter Mann. Im Bu-

Leningrader Bahnhof. Arch. K. A. Thon, 1849

tyrka-Gefängnis verfaßte er das Libretto für die Oper «Das Halsband», übersetzte Mozarts «Don Giovanni» ins Russische und verfertigte Skulpturen von den Gefängnisaufsehern. Nach der Verstaatlichung der Jaroslawler Linie und seines gesamten Besitzes zog er sich in seine Töpferwerkstatt zurück, den Treffpunkt kommender großer Künstler. Nicht viel anders erging es einem anderen, der sich im Eisenbahnbau als starker Mann hervorgetan hatte: Graf Witte, Stratege der russischen Modernisierung und erster Ministerpräsident nach der Revolution von 1905 – auch er mußte gehen. Die Autokratie vertrug weder das Temperament des kraftvollen Bourgeois noch den Sachverstand des aufgeklärten Technokraten.

Leningrader Bahnhof: Hier wurde die erste russische Bahnlinie eröffnet, und sie scheint in dem Maße, wie sich der Verkehr auf ihr entwickelte, auch zum Transfusionsstrang geworden zu sein, der der alten, entmachteten Hauptstadt die Kräfte zuführte, die sie nach der Revolution zum legitimen Erben nicht nur Sankt Petersburgs, sondern auch Konstantinopels machten. Der Bau repräsentiert weniger Moskau, sondern vielmehr die Stadt, die der Abreisende sich zum Ziel genommen hat. Es ist etwas von dem Glanz der alten Hauptstadt in der feinen Empirefassade, die als regelrechtes Kompliment an die noch dominierende Metropole an der Newa verstanden werden kann. Nicht Moskau diktierte damals den Geschmack der Fassade, sondern die silberne Stadt am Meer. Doch sind nur die Fassade und das Vestibül geblieben. Das Innere ist verändert. Die sowjetischen Neuerer der sechziger und siebziger Jahre haben aber den Ton getroffen (waren es Leningrader Architekten?).

Gewartet wird hier nicht: die Halle wird flankiert von Boutiquen und Leuchtreklamen, es gibt Imbißstände; die Menschen, die hierher kommen, können sich auf täglich und stündlich verkehrende Züge verlassen; das Ziel ist leicht erreichbar. Der Expreß benötigt sechs Stunden in die alte Hauptstadt, ein Zeitraum, der nicht verlangt, sich auf Übernachtungen einzurichten. Die Reise währt nur einen Moment, die Überwindung der Distanz besitzt zwischen den Städten kein Eigengewicht. Auch das Publikum ist anders: ohne Bündel, nur mit Reisetaschen, es klumpen sich keine sitzenden und wartenden Massen zusammen, der zielstrebige Schritt erfüllt den Raum, und die Lenin-Statue in der Mitte der Halle, die an die Übersiedlung der Sowjetregierung am 11. März 1918 erinnert, steht etwas verloren da. Dies ist auch ein Moskauer Bahnhof, doch ebensogut könnte man sagen: es ist die Dépendance der alten Hauptstadt, ihres freilich nunmehr verlangsamten Tempos, ihrer Manieren.

Zu den drei oberirdischen Bahnhöfen an der Komsomolskaja ploschtschad kommen noch zwei unterirdische hinzu. Hier kreuzt die Kirow–Frunse-Linie die Ringlinie der Metro. Die Bahnsteige in den unterirdischen Hallen sind fast immer schwarz von Menschen, besonders an Wochenenden. Selbst hier noch der Duft von Knoblauch und die intensiveren Gerüche, wie sie nur auf ostwärts führenden Bahnlinien wahrzunehmen sind. Doch ist der Übergang von der einen Fortbewegungsweise zu einer anderen, von der des eisernen Zeitalters» in die des Untergrunds, auf das erdenklichste abgemildert. Schtschussew, nach dessen Plänen 1952 die Kolzewoja-Station errichtet wurde, hat seine Handschrift selbst dem Unter-

Metrostation Komsomolskaja (Ring). Arch. A. W. Schtschussew, 1952

grund noch aufgeprägt: die Halle könnte die eines Bahnhofs sein, mit einem mächtigen Gewölbe über beidseits verlaufenden Säulenreihen aus hellem Marmor. Deckengemälde mit barocker Szenerie: Alexandr Newskis, Dmitri Donskois, Kutusows Armeen und die Parade vom 7. November 1941 bevölkern den künstlichen Himmel. Die Schlinggewächse aus Stuck, die ich oben im Restaurant bemerkte, wuchern auch hier unten, fast noch greller. Goldblinkende Mosaike an den Decken. Schtschussew, der Orientale, machte es den Ankömmlingen aus dem Osten leicht, sich auf die Stadt einzustellen. Erst der heranbrausende Zug, die Luft vor sich herschiebend und komprimierend, zeigt den Ankömmlingen, daß hier eine andere Gangart üblich ist.

Nachtrag: Selbst das Gewöhnlichste bekommt im Kasaner Bahnhof den Schimmer des Mystischen. Von der Haupthalle aus ist durch große butzenscheibenähnliche Fenster ein Raum wahrzunehmen, der auf jeden Fall gewaltig in seinen Ausmaßen und farbenprächtig sein muß. Unten auf der resopalverkleideten Tür steht *Restoran*. Und in der Tat: das Restaurant hat mehr von einer Kirche als von einem Ort, der zur Nahrungsaufnahme flüchtig vorbeihastender Reisender bestimmt ist. Es ist eine Halle, etwa 12 bis 15 Meter hoch, mit einem Gewölbe, das über und über bedeckt ist von weißem Stuck auf blauem Grund. Dabei ist der Stuck so grob und plastisch, daß er an Farnkräuter erinnert, die den blauen Grund überwuchern. Einige Stellen sind frei gelassen für Deckengemälde, die wohl die Pioniertaten und die Aufbruchzeit der ersten Fünfjahrpläne darstellen – auch dies in farbigem und dunklem Kolorit, wie man es bei uns in machen Barockkirchen sehen kann. Darunter, unter diesem wuchernden Himmel, in mehreren Reihen Tische mit feinen weißen Tischdecken, den obligatorischen, zu spitzen Pyramiden geformten Servietten, blinkendem Geschirr und Gläsern. An den Wänden Spiegel, in denen sich niemand spiegeln kann, sondern nur der Raum sich erweitert, an der Seite eine Bar, die ein paar Menschen zusammenführt. Wer hierher kommt, hat viel Zeit; der Ort ist der vollendete Gegensatz zu Cafeteria und Imbißbude, er liegt nicht im Strom der Menschenbewegung, sondern ist ein künstliches Reservat für diejenigen, die es sich leisten können, hier zu verweilen. Vielleicht verdankt er sich auch nur dem Denkmalschutz.

Antiquariate

Was eine Stadt ist, zeigt sich auch daran, welche Bücher in ihr produziert und gelesen wurden. Ich halte es seit meiner ersten Reise nach Prag so, Bekanntschaft mit der fremden Stadt auf einem ersten Gang durch die Antiquariate zu schließen. Seither sind die Buchläden am Graben und am Altstädter Platz böse heimgesucht worden, mehr von Souvenirsucht denn von Sachkunde. Der Besuch in so abgelegenen Läden eröffnet eine Art Zwiegespräch mit dem, was sich in den alten Büchern an Vergangenheit abgelagert hat. Mit der Zeit kam die Erfahrung hinzu, daß es wohl eine regelrechte Topographie der Antiquariate gibt: In Wien läßt sich an den antiquarischen Sortimentern der Einflußbereich der k.u.k. Monarchie und deren Zerfall rekonstruieren; in Berlin fallen die von Bücherverbrennung und Bombenkrieg gerissenen Lücken auf; in Prag legt das Durcheinander von deutschen, tschechischen und hebräischen Werken Zeugnis einer einst funktionierenden Symbiose ab, und das Übereinander der gestapelten Bücher dokumentiert den geschichtlichen Gang: k.u.k. Zeit, Republik Masaryks, Protektorat und Überschwemmung durch marxistisch-leninistische Massenware. Antwerpen, Amsterdam oder Straßburg zeigen in ihren Antiquariaten, daß die Städte Flucht- und Durchgangspunkte waren, markiert durch die Bändchen des Malik- oder S. Fischer Verlags. Fluchtbewegungen anderer Art haben sich in Istanbuls Antiquariaten niedergeschlagen: dort verstauben Jack Kerouac, Allen Ginsberg, Timothy Leary im billigen Pocketbook-Format.

Moskaus Antiquariate sind anders, so sehr wie auch die Buchhandlungen und der Umgang mit dem Buch anders sind. Es gibt nicht jene Supermarktstimmung, die nicht nur Ausdruck von Überfluß, sondern auch von Ratlosigkeit ist. Hier gibt es Bücher, die schon vor dem Erscheinen ausverkauft sind: zu gering sind die Auflagen der Klassiker für ein unersättliches Publikum, das sich fast wöchentlich vor den Buchläden auf Kusnezki most oder der Puschetschnaja in Schlangen staut. Bücher sind also oft schon vom ersten Tag an Rarität, sieht man von der Masse ideologischer Literatur ab, insbesondere von Reden und Erklärungen der je wortführenden Chefs.

Immer herrscht reger Betrieb. Der Kunde drängt zum Buch, nicht das Buch zum Kunden. Er ist durch eine Barriere von den Büchern, den Objekten seiner Begierde getrennt, er reckt den Hals, er verdreht ihn, um die Bücherrücken lesen zu können; er hebt die Brillengläser an, um durch die Ränder schärfer sehen zu können. Nur unwillig legt die Verkäuferin die Lektüre beiseite und reicht ihm über die Verkaufstheke, was er sich ansehen möchte. Kauflust, wie sie mit dem Hinundherwandern vor den Regalen, dem Durchblättern des einen, dem Sichvertiefen ins andere Buch gegeben ist, kommt so leicht nicht auf. Gereicht wird, was gezielt gefragt wird. Dafür stehen auf den Tischen Kartotheken, streng und ausgezeichnet gegliedert. Das Sortiment ist überschaubar unter die marxistisch-leninistische Periodisierung subsumiert; solche Disziplin hilft dem, der sucht. Nicht Autorennamen sind wichtig, sondern die Periode, der sie angehören, die Richtung, die sie vertreten oder der sie zugerechnet werden.

Was für das aktuell erscheinende Buch schon gilt, gilt für das antiquarische erst recht. Mir scheint: es wird gekauft, weil anders an das Buch, an den nie wieder aufgelegten Gedanken nicht heranzukommen ist; der hohe Preis wird in Kauf genommen, weniger aus bibliophiler Leidenschaft – obwohl es natürlich auch die gibt –, sondern aus Respekt vor dem verschollenen Wort, aus Not in der allgemeinen Not des öffentlich verbreiteten Gedankens. Antiquarische Bücher sind nicht bloß qua historischer Umstände Raritäten: man muß oft zum Original zurück, weil sein Text anders nicht zu haben ist.

Was sich an antiquarischen Büchern ablesen läßt, ist zumindest dies: die Preise zeigen an, wie hoch die Gedanken, die in ihnen niedergelegt sind, im Kurse stehen. Wenn man diese Rechnung anstellt, dann kommt eine merkwürdige und doch einleuchtende Gleichung heraus. Nehmen wir die Gesammelten Werke Schopenhauers in vier Bänden, von einem Petersburger Verlag herausgegeben: 250 Rubel. Dafür sind zu haben: zehnmal die ebenfalls antiquarisch gehandelten Gesammelten Werke von Plechanow in der Edition von Rjasanow aus den zwanziger Jahren, die mit dem gelben Kartonumschlag; auch die vierzigbändige fünfte Lenin-Ausgabe wiegt, was den Preis betrifft, wenig gegen Schopenhauer.

Interessanter ist indes, welche Schichten von Büchern zutage treten und auf welche sich gegenwärtig offensichtlich das Interesse richtet. Die Ansammlung von Büchern könnte zufällig erscheinen, doch sie ist es vermutlich nicht. Die Vergangenheit, unter die Glasvitrine oder aufs Regal befördert, bietet, was die Gegenwart verschweigt – und weit mehr. Ich sehe dort Wassili Rosanows Studie über die Sekten im Rußland des letzten Jahrhunderts; Teile der russischen Sigmund-Freud-Gesamtausgabe, ediert von der Psychologischen Gesellschaft der Moskauer Universität. Ich sehe den Sammelband «Selbstmord», in dem sich Lunatscharski, Rosanow und andere um eine Diagnose der Selbstmordwelle in der Zeit der «Stolypinschen Reaktion» bemühen. Da liegt die gesamte deutsche neokantianische und südwestdeutsche Schule unter dem Glas der Vitrine.

Beispielsweise: Windelbands «Geschichte der antiken Philosophie», Sankt Petersburg 1902; Wilhelm Wundts «Probleme einer Psychologie der Völker», Moskau 1912; Wilhelm Dilthey, A. Riehl, W. Ostwald in einem Sammelband aus Sankt Petersburg von 1909; oder, um noch einen in die Galerie einzureihen, die ich nicht zusammengestellt habe, sondern die ausliegt – Oswald Külpes «Gegenwärtige Philosophie in Deutschland», Moskau 1903. Auffällig ist nicht, daß es sich um zahlreiche deutsche Professoren von Rang handelt – es wären auch andere Namen, die heute weniger besagen, einzufügen: Ziegler, Pfänder usf. –, sondern daß sie widerspiegeln, daß die Hauptstädte vor dem Krieg vielleicht in größerem Maße Stützpunkte der deutschen Lebensphilosophie, des südwestdeutschen Neokantianismus gewesen sind, als Freiburg und Marburg es jemals waren. Der Leser war auf der Höhe der Zeit. Die russischen Ausgaben datieren nur um weniges später als die Originalausgaben. Die Rezeption war sozusagen international synchronisiert. William

Blick in die Nikolskaja uliza, Konzentrationspunkt des Buchhandels (heute uliza 25 Oktjabrja), Aufnahme 1886

James' «Philosophie des Pragmatismus» findet sich fast im selben Jahr wie die amerikanische Erstveröffentlichung. Wir erinnern uns der prominenten Pilger, die an die deutschen Universitäten gezogen sind – etwa den Cohen-Schüler Boris Pasternak.

Was heute tot, antiquarisch in der Vitrine liegt und nicht sehr behutsam von den Verkäuferinnen angefaßt wird, das war einst Papierkrieg in den gehobenen Ständen, eifrig gelesen und eifrig rezensiert. Und welches Erlebnis: endlich begegnet uns leibhaftig der erst durch die Bolschewiki so zum Leben erweckte, zum Unhold des neuen Idealismus stilisierte Wiener Professor Ernst Mach. Ruhig liegt sein Werk «Erkenntnis und Irrtum. Entwurf einer Psychologie der Forschung», Moskau 1909, unter der Glasscheibe. Freilich nicht der Empiriokritizismus, aber immerhin eines der Tatwerkzeuge des Angriffs auf den Materialismus … Natürlich sind auch die russischen Kampfgenossen oder, genauer, die selbständigen Größen, die es nicht mehr nötig haben, sich einer der europäischen Schulen anzuschließen, vertreten: Gustav Spet, Wladimir Solowjow, N. Losski. Und noch einmal in drei Ausgaben Schopenhauers «Die Welt als

Signets von Verlagen aus den Jahren 1910 bis 1930: I. D. Sytin, «Skorpion», «Krug» und Zentralverlag Arbeiter-Moskau, Staatsverlag, Weltliteratur, Land und Fabrik, Academia

Wille und Vorstellung». Es wäre der Blick in die Zeit verfehlt, vor allem aber dem Umsturz der Zeit nicht Rechnung getragen, wenn nicht auch von der Flut der besseren Regenbogenpresse sich etwas gerettet hätte, auch sie ist vertreten in populärwissenschaftlichen Journalen, in Zeitschriften für Luftbaden, Sport und Körperkultur, in Journalen für die Dame und für die Mode, in Zeitschriften für den Rennsport und für den Interessenten ethnologischer Expeditionen – zum Teil in Farbe.

Dazwischen, wie Schutt zwischen den umgestürzten Säulen, dies und jenes aus den Beständen und Bibliotheken einer kaiserlichen Finanzbehörde, einer geistlichen Akademie, eines Priesterseminars, eines Volkshauses.

Die Nöte der Zeit bleiben nicht verborgen. Auch wenn die Autoren meist Ausländer sind – auf dem Gebiet der «Geschlechterfrage» und der Pathologie der Triebe. Mehrmals begegnet mir Professor Auguste Forels «Sexuelle Frage», herausgegeben in Sankt Petersburg; ein anderer Pionier der Psychologie, Dr. Richard von Krafft-Ebing, ist mit seiner «Psychopathologie des Geschlechtslebens» vertreten. Eine wunderbare Ausgabe des sechsten Bandes von

«Ungefähr seit dem Jahre 1907 schossen immer mehr Verlage wie Pilze empor. Konzerte moderner Musik wurden häufiger; eine Kunstausstellung drängte die andere, veranstaltet von der ‹Welt der Kunst›, vom ‹Goldenen Vlies›, vom ‹Karo-Buben›, vom ‹Eselsschwanz› und von der ‹Blauen Rose›. Auf den Ausstellungen des ‹Goldenen Vlieses› waren in den mit Vorhängen abgedunkelten Räumen, wo die rundherum aufgestellten Hyazinthen einen erdigen Geruch verströmten wie in einem Treibhaus, die von Matisse und Rodin eingesandten Arbeiten zu sehen. Die Jugend war auf ihrer Seite.»
Boris Pasternak, Über mich selbst

Dr. Heinrich Gretzens «Geschichte der Juden», Odessa 1905, liegt dazwischen. Mehrere Titel zeigen an, wie lebhaft das Interesse an orientalischen Religionen gewesen ist. Ich zähle allein fünf Titel, die sich mit Buddhismus beschäftigen.

Und welcher Preis wird für Rosanows «Der Krieg des Jahres 1914 und Rußlands Wiedergeburt», Petrograd 1915, gezahlt: 100 Rubel! 100 Rubel für ein Bändchen, in dem die Katastrophe als die große Chance für die Wiedergeburt des zerfallenden Imperiums beschrieben wird!

Die vorrevolutionäre Zeit prunkt mit Namen, die Farbe behalten haben: mit Hausenstein, Altenberg, Rosanow, Mereshkowski, Hippius, den Historikern Kiesewetter, Lemke, Kljutschewski; sie breitet noch Luxus und ein unerschütterliches Vertrauen in den ungestörten Fortgang aus: Reiseführer in guter Aufmachung für deutsche Kurorte, Peterhof, Venedig, Nizza, Jalta.

Die Zeiten ändern sich, mit ihnen die Bücher – dies ist hier allerdings nur bis zum Beginn der dreißiger Jahre zu verfolgen. Es könnte sein, daß die Produktion danach eben nicht antiquarisch zu haben ist, sondern hochoffiziell Dienste tut: in Bibliotheken, Lese-

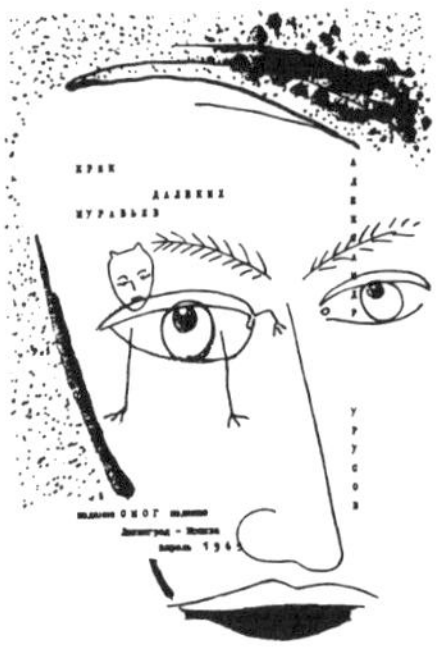

sälen, Archiven. Für unwahrscheinlich halte ich, daß sich nicht auch hierauf das Interesse des Antiquars gerichtet hätte. Freilich gab es schon eine Konjunktur für *stalinistica*! Für die Raritäten des Lobgesangs auf den Erbauer des Weißmeerkanals, für die fabulöse Berichterstattung Feuchtwangers aus dem Jahre '37, gar für den millionenfach gedruckten «Kurzen Lehrgang» wurden nicht durchschnittliche reise bezahlt. Erst recht nicht für die Protokolle der Strafsache gegen die Trotzkisten und andere «Doppelzüngler».

Die heutigen Zensoren zensieren die Zensoren von ehedem. In einem Antiquariat bekomme ich den Wortwechsel zwischen einem Herrn, der seine dreizehnbändige Stalin-Ausgabe verkaufen möchte, und der Verkäuferin mit: die Angestellte schlägt das Angebot mit dem Hinweis, daß das nicht möglich sei, einfach aus.

Umschläge von Zeitschriften: «Presse und Revolution», 1927, «Lef», «L'esprit nouveau», Majakowskis Poem «Lenin», 1923, «Buch und Revolution», 1929, «Russkaja Mysl», 1905, «Das Goldene Vlies», 1908, Samisdat-Text von Alexander Urussows «Schrei der fernen Kraniche», 1965

Ein Bekannter, dem ich mein Erstaunen darüber, was sich hier in den Moskauer Antiquariaten alles findet, bekunde, meint, daß in Rußland ungleich mehr gerettet worden sei als in Deutschland; nicht nur aus Achtung vor dem Buch, sondern weil die Stalinsche Maschine eben nicht so perfekt gearbeitet habe wie der gründliche Apparat der Nazis.

Die Buchflut in den Jahren nach der Revolution muß unermeßlich gewesen sein. Die Revolution hat die Bibliotheken der Aristokratie und des Bürgertums aufgelöst, manchmal sogar niedergebrannt, wie im Fall der Bibliothek Alexandr Bloks; sie hat die von Hunger- und Kältetod bedrohten Einwohner Petrograds und Moskaus in der Zeit des Bürgerkriegs und der Intervention gezwungen, ihre Skrupel gegenüber dem Buch zu überwinden und damit Öfen zu beheizen, um überleben zu können; die Revolution wurde auch von Leuten mitgemacht, die ein Buch nie in der Hand gehabt und auch keine Ehrfurcht entwickelt haben konnten. Die Bolschewiki, selbst Männer der Feder wie keine politische Führungsgruppe in der Geschichte vor ihnen und aufgewachsen zumeist in einem Milieu, in dem der kultivierte Umgang mit Büchern selbstverständlich war, mußten – bei allem Schrecken darüber – solchen «Exzessen» (aber es waren keine Exzesse, sondern das natürliche Destruktivpotential, das jeder großen Revolution innewohnt) hilflos zusehen.

Während ein Ästhet wie Wjatscheslaw Iwanow noch die Tilgung des Ѣ. durch die revolutionären Sprach- und Schriftreformer zum entscheidenden Skandal deklarierte und ihr einen Kampf auf Leben und Tod ansagte, wurden die Bestände der Bibliotheken, in Rußland Stätten der Kultur, ja des Kults, in alle Winde verstreut. Noch in den dreißiger Jahren soll die Abteilung des NKWD, die zur Haussuchung bei Gustav Spet kommandiert war, vierzehn Tage gebraucht haben, um die erlesene Bibliothek des polyglotten Gelehrten zu durchforschen. Was für den Antiquitätenmarkt schon bemerkt wurde – daß Rußland nach der Revolution eine Schwemme kostbarsten Inventars, Mobiliars und unschätzbarer Preziosen kennengelernt habe, die jene Flut, die auf die Französische Revolution gefolgt sei, weit hinter sich gelassen habe –, wird wohl auch auf den Markt antiquarischer Bücher zutreffen. Nicht anders kann ich mir erklären, was in Moskau zu besichtigen ist.

Die neue Zeit beginnt mit neuen Buchumschlägen. Mit konzentrischen Rechtecken, schwarz auf weißem Grund, wie auf dem kleinen Bändchen O. Moltschanowas zu Holzschnitten von Sobolew. Boris Pilnjaks «Okay»-Umschlag wirft einen Blick in die Wolkenkratzerschluchten New Yorks (oder sind es die suprematischen Architekturen von Malewitsch?). Es ist die Zeit, da die Goldrähmchen auseinanderfliegen, die Zopfmuster und Girlanden abgenommen werden und der nackten weißen Fläche, dem bloßen Karton Platz gemacht wird. Man spürt, wie bahnbrechend sich dies eine Werk Lissitzkys ausgewirkt hat: die Umschlaggestaltung von Majakowskis «Für die Stimme»: Flurbereinigung der Verpackung, des Worts, Aufbereitung für den Leser, äußerste Konzentration für den Lesewilligen. Plakat.

Aber nicht nur: noch zeigt auch das freie Jugendstilornament, wie sehr die Zeit schon in den Umbruch hineingerissen war, obgleich das Jahr 1917 noch nicht geschrieben ist. (Es gibt auch Schwersüßliches, wie auf dem Umschlag zu «Blutrot» von Mereshkowski, Hippius und Filossofow.) Die Kargheit der Gestaltung von Bändchen der Achmatowa, Bloks, Bagrizkis ist nicht einfach Reflex der herrschenden Papierknappheit, es ist auch Programm, Vertrauen auf die Macht des Wortes, das keine Schnörkel, kein Einschmeicheln in das Auge des Käufers nötig hat.

Und wer sich da alles versammelt: die Namen der Autoren, aber auch die von Verlagen: Petropolis, Alkonost – Belys «Königin und Ritter», herausgegeben in Petersburg (wie hartnäckig hält sich der alte Name noch im Jahre 1919) – die Berliner russischen Verlage. Es sind Dinge aufzutreiben, an die man nicht zu denken wagt. Etwa vier Hefte der Zeitschrift «Der moderne Westen» mit einer hochaktuellen und repräsentativen Übersicht über das, was an kulturellen Dingen im Westen passiert. Kasimir Edschmid, van Hoddis, Jean Cocteau, die ganze Riege der Dadaisten, Shaw und auch Oswald Spengler, alles in einem Umschlag dargeboten, der zeigt, daß eine Welt in Stücke springt (Kuben, Rechtecke, Winkel auf braunem Karton). Natürlich sind auch schon die Favoriten der westlichen Sozialkritik vertreten: Theodore Dreiser, John Dos Passos, Upton Sinclair, Frans Masereel, Käthe Kollwitz oder die «Lebensgeschichte eines Rebellen» von Arthur Holitscher.

Das Papier mag in vielen Fällen schlecht gewesen sein, doch es werden Bücher produziert, die noch Bücher sind, etwas zum In-die-Hand-Nehmen, Seiten, auf die die Lettern noch den Druck des Druckstocks weitergegeben haben, so sehr, daß sie eine gerauhte Fläche ergeben, Buchstaben als Relief, eine Art Blindenschrift, und sich dadurch von vielem unterscheidend, was heute gemacht wird, wo das gedruckte Wort auf bräunlichem glattem holzreichem Papier für das Auge oft schwer zu erfassen ist (welch Erstaunen und Entzücken rufen doch bei russischen Freunden «Dünndruckausgaben» von Insel z. B. hervor: Wunder aus der Bücherwelt, die es hier, wie es scheint, nicht mehr gibt!).

Am Ende werde ich fündig. In den Kartotheken, die auf den Tischen stehen, blätternd, finde ich tatsächlich: die erste Nummer von «Parthenon», einem Bändchen mit Aufsätzen bürgerlicher Intellektueller, die 1922 zu Beginn der NEP noch einmal glaubten, es wäre die Zeit, für die auch sie gekämpft hatten, doch noch angebrochen. Das Bändchen ist zerfleddert, zeigt auf dem Umschlag eine Schlange (welche?). E. Braudo schreibt darin über die Krise der Musik in Rußland und im Westen; A. S. Isgojew über die Aufgaben der *intelligenzija* – hartnäckig und rücksichtslos wie ehedem; Oswald Spenglers «Untergang des Abendlandes» wird rezensiert. Die Blätter des Bändchens sind vergilbt, die Umschlagseiten sind ausgefranst, es ist aus der Heftung gegangen; es war wohl schon bei der Produktion nicht so, wie es sich gehörte – die Bogen sind ungleichmäßig geschnitten. Doch aufgemacht ist es im alten Stil, der es in der vorrevolutionären Publizistik zu beachtlicher Höhe gebracht hat – keine Revolution der Buchgestaltung durch Lissitzky ohne die Kultur der «dicken Journale» vor 1917!

Nicht alles ist käuflich, was man zu erwerben wünscht. Der Fremde kann erst recht nichts erwerben, auch wenn er derjenige ist, der es sich am ehesten leisten könnte. Antiquarische Bücher dürfen nicht ausgeführt werden. Dies zu wissen tut einem fast wohl, denn es ist so schon schlimm und beunruhigend genug, sich vorzustellen, was der Valutabesitzer in Ermangelung sonstiger Konsumangebote von hier fortgeschleppt hat. Das Reglement tut weh, aber es hat viel für sich: so bleiben die Splitter der nationalen Kultur, wenn schon nicht immer geachtet, doch wenigstens im Land. Dieses praktische Kaufverbot macht den Gang durch die Antiquariate der Stadt zu einer doppelten Illusion – vielleicht raubt sie einem gerade deshalb die Nerven! Nach jedem Gang durch die Antiquariate ist es wie nach einer Schlacht, nach einer Jagd, in der das Objekt gesichtet ist, aber nicht zur Strecke gebracht werden darf.

Der Blick en passant gab diesmal eine Fährte frei. Eigentlich wollte ich im Haus des Buches am prospekt Kalinina nur einen Blick auf das schmale Bändchen mit Moskau-Graphiken von Dmitri Sobolew werfen. Dann traute ich meinen Augen nicht: es standen dort, auf einem handgemalten Schild vermerkt, zahlreiche Nummern, wenn auch nicht ganz vollständige Jahrgänge der Zeitschrift «Solotoje runo», die zwischen 1906 und 1909 von Nikolai Rjabuschinski, Mäzen und Künstler, Mitglied der Moskauer Fabrikanten- und Bankiersfamilien, herausgegeben wurde, der letzte und schon nicht mehr zweisprachige ist komplett zu haben für 250 Rubel, umgerechnet fast 1000 DM. Eigentlich keine Sache zum Kaufen, sondern nur zum Ansehen. Dort liegen sie, die großformatigen Hefte in quadratischer

Form, in grauem, rötlichem oder braunem Karton, in goldenen Letter aufgedruckt «Solotoje runo» (eine heute verkaufte Zigarettenmarke, parfümiert und eine von den teureren Sorten, empfindet diesen Luxus nach) und «La Toison d'Or, Journal artistique littéraire et critique». Was ich bisher nur als Exemplar der Abteilung für seltene Bücher in der Bibliothek zu sehen bekam, das liegt hier einfach zum Verkauf aus. Namen: Alexandr Benois, Waleri Brjussow, Konstantin Balmont, Maximilian Woloschin, Sergei Gorodezki, D. Filossofow, Konstantin Sünnerberg, Alexandr Blok. In jedem der Hefte wird ein Künstler vorgestellt, auf Reproduktionen, die sich heute noch sehen lassen können, abgedeckt von Chinapapier, mit einem Aufdruck des «Solotoje-runo»-Siegels. Die Kostbarkeit als Stil. Die Nummer, in der Borissow-Mussatows badende Damen, Parklandschaften, Frühlingsbilder und Rokokoboudoirs präsentiert werden, stammt aus dem Jahre 1906, noch ist die Revolution im Gange – doch der Stil der Zeitschrift ändert sich auch dann nicht, als Tausende von Todesurteilen verhängt werden und die Wasser der Moskwa sich vom Blut verfärben. Eher betont luxuriöser wird der Stil. Diese Attitüde hindert jedoch nicht, daß auch Bloks feinfühlig-selbstkritischer Vortrag «Intelligenzija und Rußland» zum Abdruck kommt.

Wo das «Goldene Vlies» über die Wellen segelt, können auch die Zeitschriften der Argonauten und ihrer Nachfolger nicht weit sein. So ist es: in derselben Abteilung werden ferner angeboten «Apollon», unvollständige Jahrgänge, die letzte Nummer vom März 1917. Weniger prunkvoll in der Aufmachung, aber ebenfalls in rechteckigem, etwas kleinerem Format, liegen die Nummern aus, bis 45 Rubel das Einzelexemplar. Der Mitarbeiterkreis ist sicher noch eindrucksvoller als der des zuweilen als Konkurrenz empfundenen «Goldenen Vlieses». 1917 erscheint es bereits im achten Jahr: Maximilian Woloschin, Sergei Makowski, A. Efros, N. Punin, mit E. Braudo für die Musik, mit Anna Achmatowa, Ju. Baltruschaitis, Alexandr Blok, Nikolai Gumiljow, Ossip Mandelstam, Boris Eichenbaum in der Abteilung für Literatur. Das Märzheft beginnt mit einer farbigen Reproduktion des Meyerhold-Porträts von Grigorjew, das diesen in Zylinder und Frack gestikulierend vor einem rotfarbenen orientalischen Tänzer zeigt. Weiter hinten eingeklebte Reproduktionen von Bildern Repins, von den Versailles-Studien von Alexandr Benois. Die Revolution, die soeben über die Bühne ging, findet in der Zeitschrift bis auf den Chronikteil keinen Niederschlag. Die Künste, die die Revolution so lange schon antizipiert haben, lassen sich Zeit, auf den unmittelbaren Gang der Tagesgeschichte zu reagieren, sie haben es nicht nötig. In einer anderen Nummer aus dem Jahre 1915 eine große Studie mit perfekten Reproduktionen zur japanischen Gravüre (N. Punin), einem Aufsatz von Ossip Mandelstam, Korrespondenzen aus Kiew, Odessa, Moskau, Paris, Italien. (Briefe will heißen: Briefe von Kandinsky, Benois, Djagilew...) Es kommt ein Mann an die Theke, erkundigt sich gezielt nach den vorhandenen Nummern, notiert sie in seinem Notizbuch und verschwindet wieder. Wahrscheinlich um sich telephonisch mit seiner Frau zu beraten, ob er zugreifen soll oder nicht, ob es mit dem Haushaltsbudget zu vereinbaren ist oder nicht.

Ich kann alles nicht glauben, frage die Verkäuferin, ob es denn öfter vorkomme, daß Zeitschriften dieser Art zum Verkauf angeboten werden, und sie meint, ich solle einmal in *Wojennaja kniga*, also einer Buchhandlung für Militaria, auf dem alten Arbat nachsehen. Dort gehe ich hin, eine Schlange wartet schon auf das Ende der Mittagspause, man stürzt hinein, denn hinter den Tresen wird immer nur eine bestimmte Anzahl Leute gelassen. Auch hier traue ich meinen Augen nicht. Feilgeboten werden Exemplare der Zeitschrift «Lef» von 1929, eine Studie über das Moskauer Studentenleben, 1918 erneut aufgelegt – der «exotisierende Typ», der «Bonvivant», der «Bohemien» usf. – der sechste Band der «Geschichte des Judentums» von Gretz und auf einem Regal gleich bändeweise die «dicken Journale» des «Westnik Ewropy» und «Russkoje bogatswo», die meisten aus Bibliotheksbeständen (oft sind die Einbände verstärkt und damit die alten Umschläge geändert worden). Meistens sind sie in sehr gutem Zustand. Der Band (mit bis zu 400 Seiten, wie es sich für ein «dickes Journal» gehört) wird zu 3,50 Rubel feilgeboten. In einer der Nummern finde ich den bezeichnenden Aufsatz «Sektierertum und Psychiatrie». Von der wichtigsten liberalen Zeitschrift «Russkaja mysl» ist allerdings kein Exemplar zu sehen. Andrang und Ungeduld

Deckblatt der von A. Benois und S. Djagilew herausgegebenen Zeitschrift «Mir iskusstwa», 1903

sind groß, die Wartenden treiben zur Eile, ich vergesse meinen Regenschirm.

Moskaus Buchhandlungs- und Antiquariatslandschaft ist heute zerklüftet, das ursprüngliche Zentrum, in dem sich Buchhandlungen und Antiquariate von alters her konzentrierten – in der Nikolskaja, heute uliza 25 Oktjabrja, wo Iwan Fjodorow 1564 für Rußland das Gutenberg-Zeitalter einleitete –, besteht nur zum Teil noch. So sind Kusnezki most, die Puschetschnaja uliza, der Stoleschnikow pereulok und die uliza Arbat Bücherstraßen geblieben. Gänzlich verschwunden sind die großen Namen russischer Verlage und Verleger: die von Kuschnerew – Kandinsky hatte in dessen Druckerei noch ein Praktikum absolviert –, Mamontow, Sytin, der Brüder Sabaschnikow oder der Petersburger Verleger Suworin und Wolff.

In einem Antiquariat auf Kusnezki most wiederholt sich das schier Unglaubliche. «Apollon» und «Solotoje runo» werden noch bereichert um drei Nummern eines Jahrgangs der Zeitschrift «Sofija», mit ebenfalls großartigen Reproduktionen, etwas zur wiederentdeckten altrussischen Architektur, zur asiatischen Kunst. Die Verkäuferin empfiehlt, doch alle Nummern zusammen zu erstehen, was ich mit dem Hinweis auf mein Interessengebiet ablehne – wenn es doch nur dieses wäre! Und dann frage ich einfach, ob «Mir iskusstwa» vorhanden sei, und sie verzieht keine Miene und sagt, ja, aber leider nur zwei Nummern. Sie reicht mir tatsächlich das Heft 7 des Jahrgangs 1904 herüber, in tadelloser Aufmachung, mit pastellfarbenem

Muster, das etwas an eine Tapete erinnert. Das Heft, herausgegeben von S. Djagilew und A. Benois, ist dem Moskauer Klassizismus gewidmet, der Hauptaufsatz zu den großartigen Reproduktionen stammt aus der Feder Iwan Fomins, der genau zwanzig Jahre später zum Protagonisten einer proletarischen Klassik gegen den Modernismus von Ginsburg und der Wesnins werden sollte. Zusammen mit Djagilew und Benois kann Fomin hier noch ganz dem Märchen des Moskauer Klassizismus huldigen, und wie deutlich wird hier, daß nicht nur *ein* Weg von der «Welt der Kunst» in die zwanziger Jahre geführt hat. Versailles, Piero della Francesca, der Petersburger Traum, Peterhof – auch dies gehört zur Erbschaft, die die zwanziger Jahre übernehmen, nicht nur Malewitsch.

Erschöpfung und Müdigkeit kommen nicht auf, solange ein Schock den anderen ablöst. Und welcher größere Kontrast wäre denkbar zu der Formenwelt und Musik des Ornaments als die Plakate des ersten Fünfjahrplans, die kräftigen Farben und Gestalten, die Krane, die aufgerissenen Metroschächte, die Baugruben, die Sportler, die Kolchosbauern, die hier noch naiv-pathetisch, ohne die Stilisierung der späteren dreißiger Jahre in Erscheinung treten. Noch ist alles reiner Enthusiasmus – jedenfalls was die offizielle Fassung dieser Seite der Industrialisierung angeht (und doch setzt schon der Generalangriff gegen das Dorf ein!). Aber es gab noch den Rhythmus von Deineka, die Farbgebung von Petrow-Wodkin; das muß für diese Zeit auch bedacht werden. Der neue Mensch geht vielleicht auch hier schon nicht ohne Gewalt, aber doch wenigstens ohne Krampf. Solche Bücher bleiben liegen, trotz der guten Aufmachung, trotz der Qualität der Maler, nicht nur des Preises wegen, sondern es gibt keine Konjunktur in der Zeit des zehnten Fünfjahrplans für die Malerei des ersten Fünfjahrplans. Wenn andere Zeiten, solche des Reichtums, der Ablehnung der Askese, des Luxus, der verfeinerten Kunst Konjunktur haben, dann will das etwas besagen: Es ist ein Bedürfnis nach solcher Kunst, ein Boden für ihre Rezeption vorhanden.

So passiv das Buch als Gegenstand wirkt und ganz vom Griff des Interessenten abhängig, so falsch wäre es wohl, ihm buchstäblich ein Eigenleben absprechen zu wollen. Auch Bücher haben ihr Le-

Hotel Metropol

> *«Das Vestibül eines solchen Hauses ist noch das alte Hotelvestibül. Sonst jedoch hat es von einem Großstadtvestibül nichts mehr an sich und in sich. Die eleganten Hallensessel, auf denen rauchende Frauen, geschniegelte Offiziere, dicke Provinzkaufleute, Fabrikanten, Touristen usw. saßen, sind verschwunden. Die Spiegel sind blind oder halb erblindet. Ein großer Treppenspiegel im Metropol zeigt noch ein Kugelloch von den Kämpfen um die Macht. Der geschäftige Portier mit seinem Stab existiert nicht mehr, die Galanterie-, Schokoladen- und Zeitungsstände sind nur noch eine Erinnerung, und kein Großfürst mietet Zimmerfluchten. Es geht nüchtern und geschäftsmäßig her. Dafür wird man nicht geneppt …*
> *Selbstverständlich sind die Zimmer der Sowjethäuser noch mit alten Herrlichkeiten ausgestattet. Allerdings verbleichen diese Herrlichkeiten, diese Empiresofas, Plüschstühle, Rokokotischchen, wie die Bourgeoisie verbleicht.»*
> Alfons Goldschmidt, Moskau 1920

ben gelebt, meist bemerkenswerte Odysseen hinter sich gebracht, sind mehrmals knapp dem Tod entronnen, tragen Schrammen und Narben davon. Nur selten aber trifft sie der Glücksfall, an jenen Punkt zurückzukehren, wo sie gedacht, gemacht und in die Öffentlichkeit entlassen wurden. Dieser Gedanke kam mir im Antiquariat auf der Straßenseite des Hotels *Metropol*. Dort standen noch Ausgaben der Zeitschriften «Die Waage» und «Der Greif», beschädigt, aber gerettet, abgegriffen, aber doch nicht fallengelassen, im Regal – in eben dem Gebäude, wo vor der Revolution die Redaktionen eben dieser Zeitschriften ihren Sitz gehabt haben. Die Wanderung durch die Zeit ist indes nicht zu Ende.

Woher kommt das Gefühl, *dieses* Buch haben zu *müssen*? Es ist, glaube ich, nicht nur die Ergriffenheit, die einem beim Anblick von Ruinen befällt; vielmehr ist darin die Hoffnung, daß der Besitz, die unmittelbare Aneignung uns erlaube, mit dem materiell gewordenen Autor über das Material in Beziehung zu treten; auch ist es nicht bloß die Qualität – ein Reprint könnte sie uns vollkommener bieten. Es ist letzten Endes die Hoffnung, daß etwas von dem Glanz oder dem Geist der Zeit auf uns oder den zeitweiligen Besitzer falle, der das erworbene Buch einschließt in seinem unmittelbaren Umfeld. Auch dies ist ein Versuch, die Zeit, nachdem sie erst einmal erweckt worden ist, wieder einzuschließen, anzuhalten mit der Illusion: für immer.

Was ein rares, kostbares Buch ist, auch das ist strittig, weil relativ. Auch in der Welt des Buches gibt es eine Zweiteilung. Was bei uns mitunter in Großkaufhäusern verramscht wird – und dazu gehören Werke des heiligen Augustin oder Trotzkis Stalin-Biographie ebenso wie billige Kriminalromane –, ist hier unzugänglich. Raubdruck oder Selbstverlag, in den Zeiten der studentischen Revolte gang und gäbe, im Laufe der Zeit gar Form intellektueller Bluttransfusion in die großen Verlagshäuser geworden, nennt sich hier Samisdat. Samisdat-Literatur zu besitzen ist riskant, sie herzustellen erst recht. Wie soll man also über den Wert von Büchern reden in einer Welt, die Gutenberg gekündigt hat? Die Welt der Bücher reproduziert, was in der Struktur der Gesellschaft oben und unten rangiert, was als wertvoll und wertlos zu gelten hat.

Ich wage nicht zu urteilen, was hier in der Wertschätzung ganz oben rangiert – bei den Intellektuellen ist das ziemlich klar (Mandelstam, Gumiljow, Fjodorow usf. usf.). Ihnen schien auch ziemlich abseitig, was ich an Literatur zusammentrage: Makulatur. Das sind nebensächlich erscheinende Darstellungen der Stachanow-Bewegung aus der Sicht eines Moskauer Arbeiters; das ist eine sehr parteiliche Darstellung des internationalistischen Moskau; das ist der Kampf der Partei gegen die postrevolutionären Untergrundparteien; das ist eine Geschichte der Industriearchitektur in Moskau und dergleichen mehr. Doch ich finde darin das Bild des kommunistischen deutschen Arbeiters Hans Klemm, der sich am Aufbau beteiligt hat (was aus ihm geworden ist?); ich finde darin Photos von den zur Arbeit abkommandierten Bürgerfrauen im Jahre 1920; ich finde darin unendlich viele Spuren, zum Teil in einer Sprache, die nichts verbirgt, auch nichts zu verbergen hat: etwa die Erinnerungen der Veteranen des Metrobaus. Es war für sie die heroischste Phase ihres Lebens, in der sie ihre Kraft verschwendet haben an den Bau einer Welt, die für sie auch heute noch intakt ist. Da gibt es viel vorzuweisen, da kann man ausholen und mit Details herausrücken, die in großformatigen historischen Darstellungen keinen Platz haben oder keinen Sinn ergeben.

Eine Zeit, die von sich selbst in vollem Selbstbewußtsein spricht, klärt uns anders und über anderes auf als eine, die sich ihrer Vergangenheit bereits schämt.

Der starke Mensch

Der Fremde weiß, daß die Sowjetunion in fast allen Sportarten die führende Macht ist, in einigen gar ein seit Jahrzehnten ungebrochenes Monopol hält. Er weiß auch, daß diese Rekorde auf der Basis des Prinzips des Massensports zustande gekommen sein sollen. Beweise werden genug geliefert: da sind zum einen die Listen der Rekordhalter, die Bilanzen der Olympischen Spiele und aller möglichen Weltmeisterschaften. Und in entsprechenden Prospekten werden Zahlen über Zahlen geboten.

Moskau macht in diesem Zahlenspiel keine Ausnahme, sondern hält vielmehr den ersten Platz: die Stadt verfügt über 60 große Stadien, mehr als 2000 Sportsäle, 45 Schwimmbäder, 400 Fußballplätze, eine enorme Zahl von Leichtathletikarenen, Sportpalästen. Es gibt fast keine gesellschaftliche Institution, keine größere Fabrik, die nicht über ihre eigene Sportorganisation verfügt; rund 3200 «Kollektive der Leibesertüchtigung» und mehr als 100 Klubs – darunter so berühmte Namen wie *Torpedo, Hammer und Sichel, Spartak* – sind Ausdruck der «Sportmassenarbeit», die rund eine Million der Moskauer Bevölkerung erfaßt.

Mit einem ihm bekannten Ausländer hatte der Fremde nach dem ersten Eindruck darüber gesprochen, ob in diesem Land tatsächlich quantitativ und qualitativ mehr und anders Sport getrieben würde als etwa in Deutschland oder Amerika, wo derartige Zahlen kaum geboten werden, schon deshalb nicht, weil sie aus der Rubrik gesellschaftlicher Organisationen herausfallen und sportliche Betätigung sich weitgehend als individuelle Aktivität abspielt. Es schloß sich auch eine Diskussion über Freizeitgestaltung hier und im Westen an.

Trotz der Zahlenangaben und des Hinweises auf den qualitativen Unterschied von «Massensport» und «bürgerlichem Spitzensport» blieb etwas unaufgelöst wie eine Frage in der Luft hängen.

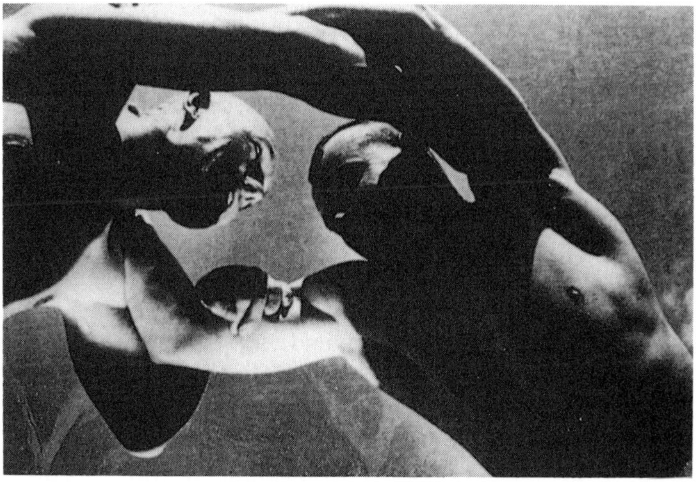

Der Kampf. Photographie von Georgi Selma, Moskau 1935

In jedem Fall ist sicher, daß die *fiskultura* – «Körperkultur» – und der Sport in einem Maße Bestandteil der Öffentlichkeit sind – und damit der staatlich-politischen Sphäre angehören – wie in kaum einem anderen Land. Sport ist nicht abgedrängt – schon im Weichbild der Stadt – in die Randzonen, in die für Bau und Industrie unergiebigen Randstreifen und Inseln zwischen den sich in den Vorstädten überkreuzenden Autobahntrassen, Eisenbahngleisen – gewissermaßen in die nutzlos und unnutzbar gebliebenen Areale von Natur, sondern Sport wird getrieben an exponierter Stelle. Dies gilt nicht nur für das Lenin-Stadion, das, keine zehn U-Bahn-Minuten vom Kreml entfernt, im Südwesten der Stadt, noch innerhalb der Moskwa-Schleife liegt, sondern es gilt auch für die anderen größeren und kleineren Anlagen. Dies wird schon auf allen Entwürfen für den Generalplan zur Rekonstruktion Moskaus aus dem Jahre 1935 ersichtlich (der Entwurf von Le Corbusier etwa und die von ihm vorgesehenen Zentren entsprechen so ziemlich den heutigen Schwerpunkten: *Lushniki*, *Dinamo*, Olympisches Zentrum am prospekt Mira). Auch ist ersichtlich, daß die kleineren Anlagen bewußt im Zusammenhang stehen mit Wohnkomplexen und Industrieanlagen.

Wie sehr die Ertüchtigung des Körpers der Sphäre des Politischen angehört (ein zunächst befremdliches Phänomen), kann man an Hand der Geschichte des sowjetischen Sports in dem kleinen, aber interessanten Museum für Körperkultur, das im Lenin-Stadion untergebracht ist, nachvollziehen. Natürlich zeichnet auch hier wiederum Lenin das erste Dekret, in dem von der körperlichen Ertüchtigung des Proletariats, von der Überwindung des bloß freizeitmäßig Luxurierenden gesprochen wird und auf die enge Beziehung zwischen der Bewegung des Sports und der Arbeit, der Stärkung des Willens usf. hingewiesen wird. Die Bilder berichten von der ersten Arbeiterolympiade 1920 in Omsk, ein Exemplar des «Zentralorgans des Zentralrats der proletarischen Gesellschaften für Körperkultur» mit dem Titel «Die Ameise» ist vorhanden; gezeigt wird Felix Dserschinski, der Chef der *Tscheka*, als Ehrenvorsitzender der Moskauer Proletarischen Sportorganisation (MPSO), ein Massenauftritt proletarischer Sportler 1925 im Dinamo-Stadion; Podwoiski als Vorsitzender der Roten Sportinternationale, die im Gegensatz zur bürgerlichen und «gelben» Sportorganisation gegründet wurde und die den traditionellen Arbeitersport, der bis dahin Domäne der Sozialdemokratie war, auf die Gleise des revolutionären Oktober überführen sollte. Beweise für die selbstbewußte Einbeziehung der Körperkultur in den Aufbau einer neuen Welt gibt es genug: Auf welchem politischen Schauplatz demonstrierten je Schwerathleten? Auf dem Roten Platz. Auch der Stafettenlauf auf Skiern über die 10000 Kilometer lange Strecke von Chabarowsk nach Moskau 1928 oder die Skistafette von Moskau nach Oslo 1927 war von mehr als nur sportlichem Ehrgeiz getragen. Ausgestellt ist auch ein Berliner Plakat von 1927 in deutscher Sprache mit der Ankündigung:

«24. 8., 6 Uhr. Vorwärts-Süd-Platz.

Leningrad, Putilow-Werk».

Die Fußballmannschaft der Petrograder Bastion der Revolution in Berlin! Auch die Bezwingung des höchsten Gipfels im Pamir war nicht nur eine sportliche Leistung, wozu sonst hätten die Bergsteiger ihm den Namen *Pik Lenina* verliehen?

Es gibt Veränderungen im Laufe der Zeit in der öffentlichen Repräsentation des Sports: Unmittelbar nach der Revolution und in den zwanziger Jahren geht es darum, dem bürgerlichen elitären Sport den proletarischen Massensport, den Amsterdamer Olympischen Spielen von 1928 die erste proletarische Spartakiade entgegenzusetzen. Unwillkürlich – auch in den Bildern abzulesen – verbinden sich hier die Elemente der meist sozialdemokratisch geprägten Wander- und Zugvogelbewegung und Freiluftkultur aus der Zeit vor dem Ersten Weltkrieg mit einem naiven Internationalismus der Arbeit.

Die Ziffern der Statistik über die organisierte Sportbewegung sind imposant: von 1924 bis 1927 steigt die Zahl der Klubs von 2842 auf 13803, die Zahl der Teilnehmer von 311200 auf 911000, wobei offensichtlich die meisten Teilnehmer dem städtischen Proletariat entstammen, denn 1924 kamen 295200 aus der Stadt und nur 16000 vom Land. Für die zwanziger Jahre drückt sich die Naivität auch noch in dem einfachen Spiel aus, das nur nebenher auf Rekorde achtet. Dies ändert sich offensichtlich mit den Fünfjahrplänen und der Industrialisierung. Die Spartakiaden gewinnen an Disziplin, streifen alles Spielerische, bloß Motorische ab, das Stachanowsche Prinzip scheint auch auf den Sport überzugreifen, und es geht darum, Höchstleistungen für das Vaterland der Werktätigen zu erreichen (die Pamir-Ersteigung, die Nordpol-Überfliegung, der Amerika–Rußland-Flug). Es ist die Zeit, da alle Jungen Flieger werden wollen.

Noch einige Jahre später wird der Zusammenhang von Arbeits- und Körperbewegung abgelöst durch den von Körperkraft und Kampfkraft, von sportlicher Raffinesse und militärischer List und Taktik. Der Rudersport erweist sich als nützliche Vorbildung für brückenschlagende Pioniere; Bergsteiger werden zu Gebirgsjägern; Ringen und Fechten gehen über in Nah- und Bajonettkampf. «Der Rote Sport: Fasse, zerschlage, vernichte den Feind!» und «Helden bleiben Helden» – dies sind Überschriften aus Sportzeitschriften aus der Zeit des Großen Vaterländischen Kriegs gegen Hitler.

Die Zeit nach dem Krieg sieht die Eingliederung des sowjetischen Sports in den internationalen – und von seinen Erfolgen berichtet der zweite Teil des Museums – von Helsinki 1952 bis Moskau 1980. Doch es ist keine Rückkehr zur Internationalität der proletarischen Sportbewegung – die Spartakiaden treten hinter den Olympischen Spielen zurück, werden zu einer innersowjetischen Angelegenheit bzw. zu einem Forum des sozialistischen Lagers.

Das Museum ist auch ein Museum der Trophäen, polnischer Porzellanteller und venezolanischer Pistolen, Dortmunder Stahlgebilde und anderer Präsente, an denen nicht der Geschmack, sondern die Plakette mit dem Titel und der Jahreszahl zählt.

Das Museum selbst ist schon ein Beweis für den eigentümlichen Status des Sports; Ertüchtigung des Körpers ist nicht bloß eine Beschäftigung von Privatleuten, sondern sie ist a priori gesellschaftlich. Der Schweiß des Kämpfers ist sozusagen gesellschaftlich verausgabt, aber auch honoriert.

Und doch stimmt das nicht, zumindest nicht ganz. Es gibt in dem Museum eine Mappe, die die Geschichte des vorrevolutionären Sports in Rußland behandelt. Dort ist zutreffend die aristokratische Linie des vorrevolutionären Sports aufgezeigt: Reiten, Segeln, Rudern, erst spät Fußball, Skilaufen. Dort wird auch Aufschluß gegeben über die Anfänge der Sportbewegung innerhalb des Bürgertums und auf die Traditionen volkstümlicher Sportarten hingewiesen. Der Fremde erfährt, daß das Moskauer Unikum Giljarowski, Kenner der Moskauer Szene vor der Revolution wie kein zweiter, aber auch Anton Tschechow Mitbegründer der Moskauer Gesellschaft für Turnen gewesen sind.

Es ist kein Zufall, daß die Ära des bürgerlichen Sports nur durch ganz wenige Bilder vertreten ist, und auch da sind es meist entweder aristokratische Sportarten oder aber Formen des Sports, die noch alle Züge der Liebhaberei, der Übergänge zum Artistischen und Akrobatischen an sich haben: etwa die Bilder des Ringers und Gewichthebers Tschaplinski oder auf einem anderen der «Stolz Rußlands», der Schwerathlet I. M. Potrubny, oder die Truppe des Sankt Petersburger Turnvereins *Sanitas*. Unwillkürlich fühlt man sich an die Kraftmenschen und Menschenwunder aus der Zirkusarena erinnert, und man könnte sich denken, daß Potrubny in Amerika nicht weniger Aufsehen erregt hat als seinerzeit Schaljapin. Es sind also

Bilder des Akrobatisch-Liebhaberischen oder des Aristokratischen – nicht aber des bürgerlichen und erst recht nicht des kapitalistischen Massensports. Man könnte darin nur ein weiteres Indiz dafür finden, daß die Verbürgerlichung der russischen Gesellschaft abgebrochen wurde, noch bevor sie überhaupt Tritt fassen konnte.

Doch den Fremden interessiert diese Frage nicht als historische, sondern seines aktuellen Eindrucks wegen, der besagt, daß hier der Sport noch sehr viel mit Spiel der Kraft, Ausleben des Körpers, Messen des physischen Widerstands, Kampf der Leiber zu tun hat – mit einer Schicht also, die durch die sichtbar werdende Spitze des olympisch anerkannten Sports und die staatliche Förderung zunächst verdeckt wird. Er sieht darin einen Zustand, in dem sich Kraft und Intelligenz, «Körper und Geist», eigener Wille und geforderte Disziplin, Zusammenschluß und Kampf, spielerischer Wettbewerb und Wettkampf noch nicht zerlegt oder gar verfeindet haben. Es ist gewissermaßen ein Zustand, bei dem der Kontakt zur Erde, die Berührung des Amboß noch spürbar sind, und die Kraft, die den Körper antreibt, nicht bloß die Umlenkung der Energien darstellt, die ansonsten nicht zum Zuge kommen können. Er könnte dafür einige Indizien anführen: die langjährige Vorherrschaft sowjetischer Sportler in all den Sportarten, die der elementaren Kraft bedürfen: sowjetische Sportler rücken zunächst in diese Führungsposition ein nicht aufgrund wissenschaftlicher taylorisierter Formung und Züchtung der Kraft, sondern einfach weil sie vorhanden war, als Reserve der Natur, die noch nicht der Maschine und der protestantischen Ethik unterworfen war. Vielleicht nährt diese Aussage ein tiefsitzendes Klischee, dem der Fremde ja gerade zu entgehen hofft. Doch um es noch einmal pointiert auszudrücken und durch diese Überspitzung für sich selbst in einen Stachel zum Weiterdenken zu verwandeln:

Der kapitalistische Massensport ist der Versuch, die per Arbeitsteilung, Taylorismus, Verinnerlichung der Disziplin gebrochene Einheit der menschlichen Antriebe wieder zusammenzubringen; Kultur als Leistung, die sich aus Triebverzicht ergibt: «Körper-Kultur» im strengen Sinne.

«Im Schweiße deines Angesichts sollst du dir die Welt, inklusive deinen Körper, untertan machen.»

Hier hingegen: Die Arbeitsteilung, der Taylorismus ist noch zu wenig fortgeschritten, die Disziplin ist noch zu sehr von außen und von oben kommend, als daß sie sich den «inneren Menschen» bisher hätte unterwerfen können. Das Übermaß an äußerlicher Herrschaft korrespondiert mit einer inneren Natur, die von dem nach innen verlegten gesellschaftlichen Zwang noch ziemlich unberührt ist. Sport ist noch nicht die Versöhnung der gespaltenen Antriebe, sondern die Bewegung des noch ungeteilten Menschen. Nicht die innere Disziplin oder das innere Gebot treiben zum Kräftemessen, sondern der stärkere Gegner.

«Im Schweiße deines Angesichts kannst du dir die Welt, insbesondere deinen Wettkampfgegner, untertan machen.»

Das Äußere des europäischen Menschen liegt bereits in seinem Inneren; die Kraft, die er auf die Beherrschung seiner inneren Natur verwendet, geht ihm in der Auseinandersetzung mit dem anderen ab. Kurz: Sosehr die UdSSR die bürgerliche Entwicklung noch vor sich hat, so sehr droht ihr auch die Auflösung eines vorbürgerlichen Verhältnisses zur Bewegung des Körpers. Die offensichtlich identische Gangart des Läufers im Central Park von Manhattan und die des Läufers im Lushniki-Park am Lenin-Stadion überdeckt die differentia specifica.

Schostakowitsch ist ein Meister des Zitats: Tango, Foxtrott, Charleston gelingen ihm wie einem, der selbst lange genug aus dem Dunkel heraus am Klavier sitzend Stummfilme begleitet hat. Man hört nicht nur die Ironie des Pianisten gegenüber dem dem neuen Medium Film unangemessenen Instrument, sondern auch noch die Distanz dessen, der am Aufbau einer neuen Welt teilhaben soll. Dies ist jedenfalls der erste Eindruck in der Aufführung des «Goldenen Zeitalters», einer Ballettmusik von Schostakowitsch aus dem Jahre 1929, die man am Bolschoi-Theater wieder ausgegraben und leicht modifiziert in Szene gesetzt hat.

Schostakowitsch hat den Kampf der Jugend mit den schwächlichen Karikaturen einer schwächlich gewordenen alten Welt musikalisch gestaltet, die Auseinandersetzung zwischen der dekadenten Welt der NEP-Bourgeoisie und den Draufgängern des Kommunistischen Jugendverbandes. Der starke Mensch kontrastiert nicht nur dem verfallenden Körper, sondern ist Kultfigur der Zukunft. Nichts hat Boris, der Chef einer Gang in Odessa, der Aktivist des Komsomol, gemein mit den Dämchen und NEP-Männern, die sich im Café «Goldenes Zeitalter» vergnügen. Natürlich geht es um eine Liebesgeschichte: das Mädchen Rita wird den Verlockungen und Anzüglichkeiten der NEP-Leute entrissen. Doch eines ist eigenartig – stärker sind dadurch die Szenen, in denen die Bourgeoise vorgeführt wird: in einem Tango, in dem jede Bewegung erstarrt; in einem Biegen und Schmiegen der Körper, die sich doch nicht nahekommen können; in einem kreisenden Ritual von Twostep-Hopsern und Foxtrott. Alles ist so, wie es George Grosz gezeichnet hat. So eckig, spitz, parolen- und plakathaft. Schostakowitsch macht eine Musik im Sinne von Grosz: immer wieder das höhnische Gelächter von Klarinetten, Gedudele von Saxophonen, schnulzenhaftes Auftrumpfen des Klaviers, alles in Frage stellende Zwischentöne der Flöten, und immer wieder Absacken der so schwungvoll beginnenden Rhythmen, mächtiges «con sordino».

Das Bild ist glaubhaft, zumindest als historisches. Der starke Mann leidet jedoch schon unter der Form: selbst der Schwarzmeermatrose verliert von seinem Ungestüm, wenn er sich – soweit ich das dem Augenschein nach beurteilen kann – dem Formenkanon des klassischen Balletts beugen muß. Und Rita kommt – bei aller versuchten «Natürlichkeit» – doch nicht aus dem Assoziationsfeld von Giselle heraus. Ganz unglücklich nimmt sich für meine Begriffe die Agitproptruppe aus, die mehr durch ein wogendes Meer von roten Fahnen imponiert als durch eine Choreographie der Zukunft. Die Schlägerei der Matrosen, der valse triste im «Goldenen Zeitalter», der großartige Conférencier in der Gestalt des Harlekin: Wenn man die Szenen zusammen sieht, dann schneidet die bürgerliche Welt als adäquat dargestellte besser ab. Sie ist von versöhnlicher Boshaftigkeit – versöhnlich durch die zeitliche Distanz, die jede Auseinandersetzung ins fern Geschichtliche abdrängt – und doch treffender.

Schostakowitsch, der noch in Petersburg aufgewachsene und von dessen Umgangsformen geprägte, zerbrechlichste und stärkste Musiker der Union, muß immer beides in sich gespürt haben: den Respekt vor dem Selbstzweifel und die Ahnung, daß mit einer Kultur, die sich diesem verdankt, in der großen Zeit, in der er und für die er lebte, nur wenig auszurichten sei; eine tiefsitzende Furcht vor Grobheit und Roheit, aber auch ein fast neidvoller Blick auf den kraftstrotzenden Menschen, der Unsicherheit nicht kennt. Schostakowitschs Bekenntnis, daß er Tuchatschewski, den General, der nicht nur Violin- und Kompositionsunterricht bei einem Schostakowitsch-Schüler nahm, sondern selbst ein hervorragender Geigenbauer geworden war, um seine unerschütterliche Gesundheit beneide, ist durchaus glaubhaft. Ja, er bewunderte den General, der einen Menschen auf einen Stuhl setzen und beide dann in die Luft stemmen konnte. Tuchatschewski wurde 1937 hingerichtet.

Vielleicht läßt sich die ganze Musik des Komponisten verstehen als der unentwegte Kampf zwischen dem strengen, disziplinierenden Formprinzip («Petersburg») und der unerschöpflichen Vitalität des Russentums.

Die Vorstellung vom starken proletarischen Renaissancemenschen war in jener Zeit nicht bloß ein Mythos; er muß es auch heute nicht sein. Was wäre, wenn das Szenario aus den fernen zwanziger Jahren mit ihren bekannten Klischees und Mythen herausverlegt würde in die Gegenwart – die Thematik ist allgemein genug, daß sie sich transponieren ließe auch ohne die Gewaltsamkeiten des modernen Regietheaters. Wo verlaufen heute die Fronten zwischen der alten und der neuen Welt, zwischen den Erben der NEP-Bourgeoisie und der Odessaer Jugend?

Die Aufmerksamkeit, die sich sonst vollkommen auf die Bühne richtet, war bei der Aufführung am 4. Mai 1983 etwas abgelenkt durch den hohen Besuch in der ehemaligen Zarenloge, deren Plätze von Erich Honecker und Willi Stoph, Andrei Gromyko und Nikolai Tichonow eingenommen waren; sie blieben bis zum Ende der Darbietung. Die Gäste revanchierten sich beim Ensemble mit großartigen Blumengebinden. Dies war nicht immer so: Stalin hatte die Aufführung von Schostakowitschs «Lady Macbeth von Mzensk» im Bolschoi-Theater fast genau 50 Jahre zuvor aus Protest verlassen.

Auch die Körper tragen eine Inschrift. Es müssen nicht Tätowierungen sein, die hierzulande gerne getragen werden: als auf die Handrücken eingestempeltes Zeichen ewiger Verbundenheit, als

Erinnerungsmarke auf dem Oberarm, als nicht abstreifbarer Ersatz für einen Ring um den Finger. Freilich besagt auch die Tätowierung schon etwas: ein gewissermaßen mit dem eigenen Leib, der eigenen Haut gegebenes Versprechen, das erst mit dem Vergehen des Leibes erlischt. Es muß auch nicht der bloße nackte Körper sein, der hier im Durchschnitt vielleicht muskulöser, breiter, kräftiger, bäuerlicher noch ist als in unseren Gesellschaften.

Im Sinne habe ich, nachdem ich die *banja* kennengelernt habe, etwas anderes: Ein sozusagen ungetrübtes, ja keusches Verhältnis zum Leib, das eine gesellschaftliche Diskriminierung der leibhaftigen Berührung des fremden Leibs noch nicht kennt und noch weit vor aller Haltung, die sich zur Prüderie ausbildet, liegt. Es ist die Nacktheit als gegebener Zustand und nicht als mit viel Krampf Wiedererrungenes. Es ist die Behandlung des fremden Körpers – Einseifen, «Auspeitschen» mit den Birken- oder Eichenzweigen, das die Zirkulation des Bluts anregt und den Schwitzvorgang forciert, kurz das ganze selbstverständliche Ritual des russischen Dampfbades –, die noch durch keinen Reflex auf die Intimität als Norm gestört wird. Es ist auch ein Moment vom Selbstwert des Körpers, der gepflegt und erlebt sein will, der seine eigenen Forderungen hat, so wie ein Naturkörper, der regelmäßig zu bearbeiten ist, damit er den Einflüssen der Witterung länger standhält. Es ist eine Gewohnheit, die dem kaum Vierjährigen vom Vater beigebracht wird und der sich auch der fast achtzigjährige Kriegsinvalide trotz des zersplitterten Beins nicht entzieht. Zum Bad braucht man Zeit, Muße, Gesellschaft. Es ist ein gemeinschaftlicher Vorgang, in dem alle Funktionen der Körperpflege, Bearbeitung noch eins sind, nicht arbeitsteilig – oder gar auf Kraftmaschinen verlegt – bewältigt werden. Das Bad gelingt überhaupt nur jenseits des Streß, als Muß mißlingt es. Vielleicht ist es daher so weit entfernt von unserer Schwimm- und Bäderregelmäßigkeit wie der erwähnte Jogger im Central Park von dem Läufer auf den Lenin-Bergen.

Freilich gibt es Arbeitsteilung auch hier: es gibt Maniküre, den Friseur, den Masseur. Unschwer läßt sich am Ritual – Einseifen, Abwaschen, Sitzen im Dampfraum, das Sichbearbeiten mit den mitgebrachten Zweigen, Abkühlen im Bassin, Ausruhen im Ruheraum –

Bäder. Ölgemälde von Iwan A. Puni

die Gelassenheit der dörflichen *banja* erkennen, die auch die zu Städtern gewordenen Moskauer sich nicht haben nehmen lassen. Oder genauer: auch sie ist ein Relikt, insofern als der gemeinschaftliche Badevorgang in dem Maße außer Mode kommen wird, in dem die sanitären Anlagen in den Wohnungen allgemein und besser werden. Ich vermute, daß einem Fremden die ganze Prozedur ohnehin unzugänglich bleibt. Jenseits der Beratung, der Einführung in den Ritus verbleibt eben etwas, was nicht nachvollziehbar ist. Das Bad als Errungenschaft einer bestimmten Kultur, von der uns mindestens Jahrzehnte trennen.

Was die Sandunow-Bäder sind, läßt sich vielleicht weniger zeigen an dem, was sie sind: ein prachtvolles Interieur in einem reichen Bau von 1894; mit einem Vestibül, das von schon mattem Gold, Türkis und dichter Stukkatur erfüllt ist, in dem sich beidseitig Treppchen zu einem Rondell aufschwingen; oben am Eingang eine strenge Kassiererin hinter einem Tisch, in dem Papiere und Geld aufbewahrt werden können. Dann der Ruheraum mit einer geschnitzten und vergoldeten Decke, mit Sitzreihen, die einen an gotisches Chorgestühl erinnern; an den Längswänden Kabinen mit Holzschnitzereien an den Pfosten und von verschlissenem Brokat verhängt; die unvermeidlich schmutzige Toilette und der abweisend-schmutzige Flur für die Raucher. Der Baderaum selbst bietet Bänke aus Stein, Plastikschüsseln darauf, eine tropfende Decke und undichte Rohrleitungen und ein Bassin, das von einer Säulengalerie umgeben ist, wie in einem pompejanischen Atrium. Und in der Ecke des großen Waschraums: das Allerheiligste dieser Stätte – der Dampfraum. Dort sitzen sie, die schwitzenden Leiber, von mattem Glühbirnenlicht beleuchtet, eine Illustration zu Dantes Purgatorio.

Auch die Sandunow-Bäder sind eine Form der Synthese, aber hier nicht russisch-byzantinisch, sondern eher russisch-türkisch. Doch wie gesagt: nicht am Äußeren läßt sich ablesen, was das Bad in Rußland ist. Man müßte eine der Sitten- und Kulturgeschichten des Mittelalters aufschlagen und unter der Rubrik «Bad» nachsehen. Dies war, wie zu sehen ist, ein Ort gemeinschaftlichen Vergnügens, der Eintracht mit der Natur. Dies war vor Rousseau – oder: die Zeit war so, daß sie einen Rousseau noch nicht nötig hatte.

Es gab eine Zeit der Helden, und sie kommt alle Jahre – am 9. Mai, dem Tag des Sieges – wieder: wenn der Platz vor dem Großen Theater, der Rote Platz, der Gorki-Park und überhaupt alle Plätze und Räumlichkeiten, die die Stadt zu bieten hat, sich füllen mit den Überlebenden des Kampfes gegen Hitler. Wie groß muß die Distanz sein zwischen denen, die auf der Brust ihre Orden tragen, und denen, die nicht einmal mehr wissen, was diese Orden besagen; wie groß der Abstand zwischen denen, die auf dem Theaterplatz in ihrer ausgebleichten olivgrünen Feldbluse von damals noch einmal auftreten, und denen, die zu Hunderten mit Photoapparaten bewaffnet um sie kreisen, mit Fingern auf sie deuten und ihren Kindern erklären: das ist ein Held des Großen Krieges. Es ist nicht nur die Differenz der Generationen im biologischen Sinne, sondern so etwas wie die Konfrontation derer, die Geschichte gemacht oder erlebt haben, mit denen, die sie nur vom Hörensagen oder vom Kriegsfilm her kennen.

Es ist nicht ganz einfach, sich zu den Menschentrauben, die sich um die ordengeschmückten Helden und Heldinnen gebildet haben, Zutritt zu verschaffen. Nicht so sehr wegen des Gedränges und Gewühls, sondern: es ist eine Musik in der Luft, die einen zittern macht, eine Musik von der Art, die einen berührt, einem einen Schauer auf dem Rücken auslöst, also Erlebnisse der kollektiven Art, wie bei Paraden, «historischen Augenblicken», Marschkolonnen, wo der einzelne sich für einen Augenblick eins weiß mit allen ande-

Treffen der Veteranen des Großen Vaterländischen Krieges 1941–1945 am 9. Mai

ren, wo von einem Zentrum aus eine einheitliche Rührung die Anwesenden erfaßt. Möglicherweise ist dies bei einem Fremden, der mit der Sache nichts zu tun hat, befremdlich; doch ist es das wirklich: der antipathetische Affekt, das Antiheroentum, so scheint mir oft, war auch bei der Generation der 68er angelernt. Sie hat ihre Affekte – auch die heroischer Art – nur anders ausgelebt – auf Demonstrationen und Konfrontationen der Masse mit «dem Feind» hinter den Plastikschildern – und dies zugleich alles billiger, ohne wirklichen Einsatz. Zumindest hatten sie keine Ahnung von jenem Risiko, das diejenigen auf sich nahmen bzw. das jenen zugemutet wurde, die nicht nur ins letzte Gefecht, sondern in die wirkliche Schlacht zogen, die immer auch die letzte sein konnte. Hinzu kommt, daß die Sache, an der sich bei uns das Militärische auslebte, diskreditiert war: schon naiv-idyllische Blasmusik geriet unter Ideologieverdacht, und die Differenz von der einfachen bayerischen

Blasmusikkapelle zum faschistisch mißbrauchten «Badenweiler Marsch» war für ein derart unempfindlich gewordenes Gehör nur schwer auszumachen. Wer weiß nicht um den Ruck, der durch die Reihen der antipathetischen Generation selbst beim Hören so unschuldiger Lieder wie «Schwarzbraun ist die Haselnuß» und «Erika» ging. Doch das alles war angelernt, wenn auch nicht ohne Grund.

Hier kann der kollektive Affekt sich frei nach allen Seiten hin ausleben: nicht nur weil die Musik, die Märsche insbesondere gut sind, sondern auch weil sie um eine Sache gingen, die schwerlich einer kritisieren kann – die Befreiung des Landes vom Okkupanten. Militärisches hat hier vorab nicht den Geruch des Militaristischen. Helden sind noch Helden, und das Pathos der Heldenverehrung ist noch intakt – wenngleich es oft Naserümpfen gibt, wenn die Helden des Großen Vaterländischen Krieges sich, wo immer sich Schlangen um die defizitären Waren gebildet haben, vorbeidrängen und bevorzugt abgefertigt werden. Kaum jemand stellt dies Tabu in Frage, trotz des Unmuts.

Sie alle taten nur ihre Pflicht, und sie wurden zu Helden: Anderswo taten sie auch nur ihre Pflicht – mein Vater etwa –, und doch gerieten sie in den Augen der Nachgeborenen fast zu Komplizen des Verbrechens; zumindest standen sie unter permanentem Rechtfertigungszwang. Hier ist es anders. Warum? Was ihr Alltag in furchtbaren vier Jahren war, ist nun Legende. Sie wiederholen, was sich zugetragen: im Kursker Bogen, bei der Blockade von Leningrad, vor Stalingrad (das sie nie Wolgograd nennen), in der Brester Festung. Und sie finden Zuhörer, die nicht nur aus Anstand stehenbleiben, wenn eine Frau in grauer Feldbluse, ordensgeschmückt, Haltung annehmend und hinter dicken Brillengläsern hervorlugend doziert: so war es.

Wer wollte, wissend um den sowjetischen General, der in Mauthausen zu einem Eisblock gefroren wurde, und um die Helden der Jungen Garde, in diesem Augenblick fragen, ob es wirklich so gewesen ist; ob nicht viele der Anwesenden direkt aus dem Lager an die Front kommandiert oder gar von der Front heimkehrend ins Lager geschickt worden sind? Und wer wollte schon, aus dem Land des Feindes von damals kommend, diese anmaßende Frage stellen?

Man muß den Helden geben, was ihnen gebührt: die Blumen des Angedenkens. Eine endlose Menschenschlange, die sich mehrfach windend im Alexandergarten nur langsam vorwärts bewegt, entrichtet an der Kremlmauer das Opfer an die vor Brest, Kertsch, Kursk, Wolgograd (hier heißt es so) Gefallenen, und an den unbekannten Soldaten. Und ist es ein Zufall, daß die meisten Blumen sich auf dem Grab des Diktators häufen, mit dessen Namen, nicht unbedingt mit dessen Verdienst, der Sieg untrennbar verknüpft ist?

Wer mag daran zweifeln, daß diese Männer und Frauen, die ihr Leben, ihren Körper, ihre Zukunft eingesetzt haben, wissen, was Krieg ist, und daß sie keinen mehr erleben möchten! Doch ist in der alljährlichen Lagerfeuermentalität, die in der Erinnerung vielleicht schwerer wiegt als das Bedenken der historischen Umstände, etwas Unbewegliches, was einem Sorge macht. Bei den Veteranentreffen in den Hotels, bei den Veranstaltungen im Theater der Roten Armee oder im Gorki-Park, kurz: bei der großen Begegnung der Damaligen steht die Zeit still, die sich doch gewandelt hat. Seither gab es die Panzer in Berlin 1953, die Panzer in Budapest und Posen 1956, die Armee der vormaligen Befreier im August 1968 (am Abend des 9. Mai sprach der tschechoslowakische Botschafter eine Dankadresse für die Befreiung Prags), seit geraumer Zeit gibt es die militärischen Berater in Kuba, Angola, Äthiopien und nun die Besatzer in Afghanistan.

Ganz unabhängig von den Leiden und Einsätzen der noch lebenden Helden gerät ihr Leiden und Heldentum zur Staffage für Aggression. Die Aggression erscheint zwangsläufig nur als Verlängerung der Verteidigung: Aggression ohne das schlechte Gewissen des Aggressors! Dies wiegt weit schwerer als jede Propaganda. Und was besagt dies für die Entwicklung einer «Friedensbewegung», die nicht nur auf diese oder jene Schandtat hinzuweisen hätte, sondern Gefahr läuft, in der Brandmarkung der Aggression von heute zugleich auch die heroische Zeit «von damals» in Frage zu stellen: eine Zeit, die weit nachhaltiger den Bestand der UdSSR gesichert hat als Revolution und Bürgerkrieg. Doch vielleicht sind die Aufgaben einer Bewegung für den Frieden nicht einmal so unterschiedlich: bei uns hat sie sich frei zu machen von einem denkfaulen Antifaschismus, hier von einem nicht minder denkfaulen Patriotismus.

Wsja Moskwa

Wsja Moskwa – «Ganz Moskau» – so lautet der Titel des Adreßbuches für Moskau, das von A. S. Suworin, dem Pressemagnaten und Verleger des konservativen Blatts «Nowoje Wremja» vor der Revolution herausgegeben wurde (1909 bereits im 16. Jahrgang). Hinter der Einfachheit des Titels und der Profanität des Zwecks – den Einwohnern der emporstrebenden Metropole wie den ortsansässigen Ausländern kurz und prägnant mitzuteilen, wer wo wohnt, wo wann was geschieht, wo was zu haben ist – entfaltet sich in systematisierter Gestalt das Gesicht der Stadt. Vorneweg – hinter den Reklameseiten für Siemens & Halske, Dunlop und andere – präsentiert sich das industrielle und handelnde Moskau. Fabriken und Bankfilialen – streng demokratisch, allein der Reihenfolge des Alphabets gehorchend. Erst in der zweiten Abteilung folgen die staatlichen, kaiserlichen und öffentlichen Institutionen der Stadt. *Wsja Moskwa*, das läßt sich nicht mit «tout Moscou» übersetzen, zu wenig gehört die Stadt den Franzosen und dem französischen Geist. Wenn überhaupt Ausländer herausstechen, dann sind es die Deutschen: die Kunze, Leib, eine Liedertafel, ein Krankenhaus Knie, die AEG, der Deutsche Klub, die Scheffer, Schwalbe oder die Moskauer «Deutsche Zeitung», oder Werner und Pfleiderer, ansässig in der Mjasnizkaja 22.

Wer auf sich hält und wer es sich leisten kann, hat Telephonanschluß. Telephon und Telegraph – das sind gewissermaßen Indikatoren für die Verbindungen zur Welt; und sie waren damals für einen geringeren Preis zu haben als heute. Dies geht aus einer Preisliste für Ferngespräche hervor: Eine Einheit nach Deutschland kostete schlichte 11 Kopeken, nach Österreich-Ungarn ebenfalls 11, in die Schweiz schon 17 Kopeken und nach Belgien dasselbe. Das ist wenig und sagt etwas über die Belastung und Auslastung der Leitungen, wenn man den Preis nach Fernost («asiatischer Teil Ruß-

Изданіе А. С. Суворина.

ВСЯ МОСКВА

АДРЕСНАЯ и СПРАВОЧНАЯ КНИГА

на 1900 годъ.

XXIX годъ изданія „Адресъ-Календаря гор. Москвы".

Редакція: Поварская, уг. Скатертнаго, д. Нефедьевой.

Контора по объявленіямъ: у Никитскихъ вор., Калашный, д. Бабушкина.

Т-во Типо-Литографіи Владиміръ Чичеринъ въ Москвѣ. Марьина роща, соб. домъ.
1900.

«Ganz Moskau.» Deckblatt des Moskauer Adreßbuches von 1900

Cigarren (Papier-Cigaretten): *Laferme*, Kusnézkij most; *Argelander*, Gasétnyj pereúlok; *Bernhard*, Kusnézkij most; *Eichholtz*, Kusnézkij most; sowie unzählige andere. Ächte Havannacigarren ausserdem in den grossen Weinhandlungen.

Coiffeurs in fast allen Strassen; für Haarschneiden zahlt man 20 Kop., für Frisieren 20 Kop., für Kopfwaschen 30 Kop., für Rasieren 20 Kop. *Théodore*, Kusnézkij most (erster Coiffeur Moskaus); *Théophil*, Gasétnyj pereúlok; *Cousin*, Petrówka: *Neuville*, Twerskája.

Cravatten. *Kreutzer*, Ecke der Petrówka und Stoléschnikow pereúlok; *Cousin*, Petrówka; *Cauvet*, Kusnézkij most.

Esswaren. *Mora*, Wosdwíshenka (Ecke der Arbatskij Pforte); *Andréjew*, Twerskája (gegenüber dem Palais des Generalgouverneurs); *Generálow*, Twerskája und Bolschája Lubjánka; *Baskákin*, Srétenka. Deutsche Wursthandlungen: *Nordstrang*, Roshdéstwenka; *Rühling*, Pokrówka (unweit der Njemézkaja úliza).

Galanteriewaren: *Darzens*, Gasétnyj pereúlok; *Moret*, Kusnézkij most; *Shanks & Bolin*, Kusnézkij most; *Koslów*, Petrówka (Tretjakówskij projésd), *Ssokolów*, Petrówka (Tretjakówskij projésd). Ferner in den Passagen.

Glaswaren. *Henniger & C.*, Kusnézkij most; *Neradówskij*, Kusnézkij most; *Andrónow*, Petrówka (beim Grossen Theater).

Handschuhe. *Boissonade*, Kusnézkij most; *Bonnet*, Neglínnaja; *Cormier*, Gasétnyj pereúlok (siehe auch Cravatten).

Hüte (für Damen). *Minangoy*, Kusnézkij most; *M-me Annette*, Gasétnyj pereúlok; *Haase*, Kusnézkij most, Passage Ssolodównikow.

Hüte (für Herren und Damen). *Vandrague*, Petrówka; *Lemercier*, Petrówka; *Zimmermann*, Petrówka; *Maurice*, Twerskája.

Juweliere (Gold- und Silberwaren). *Shanks & Bolin*, Kusnézkij most (grosses Diamantenlager); *Krumbügel*, Bolschája Lubjánka; *Tschitscheléw*, Bolschája Lubjánka: *Grave*, Bolschája Lubjánka; *Fulda*, Gasétnyj pereúlok; *Chlébnikow*, Kusnézkij most; *Owtschinnikow*, Kusnézkij most; *Ssásikow*, Iljinka; (die drei letzteren ausgezeichnet für russ. Emaille-Arbeiten, Silberkunstssachen); *Mattiesen*, Kusnézkij most.

Kunstartikel (Gemälde etc.). *Daziaro*, Kusnézkij most, Ecke der Neglínnaja; *Ossberg*, Petrówka; *Avanzo*, Kusnézkij most, Ecke der Petrówka.

Praktische Hinweise für den Moskau-Reisenden des Jahres 1882

lands») zum Vergleich heranzieht: immerhin 32 Kopeken pro Einheit.

Es ist glaubwürdig, was Bely über die heißlaufenden Leitungen in der Redaktion der «Vesy» sagt (im *Metropol*, Appartement 23, Telephon Nummer 50–89): die Brüsseler und Pariser Korrespondenten und Autoren der Zeitschrift gaben einiges daran, noch in die nächste Nummer zu kommen, denn Moskau war Europa: Wer in Moskau gedruckt wurde, wurde gelesen in Wien, München, Paris.

Was zeigt das Adreßbuch sonst noch? Die Differenzierung der Konsumtion, des Geschmacks, der sogenannten Dienstleistungen. Alphabetisch aufgelistet entfaltet sich eine Landkarte der spezialisierten Geschäfte – von Damenunterwäsche über Reiterausrüstung, Pilze und Buchhandlungen zu zoologischen Handlungen und den Angeboten einer Sprachenschule namens Berlitz: alles ist zu haben.

Und eine Lust ist es, sich den Restaurant- und Amüsierbetrieb vor-

Annoncen renommierter Hotels und Restaurants aus einem deutschsprachigen Führer des Jahres 1882

zunehmen: das Theater *Akvarium* an der Bolschaja Sadowaja; den Zirkus *Salomonski* am Zwetnoi bulwar (mit dem, wie es sich für die Theater- und Zirkuswelt gehört, bunten Direktorium namens Truzzi, Kremser, Treiman, Will); das Theater *Eremitage* auf Karetny rjad; das Theater *Buff* an der Ecke von Twerskaja und Sadowaja; nicht zuletzt das berühmte Theater *Korsch* am Bogoslowski pereulok; oder das Künstlertheater, das im Ensemble anführt: Nemirowitsch-Dantschenko, Moskwin, Katschalow und Stanislawski höchstpersönlich, im Haus Ljanosows im Kamergerski pereulok.

Das Adreßbuch führt mehr als zwei Seiten *traktiri* (Kneipen), eine Form öffentlich-privaten Daseins, die heute leider als fast ausgestorben zu vermelden ist. Darunter sind bessere Etablissements – auch solche, die Bely in seinen Memoiren verzeichnet: das *Eldorado* im Shukowski pereulok im Haus *Tschesnokow*; die *Alpenrose* auf der Sofijka; und die anderen größeren Häuser wie Hotel *Paris*, das Hotel

Franzija, *National*, *Kontinental*, und das Gasthaus *Dekadenz* im Neglinny pereulok, im Haus der Versicherungsgesellschaft *Anker*.

In einigen dieser Lokalitäten wurde Zeitgeist kondensiert, Geschichte vorausgedacht, wurden apokalyptische Szenarien entworfen oder revolutionäres Theater probiert. Café *Pittoresque*, in dem Tatlin seine ersten Reliefplastiken ausgestellt hat und wo Majakowski dem öffentlichen Geschmack seine Ohrfeigen zu verpassen pflegte (Kusnezki most 12), gehört dazu, aber auch zahlreiche Hotels, in denen Turgenjew oder Tschechow residierten, um so aus der Distanz heraus den Menschen der neuen Zeit besser sehen zu können.

Auf Seite 32 des Adreßbuchs von 1900 findet sich ein denk- und merkwürdiges Inserat: Dort wirbt eine «Russische Gesellschaft für Versicherungen von Kapital und Einkünften, gegründet im Jahre 1835» für ihre guten Dienste. Die Adresse: Malaja Lubjanka Nr. 20. Das dazugehörige Bild: das Gebäude, das später in die Geschichte einging, nun nicht mehr als Versicherungsanstalt, sondern eben als «die Lubjanka». Parkettboden und Zentralheizung, wie sie Häftlinge der dreißiger Jahre beschrieben, mögen noch aus dieser Zeit stammen. Damals – im Jahre 1900 – war der Versicherungsagent in dem Gebäude noch unter der Telephonnummer 933 zu erreichen.

Ein Adreßbuch gibt die soziale und kulturelle Topographie einer untergegangenen Stadt preis, abstrakt, in engbedruckten Zeilen und Spalten. Das Zeitalter Gutenbergs konserviert auf seine Art – nicht mit Vulkanasche. Noch im Jahre 1917 stehen die Kolumnen des Adreßbuches fast unverändert: die offene Präsenz deutscher Firmen und der deutschen Kommune ist etwas zurückgenommen, das Papier ist schon Kriegsware, auch die Auswirkungen des Krieges zeigen sich in bescheidener Form: einige der Regierungsinstitutionen sind hierher verlagert, die Behörden, die Abteilungen, Archive usf., die sich in Warschau – russisch bis dahin – befanden, sind in die russische Metropole evakuiert worden. Doch der Krieg gegen die Deutschen findet im Adreßbuch nicht statt: Junker und Ruh (Nähmaschinen und Öfen), die Berliner Firma Karl Flohr (heute geläufig im Verbund Flohr-Otis), schon damals eine Weltmarke in der Liftproduktion – wichtig für das in die Höhe schießende Moskau –, offerieren nach wie vor ihre begehrte Ware. Wer Lenin nicht glaubt, wenn er von der Zusammenarbeit des internationalen Kapitals schreibt und den internationalen Krieg gegen diese Komplizenschaft proklamierte, der möge die Reklameseiten dieser Zeit – in Berlin, in Moskau und London – und die Börsenberichte zur Kenntnis nehmen.

Auch sonst ist das Adreßbuch aufschlußreich: Wer die Heroen seines historischen und philosophischen Bewußtseins aufzusuchen bereit ist, der tue es: er wird sie oder ihre Anverwandten finden, etwa: den Maler Leonid Ossipowitsch Pasternak und dessen Gattin Rosa, Pianistin, wohnhaft auf der Wolchonka 14, Appartement 9 – Boris Pasternaks Elternhaus also. Oder: die Brüder Wesnin, Leonid und Wiktor, wohnhaft im Deneshny pereulok (heute uliza Wesnina) 12, Telephonnummer 514–85. Und in einer Stadt, die für einen berühmten Sohn kein Denkmal errichtet, lohnt es sich, die Adresse des Vaters ausfindig zu machen. Das Haus, in dem Nikolai Iwanowitsch Bucharin am 9. Oktober 1888 zur Welt kam, läßt sich ausfindig machen unter dem Namen seines Vaters Iwan Gawrilowitsch Bucharin, wohnhaft auf dem Nowinski bulwar – heute uliza Tschaikowskogo – im Haus *Samoilowitsch.*

Vom Sturm, der in Kürze die Spalten des Adreßbuches, die Straßennamen, die Telephonanschlüsse und die eingefahrenen Adressen durcheinanderwirbeln wird, ist im Adreßbuch des Jahres 1917 noch nichts zu spüren.

Bemerkenswert ist, daß die andere Physiognomie Sankt Petersburgs sich auch in dessen Adreßbuch niederschlägt. Die Differenz zwischen der silbernen Stadt und der bunt-chaotischen kann geradezu mit Händen greifen, wer den «Almanach de St. Pétersbourg 1910» in die Hand nimmt.

Die Adressen der Kaiserstadt präsentieren sich in rotem Leder, mit Goldschnitt, auf edlem Papier der Société M. O. Wolff. Der Band ist nicht überschwenglich gestaltet, das Jugendstilornament hält sich bedeckt, Reklame findet im Umfeld des Hofes nicht Platz. Um so deutlicher sind die Ränge, Titel, Verweise auf Geschlechter in den Blick gerückt. Der Fortschritt der Demokratie ist einer innerhalb der besten Familien und drückt sich aus in der Anerkennung der alphabetischen Reihenfolge der Namensnennung. Man lebt nicht in

Sankt Petersburg, sondern in St. Pétersbourg. Freilich finden sich russische Namen: Dmitri Modestowitsch Rezvoy etwa, aber immer transkribiert und französiert. Da findet sich viel französisches und deutsches Blut: Cte. Wladimir Evstafievitch de Reutern mit Zweitwohnsitz in Ringen (Courlande), Cte. Georges Ivanovitch de Ribeaupierre und Wadime Nicolaevitch Repnine, wohnhaft Nürnberger Platz 4, Dresden. Die von Benckendorffs und Benningsens nehmen mehr als nur eine Seite ein, gewiß nicht nur im Adreßbuch, sondern auch im Buch der Geschichte.

St. Pétersbourg ist die Stadt der Kanäle: Quai Nicolas, Fontanka. Alles beste Adressen. Theaterplatz, Tsarskoe Selo, Marienhof. Solche Namen haben auch die Titel, Ränge und Statussymbole überdauert, die den Adressen beigefügt sind: Telephonanschlüsse, Eisenbahnverbindungen, Mitgliedschaften im Jachtklub oder in der Akademie der Künste oder im Kaiserlichen Regiment. Es finden sich Namen, die von der Bildfläche verschwanden, und Namen derer, die entweder überlebt haben oder gar später zu Ehren gekommen sind: der berühmte Maler Ilja Repin, auch er französiert, der Schöpfer des Tatarengemäldes. Die späten Fans von Pjotr Kropotkin könnten ausmachen, daß der Clan des aristokratischen Anarchisten an prominentester Stelle logierte. Der Almanach de St. Pétersbourg liegt einem schwer in der Hand, alles ist kostbar, dezent, hat Ordnung und Stil. Geldleute und das Anpreisen von Waren und Diensten kommen nur am Rande vor, sofern sie mit Segen und Emblem des Hoflieferanten versehen sind.

Reklame ist verpönt. Unverzichtbar hingegen ist der Jagd-Kalender mit der Angabe von Schonzeiten für kaukasische Rebhühner und Hirsche. Der Almanach aus dem Jahre 1910 konserviert offenbar noch eine Attitüde, die durch den breiten Strom des sozialen Lebens bereits in Frage steht. Man stellt sich dar, als sei die Welt des Großgrundbesitzes, der Krone und der Rentiers noch in Ordnung. Doch wen wundert, daß diese Stadt auch das Zentrum des Silbernen Zeitalters, die Stadt der Symbolisten, Akmeisten und überhaupt einer raffinierten und verfeinerten Kultur und einer extremen Empfindsamkeit für das, was kommen sollte, geworden ist. Es ist kein Zufall, wenn Bely, der Autor des Romans «Petersburg», Blok, «der Dichter einer

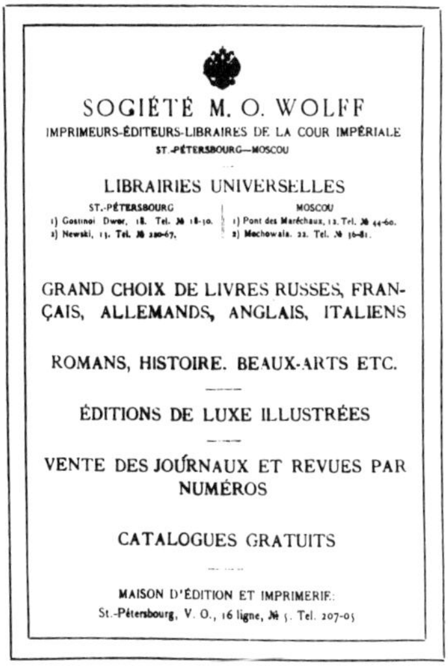

Inserat des Verlages M. O. Wolff

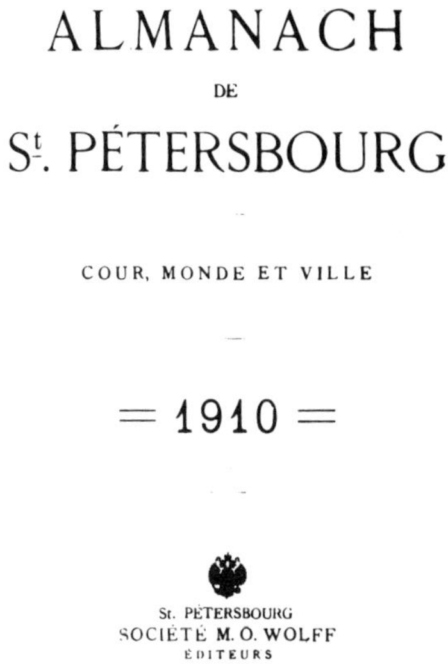

ALMANACH

DE

St. PÉTERSBOURG

COUR, MONDE ET VILLE

= 1910 =

St. PÉTERSBOURG
SOCIÉTÉ M. O. WOLFF
ÉDITEURS

Deckblatt des «Almanach de St. Pétersbourg» von 1910

ganzen Epoche», die Achmatowa und Mandelstam später zugleich der bürgerlichen Dekadenz wie auch der aristokratischen Reserviertheit bezichtigt werden sollten – wenn nicht überhaupt eines Schlimmeren. Doch wie könnte es anders sein in einer Stadt, in der sich nicht nur der Hof, sondern auch die Putilow-Werke verschanzt hatten. Doch darüber sagt der Almanach von 1910 noch nichts aus. Er besiegelt den unabänderlich ablaufenden Alltag der Bälle, ergebnislosen Petitionen, dröhnenden Paraden und blitzenden Regimenter.

Wer hätte nicht schon die Erfahrung gemacht, daß er bei der sehr bestimmten Suche in einem Lexikon oder bei der sehr gezielten Lektüre einer Zeitung sich verirrt, verliert, sich eine Zeitlang treiben läßt. Statt sich den Leitartikel vorzunehmen, ist er plötzlich ganz und gar von den Kleinanzeigen in Anspruch genommen. So ähnlich ging es mir auch mit den genannten Adreßbüchern. Doch gibt es hier glücklicherweise eine markante Zäsur, die kaum überblättert oder überlesen werden kann – das Jahr 1917.

Werbeinserate aus dem «Almanach de St. Pétersbourg» von 1910

Jagdkalender aus dem «Almanach de St. Pétersbourg» von 1910

Was bedeutet eine Revolution für eine so profane Sache wie ein Adreßbuch? Oder genauer: wie greift ein revolutionärer Prozeß in die Struktur von Adressen ein, und wie schlägt sich das nieder in einem Adreßbuch? Hat das Oben und Unten von ehedem nur einen neuen Namen erhalten? Verbirgt sich hinter den neuen Titeln nur die alte Hierarchie, alles wie gehabt?

Zunächst: eine Revolution, die das Unterste zuoberst kehren möchte, kann ihre Zeit nicht auf die Herausgabe eines Adreßbuches verschwenden. In den Jahren der «rotgardistischen Attacke» und des Bürgerkriegs erscheint *Wsja Moskwa* nicht mehr, kaum hätte die Redaktion auch Schritt halten können mit dem Tempo des Umsturzes und dem Chaos der Improvisation. Erst 1923, schon im zweiten

Calendrier de chasse (Jagd-Kalender)

Époque de la chasse ouverte: ☐ Jagdzeit.

Époque de la chasse fermée: ◆◆ Schonzeit.

Genre de gibier:	Janvier	Février	Mars	Avril	Mai	Juin	Juillet	Août	Septembre	Octobre	Novembre	Décembre
Aurochs, vache d'élan, biche, ainsi que veaux et faons de ces races. Auerochsen, Elenkühe, Hirschkühe, Ricken und Kälber dieser Wildgattung.	◆◆	◆◆	◆◆	◆◆	◆◆	◆◆	◆◆	◆◆	◆◆	◆◆	◆◆	◆◆
Élans. Elenhirsche.	◆◆	◆◆	◆◆	◆◆	◆◆	◆◆	◆◆	◆ 15				
Cerfs. Hirsche.			◆◆	◆◆	◆◆	◆◆	◆ 15					
Chevreuil. Rehböcke.	◆◆	◆◆	◆◆	◆◆	◆◆						◆◆	◆◆
Saiga (Antilope des steppes) du nord et du sud, boucs noirs et autres chèvres sauvages des alpes. Nördliche und südliche Steppenantilopen, schwarze Böcke und andere Bergziegen.			◆◆	◆◆	◆◆	◆◆	◆ 15					
Coq de bois et coq de bruyère. Auer- und Birkhähne.					15 ◆	◆◆	◆ 15					
Bécasses. Waldschnepfen.						◆◆	◆ 15					
Oies et cygnes. Gänse und Schwäne.					◆◆	◆ 29						
Canards mâles et petits paons sauvages dits „soldats" ou „tourouhtàni" (турухтаны). Enteriche und Kampfhähne.						◆ 29						
Canards de toute espèce, bécassines, doubles bécassines, petite bécassine (гаршнепы), bécasses de toute espèce, vanneaux (чибисъ), râle de genêt dite râle de terre, râle rouge ou roi (ou mère) de caille (дергачи) et autre gibier d'eau et de marais. Enten aller Arten, Becassinen, Doppelschnepfen, Haarschnepfen, Schnepfen aller Arten, Kiebitze, Schnarrwachteln und sonstiges Wasser- und Sumpfwild.			◆◆	◆◆	◆◆	◆ 29						
Perdrix et perdrix rouge. Feld- und rote Berghühner.	◆◆	◆◆	◆◆	◆◆	◆◆	◆◆	◆◆	◆ 15				◆◆
Perdreaux du Caucase. Kaukasische Rebhühner.	◆◆	◆◆	◆◆	◆◆	◆◆	◆◆	◆◆	◆◆	◆◆			◆◆
Faisans et lièvres. Fasanen und Hasen		◆◆	◆◆	◆◆	◆◆	◆◆	◆◆	◆◆				
Poule de bois et poule de bruyère, gélinotte, gélinotte blanche, perdrix blanche, outarde et caille. Auer- und Birkhennen, Haselhühner, weisse Birkhühner (Schneehühner), Trappen und Wachteln.			◆◆	◆◆	◆◆	◆◆	◆ 15					
Toute espèce de gibier à poil et à plume, excepté les bêtes et oiseaux de proie. Alles übrige Lauf- und Flugwild, ausgenommen das Raubzeug.			◆◆	◆◆	◆◆	◆ 29						

Jahr der Neuen Ökonomischen Politik, wird *Wsja Moskwa* erneut herausgegeben, nun nicht mehr von dem Pressemagnaten Suworin, sondern vom Staatsverlag. In aller Offenheit heißt es im Vorwort: «Nach so langer Unterbrechung gibt nun der Staatsverlag erneut *Wsja Moskwa* für das Jahr 1923 in der Form heraus, in der es vor der Revolution erschienen ist. Es wurden alle Maßnahmen ergriffen, damit das Nachschlagebuch mit der nötigen Vollständigkeit und Genauigkeit verfügbarer Informationen erscheint. Dem nachzukommen war jedoch nicht so leicht. Die Revolution hat zu einer vollständigen Umwälzung des staatlichen, politischen und gesellschaftlichen Lebens geführt. Keine einzige Einrichtung blieb in der früheren Gestalt, ihre Struktur, ihr Personal haben sich geändert, geändert haben sich auch die Adressen. Moskau, vor der Revolution nur Handelszentrum, wurde zur Hauptstadt der Republik, die staatlichen Einrichtungen sind aus Petrograd hierher umgesiedelt. Moskau ist zum politischen und ökonomischen Zentrum Rußlands geworden.»

Wsja Moskwa erschien dann fünfzehn Jahre lang, bis das Jahr 1937 auch dieser, die Kontinuität von russisch-sowjetischer Geschichte verbürgenden Institution ein abruptes Ende setzte.

An den Ausgaben der zwanziger Jahre läßt sich folgendes ablesen: Die neue Macht hat der Stadt bereits ihre Embleme aufgeprägt. Das Papier ist von schlechter Qualität, Kriegs- und Bürgerkriegsware noch. Die Bezeichnungen sollen sachlich und beeindruckend zugleich sein. Um nur die bekanntesten zu zitieren: ZIK SSSR, Sownarkom, STO, GOSPLAN, Narkomindel, Rewwojensowet, WSNCh, Narkomtrud, Versud, OGPU, Narkomwnutorg, Narkomsobes. Es lassen sich ohne Mühe noch viel beeindruckendere Abkürzungen finden, einige der zitierten sind in den internationalen Sprachhaushalt eingegangen, so etwa Gosplan, OGPU. Die fettgedruckten Kolonnen der Abkürzungen symbolisieren den Anspruch, daß die Gesellschaft und der politische Überbau von nun an durchschaubar, rational und übersichtlich organisiert sein sollten, angefangen von der Zentrale an der Spitze bis zu den Grundeinheiten an der Basis.

Unschwer läßt sich das herrschende Prinzip der politischen Struktur auch an der Hierarchie der Adressen ablesen: Es beginnt ganz oben mit dem Zentralen Exekutivkomitee, das nun ins eigentliche Zentrum des Landes zurückgekehrt ist, im Kreml, und läuft aus in gesellschaftlichen und Massenorganisationen. Wo früher Banken und Geschäfte plaziert waren, rangieren nun die Vertretungen der Moskauer Industriebetriebe, die Gewerkschaften der Eisenbahner, Lederarbeiter, Tramschaffner. Zu den schon existierenden Theatern sind neue hinzugekommen: etwa das Proletkulttheater Nr. 1 und die zahlreichen Arbeiterklubs.

Doch ist es die Zeit der Neuen Ökonomischen Politik, des wieder zugelassenen und doch gefesselten kapitalistischen Marktes. Deshalb gibt es auch Reklameseiten für Ford, Simca, AEG und deren Verbindungsbüros in der sowjetischen Hauptstadt.

Was das Sinnfälligste an den Adreßbüchern nach 1917 ist: die Konzentration von Institutionen. Die Metropole Rußlands ist keineswegs russischer geworden seit der Entthronung Petrograds, sondern eher sowjetisch. Die Stellen, wo vor wenigen Jahren noch der Zarenadler prangte, sind mit revolutionären Parolen übermalt. Wo vorher die Autokratie herrschte, in den Adelspalästen und Villen und im Kreml, ist nun die neue Macht eingerückt. Lenin hat sie schon bald schonungslos attackiert als die «mit Sowjetöl balsamierte Bürokratie».

Man hat draußen, im Ausland, sich lange etwas vorgemacht, von einem Coup d'Etat und von einem Provisorium gesprochen. Doch eine Macht, die schon in der Lage ist, Adreßbücher herauszugeben, ist kein Provisorium mehr, sie hat sich etabliert. Kaum etwas könnte dies deutlicher zeigen als ein solches Handbuch für den Alltag. Und wo der Alltag in neuen Bahnen verläuft, da hat auch das Provisorium aufgehört. Man hat irgendwie abgerechnet und geht zur Tagesordnung über. Auch das läßt sich ablesen, etwa an der Änderung der Straßennamen. Die Namen der Großfürsten, Zaren, kaiserlichen Beamten und der Heiligen sind fast verschwunden; alles, was öffentlich an die Vergangenheit erinnern könnte, ist getilgt: die Michails, Alexeis, Nikolais I. und II. Man behält unbelastet Straßennamen bei – etwa Invalidenstraße, Neue Dorfstraße, Enge und Breite Straße und so fort – oder man widmet sie um: den Heroen der sechziger und siebziger Jahre des letzten Jahrhunderts. Herzen und Tscherny-

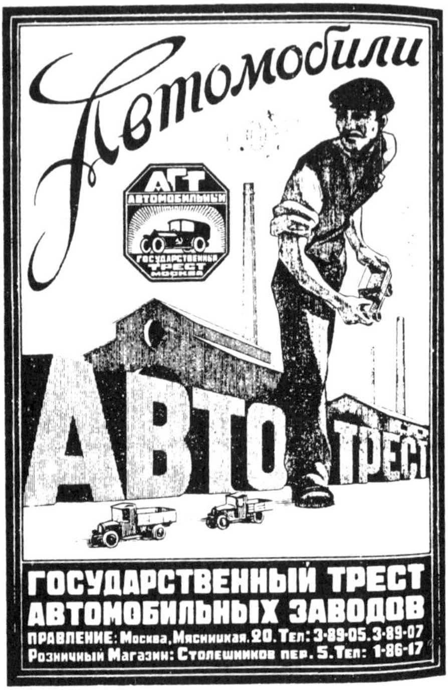

Reklame des Staatlichen Automobil-Trusts, Moskau 1926

schewski etwa wird diese Ehrung zuteil. Nur ganz selten finden sich in jener Zeit noch die großen Versprechungen, wie sie etwa im Namen «Große kommunistische Straße» zum Ausdruck kommen. Und noch gibt es vor allem keine Straßen, die die Namen der neuen lebenden Führer tragen. Die Zeit des großen Kults steht noch aus.

Wer so durch die Seiten des Adreßbuches des Jahres 1926 blättert, dem erscheint der Anspruch der neuen Macht, volksnah zu sein, durchaus glaubhaft. Die Personen, die in den Rubriken von Instituten und Institutionen geführt werden, sind noch Persönlichkeiten, ihre Namen sind oft bekannter als die der Institution, der sie subsumiert sind. Sie sind, was heute undenkbar ist, mit vollem Namen und Arbeitsstelle vermerkt, und sie sind telephonisch erreichbar. Kalinin etwa, der an der Spitze des Zentralen Exekutivkomitees steht, ist unter der Kremlnummer 211 zu erreichen, sein Sekretär unter 212. Unter den Anschlüssen des Präsidiums können Tomski, der Gewerkschaftsboß, Kamenew, Jenukidse oder Smidowitsch verlangt werden. Die Crème de la crème der Soziologen, Statistiker und Nationalökonomen der alten Schule versammelt sich unter den Lettern des Wissenschaftlichen Forschungsinstituts der Timirjasew-Akademie, Kondratjew und Wainstein etwa. Unter der Eintragung «Kommunistische Akademie» in der Wolchonka finden sich gar die Spitzen der bolschewistischen Parteiintelligenz: der Ökonom Preobrashenski, Bucharin, der «Liebling der Partei», die Historiker Bubnow und Kritzman; in der Rechtsabteilung die Theoretiker Stutschka und Paschukanis. Und im Marx-Engels-Institut – wie es damals noch hieß – gehen Rjasanow und Deborin ihrer Arbeit nach. Die genannten Namen sind auch hierzulande (kurzzeitig jedenfalls) wieder zu Gehör und Ansehen gekommen, zuerst in der Ära der Raubdrucke der 68er, dann in den Sektoren bekannter Verlagshäuser, die ahnten, daß sich damit Geld machen ließe. In der Tat: das Adreßbuch von 1926 führt eine Liste von Persönlichkeiten mit Rang und Namen vor, Köpfe mit Profil – allerdings werden viele das Jahr 1937 nicht überleben.

Ins Auge springt, wenn man weiterblättert, das internationalistische Element, obgleich die Doktrin vom «Sozialismus in einem Land» schon verkündet ist. Im Institutsrat firmieren neben Bucharin der Ungar Béla Kun und die Deutschen August Thalheimer und Clara Zetkin. Weiter unten, auf derselben Seite, freilich nur in der Eigenschaft eines Institutsratsmitgliedes des Lenin-Instituts in der Dmitrowka 24: Stalin unter der Telephonnummer 1-72-69.

In kaum einer anderen Stadt hat sich wohl derart viel ausländische Prominenz als «Angestellter» eingetragen: Moskau war damals Stützpunkt der Komintern. In einer neuen Sprachregelung werden die Institute und Sekretariate bald zu «Höhlen antisowjetischer Konspiration», Stätten der «Sabotage und Schädlingstätigkeit» und des «aktiven Terrorismus». Ihr zufolge dirigierten von hier aus die zerstreuten Gelehrten der Nationalökonomie die Kulakenaufstände und organisierten den Umsturz. Doch welche Umstürze konnte ein Hegel-Spezialist wie Abram Deborin schon anzetteln – eine «men-

A. Wyschinski, 1935–1939 Generalstaatsanwalt der UdSSR

schewisierend-hegelianisierende Abweichung» natürlich! Sie alle – Bucharin, Deborin, Rjasanow, Tomski und so weiter – werden in späteren Auflagen des Adreßbuches getilgt sein – und nicht nur das: Am Ende steht für die meisten die physische Liquidierung, ja sie haben nicht einmal existiert, sind zu «Unpersonen» geworden. Neues Personal rückt in die Büros der alten Adressen ein, Namenlose. Ein Adreßbuch, ein Werk, das dem prosaischen Alltag dienen soll, für den Augenblick und nicht für die Geschichte gedacht ist, avanciert so unversehens zum «historischen Dokument»: zeigt es doch Spuren von Namen, die es nie gegeben haben darf.

Und hier holt den lustvoll Vor-sich-hin-Lesenden die harte Gegenwart ein. Dabei meine ich gar nicht so aktuelle Probleme, wie sie durch die Weltpresse gingen: Sperrung von Telephonanschlüssen oder Abhören aller Gespräche, die über Anschluß und Adresse

Andrei Sacharows liefen. Es geht um viel Harmloseres. Als ich der Dame in der Xerokopierabteilung der Lenin-Bibliothek in Moskau die Adreßbücher einiger Jahrgänge über den Tisch reiche und meine sehr maßvolle Bestellung abgebe, macht sie mich darauf aufmerksam, daß sie allein nicht entscheiden könne, ob ich Photokopien der gewünschten Seiten auch bekommen könne – ich solle am nächsten Tag noch einmal wiederkommen. Vorgewarnt und deshalb schon nicht mehr schockiert, erfahre ich am nächsten Tag: eine Erlaubnis wird nicht gegeben. Also – so schlußfolgere ich – gibt es hier durchaus ein Empfinden für den Stoff, aus dem Geschichte gemacht ist.

Wer sich der Faszination dieser Adreßbücher aussetzt, läuft Gefahr, einer Versuchung zu erliegen: der Versuchung nämlich, dem lustvollen Vagieren durch Jahre und Seiten eine theoretische Basis zu zimmern, dem in solcher Lektüre liegenden Reiz eine kritische Spitze gegen den etablierten historiographischen Betrieb zu geben. Solche Anstrengungen gibt es ja, meist aus der Ecke einer «Geschichte von unten», der freilich die Überanstrengung vorab auf die Stirn geschrieben ist, die der Versuch einer ganz «anderen Geschichte» mit sich bringt.

Auch die Fronde einer blut- und menschenleer gewordenen Strukturgeschichte, die sich ihrerseits im Recht gefühlt hat gegenüber einer «Geschichte der Haupt- und Staatsaktionen», bröckelt längst, und was einmal selbstverständlich war, daß es geschichtliche Aktion ohne Akteure nicht gibt, ist wieder evident geworden.

Was den Erkenntniswert von alten Adreßbüchern betrifft, kann daher ganz unprätentiös folgendes zu bedenken gegeben werden:

Zunächst – und dies ist trivial – sind sie unverzichtbare Nachschlagewerke und Auskunftsbücher, besonders in Fällen, wo geschichtliche Akteure aus dem Buch der Geschichte vorübergehend oder für immer getilgt sind, weil sie – wie es in solcher Sprache heißt – vom «Gang der Geschichte» abgewichen seien. Viele der später Geköpften und manche der bis heute nicht Rehabilitierten lassen sich da ausfindig machen: N. I. Bucharin, 2. Haus der Sowjets, App. 229, Tel. 5-29-00; I. T. Smilga, Sretenski bulwar 6, App. 18, Tel. 83-25; L. P. Serebrjakow, Kreml, Zimmer von Jenukidse; A. M. Deborin, 3-ja

Meschtschanskaja 3, App. 4, Tel. 62-30; W. E. Meyerhold, Nowinski bulwar 32, App. 45, Tel. 93-23; N. I. Trotzkaja, Kreml, Tel. 1-44-86. Und so weiter (nach *Wsja Moskwa* des Jahres 1923).

Dann aber – und das ist schon weniger trivial – sind es Bücher, in denen sich eine Stadt, und das heißt: eine Agglomeration von Menschen, abbildet. Trotz des gewaltigen Umbruchs zwischen 1917 und 1923 ist doch erstaunlich, wie treu sich die Stadt geblieben ist. Revolutionen versetzen Berge, nicht aber Städte. In vielem – wenn man sich die Hotels, Cafés, Kinos und Theater aus den Adreßbüchern von 1917 bzw. 1923 vornimmt – scheint es so, als ginge das Leben weiter, als sei nichts geschehen. Am Personalbestand der mit neuen Namen versehenen Einrichtungen zeigt sich, wer unterkam oder seinen Frieden mit der neuen Macht zu schließen suchte; die Abwesenheit großer Namen bedeutet oft Exil, sei's vorübergehend, sei's für immer. So sehen wir in den verschiedenen Sektionen der Akademie für Kunstwissenschaften in der Pretschistenka 32 (uliza Kropotkinskaja) Kandinsky, G. Efros, G. Spet, B. Wyscheslawzew, B. Grifzow und M. Gerschenson – luzideste Vertreter des vorrevolutionären Moskauer Geisteslebens also.

Das Massiv einer Stadt hat seine eigene Schwerkraft; für den in der Retrospektive agierenden Historiker ist es mitunter heilsam, sich dieser auszusetzen; Geschichte lernt sich in der Konfrontation mit den res gestae erst so recht wieder als historia kennen. Der Blick befreit sich aus den Projektionen des Nachgeborenen. Wer konnte im Jahre 1923 ahnen, daß der unter der Rubrik «Kollegium der Verteidiger» geführte A. Ja. Wyschinski, gemeldet in Bolschaja Gnesdikowskaja uliza 10, App. 716, es aus der Bedeutungslosigkeit dieses Eintrags zur Personifikation der Stalinschen Terrorjustiz bringen sollte? Geschichte ohne das Wissen der Späteren ist noch offen, windungsreicher.

Es ist nicht ohne Erkenntniswert, zu fragen: Wer wird namhaft gemacht, wer hat eine Adresse, wer hat welche Adresse, wer verbirgt sich hinter den besten Adressen? Noch die freischwebendste Intelligenz hat einen Körper, hat ihre bevorzugten Wohngegenden und realen Treffpunkte, außer- oder unterhalb der ideellen Kommunikationsgemeinschaft. Noch die abstrakteste Macht hat einen Raum und einen Ort. Ja, es gibt ein Ambiente der Macht, ein Gehäuse mit konkreter, geradezu physischer Innenausstattung. Und wenn die vielen Namenlosen in den Adreßbüchern eben keinen Platz haben, dann hat auch dies eine Wahrheit: sie haben sich noch nicht zu Wort gemeldet, sind stumm geblieben oder zum Verstummen gebracht worden.

Wsja Moskwa – Nachtrag

«Ganz Moskau», das heißt ja auch soviel wie ungeteilt und nicht behindert durch die Zäsur, die Generationen markieren. Die Revue der Namen und Adressen zielt indes nicht auf Vollständigkeit:
M. P. Arzybaschew, Jermolajewski pereulok 27, App. 4 (1923)
M. A. Bakunin, Haus Botkin, Petrowerigski pereulok 4
W. G. Belinski, Rachmanowski pereulok 4
A. A. Blok, Arbat 55 (A. Bely), uliza Gorkogo 15 (Hotel *Madrid*)
W. Ja. Brjussow, Zwetnoi bulwar 22, 1-ja Meschtschanskaja uliza 30
I. A. Bunin, uliza Worowskogo 26
A. P. Dowshenko, Kutusowski prospekt 22
S. M. Eisenstein, Tschistoprudny bulwar 23
I. G. Ehrenburg, uliza Gorkogo 8
W. N. Figner, Waganowski pereulok 8
F. M. Dostojewski, uliza Dostojewskogo 2
A. Ginsburg, Bolschaja Poljanka 11/14, App. 25
M. O. Gerschenson, Nikolski pereulok 13, App. 4 (1923)
W. A. Giljarowski, Stoleschnikow 5, App. 10 (1923)
B. A. Grifzow, Trubnikowski pereulok 8, App. 8 (1923)
F. W. Gladkow, Soimonowski projesd 5
N. W. Gogol, Pogodinskaja uliza 12
A. Gramsci, prospekt Kalinina 1
A. I. Herzen, Siwzew Wrashek 27/9
A. S. Gribojedow, uliza Tschaikowskogo 17
S. A. Jessenin, Kropotkinskaja uliza 20
W. W. Kandinsky, Pretschistenka 19 (Kropotkinskaja uliza) (1923)

W. P. Katajew, Mylnikow pereulok 4, App. 2 (1923)
W. W. Majakowski, projesd Serowa 3/6 und pereulok Majakowskogo 15/13
O. E. Mandelstam, Twerskoj bulwar 25 (1923)
W. E. Meyerhold, uliza Neshdanowoi 12
D. F. Oistrach, uliza Tschkalowa 14–16
B. L. Pasternak, Wolchonka 14, App. 9 (1923)
K. G. Paustowski, Kotelnitscheskaja nabereshnaja 1–15
S. S. Prokofjew, uliza Tschkalowa 14–16
W. I. Pudowkin, uliza Worowskogo 29+31
A. S. Puschkin, uliza Nemirowitsch-Dantschenko 6
A. D. Sacharow, uliza Tschkalowa 48b, App. 68 (z. Zt. Gorki 137 Schtscherbinka 2, uliza Gagarina 214, App. 3)
A. N. Skrjabin, uliza Wachtangowa 11
L. N. Tolstoi, uliza L. Tolstogo 21
I. S. Turgenjew, Gogolewski bulwar 10
A. T. Twardowski, Kutusow prospekt 1/7
A. Sinjawski, Chlebny pereulok 9, app. 9 (jetzt Paris)
F. I. Schaljapin, uliza Tschaikowskogo 25
I. W. Sholtowski, uliza Stankewitscha 6
D. D. Schostakowitsch, uliza Neshdanowoi 8/10
M. Ju. Lermontow, Malaja Moltschanowka 2
G. G. Spet, Dolgorukowskaja uliza 17, App. 2 (1923)
A. P. Tschechow, Sadowaja-Kudrinskaja 6
K. I. Tschukowski, uliza Gorkogo 6
N. I. Wawilow, Leninski prospekt 33
E. S. Warga, Leninski prospekt 11
M. I. Zwetajewa-Efron, Borisoglebski pereulok 6, App. 3 (1923)

Rotes Forum

Der Fremde ermißt die Distanz, die ihn von diesem Lande trennt, wenn er sich eingesteht, daß er beim Anblick des Kreml nicht empfinden kann, was Russen an gleicher Stelle empfinden: Herzstück Rußlands. Das Herz des Fremden schlägt bei seinem Anblick nicht rascher, nicht höher, und er ist in gewissem Sinne unglücklich darüber; hat er dann doch das Wesentliche nicht begriffen, ist ihm doch unzugänglich, was er verstehen möchte?

Ich kann nicht exakt formulieren, was mir den Zugang zum Kreml so schwer macht. Ist es die Sauberkeit und Pracht, mit der man den historischen Komplex einem Museumsstück vergleichbar dem Besucher darbietet? Ist es dies, daß hier kein Puls der Zeit zu spüren ist, sondern allenfalls die abseits verlaufende Geschäftigkeit der durch die Tore preschenden schwarzen Limousinen mit verhängten Fenstern? Ist es bloß die instinktive Weigerung, sich der touristischen Exkursion und ihrer Apperzeption anzuschließen? Es ist von alledem ein Moment im Verhältnis des Fremden zu diesem Schauplatz, und doch erklärt es nicht das Desinteresse – erst spät, und mehr eigentlich, um sich Rechenschaft abzulegen darüber, kreist er um den Kreml und betritt ihn schließlich auch. Doch gerade dies, an der Überwindung dieses Desinteresses zu «arbeiten», zeigt, wie wenig selbstverständlich, wie wenig zwanglos sich eine Beziehung herstellen läßt.

Ich halte für mich zunächst fest: der Schauplatz der Geschichte ist für mich kein Schauplatz mehr. Es ist nur fugenlose Übereinstimmung des Ensembles, es ist nur befriedigende Erklärung, perfekte Präsentation.

Natürlich ist es ein wunderbarer, ja wundersamer Anblick, von verschiedenen Punkten der Stadt aus die wirklich goldenen Kuppeln strahlen zu sehen, ein Licht, das selbst an wolkenverhangenen

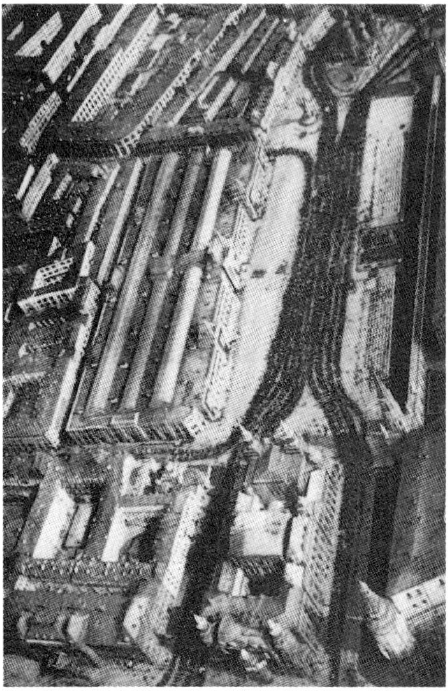

Demonstrationszug über den Roten Platz am 1. Mai 1932

Tagen nicht erlischt, ein Licht, das aufflammt, sich selbst überbietend, wenn ein strahlender Sonnentag auf die Kuppeln fällt. Es gibt Blickpunkte, von denen aus die Zarenstadt auf den Hügeln wie ein versteinertes Märchen erscheint, etwa von der nabereshnaja Maurice Thorez aus, von wo man gewissermaßen vom Flußspiegel, also von unten auf den ansteigenden Burgberg blickt. Es bietet sich von hier aus eine Orgie von Farben: das tiefrot gezackte Gemäuer, die grün und türkis glasierten Ziegel auf den Ecktürmen mit den russischen Helmen, das Weiß und Ocker der Kremlpaläste, die Wucht des hoch aufragenden Glockenturms und überall die grün gestrichenen Dächer – und obenauf, vom Wind immerzu gestrafft, das blutrote Banner auf dem Senatsgebäude. Kräftiges Gelb, strahlendes Weiß, blitzendes Gold, Grasgrün, samtgrüne Tannen, tiefrotes Gemäuer – alle Farben verdichten sich auf einen Punkt. Prismatisch konzentriert und hemmungslos übersteigert werden sie von der Basilius-Kathedrale, dem wohl fremdartigsten Gebäude, in die Luft zurückgespiegelt.

Ich bezweifle, daß die Distanz wirklich aufhebbar ist. Könnte es nicht sein, daß zur Ästhetik des Kreml eben die Unaufhebbarkeit der Distanz gehört? Es ist nur schwer vorstellbar, daß die Gebäude des Kreml von Verkehr umflutet werden, daß dort städtischer Lärm tost und von Zeitungskiosken die neuesten Schlagzeilen lauthals ausgerufen werden. Kaum ist denkbar, daß seine Gebäude wie House of Parliaments oder Capitol Hill zum Zielpunkt der demonstrierenden hunderttausend werden, die sich auf Treppen niederlassen. Wer kennt nicht die Bilder der sich Auge in Auge gegenüberstehenden Antikriegsdemonstranten und mit Bajonetten bewaffneten Nationalgardisten, die bittend-empörten Gesichter und die Spritzer symbolisch vergossenen Blutes. All diese Bewegungen sind hier nicht vorstellbar. Der Kreml ist eine Burg gewesen, und er ist es heute noch. Ich gestehe, das ist der Blickwinkel eines Fremden, der zudem von Fernsehbildern imprägniert ist. Ihm assoziiert sich der Kreml und Rote Platz mit dem Aufmarsch dröhnender Panzer, mit den über das Kopfsteinpflaster hinweggezogenen geflügelten, eleganten und bedrohlichen Flugkörpern, mit dem immer ernsten Ausdruck, der ausgeht von den unter Pelzmützen oder Hüten sich zeigenden Führern auf der Balustrade des Mausoleums. Doch man kann sich von Bildern nicht einfach lossagen, solange es keine neuen gibt.

Ich komme auch nicht an gegen den Eindruck, den Gerassimows Gemälde «Stalin und Woroschilow auf der Kremlmauer» auf mich macht: da laufen die Zacken der Balustrade perspektivisch aus, und weit, weit in der Ferne ist die Stadt. Jawohl, es ist eine Burg in der Stadt, und nur von ferne dringen die Geräusche der Stadt herauf.

Näher war mir die Szene, als ich «Boris Godunow» in der prunkvoll-naturalistischen Aufführung des Bolschoi-Theaters von 1948 – das gibt es hier im Lande der nicht so rasch umschlagenden Konjunkturen! – sah. Doch warum? Weil der Ton hinzukam. Das soll heißen: Ein Kreml mit seinen Kirchen und seinem überragenden

Glockenturm, der geborstenen Glocke am Fuße des Turms und ohne den Ton der Glocken ist die Dementierung des Kreml. Und wie klang dies, wie muß es geklungen haben: die schwer fallenden Töne der großen Glocken, weit schwingend und dröhnend, das Gebimmel unzähliger Glocken und Glöckchen mit unterschiedlichster Klangfarbe, und dies alles in einem nicht regulierbaren Rhythmus, einem Durcheinander von Tönen, Dissonanzen, die der Sprache unserer Kirchtürme so ganz unvergleichbar war, und von der Mussorgski und Ravel uns eine Ahnung gerettet haben, freilich domestiziert und kultiviert. Wenn Benjamin bemerkte, daß ihn das Schweigen der Glocken fröhlich gestimmt oder jedenfalls von der Trauer, in die ihn unsere Sonntagsglocken versetzten, befreit habe, so vermute ich: schon im Jahre 1927 hatte er nicht mehr die Möglichkeit, das Dröhnen der Luft zu hören.

Geblieben ist von jenem Klang nur das Glockenzeichen vom Spasski-Turm, das um Mitternacht und in der Früh über die ganze Sowjetunion hin übertragen wird – gefolgt von der Staatshymne (früher war es einmal die Internationale).

Man sagt: Leningrad ist schön – aber leben möchte man dort nicht. Man kann auch sagen: der Kreml ist schön – aber er bewegt einen nicht. Gibt es einen Bezug zwischen dem Museumskomplex, als der der Kreml mir erscheint, und dem museal stillgelegten Petersburg? Ich habe den Eindruck, daß die Musealisierung des Kreml diesem sowenig bekommt wie die Provinzialisierung der ehemaligen Hauptstadt. Der Kreml erscheint als bloß historische, freilich imposante Fassade, wo doch das Leben anderswo sich abspielt. Nicht dort fallen die Entscheidungen, sondern im Gebäude des ZK an der Staraja ploschtschad, in den Ministerien, in den neuen Hochhäusern der diversen Trusts, Banken, Institute, in den von Geschäftigkeit und Parkraumnot eingeschlossenen Gebäuden mit den goldenen Lettern auf schwarzem Grund an der Eingangstür, in den an Winternachmittagen neonhell erleuchteten Etagen der Bürohochhäuser um die Smolenskaja ploschtschad oder Oktjabrskaja ploschtschad, entlang des Gartenrings.

Es besteht eine insgeheime, schicksalshafte Verknüpfung zwischen dem alt-neuen Zentrum der Macht im Kreml und Petersburg.

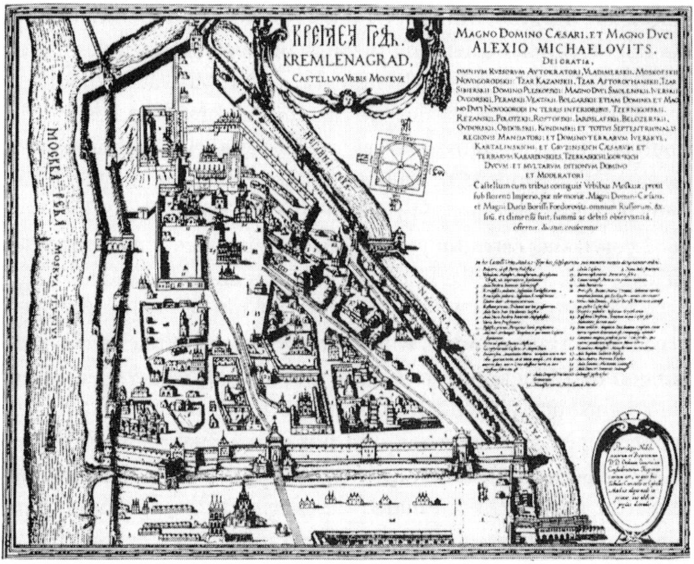

Plan des Kreml nach I. Blaeu. Anfang 17. Jahrhundert

Die forcierte Europäisierung Rußlands hatte ihren Preis. Peters des Großen Phantasieprojekt Petersburg ging auf Kosten Moskaus, das freilich zu vital und zu heilig in einem war, um durch diese Zurücksetzung ruiniert werden zu können. Doch daß der Schritt vom Burgberg zum Marktplatz in Moskau nicht früher – und schließlich folgenlos – getan wurde, hat etwas mit der «Anomalie» zu tun, die auf das aristokratisch-imperiale Petersburg das proletarische Petrograd folgen ließ, während die Stadtwerdung Moskaus auf lange Sicht storniert war, obgleich hier, auf engstem Terrain, alle Voraussetzungen dafür gegeben waren.

Das Kremlgelände ist Schauplatz von Konflikten, Emeuten, Brandschatzungen, Bedrohungen aus den abgesperrten Bezirken lange vor der Zeit, da die Putilow-Arbeiter auf den Newski prospekt ziehen und die Zeitungen in Bewegung setzen – ja lange vor der Zeit, da Petersburg gegründet war. 1947, zur 800-Jahr-Feier der Stadt, konnte auf eine Geschichte verwiesen werden, die zwar nicht «logisch» im Oktober münden mußte, die aber dennoch viel zu tun hat mit den antifeudalen und plebejischen Bewegungen des mittelalterlichen Europa. Mehr als einmal nahmen Moskauer Handwerker, Kaufleute, *possadniki* und Strelitzen den Kreml in Besitz, vorübergehend wenigstens; 1382, als die Stadt wehrlos den tatarischen Heeren offenstand; 1547 nach einem der zahllosen, die Moskauer bedrohenden Brände; 1648 gegen die Erhöhung der Salzsteuer; 1662 gegen die Zerrüttung der Wirtschaft und die Entwertung des Geldes; 1682 und 1698 erhoben sich die Strelitzenverbände.

Der Eindruck, daß es sich beim Kreml um eine Burganlage im klassischen Sinne handelt, wird bestätigt. Trotz zahlreicher Begradigungen und Einebnungen ist nach wie vor spürbar, was einen ein Geschichtsbuch wissen läßt: ursprünglich war der Kreml auf allen Seiten von Wasser umgeben und nur durch Zugbrücken zu erreichen. Im Süden die Moskwa, auf der Nordwestseite des ungleichen Dreiecks, das der Kreml bildet, die Neglinka, die nun unter dem Alexandergarten verschwunden ist, und auf der Seite des Roten Platzes, dicht an der Mauer, wo heute die Gräber liegen, ein künstlich geschaffener Burggraben. Dies ist – jedenfalls für mich – wichtig: es gibt Gräben, die lassen sich nicht durch Einebnung oder Übertunnelung zum Verschwinden bringen.

Es steht in jedem Geschichtsbuch und in jedem halbwegs ausführlichen Führer, daß der derzeitige Kreml seine heutige Gestalt in der zweiten Hälfte des 15. Jahrhunderts angenommen hat – noch dazu unter italienischem Einfluß. Und doch kann ich mit bloßem Auge jenen Punkt, wo sich die Renaissance des Mittelmeerraums verbunden hat mit dem neuen Selbstbewußtsein des moskowitischen Reiches, nur schwer erkennen. Gewiß, es gibt die allseits bekannten Kirchen und Paläste und deren allseits bekannte Baumeister; doch nicht immer fällt die Identifikation so leicht wie beim Facettenpalast, 1491 von den Italienern Marco Ruffo und Pietro Antonio Solario gebaut. Schon schwieriger ist es – für mich jedenfalls –, in der Erzengel-Michael-Kathedrale (1505–1509) den Mailänder Baumeister Alovisio Nuovo oder in der Himmelfahrtskathedrale (1467–1479) den Architekten Aristotele da Fioravanti auszumachen. Für Kunsthistoriker mag die Assoziation, die von solchen Bauten zum Dogenpalast führt, evident sein. Ich kann es ohne weiteres nicht erkennen, zu sehr sind für mich die oberitalienischen Architekten bei den russischen Baumeistern in die Schule gegangen (und überdies hatten ja beide – die Venezianer und Mailänder wie die Pskower und Moskauer – eine gemeinsame Schule: die von Konstantinopel, Byzanz).

Für mich wird Moskau als der östlichste Stützpunkt des Renaissance-Europa an einem anderen Punkt erfahrbar, und zwar gerade an dem, der als der orientalischste schlechthin genommen wird: an der Kremlmauer.

Auch hier ist jedem Interessierten geläufig, daß sie nach Plänen von italienischen Baumeistern errichtet wurde. Doch genügt wie immer bloßes Wissen nicht, um auch eine begründete Vorstellung davon zu haben. Das Auge ist derart an die bizarren Zeltdächer, die Zacken und Spitzen gewöhnt, daß der Kreml in der Vorstellung ohne diese Bizarrerie gar nicht bestehen kann. Und doch zeigt sich an diesem, den gesamten Komplex einfassenden und prägenden Bau am drastischsten, wie eng Moskau mit unserer eigenen Geschichte verbunden ist. Die Spur, die uns die aus 1045 «ghibellinischen» Schwalbenschwänzen bestehende Mauerkrone des Kreml auftut, zeigt schon, wohin sie verläuft: zu den Festungsringen von Montagna, Cittadella, Castelfranco oder Mailand. Und doch gelingt die Überwindung der Diskrepanz von Wissen und Vorstellung nur dank einer imaginativen Anstrengung: man muß abdecken, abschneiden, wegretuschieren, was dem Original zu- und angewachsen ist. Ich tue dies mit einer 1979 gezeichneten Postkartenserie. Der Zeichner macht sichtbar, was der Photograph nicht zeigen kann: die Schnittlinien zweier verschiedener Epochen und Kulturen, Einheit und Differenz von Bau und Aufbau, Unterbau und Überbau. Für Kenner mag die Operation, die ich für mich angestellt habe, gewaltsam sein; für mich brachte sie eine wichtige Erkenntnis. Ich habe abgedeckt, was den Kremltürmen erst später aufgebaut wurde.

Borowizki-Tor: Benannt nach dem Wald an der Mündung der Neglinka in die Moskwa. Der Torturm wurde 1490 von Pietro Antonio Solario errichtet, im 17. Jahrhundert mit einem achteckigen Aufsatz versehen. 54 Meter hoch.

Kremlmauer. Ausschnitt

Wasserturm: Er sorgte für die Wasserversorgung des Kreml. 1488 von Bon Frjasin gebaut. 1812 beschädigt, danach von Ossip Beauvais wiederhergestellt. Höhe: 61 Meter.

Verkündigungsturm: 1488 errichtet, 200 Jahre später mit einem Zeltdach versehen. Höhe: 30 Meter.

Tainizki-Tor: Der älteste Turm, 1485 von Bon Frjasin errichtet. 1773 im Zusammenhang mit dem Bau des Großen Kremlpalastes Katharinas II. abgetragen bis auf die Grundmauern, drei Jahre später wiederhergestellt. Höhe: 38 Meter.

Erster namenloser Turm: Er diente im 16. Jahrhundert als Munitionsreservoir, mehrmals zerstört. Höhe: 34 Meter.

Zweiter namenloser Turm: Erhielt das jetzige Zeltdach Ende des 17. Jahrhunderts. Höhe: 30 Meter.

Petrow-Turm: 1612 von den Polen zerstört, für den Bau des Kremlpalastes abgetragen, wiederaufgebaut; 1812 von den napoleonischen Truppen erneut gesprengt, danach von Beauvais wiederhergestellt. Höhe: 27 Meter.

Facettenpalast des Kreml. Fassadendetail. Arch. Pietro Antonio Solari, 1487–1491

Beklemischew-Turm: Gebaut 1487 von Marco Ruffo an der Stelle, wo der Burggraben in die Moskwa mündete. Im 17. Jahrhundert mit einem Zeltdachaufbau versehen. Höhe des Turms: 46 Meter.

Konstantin-Helenen-Turm: 1490 errichtet von Pietro Antonio Solario. 1680 mit einem Aufsatz versehen. Höhe: 37 Meter.

Nabatnaja-Turm: Gebaut 1495, im 17. Jahrhundert überbaut mit einem Zeltdach. Diente als Alarmturm. Höhe: 38 Meter.

Zarenturm: Der jüngste der Türme, wurde 1680 der Kremlmauer aufgesetzt. Höhe: 16 Meter.

Erlöser-Tor: 1491 unter Leitung von Pietro Antonio Solario und Marco Ruffo gebaut. Aufsatz eines Zeltdaches im 17. Jahrhundert. Gotischer Aufbau mit dem Glockenspiel, errichtet 1625 von dem Engländer Christopher Halloway. Höhe: 71 Meter.

Senats-Turm: 1491 errichtet, das Zeltdach stammt aus dem 17. Jahrhundert. An seinem Fuße befand sich das 1918 entstandene Basrelief Konjenkows für die Opfer der Revolution. Höhe: 34 Meter.

Nikolski-Turm: 1491 errichtet von Pietro Antonio Solario. In der Zeit der Generalüberholung 1780 mit einem runden Aufsatz und gotischem Zeltdach (Rossi) versehen. 1812 von den Franzosen zerstört, 1816 von Ossip Beauvais rekonstruiert. Höhe: 70 Meter.

Eck-Arsenal-Turm: 1492 von Pietro Antonio Solario gebaut, im 17. Jahrhundert mit einem Zeltdach versehen. Höhe: 60 Meter.

Mittlerer Arsenal-Turm: 1495 gebaut, im 17. Jahrhundert mit einem Aufsatz versehen. In seinem Fundament wurde 1819 eine künstliche Ruine von Ossip Beauvais eingebaut, Höhe: 39 Meter.

Dreifaltigkeitstor- und Kutafja-Turm: 1495 errichtet, mit einer Zugbrücke über die Neglinka zum Kutafja-Turm. Ende des 17. Jahrhunderts mit einem Zeltdachaufbau versehen. Nach dem Brand von 1812 rekonstruiert. Höhe: 80 Meter.

Kommandantenturm: Im 17. Jahrhundert mit einem Zeltdach versehen. Höhe: 41 Meter.

Waffenturm: Im 17. Jahrhundert mit einem Aufsatz versehen. Höhe: 32 Meter.

Die etwas umständliche Prozedur hätte gerafft werden können zu der Aussage: die Türme und Mauern sind nach den Plänen der Meister aus den oberitalienischen Städten gebaut worden. Und doch wäre in dieser knappen und richtigen Aussage nicht enthalten, daß es einem wie Schuppen von den Augen fällt. Es hat eben seinen Grund, wenn das Auge nicht auf gerader Bahn ans Ziel kommt und das Fremde erst in solcher Weise angeeignet werden kann.

Der Befund, der durch diese Operation für mich ans Tageslicht kam, war frappierend, ebenso wie die Formel, die ich bei Arthur Voyce dafür gefunden habe: The Italian Kremlin.

Und auch für die Aufbauten, die die «italienische» Festungsanlage erst zu einer russischen machen, liegt der Musterbau parat: die Auferstehungskirche von Kolomenskoje in der Umgebung von Moskau. Vor hier stammt die Form des achteckigen Zeltdaches, des *schatjor*, das auch den Kremltürmen ihr definitives unverwechselbares Gepräge gegeben hat. Auch das bedeutet «Renaissance»: daß entstehende Staaten und Nationen den ihnen eigenen Ausdruck finden.

Der Kreml blieb bis ins zweite Jahrzehnt unseres Jahrhunderts geschlossene Stadt, buchstäblich Bollwerk und Reservat der Reaktion inmitten der kapitalistisch, weltstädtisch brodelnden Stadt. Daß die

Tage der geschlossenen Stadt gezählt waren, wurde nicht erst deutlich mit den Schießereien zwischen Aufständischen und monarchistischen Regimentern. Schon lange vorher brandete die Stadt gegen die Mauer der Burg an. Auf alten Photos kann man dies sehen: Die Häuser der Banken und Kontore treten mit den Kirchtürmen in Konkurrenz, respektlos rattert die Straßenbahn an der Kremlmauer entlang. Aus den drei Hauptgeschäftsstraßen des Kitai-gorod, die direkt auf den Roten Platz stoßen – die Nikolskaja, die Iljinka, die Warwarka –, ergießt sich ein ununterbrochener Menschenstrom auf den verkehrsreichen Platz vor der Mauer. Auch auf der Südwestseite ist viel Betrieb – dort steht die Christ-Erlöser-Kirche, das neue Wahrzeichen der Stadt.

Daß die sakrale Sphäre, die den Burgberg umgab, nicht aufgelöst wurde, sondern nur die Gestalt wechselte, verdankt sich demselben Grund, aus dem auch die bürgerliche Revolution in Rußland versagte. Zu schwach war das ausgebildet, was man als bürgerliche Öffentlichkeit bezeichnet; sie hatte nicht die Kraft, diesen Bereich zu profanieren und zu einer öffentlichen Sache zu machen. Als genuiner Ort solcher Öffentlichkeit bot sich von jeher der Rote Platz an: am Schnittpunkt der Handelsstraßen nach Twer, Wladimir, Kasan, Astrachan, zwischen der Kaufmanns- und der Zarenstadt gelegen; Ort nationaler Resistance und nationalen Selbstbewußtseins; Ort der Demütigungen und Hinrichtungen. Alle diese Momente haben sich der Gestalt des Platzes eingeschrieben: auf den beiden Längsseiten die Mauer des Kreml und die Handelsreihen, auf den beiden Frontseiten die Basilius-Kathedrale und das Historische Museum, beides Dokumente historisch verschiedener, doch im nationalen Selbstbewußtsein identischer Stimmungslagen. Nach Lenins Tod ist Schtschussews Mausoleum hinzugekommen, der stufenförmig ansteigende Granitblock, der dem Platz noch mehr Zusammenhalt verleiht.

Als man in den dreißiger Jahren an die Rekonstruktion der Stadt ging, konnte auch der Kreml samt Rotem Platz nicht aus den Überlegungen ausgespart bleiben. «Wir sind die Mitgestalter einer außergewöhnlichen Epoche – des Beginns der neuen Geschichte der menschlichen Gesellschaft», hielt El Lissitzky 1934 in seinem Diskus-

Kremlmauer

Auferstehungskirche in Kolomenskoje, erbaut 1532

sionsbeitrag anläßlich des Wettbewerbs um das Gebäude des Volkskommissariats für Schwerindustrie, das an der Stelle des GUM errichtet werden sollte, fest. «Vor uns steht ein Aufbauprogramm, das sowohl in seinen Dimensionen und in seiner Bedeutung alles übertrifft, was in den besten Momenten von Blütezeiten der Kulturen unserer Vorgeschichte geschaffen worden ist.» Lissitzky hat damals bereits vor Geschmacklosigkeiten und Provinzialismen, vor lautem Pathos und Theaterdekoration gewarnt. Seine Vorstellung vom «ersten roten Forum» war jedoch so anspruchsvoll, daß sie trotz Phantasie und Können am vorhandenen Ensemble scheitern mußte. Kann man glücklich sein, daß die Projekte der Avantgarde damals nicht verwirklicht wurden und der Platz im großen und ganzen in seiner alten Form bis heute erhalten geblieben ist?

Die Planer von 1934 waren nicht die ersten, die sich an diesem Symbol nationalen Schicksals versuchten. Jedes Gebäude am Rand des Platzes reflektiert die besondere Sorge, sich dem einzufügen, was als nationales Erbe verstanden wurde. So ging es bereits Sherwood, dem nach langem Ringen der Auftrag zum Bau des Historischen Museums zugesprochen wurde. Der Kampf ging, wie heute noch sichtbar ist, zugunsten eines verhaltenen neorussischen Stils aus, der die Extreme der Neorussismen vermied. Das Museum ist heute nicht wegzudenken und trägt mit seinem tiefroten Gemäuer, den bizarren Spitzen und den weißen Dächern ein gut Teil dazu bei, daß sich im Namen des Platzes die ursprüngliche Bedeutung von *krasnaja* = schön zugunsten des Rot verschoben hat. Unantastbar war immer die westliche Platzseite, obwohl Pläne der Vorrevolutionszeit zeigen, daß dort, wo heute die Ehrengräber und Tribünen stehen, eine Hochbahn geplant war – ein anderer Vorstoß der Säkularisierung.

Seit der Errichtung des Mausoleums ist die Seite ohnehin tabu. Um die endgültige Gestalt des Mausoleums wurde heftig gerungen. Schtschussew behielt recht mit seinem einmaligen wie kühnen Gedanken: das Mausoleum als Stätte des Vermächtnisses, als Rednertribüne gleichsam aufzuführen und sich nicht auf die anfängliche Fährte, die ihm Schliemann nach Mykene und Troja gezeigt hatte, einzulassen. Er behielt auch recht gegenüber Majakowski, für den der Gedanke der Balsamierung und des Götzen im Mausoleum undenkbar war und für den die Bewahrung des Erbes einzig in der Entwicklung der lebendigen Arbeit und der sozialen Umwälzung bestehen konnte. Es ist wohl richtig, daß das Mausoleum als besonders gelungen angesehen werden kann: gibt dieser Kubus dem leicht gewölbten, aus Fußgängerperspektive gewaltigen Platz doch erst ein Zentrum, einen Mittelpunkt, einen ruhenden Pol.

Nicht immer unumstritten war der Raum an der südlichen Stirnseite des Platzes; das farbenprächtige Gewirr der Basilius-Kathedrale soll mehrmals zur Disposition gestanden haben, bis die Sprengmeister endgültig des Platzes verwiesen wurden. Es ging vor allem um die Passagen, die Tempel der Händler an der östlichen Längsseite des Platzes. Der Wettbewerb von 1934 hatte dieses Gebiet bis weit in den Kitai-gorod hinein im Grunde bereits freigegeben.

Eine andere Zeit ist weit schonungsloser verfahren mit dem historischen Raum – und es war nicht mehr die Zeit des Diktators. In den späten sechziger Jahren hat man sich erst darangemacht, den südlichen Teil, die an die Basilius-Kathedrale und das Moskwaufer angrenzenden Züge des Kitai-gorod zum Abriß freizugeben. Man braucht kein Architekturfachmann zu sein, um den Greuel des Hotels *Rossija* geradezu physisch zu empfinden: von der anderen Moskwaseite aus reißt der Klotz, für den auch noch die Umgebung abrasiert wurde (mit Ausnahme der wie auf einem Tablett gereichten Kirchen und Bojarenhäuser aus dem 14. und 15. Jahrhundert, die indes die Kahlheit nur akzentuieren, statt sie zu mildern), den Kitai-gorod auf, öffnet gleichsam wie eine riesige Bresche einen Festungsgürtel aus mächtigen Häuserkomplexen des letzten Jahrhunderts. Von der Seite des Roten Platzes aus empfindet man, daß der Platz dadurch irgendwie gesprengt, seine Geschlossenheit zerstört wird.

Da den Bauherren damals der Preis für die Modernität allzu hoch war und größere Schritte riskant erschienen, blieb es bei der Konservierung. Das Risiko war in der Tat kaum zu verantworten. Mit einem Schritt wäre das alte Kernensemble von zwei Seiten gewissermaßen eingekreist und angegriffen worden: auf der Ostseite vom Gebäude des Volkskommissariats für Schwerindustrie, im Südwesten vom Monsterbau des Palasts der Sowjets.

Es ist bei der alten Gestalt geblieben. Ein Forum ist das Ensemble nicht geworden, und die Hinderungsgründe sind nicht städteplanerischer und architektonischer Art. Forum – das hat doch die Bedeutung, daß dort die Geschäfte von öffentlichem Belang öffentlich verhandelt werden. Was architektonisch von den «Massen» in Besitz genommen werden soll, muß vorher bereits gesellschaftlich in Besitz genommen sein. Ich meine nicht die Eintagsdemonstration, sondern ein freies Spiel der Kräfte, das zur Selbstverständlichkeit geworden ist.

Eintagsdemonstrationen und Masse habe ich mehrmals zu sehen bekommen. Am Abend des 1. Mai, am Abend des 8. und 9. Mai oder am Revolutionsfeiertag: Hunderttausende füllen die Innenstadt und strömen zusammen, auf dem Platz, auf den Brücken, die für den Verkehr gesperrt sind, um den Salut zu vernehmen und das Feuerwerk zu bestaunen mit aus hunderttausend Kehlen kommendem Hurrrraaaa. Doch die Bewegungsform ist eine andere, keine des Ziels, der Forderung, der Anklage, sondern das *guljanije*, des halborganisierten Spaziergangs mit Kindern, mit viel Bier oder

Stalin und Woroschilow im Kreml. Gemälde von A. M. Gerassimow, 1938

«Und dann der Kreml. Keine Zweisternensache Baedekers mehr, sondern Burg und die Einsamkeit der Herrschenden, wohlverteidigt mit roten Soldaten und umständlicher Kontrolle der Gäste. Auf die Mittelalterlichkeit und den morgenländischen Sinn Moskaus zurückgeführt, kommt man davon nicht mehr los. Der Kreml ist wahrhaftig die Burg über der Stadt.»
Paul Scheffer, Sieben Jahre Sowjetunion

Wodka. Es füllt sich dann diese ungeheure Wölbung des Platzes, die Luft vibriert vom Gespräch der so Einherschlendernden. Der lange Abend ist verlängert durch die Illumination, die den Kreml in ein unwirkliches Licht taucht und sich vermindernd ausbreitet über den Stadtkern. Die Masse, die noch auf der Brücke dem Feuerwerk zugesehen hat, strömt dem Platz zu, sicher Zehn-, wenn nicht Hunderttausende. Die Masse bricht sich an dem Sockel, auf dem die Basilius-Kathedrale steht. Sie wird geteilt, sieht über sich, auf der Rampe stehend, die Uniformierten, die sich vor dem grellen Licht der Beleuchtungsanlage und vor dem Lindgrün der Bäume gespenstisch ausnehmen – gerade durch ihre unauffällige Präsenz: sie halten Ordnung, stehen stramm, wo das Volk ungeordnet vorbeiströmt.

Doch auch auf dem Platz geschieht nichts, man strömt über ihn hinweg, die Weite des Platzes saugt jeden Gesang, jedes Gespräch auf. Nicht die Leute sind andächtig, wohl aber die Stimmung.

Jawohl, Andacht! Erst recht war sie als die dem Platz gemäße Stimmung wahrzunehmen an dem Tag, wo sich Zehntausende in die Schlange einreihten, um die Gräber in der Kremlmauer abschreiten zu können. Es ist die Andacht vor den gefallenen Helden, auch die durch das Schlangestehen reduzierte Bewegung, die, je näher sie dem Ziel kommt, desto ruhiger, disziplinierter wird. Man wird ermahnt, auf die Zweierreihe zu achten, man empfindet, was man dem Platz schuldig ist. Es ist ganz verfehlt, sich auf die Suche nach einem politischen Raum von der Art eines Parlaments, eines Marktplatzes, eines Rathauses, eines Platzes vor der Bastille machen zu wollen oder Ausschau zu halten nach den Bewegungsformen, die zu diesen Räumen gehören. Richtiger wäre es, sich vorzustellen: dies ist eine Burg, dies ist ein heiliger Ort mit goldenen Kuppeln und zum Schweigen gebrachten Glocken; dies ist ein gewaltiges Pantheon, ein Marsfeld, eine Grabmauer, ein festlicher Platz, ein Aufmarschplatz.

Welch ungeheurer Mut, ja welche Selbstvergessenheit mußte jene beseelt haben, die am 25. August 1968 sich nur für Minuten auf diesem Platz niedergelassen und ein Transparent entrollt haben: Wir protestieren gegen die Besetzung der ČSSR. Es war die Herausforderung eines sakralen Ortes; wer dann nach wenigen Augenblicken zugriff, das waren nicht nur Gesetzeshüter im zivilen Sinne, sondern die Engel des Allerheiligsten. Nur für wenige Augenblicke hatten sich Larissa Bogoras, Pawel Litwinow, Wadim Delone, Wladimir Dremljuga, Wiktor Fainberg, Natalja Gorbanewskaja und Konstantin Babizki am Rund des Lobnoje mesto, Rednertribüne und Richtstätte in einem, festhalten können.

Nähe und Distanz

Uferlos ist die Stadt, trotz der betonten Linien und markanten Akzente. Das Ufer, von dem man abgelegt hat, ist schon in die Ferne gerückt, erscheint zuweilen als dünner Strich am Horizont oder in Gestalt einer vertrauten Mundart. Das Ufer, an dem man für kurze Zeit, vorübergehend nur festmachen wollte, ist nicht in Sicht, oder besser: es entzieht sich immer wieder, sobald man es in der Nähe glaubt. Das Interesse und tägliche Insistieren auf dem, was auf dem heimatlichen Ufer vor sich geht, läßt nach, die Zeitungen, die hierher gelangen, sind verspätet, doch ist es nicht nur dieses. Die ansonsten intensive morgendliche Lektüre des Feuilletons unterbleibt auch aus anderen Gründen: der Geruch und der Raum, an dem sich die Wahrhaftigkeit des Feuilletons verifizieren läßt, fehlen, die Leinwand, auf die man die eigenen Sorgen und Erwartungen projiziert, ist eingezogen. Und der Raum, in dem man hier vorübergehend lebt, ist so gewaltig, so diffus, aber dann wieder so übermächtig konkret, daß die Wahrnehmung irritiert wird. In den Sucher kommt ein Objekt mit allen Zügen der Eindeutigkeit, und sogleich entweicht es wieder.

Immer wieder kommt der Punkt von Ermattung und Ratlosigkeit; es ist auch der Punkt, wo man die Neigung verspürt, sich über das Unerklärliche und nicht auf einen Nenner zu Bringende mit Konstruktionen hinwegzuhangeln, um doch zu einem guten Ende, zu einem geschlossenen Bild, zu einem Resümee zu kommen. Doch vielleicht ist gerade dies einem verwehrt, und der Fremde findet sich als winziger Schatten vor einer riesigen Leinwand, auf der ein Film spielt – in Autokinos sieht man dies manchmal aus der Ferne: wie auf die riesige Fläche vor dem riesigen Himmel rasch sich folgende Bilder geworfen sind, gerade aus genügender Distanz noch in ihrem Zusammenhang zu erfassen als Folge, Handlung, Sinn; doch für den winzigen Menschen davor, eingehüllt in den Lärm der Lautsprecher, ist nichts mehr wahrzunehmen außer den ineinander übergehenden Linien, Flächen, Farbexplosionen, Trümmern aus Details, die über ihm herunterstürzen.

Eine Stadt aus der Ferne hat ein klares Gesicht, ein Land eindeutige Umrisse. Aus der Nähe betrachtet verschwimmen die Konturen, verlaufen die Farben, die eben noch durch zarte Linien getrennt waren, ineinander, sie werden undefinierbar, die farbige Fläche löst sich in einzelne Punkte auf, die bedrohlich nahe rücken.

In einem ganz anderen Sinne als dem üblichen wird der Betrachter überwältigt, und er vermag sich der Gewalt, die von der groben Körnung des nahe gerückten Rasters, dessen Nähe er gesucht hat, nur zu entziehen, indem er auf Distanz geht, zurückweicht einige Schritte, sich ein Halt zuruft, um sich nicht auszuliefern. Es ist der Moment, wo sich ein Bedürfnis nach Ruhe meldet, wo die desorganisierende Gewalt des zu nahen Blicks umschlägt in das Bedürfnis nach Rückkehr zu sich, zum Konzentrationspunkt von Bildern und Eindrücken, nach Organisation des Unfaßbaren.

In solchen Augenblicken wird auch die Unmöglichkeit und das Illusionäre verspürt, das in dem Wunsch liegt, nicht mehr als ein bloßes Prisma des Gesehenen zu sein, ohne die Gebrechen des Fremdseins, ohne die Defekte und Vorzüge dessen, der zwischen den Fronten steht, dessen, der jenseits von Gut und Böse, von Apologie und Denunziation, von Distanzierung und Engagement stehen will. Der nahe, der allzu nahe Blick desorganisiert das Raster, das der Fremde mitgebracht hat; und die ansonsten übliche Redensart, daß man aus der Ferne klüger zurückkehre, hat erst auf dieser Grundlage einen Sinn. Freilich kann dies «klüger» alles und nichts bedeuten: es kann soviel heißen wie: Sammeln von Erfahrungen, die die bisherigen Ansichten konkret bestätigen und weiterentwickeln; es kann auch besagen, daß der Blick gebrochen und der Eindruck als viel zu weitreichend empfunden wird, als daß er sich in die mitgebrachten Thesen und Hypothesen zwanglos einordnen ließe.

Eindrücke haben es an sich, daß sie sich wechselseitig dementieren können. Wer sie zusammenzufassen versucht, läuft Gefahr, bei einem grauen Sowohl-Als-auch zu landen und vor dem Problem der «zwei Wahrheiten» zu kapitulieren. Ich könnte beliebig viele Beispiele dafür zitieren, wie beide Hand in Hand auftreten.

Die Arbeit in der Lenin-Bibliothek belehrt einen darüber, daß Humboldtsches Ethos und Gebaren auf engstem Raum mit kleinlichster Zensur koexistieren. Ich verspüre Sympathie für den Habitus der Gelehrten, die im Lesesaal Nr. 1 der Lenin-Bibliothek an ihrem Schreibtischen sitzen. Es sind Gesichter, wie sie bei uns bestenfalls noch in Wissenschaftsgeschichten des 19. Jahrhunderts anzutreffen sind; fast immer in Anzug und Krawatte, mit Brillengestellen, die bei uns nicht mehr zu haben sind, mitunter mit einem Bärtchen, das bei uns längst außer Mode ist; es sind auch Physiognomien darunter, wie sie von der amerikanischen Ostküstenintelligenz her geläufig sind, mit jenem Zug intellektueller Aristokratie und einer Körperhaltung, die die Schulung durch Baseball und Segeln verrät. Dann wieder einer, etwa siebzig Jahre alt, von einem weiß gewordenen Vollbart umrahmt wie jene Starzen des alten Rußland, ganz hingegeben den Manuskripten und Büchern, die er um sich aufgeschichtet hat, so daß er gar nicht bemerkt, wie er im Reflex auf das Husten im Saal immer zur Antwort hustet.

Absolute Konzentration in den Lichtkegeln, die die grünen Lampenschirme an den Tischen werfen. Der Lesesaal hat etwas von den Schreibstuben mittelalterlicher Klöster, wenn Schtschukos und Helfreichs Art déco nicht wären. Auch daß es keine Klimaanlage gibt, sondern die Fenster halbstündlich per Hand aufgezogen werden müssen, hat etwas vom Reiz der Vormoderne. Man lernt hier wieder Exzerpieren, denn Photokopieren ist nicht so wohlfeil und bequem wie zu Hause – abgesehen davon, daß nicht alles in Photokopie zu haben ist.

Hart neben diesen Eindrücken finden sich aber andere: Es stört nicht allein, daß der Katalog unvollständig ist – die Namen bestimmter Wissenschaftler, wieviel und wie Wichtiges für ihre Zeit sie auch publiziert haben mögen, sind eben im allgemeinen Katalog nicht verzeichnet –; es ist auch nicht nur die Unansehnlichkeit der Art, wie das Essen in der Kantine zu sich genommen wird, oder die erhebliche Distanz zwischen der Sphäre eingespielter Wissenschaftskultur in den Lesesälen einerseits und der schmutzstarrenden Toilette im selben Gebäude andererseits, die ins Auge fällt, sondern das, was die Regisseure der Volksaufklärung den aufgeklärtesten ihrer Untertanen zumuten: die einfachste Voraussetzung, sich zu informieren durch einen Blick in die internationale Presse, die eben zuallerletzt nur aus den Blättern der Kommunistischen Parteien besteht, wird verweigert. Wer vom Privileg des Lesesaals Nr. 1 ausgenommen ist, bleibt auf «Morning Star» oder «UZ» verwiesen.

Ein Beispiel dafür, mit welch gutem Grund man geteilter Ansicht über die Stalin-Ära sein kann. Im Zug nach Wien gerate ich in ein Abteil, in dem es Wodka, sibirischen Speck und Brot gibt. Einer der Passagiere, ein Ingenieur aus Omsk auf dem Weg nach Kiew, zieht im Laufe der Unterhaltung, die sehr herzlich ist, ein großes koloriertes Stalin-Porträt aus seinem Koffer. Er verbindet es mit einer Lobrede: Das sei eine Zeit gewesen, in der noch Städte aus dem Boden gestampft wurden, aber heute sei nichts mehr los. Unerwartet schroff widerspricht ihm ein anderer Mitreisender, Arbeiter aus Kiew: Allein in seiner Familie seien sechs Verwandte in dieser Zeit im Lager gewesen, er solle das Bild wegstecken. Was wird der Fremde denken (zwischendurch wurde auch debattiert, ob der Fremde bei dem «internen Streit» dabeibleiben dürfe). Was für die einen Zeit engagierter Jugend, Zeit des Vorwärtskommens oder gar der Karriere war und als solche in Erinnerung bleibt, ist für andere Zeit tödlicher Bedrohung.

Auch am 9. Mai – dem Tag des Sieges über Hitler – ist die Erfahrung der Unvereinbarkeit der Gegensätze zu machen. Wer wollte den Stolz und die Genugtuung, auch den Schmerz der Kämpfer von einst verletzen! Und doch muß ihnen der Hinweis auf die Besetzung Prags 1968 und die Afghanistans heute – historisches Faktum und nicht Propagandaerfindung – wie ein Sakrileg erscheinen. Die Verteidiger ihrer Heimat sträuben sich gegen die Einsicht, daß ihr Land selbst zum Okkupanten geworden ist.

Auch was ich an einer Stelle über den «starken Menschen» ausführte, ist in Klammern zu setzen. Als ich meine Beobachtungen notierte, bedachte ich nicht, was die Untersuchung von Murray

Feshbach und Christopher Davis – auf der Basis sowjetischer Unterlagen – unlängst gezeigt hat: daß die Sowjetunion eine steigende Sterblichkeitsrate bei Säuglingen aufweist und die durchschnittliche Lebenserwartung nach der Gesundheitsrevolution in der ersten Hälfte des Jahrhunderts in den letzten beiden Jahrzehnten signifikant abgesunken ist – insbesondere bei Männern. Vielleicht zeigt sich die Sackgasse des sozialen Systems in den letzten Jahrzehnten gerade dort am drastischsten, wo es auf eine zunächst unverwüstlich erscheinende Menschennatur stößt. Im übrigen hatte ich immer den Eindruck, daß der «starke Mensch» vor allem in der sowjetischen Frau verkörpert ist. Sie hütet die Penaten, zeigt dies aber auch öffentlich. Auch hier wäre eine phänomenologische Studie angebracht, um hinter die Klischees von traditionellem Matriarchat oder emanzipierter Frau zu kommen.

Zum Schluß noch eine Beobachtung: In der Metro und überhaupt auf allen Plätzen, auf denen Menschen sich zusammenballen und die Umgangsformen besonderen Belastungen ausgesetzt sind, stellte sich mir die Frage: Wie kann man – zumindest in solchen Menschenagglomerationen – überleben ohne die Formen einer selbstverständlich gewordenen Höflichkeit? Mir war unklar: bricht die Höflichkeit unter dem Druck der Masse lediglich zusammen, oder ist die protestantische Ethik nie so weit verinnerlicht worden, in Fleisch und Blut übergegangen, daß sie auch die Ausnahmesituationen des Alltags übersteht? Ich traf hier weit mehr Herzlichkeit, die einen so überrascht, weil sie so direkt, ohne Umschweife bekundet wird, so als würde man sich schon lange kennen; das tut manchmal wohl und entschädigt einen für einen ganzen mühsamen Tag. Die Kehrseite dieser Direktheit ist eine Art von Rücksichtslosigkeit, ja Brutalität, die so verletzt, wie die Herzlichkeit wohltut. Was fehlt, das ist jenes Medium des Unverbindlich-Verbindlichen, der eingespielten Form, die Anonymität, aber auch Schutz und Distanz verbürgt.

Ähnlich scheint es sich auf der Ebene des Redens zu verhalten: wie wohl tut oftmals die direkte, ja pädagogische Anrede im Vergleich zur «reflexiv gefederten Rede der Diskurspartner» – doch wie unerträglich wird sie zugleich in ihrer Unfähigkeit, im relativierenden Konjunktiv zu sprechen, und in ihrer formalen Bindung an die Ebene der «allgemeinen Einschätzung». Noch immer schwingt darin etwas mit von der Hierarchie des Denkens und Wissens und der Subsumtion des Ich unter das Wir. Auch dies macht Kommunikation schwierig und anstrengend, noch bevor man bei der Sache selbst angekommen ist.

Es ist so leicht, das eine anzunehmen: daß die protestantische Ethik noch nicht Einzug gehalten habe, das Land und die Menschen erst von den Ausläufern der inneren Disziplin erfaßt seien. Leicht ist auch die Annahme des geraden Gegenteils, daß sich bereits ein «eigener Typus» von Verhaltensformen herausgebildet habe, der sich andere, fremde assimiliere. Es ist weder so noch so. Wo man die Phänomene der Vorvergangenheit identifiziert, verschwinden sie sogleich als Fragmente, Partikel und nehmen die Stelle von Kitt in einem größeren Kontext ein. Und wo man sich den Kontext, die «sowjetische Lebensform» vor Augen hält, da erweist sie sich als spröde, rissig und angewiesen auf Versatzstücke und Vorbilder aus dem anderen Kulturkreis. Die These, daß man es mit einer ganz anderen Zivilisation zu tun habe, stimmt ebensowenig wie diejenige, daß wir Fremde uns hier einfach wiederfinden könnten.

Man setzt sich hier aus, man ist ausgesetzt. Man irrt im Wald der Klischees, auch der ambitionierteren unter ihnen, herum, man findet sich auf Schritt und Tritt widerlegt und bestätigt. Man ist frappiert von der Normalität, die einen aber doch nicht einläßt und nicht ungeschoren entläßt. Man spürt die Selbstverständlichkeit einer ganz anders gearteten Denkungsart und begegnet doch jederzeit einem Gefühl der Minderwertigkeit und der angestrengten Kompensation, die einem weh tun in ihrer Unverhülltheit. Der Fremde fühlt sich der Anmaßung schuldig, wenn er die Kriterien und Maßstäbe, die er von Haus aus kennt, an das hiesige Leben anlegt, und doch gibt es kein Entrinnen aus diesem angestammten Horizont.

Ich weiß nicht, wie ein Aufenthalt mit der bestimmten Absicht, beide Welten verstehen zu wollen, endete: mit der Verfassung eines Schizophrenen, der in seinem Kopf gelten lassen muß, was sich nicht verträgt; mit einer gereinigten Hinwendung zu dem, woher man kam; vielleicht auch mit einer Distanzierung von dem, woher man kommt. Ein Ausländer, der schon längere Zeit hier lebt, sagte mir einmal: Ich habe hier viel Freunde gewonnen, und man kommt in das Alter, wo man nicht mehr so leicht Freunde findet. Hier lebe ich also. Vielleicht ist dies eine aufgeklärtere, persönliche Denkungsweise. Doch das Problem taucht sogleich auf, wenn derjenige, der sich persönlich wohl fühlt, mit Fakten – die ihn wohlweislich nicht unmittelbar berühren, weil er davon ausgenommen ist – konfrontiert wird, die er seiner ganzen Natur nach ablehnen muß. Wie weit kann das Verstehen überhaupt gehen, ohne die Substanz der eigenen Identität aufzulösen? Wie weit kann man von sich aus einer anderen Begrifflichkeit und Lebensform entgegenkommen, ohne von sich abzugehen?

Mir fällt als Antwort nur Luthers Satz ein: «Hier stehe ich, ich kann nicht anders.»

Zeichen auf schwarzem Grund

In dem Maße, wie der Fremde in einer Stadt heimisch wird oder sich zumindest im Fluß des Alltags zu bewegen begonnen hat, ordnet sich alles einem flüchtig werdenden Blick unter: Die Dinge verlieren ihre Resistenz gegenüber dem Auge, gleiten darunter hinweg. Gradmesser für diese abnehmende Intensität – die freilich der Preis für die Arbeit des Auges und der anderen weit überforderten Sinne ist – könnte sein, mit welchem Interesse der Fremde sich zunächst von den in fast jeder Straße anzutreffenden, vor mehr oder minder bedeutsamen Eingängen angebrachten schwarzen Schildern mit goldenen Buchstaben, Schriftzügen und Abkürzungen in Anspruch nehmen ließ, bis er sie einfach zu übersehen lernte. Sie gehörten zum Straßenbild bald wie die Reklamen und Namen von Geschäften, Büros, Instituten in unseren Städten auch. Indes sperren sich die schwarzen Tafeln mit den goldenen Initialen gegen den bloßen Vergleich. Nicht buntscheckig, die Individualität herauskehrend, exzentrisch, verschiedene Stile ausprobierend geht es hier zu, sondern buchstäblich: goldene Zeichen auf schwarzem oder auf rotem Grund, nur in den Formaten unterscheiden sie sich.

Beispielsweise: Isdatelstwo Musyka (Verlag Musik), oder Ministerstwo kultury SSSR (Ministerium für Kultur der UdSSR), oder Werchowny Sud SSSR (Oberster Gerichtshof der UdSSR), oder Moskowski finansowy institut (MFI) (Moskauer Institut für Finanzen). Solch eindeutige Bezeichnungen lernt man allmählich mit dem Unterbewußtsein zu registrieren. Anders verhält es sich mit jenen unaussprechbaren Abkürzungen, die nur dem etwas sagen, der unmittelbar mit der betreffenden Institution befaßt ist. Beispiele hierfür: Glawwostoktruboprowodstroi, uliza Kirowa 22, ausgeschrieben: Glawnoje uprawlenie po stroitelstwu truboprowodow w Wostotschnoi Sibiri (Hauptverwaltung für Röhrenbau in Ostsibirien).

Sojusstrommaschina, prospekt Kalinina 23, das heißt ausgeschrieben: Wsesojusnoje promyschlennoje obedinenije po maschinam dlja proiswodstwo stroitelnych materialow (Allunions-Industrievereinigung für die Herstellung von Baumaschinen).

Rostransexpedizija, uliza Ostrowskogo 13a, das heißt ausgeschrieben: Respublikanskoje proiswodstwennoje obedinenije transportno-expedizionnych predprijati (Republikanische Produktionsvereinigung für Transportunternehmen).

Moskowski ordena Trudowogo Krasnogo Snameni institut neftitscheskoi i gasowoi promyschlennosti imeni akademika I. M. Gubkina, Leninski prospekt 65 (Moskauer Institut für Erdöl- und Gasindustrie I. M. Gubkin, ausgezeichnet mit dem Rotbanner-Arbeitsorden).

Wären diese Monster nur vereinzelt anzutreffen, so forderten sie keine Überlegung heraus. Doch es lassen sich geradezu Kadenzen zusammenstellen. Etwa die folgende:

Goldene Buchstaben auf schwarzem Grund flankieren den Eingang eines alten Moskauer Hauses

SOJUSSTANKOLINIJA
SOJUSSTANKOPROM
SOJUSSTANKOREMONT
SOJUSSTEKLOMONTASH
SOJUSSTROIINSTRUMENT
SOJUSSTROIMONTASH
SOJUSSTROIMASCH-AVTOMATISAZIJA
SOJUSSTROMMASCHINA
SOJUSSTSCHETMASCH
SOJUSTWERDOSPLAW
SOJUSTEAPROM
SOJUSTEXTILMASCH
SOJUSTELEFONSTROI
SOJUSTEPLIZA
SOJUSTEPLOWOSPUTMASCH
SOJUSTEPLOKONSTRUKZIJA
SOJUSTEPLOSTROI
SOJUSTECHNOPRIBOR
SOJUSTECHNPROM-AWTOMATISAZIJA usf. usf.

Die Kadenz könnte weitergeführt werden; was hier wichtig ist: sie wird lesbar und hörbar, verständlich wie eine Partitur. Offensichtlich bezeichnet *sojus* den Rang einer Unionseinrichtung, die beiden ersten Silben fungieren gewissermaßen als Notenschlüssel. Die folgenden Silben bezeichnen den Bereich, die Disziplin, das Fachgebiet. Man könnte dieselbe Melodie vermutlich auf eine andere «Tonhöhe», d. h. auf die Ebene der Republiken und der Gebiete bzw. Rayons transponieren, sofern die Institution eine Entsprechung auf niedrigerer Ebene hat.

Es hat um die Wandlung der russischen Sprache im Gefolge der Oktoberrevolution grundsätzliche und interessante Debatten gegeben – wobei die Kontroverse um Marrs Theorie der Klassensprache und Stalins Briefe zu dieser Frage nur den bekanntesten und vielleicht nicht einmal wichtigsten Aspekt repräsentierten. Ein wesentliches Moment der nachrevolutionären Sprache ist eben auch dies: der beabsichtigten rationellen Organisation der Gesellschaft ein ra-

Центральные Правительственные Учреждения.

Zentrale Regierungsinstitutionen im Moskauer Adreßbuch von 1926

tionelles Ausdrucksmittel zu verschaffen. Man mag sich über die Ungeheuerlichkeiten solcher Abkürzungen aufregen, in ihrer vereinheitlichenden Wirkung eine Nivellierung beklagen – der Anspruch auf Rationalität in einer Gesellschaft, die nicht auf der Person des Privatbesitzers und dessen Insignien, sondern auf objektivierbaren und neutralen Gesellschaftsbeziehungen aufgebaut sein sollte, läßt sich nicht verleugnen, ihr Sinn nicht von der Hand weisen.

Konstantin Paustowski hat es in seinen Erinnerungen freilich schon anders gesehen: «Damals, nach der Revolution, begann der Unsinn mit den Abkürzungen. Einige Jahre später hatte diese Unsitte ein so katastrophales Ausmaß angenommen, daß sie das Russische in eine Art internationale Volapük-Stottersprache zu verwandeln drohte.»

Die Kürzelsprache ist eine Art Rationalisierung der Bezeichnung, vielleicht auch ein Ausdruck dafür, daß die Wucherungen der gesellschaftlichen Organisierung nicht anders zu bändigen waren als in solchen verkrüppelten Ungetümen. Auf jeden Fall sind sie ein lesbarer Code.

Ich gestehe, daß mir die Idee der Dechiffrierbarkeit des Zusammenhangs dieser Abkürzungsformeln erst gekommen ist, als ich sie in komprimierter Form – in Gestalt eines kurzen Adreßbuches des heutigen Moskau – vor mir sah. Dort nimmt das ansonsten unübersichtliche Zeichenwerk eine logische, ja bestechende Form an, und es ließe sich die These formulieren, daß das, was ein ungarischer Philosoph «Hyperrationalismus des realen Sozialismus» genannt hat, unmittelbar seinen Niederschlag gefunden hat in der Struktur und Transparenz, mit der die Organisationen des staatlichen und gesellschaftlichen Lebens sich präsentieren.

Moskau – und nun leuchtet die Vielzahl der Schilder in der Stadt ein – ist: Metropole der *Union*, Sitz der Regierung der RSFSR, *selbständige* Stadt, untergliedert in *Rayons*, diese wiederum in *Mikrorayons*. Moskau ist der Punkt also, wo sich alle konzentrischen Kreise berühren, überschneiden oder decken. Und dies bedeutet, daß – vereinfacht gesprochen – die Zentrale eines jeden dieser Kreise hier vertreten ist. Also: der Oberste Sowjet der UdSSR, der Oberste Sowjet der RSFSR, der Moskauer Gebietssowjet, der Moskauer Stadtsowjet, die Moskauer Rayonssowjets.

Also: die Komitees für Volkskontrolle der UdSSR, der RSFSR, usf. Es versteht sich von selbst, daß alle für die Sowjetunion wichtigen

Einrichtungen hier ihren Hauptsitz haben: nicht nur Partei, Regierung, Gewerkschaften, Jugendverband, Gerichte, Ministerien, sondern auch Archive, alle gesellschaftlichen, alle internationalen Organisationen, wissenschaftliche Akademien, Institute, Laboratorien, Forschungsstätten, Verlage, Zeitungen, Sportorganisationen, Kultur, Theater, Film und natürlich auch die Leitungen der staatlichen Trusts, der Industrievereinigungen und Unternehmen. Nicht zu vergessen das Militär.

Was muß dies besagen, auch ohne daß man eine soziologische Analyse der Zusammensetzung der Moskauer Bevölkerung zur Kenntnis genommen hat? Daß die Masse derer, die am frühen Vormittag zur Arbeit streben, nicht in die Fabriken strebt, sondern anderswohin: in die Büros, in die Kanzleien, in die Aufenthaltsorte des «white collar worker». Moskau ist – das läßt sich nun auch soziologisch leicht nachweisen – nicht mehr die Stadt der Proletarier und der produktiven industriellen Arbeit.

1977 waren im Primärsektor etwas mehr als 30 Prozent der arbeitsfähigen Bevölkerung beschäftigt, der Rest verteilte sich auf den sekundären und tertiären Sektor. Besondere Zuwachsraten wiesen seit 1965 aus: das Personal der Gesundheitsversorgung und Sporteinrichtungen (50,7 Prozent), Erziehung und Kultur (35,4 Prozent), Wissenschaft (40,8 Prozent), Kredit- und Versicherungsanstalten (41,4 Prozent), technische Versorgungseinrichtungen (56,4 Prozent) und der Apparat der Leitungsorgane (68,1 Prozent). Die Zahl der produktiven industriellen Arbeiter nahm hingegen nur um 2,7 Prozent zu. Im übrigen folgt dies ganz dem Trend der nichtsozialistischen Gesellschaften.

Der Code der schwarzen Schilder zeigt auch noch etwas anderes auf: nicht nur die hierarchische Staffelung der Macht- und Entscheidungsebene, sondern auch die Parallelisierung der Machtstränge auf allen Ebenen, eine wahrhaft «demokratisch-zentralistische» Struktur in mehrfacher Ausfertigung.

Da gibt es den Strang der staatlichen Institutionen: also Oberster Sowjet der UdSSR, Ministerrat, Ministerien usf. Da gibt es den Strang der Partei, ausgehend vom Zentralkomitee der KPdSU bis hinab zu den Rayonparteikomitees. Da gibt es den Strang der Kommunistischen Jugendorganisation mit der der Partei entsprechenden Gliederung. Da gibt es den gewerkschaftlichen Strang, beginnend mit dem Allunions-Zentralrat der Gewerkschaftsverbände, der hinabreicht bis zu den städtischen und betrieblichen Gewerkschaftskomitees.

Wer könnte beim Anblick dieses Netzes von Organisation an der organisatorischen Leistung, der staatsbildenden Potenz der Bolschewiki zweifeln! Wer könnte angesichts der Transparenz solcher Machtstrukturen daran zweifeln, daß es die Dialektik der Aufklärung weit gebracht hat! Marx hat einmal bemerkt, daß die Sozialwissenschaft gezwungen sei, das Reagenzglas, das der Chemiker für seine Analyse zur Verfügung habe, durch die Kraft der theoretischen Abstraktion zu ersetzen. Vielleicht ließe sich der Weg vom Abstrakten zum Konkreten auch einmal umkehren, etwa in dem Sinn: eine Karte anzufertigen, alle jene Zeichen auf schwarzem Grund einzutragen, sie mit verschiedenfarbigen Fähnchen zu versehen und sie dann miteinander zu verknüpfen. Dies ergäbe für Moskau eine Topographie von Einfluß und Macht, eine monströse Agglomeration organisatorischer Potenzen und Kapazitäten, von der man befürchten muß, daß sie nur durch die Entblößung des weiten Landes möglich gewesen ist. Vielleicht besteht gerade darin die Ursache ihrer chronischen Impotenz.

Kadenz II ad libitum:

WNIIPROMGAS
WNIIPRCH
WNIIPTUGLEMASCH
WNIIPCHW
WNIIREA
WNIIREA
WNIIS
WNIISS
WNIISI
WNIISINTESBELOK
WNIISMI
WNIISMI

WNIISNDW
WNIISPW
WNIISSOK
WNIISSTROIDORMASCH
WNIISTROIPOLIMER
WNIIST
WNIISCHT
WNIISE
WNIITGP
WNIITORMASCH
WNIITP
WNIITR
WNITEILESPROM usf. usf.

Konservatorium

Wieder einmal in der Nähe des Konservatoriums. Zeit zum Überfliegen der Plakate mit den Vorankündigungen der nächsten zehn Tage, die draußen und auch noch an Häusern in der uliza Gerzena angebracht sind. Es sind Plakate, jedes einzeln von Hand gestaltet, in feiner Schrift mit starkem Rot und Schwarz auf weißem Grund. Im Gegensatz zu den Theaterplakaten werden sie tatsächlich von Hand angefertigt, freilich nur fürs Vestibül und für den Platz vor dem Konservatorium. Aber welche Mühe!

Heute geht es um Karten, einen Abend mit Natalia Gutman und Oleg Kagan (Brahms-Doppelkonzert) und der Aufführung des Requiems von Alfred Schnittke. Die immer sehr unwirsche Verkäuferin hinter dem kleinen Fenster läßt das Rollo herunter, obwohl keine Pause sein dürfte. Doch man ist daran gewöhnt. Man harrt aus, irgend jemand hat etwas von «Trauerfeier» gehört. Wir stehen, auf die Karten für Brahms und das Requiem wartend; sachkundig erläutert die ältere der Frauen hinter mir einer Fremden, weshalb es die Leute in den Konservatoriumssaal, nicht aber in den Tschaikowski-Saal der Philharmonie an der ploschtschad Majakowskogo zieht: die Akustik sei unübertrefflich. Die andere, verstört durch den fremdländisch klingenden Namen «Schnittke» fragt zurück: Ist das ein unsriger? Ja, sagt die Befragte, das ist sehr interessant, das Requiem.

Da, plötzlich getragene Klänge eines Blasmusikorchesters. Niemanden wundert dies zunächst, denn ums Konservatorium herum klingt es immer: im Sommer durch die offenen Fenster, im Herbst manchmal in die blaue kühle Nacht hinaus. Er gehört fast zur Umgebung, der Klang. Diesmal sind es jedoch die schweren Klänge des Trauermarsches aus Chopins b-Moll-Sonate. Und in der Tat kommen aus dem Foyer des Großen Saals Menschen, ziemlich viel, zu einem Zug formiert, tragen Kränze, vorneweg ein mit rotem Tuch

Orchesterprobe im Großen Saal des Konservatoriums

überzogenes Tablett mit Orden und Auszeichnungen; die Männer haben die Mütze vom Kopf genommen, sie gehen untergehakt; eine Frau, gestützt von Mitmarschierenden, mit einem verweinten Gesicht. Es werden Küsse ausgetauscht. Einige haben ihre Arbeitstaschen unter dem Arm. Eine Frau steckt sich im Hinausgehen eine Zigarette an. Es ist ernst, aber auch ein bißchen leger. Ernst macht die Musik, die noch langsamer klingt als sonst, sie wird gespielt von einem Orchester des Militärs, sie stehen vor der Eingangshalle und spielen. Dann ist kein Zweifel mehr: In der Mitte des Zuges, der durch das Vestibül vorbeizieht an der wartenden Schlange vor der Kasse – die Wartenden haben die Kopfbedeckung abgenommen –, wird ein Sarg, rot ausgeschlagen und mit Blumen bedeckt, vorbeigeführt. Sechs Männer tragen ihn auf ihren Schultern, es bereitet ihnen Mühe – wohl Professoren, Kollegen, im Tragen ungeübt –; der Tote ist im Profil gerade noch zu sehen. Dann folgen Konservatoriumsstudenten mit dem roten Sargdeckel, dahinter noch einmal Kränze. Alle haben sich dem Zug angeschlossen, nicht nur die Kollegen und Schüler, auch die Garderobenfrauen, die Frau unseres Kassenschalters, die Platzanweiserinnen. Einige weinen. Der Tote verläßt die

Stätte seines Wirkens, seinen Mittelpunkt; er wird verabschiedet. Kaum daß die Trauergäste die bereitstehenden Busse zum Friedhof bestiegen haben und die Kränze eingeladen sind, geht das Rollo am Kartenschalter wieder hoch. Karten für das Requiem gibt es noch genug, sagt die Verkäuferin unwirsch.

Der Tod verliert etwas von seinem Schrecken, wo sich der Tote der Anteilnahme seiner Umgebung gewiß sein kann und der öffentlich gezeigte Schmerz nicht zur Publicity geworden ist. Und wer das Konservatorium verläßt, der hat auch Anteil an der Aura dieser Institution Moskauer und russischen Kulturlebens.

Aura läßt sich nicht schaffen. Es gibt sie oder es gibt sie nicht. Im Moskauer Konservatorium ist es wohl die der reinen Kultur, einer geschichtlich gewachsenen Musikkultur.

Zu solcher Kultur gehört vermutlich nicht nur die spezifische Nuance eines Orchesterklangs, sondern auch ein Raum, der einen bestimmten Standard garantiert, hinter den nicht zurückgegangen werden kann. Es gibt im von Kriegen zerstörten und durchmodernisierten Europa nur wenige Konzertsäle, die noch so sind wie in ihren ersten Jahren. Das Moskauer, das Leningrader Konservatorium gehören dazu, der Wiener Musikvereinssaal, das Prager Künstlerhaus. Und es gehört dazu eine Gemeinde, ein fester Stamm, der unbeschädigt durch Zeit und Fluktuation eine Kultur des Hörens etabliert.

Fast jeden Abend füllt sich der Große Saal bis auf den letzten Platz, nicht anders der Kleine Saal, in dem Kammermusik gegeben wird. Nicht immer herrscht jener Andrang wie beim Besuch der Dresdener Staatskapelle oder der unter Mrawinski antretenden Leningrader Philharmonie; doch es ist immer ein gut gefülltes Haus, eine wie selbstverständliche Routine, vor der das Erlesene sich um so wirkungsvoller abhebt. Ich hatte den Eindruck, daß das Publikum ungleich gemischter, sozial heterogener ist als bei uns; denn die Musik gilt zwar als hohe Kunst, nicht jedoch nur beim Stamm der Eingeweihten und Abonnementsverpflichteten. Viele, die direkt von der Arbeit kamen, und viele Uniformen sind darunter.

Der erzieherische Impetus ist auch der musikalischen Darbietung eigen. Sobald das Orchester vor der großen Orgel Platz genommen

Der Geiger Leonid Kogan

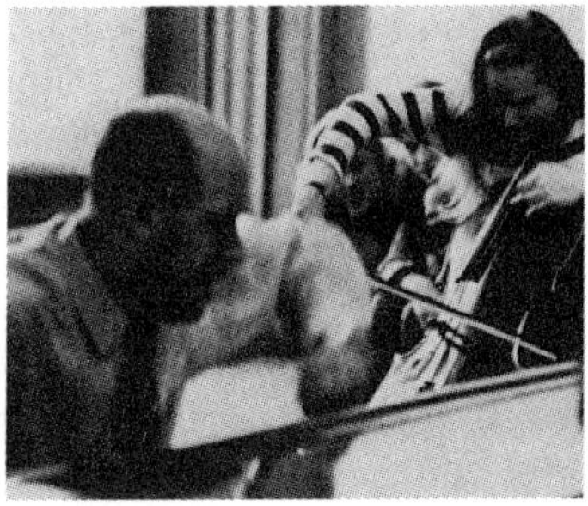

Cellounterricht bei Mstislaw Rostropowitsch

hat, tritt eine Dame im schwarzen Abendkleid auf die Bühne und informiert das Publikum über Komponisten, Zeit, Werkverzeichnisnummer, Tonart des Stücks, das zu Gehör gebracht wird. Und Musik wird auch anders gehört, ich vermute, andächtiger und zugleich mit weniger Ehrgeiz in Sachen Kritik. Ich wurde an die Stimmung beim Kirchgang erinnert: man ist für eine Zeit bei sich und für sich, man ist für einen Augenblick den Lärm und die Enge los. Der Konzertsaal ist hier noch nicht in Frage gestellt durch die modernen Katakomben, in denen jeder seinen eigenen High-Fidelity-Klangrausch zelebrieren kann; der Konzertsaal muß daher auch nicht erneut erobert werden.

An Symbolen einer schier unerschütterlich scheinenden Tradition ist das Konservatorium reich. Im Aufgang zum Kleinen Saal sind in Goldbuchstaben die Preisträger der Goldenen Medaille des Konservatoriums eingraviert, darunter Sergei Rachmaninow und Alexandr Skrjabin, Swjatoslaw Richter und Leonid Kogan. Über der Bühne des Großen Saals ist das Profil Nikolai Rubinsteins zu sehen, auf dessen Initiative hin am 1. September 1866 das Konservatorium eingerichtet wurde und dessen erster Direktor er war – Tschaikowski saß beim Eröffnungskonzert am Flügel. Der Unterricht im heutigen Gebäude wurde jedoch erst im Studienjahr 1871/72 aufgenommen. An den Längsseiten des Großen Saals sind die Porträts jener Komponisten angebracht, denen sich das Moskauer Musikleben am meisten verbunden fühlt: Bach, Beethoven, Mozart, Schubert, Schumann, Wagner, Chopin, Glinka, Dargomyshski, Tschaikowski, Mussorgski, Borodin, Rimski-Korsakow, Rubinstein. Für eine vergleichsweise kurze Zeit im Leben des Konservatoriums waren diese Porträts, wie der Absolvent und Geiger Juri Jelagin mitteilt, abgehängt worden, damals, als die Vereinigung Proletarischer Musiker das Sagen hatte und das Konservatorium in Felix-Kohn-Musikschule umbenannt worden war. Erst nach der Auflösung der proletarischen Musikerorganisation 1932 kehrten die Klassiker an ihren angestammten Platz zurück.

Es wäre ein Wunder, wenn das Konservatorium von den Stürmen der Zeit ausgenommen gewesen wäre, wenngleich sie hier schwächer als in anderen Bereichen – etwa des Theaters – zu spüren waren. Noch 1922 sollen in den Unterrichtsräumen Ikonen gehangen haben.

Doch ist die Gründung des Konservatoriums selbst als Akt neuen gesellschaftlichen und nationalen Selbstbewußtseins vollzogen worden. Rubinstein hatte auf die Notwendigkeit einer eigenständigen nationalen Musikausbildung schon 1861 hingewiesen. Tschaikowski und Rimski-Korsakow hatten aus ihrer Sympathie für die stärkere nationale Färbung des Moskauer Musiklebens nie ein Hehl gemacht. Und als Moskau 1905 in die erste Revolution hineingerissen wird, bleibt auch das Konservatorium nicht ungeschoren. Mit 208 gegen 117 Stimmen beschließen die Konservatoriumsschüler im März 1905 einen Solidaritätsstreik mit dem in Petersburg gefeuerten Rimski-Korsakow. Das Konservatorium wird geschlossen. Kritik am autoritären Führungsstil und den seit Rubinstein unverändert gebliebenen Lehrmethoden wird laut, und während der Barrikadenkämpfe wird das Konservatorium kurzzeitig gar Lazarett für die Verwundeten. Von den Kämpfen auf der nahen Malaja Bronnaja wird die Waffe fortgeschafft und in einer der Orgelpfeifen der großen Konservatoriumsorgel versteckt.

Doch war das Konservatorium auch vor der Revolution nie eine aristokratisch-erstarrte Institution; schon vor 1917 nahm es alle Impulse auf, Gediegenheit mit möglichst breiter Öffentlichkeit zu verbinden.

Es spricht für Unbeirrbarkeit und Festigkeit, nicht unbedingt Weltfremdheit, wenn auf dem Höhepunkt der Revolutionswirren, am 25. November 1917, sich drei Professoren des Konservatoriums – Orlow (Klavier), Dulow (Violine) und Sabanejew (Orgel) im Kleinen Saal zusammensetzten, um ein Konzert mit Werken von Johann Sebastian Bach zu geben.

Was der sowjetische Musikwissenschaftler J. Keldysch für die nach 1917 folgenden Jahre als «Sowjetisierung des Konservatoriums» beschreibt, ist in Wirklichkeit widersprüchlicher und interessanter, als der unschöne Begriff vermuten läßt. Es gab auch hier eine Zeit des noch offenen Experiments, der radikalen Kampfansagen in verteilten Rollen. Man öffnet das Konservatorium: 1918 werden öffentliche kostenlose Lehrkonzerte gegeben; man bevorzugt die Kinder von Arbeitern, Bauern und Soldaten; Professoren und Schüler organisieren 1927 ein «Sonntagskonservatorium für Arbeiter» oder spielen in Arbeiterklubs und Fabriken. «Bürgerliche Spezialisten» wie Mjaskowski, Glière und Gnesin werden vorübergehend beurlaubt. Man greift die Virtuosen und den Lehrbetrieb, der sie produziert, an und entthront die Personifikation «bürgerlichen Autoritarismus»: den Dirigenten. Seit 1922 experimentiert im Konservatorium Persimfans, das dirigentenlose Orchester (Abkürzung aus Perwy simfonitscheski ansambl, d. h. Erstes symphonisches Ensemble). Die Teilnahme von Konservatoriumsschülern an internationalen Klavier- oder Violinwettbewerben wird zu einer Form der Auseinandersetzung mit der «alten Welt» stilisiert. Die Theorie vom «Absterben der Schule» greift auch aufs Konservatorium über.

Es ist heute leicht, die «Ruinierung» des Konservatoriums den «Ultralinken» anzulasten und einen «Aufschwung» Anfang der dreißiger Jahre auszumachen, wenn die Leistungen der Avantgarde dieser Zeit nicht einmal zitiert, geschweige denn zur Aufführung gebracht werden. Komponisten, die im Westen als Vorläufer oder gar Pioniere der Zwölftonmusik anerkannt sind, sind in Moskau seit sechzig Jahren nicht mehr zu hören gewesen, so Lourié oder Roslawez. Alle Welt spricht von Honeggers «Pacific 231», schweigt aber über Mossolows Maschinenmusik «Eisengießerei». Und selbst der Beifall

Konservatorium. Aufnahme um 1925

Lenins für einen Vorläufer des elektronischen Musikinstruments, Termenvox genannt, rettete seinen Konstrukteur, L.S. Termen, nicht vor dem Vergessen.

Beiden großen Richtungen in der sowjetischen Moderne – der «linearen» und der «spätromantischen Moderne» (D. Gojowy) –, die auf je eigene Weise über ihren «bürgerlichen Vater» Skrjabin hinauswollten, wurde in den dreißiger Jahren der Weg verstellt. Mit dem Artikel «Chaos statt Musik» in der «Prawda» vom 28. Januar 1936 war die Avantgarde – sowohl die «Ultralinken» wie auch die Großen, die in der ganzen Welt bereits geachteten Schostakowitsch, Prokofjew und Strawinski – endgültig als «formalistisch» und dekadent geächtet. Inzwischen sind sie – die Großen – rehabilitiert.

Über das, was zwischen dem Gestern und dem Heute liegt, wird aber offensichtlich ungern gesprochen. In meinem Programmheft zur Aufführung der 4. Symphonie von Schostakowitsch im Großen Saal des Konservatoriums – der zu meinem Erstaunen nur halbgefüllt war, was fast nie vorkommt – lese ich verwundert: «Das Schicksal dieser Symphonie ist ungewöhnlich. Im Frühling des Jahres 1936, als die eben erst fertiggestellte Partitur vom Orchester der

Leningrader Philharmonie einstudiert wurde, zog der Komponist unerwartet die Aufführung zurück. Als Gründe dafür wurden augenscheinlich Zweifel des Komponisten, die durch die damalige Kritik an seinem Schaffen noch vertieft worden waren, angegeben.» Dies ist wohl, gelinde gesagt, eine Verkehrung von Ursache und Wirkung. Die Symphonie wurde ein Vierteljahrhundert später, am 30. Dezember 1961, unter Kirill Kondraschin im Konservatorium uraufgeführt.

Freilich hat der Zusammenhang von Politik und Musik, über dessen Brisanz uns schon Plato belehrt hat, zuweilen auch seine erfreulichen Aspekte. Wer denkt nicht an jenen Augenblick, da sich der Amerikaner Van Cliburn, Gewinner des ersten Tschaikowski-Klavierwettbewerbs 1958, und Chruschtschow, der Verkünder der Politik der «friedlichen Koexistenz», auf der Bühne des Großen Saals umarmten! Nie hätte ein politisches Konzept Menschen derart euphorisch stimmen können ohne die Hoffnungen und Ermutigungen, die sich gemeinhin mit Musik verbinden. Vielleicht war es auch das befreiende Gefühl, wieder teilhaben zu können an einem Kosmos der Musik, die dreißig Jahre zuvor als «kosmopolitisch» denunziert und unterbrochen worden war.

Das Konservatorium war bis zu Beginn der dreißiger Jahre immerhin Werkstatt der europäischen Musikavantgarde, und die Namen derer, die damals in Rußland auftraten oder aufgeführt wurden, haben den Namen des amerikanischen Pianisten aus Texas weit überlebt. Um nur die herausragendsten zu nennen: Pierre Monteux, Fritz Stiedry, Arthur Honegger, Otto Klemperer, Friedrich Wührer, Ernest Ansermet, Hans Abendroth, Hermann Scherchen, Bruno Walter, Arthur Schnabel, Edwin Fischer, Wilhelm Backhaus, Josef Szigéti, Hans Knappertsbusch, Paul Hindemith, Béla Bartók. Aufgeführt wurden nicht nur Werke der sowjetischen Avantgarde, sondern auch die von Schreker, Strauss, Křenek, Hába, Poulenc, Berg und Schönberg.

Der Moskauer Frühling der fünfziger und sechziger Jahre hat den Sturm und Drang der sowjetischen Moderne niemals mehr einholen können. Bekanntlich gab es seither immer wieder Kälteeinbrüche. Professor Mstislaw Rostropowitsch, der in einer Geschichte des

Konservatoriums noch als Lenin-Preisträger geführt ist und 1956 im Konservatorium u.a. mit Villa-Lobos bekannt gemacht hat, lebt heute im Exil. Es kann nicht die schlechteste Musik sein, die Plato in seiner «Politeia» im Auge hat, wenn er schreibt: «Um mich also kurz zu fassen: darauf müssen die Berater des Gemeinwesens halten und vor allem darüber wachen, daß keine ordnungswidrigen Neuerungen vorkommen in bezug auf die Musik. Denn eine neue Art von Musik einzuführen muß man sich hüten, weil es das Ganze gefährden heißt; denn nirgend wird an den Weisen der Musik gerüttelt, ohne daß die wichtigsten Gesetze des Staates mit erschüttert würden.»

Proletarische Festung

Krasnaja Presnja ist das rote Bollwerk unter den Arbeitervierteln Moskaus. Heute liegt es schon zu nahe am Zentrum, um seinen Charakter als Arbeiterstadtteil bewahren zu können – doch auch vor der Revolution waren die Ränder des Rayons – zur uliza Gerzena und zum Arbat hin – bevorzugte Wohngegend bürgerlicher Berufsgruppen wie Ärzte, Rechtsanwälte, Schriftsteller, Musiker; es gab sogar ein «lateinisches Viertel» um die Malaja Bronnaja.

Die Bastion des Krasnopresnensker Proletariats, die Trjochgornaja-Manufaktur, von Prochorow 1799 gegründet und damit der älteste Betrieb Moskaus überhaupt, liegt heute eingerahmt von drei Gebäuden, die gleichermaßen einschüchternd wirken: vom Hotel *Meshdunarodnaja*, das die Amerikaner gebaut haben, vom postmodernen Ministerratsgebäude der RSFSR und von dem auf der anderen Seite der Moskwa liegenden Zuckerbäckerbau des Hotels *Ukraina*. Die *Trjochgorka*, wie die Manufaktur im Arbeiterjargon hieß, bietet allen dreien die Stirn. Der Komplex wirkt wie ein alter Dampfer, immer wieder in Schuß gebracht, mit An- und Aufbauten versehen, produktiv und seetüchtig bis heute. Andere Viertel – so das ganze Samoskworetschjer Gebiet – scheinen ihren ursprünglichen Charakter besser erhalten zu haben.

In Krasnaja Presnja gibt es ein Museum, und es ist mehr als ein Rayonsmuseum, es ist Einstieg in die Geschichte der Moskauer Arbeiterschaft, genauer: in die über Moskau hinausreichende Geschichte der Arbeiter von Krasnaja Presnja. Unweit der alten Prochorow-Manufaktur gelegen, bietet es den Vorteil der kleinen Museen: Sie stehen vielleicht im Schatten der «großen» Geschichte, doch fällt hier mehr Licht auf die Nebenschauplätze; man hat die Wahrheit der Hinterhöfe von ehedem nicht zu scheuen; auch ist ein bißchen Stolz auf die Geschichte des eigenen Viertels im Spiel – zu Recht.

Prochorow-Manufaktur. Aufnahme um 1890

> *«Die Prochorow-Fabrik ist eine Musterfabrik. Nach dem Rundgang lud man uns in das Sitzungszimmer des Fabrikkomitees. Wir wurden bewirtet. Ein Mitglied der Familie des früheren Besitzers war anwesend, ein Mitglied der einst sehr reichen mächtigen Textilherrenfamilie Prochorow. Der Mann hatte sich eingefügt. Aber er war nicht mehr Privatgastgeber, Gastgeber waren die Arbeiter und er mit ihnen. Es war eine ganz neue Gastgeberschaft, es war eine revolutionäre Gastgeberschaft, es war die Gastgeberschaft der neuen Zeit. Man stellte uns Fische hin, Tee, kleine Konfitüren, Brot, Zucker. Fische, Tee, Brot, Zucker aus der Eigenmächtigkeit des Proletariats, aus der Selbstbestimmung der Arbeiter. Dies allerdings war für mich die neue Welt.»*
> Alfons Goldschmidt, Moskau 1920

Warum spielte Krasnaja Presnja eine so prominente Rolle unter den Moskauer Arbeitervierteln? Zunächst durch die Konzentration des Kapitals. Auf engstem Raum schossen hier im 19. Jahrhundert große Fabriken aus dem Boden: die Prochorow-Manufaktur, die Farbenfabrik Mamontows, die Danilowsche Zuckerraffinerie, die Möbelfabrik Schmitt, die Metallfabrik Gratschew und Co., Fabriken von Martin Vehn und Smit and Company; und im Norden lagen die Werkstätten des Brester Bahnhofs, des heutigen Belorussischen Bahnhofs. Die Stätten der Kapitalkonzentration werden schon bald zu Konzentrationspunkten der «Arbeitshände». Auf einer Karte, die dem Besucher die Entwicklung der sozialdemokratischen Untergrundarbeit in Moskau veranschaulichen soll, sind die Stützpunkte revolutionärer Aktivität mit roten Fähnchen markiert. Sie überziehen die Karte wie bei einem Übungsspiel im Sandkasten der Strategen, die es auf die Einkreisung des Zentrums abgesehen haben. Die Einkreisung begann Mitte der neunziger Jahre des letzten Jahrhunderts, und ihre Ausgangspunkte sind die neuen Produktionsstätten: die Prochorow-Manufaktur, die Fabrik von Gratschew, die Fabrik von G. List, der Kasaner Bahnhof, die Fabrik von Dobrow und Nabgolz, die Fabriken von Bromley und Gopper, die Danilowsche Manufaktur, die Firmen von Gujon und Weichhemd, Dangauer und Kaiser, der Kursker und der Brester Bahnhof, die Konditoreibetriebe Renomé und v. Einem, die Firma Pereund, das Gaswerk und die Druckerei von Kuschnerew. Verzeichnet sind auch die Treffpunkte für die *schodki*, die Meetings der Arbeiter außerhalb der Stadt, in den Wäldern der Umgebung: etwa auf der der Danilowschen Manufaktur gegenüberliegenden Moskwaseite, im Tjufelew-Wäldchen, oder im Wald von Sokolniki, wo sich die Arbeiter während der ersten großen Rußland erfassenden Streikbewegung des Jahres 1895 versammelt haben.

Die Massierung der roten Fähnchen zeigt deutlich die Zentren der Bewegung: Krasnaja Presnja, die Insel, die von Moskwa und Moskwa-Kanal gebildet wird, die Gegend um den Kursker Bahnhof und dort, wo die drei Bahnhöfe aufeinandertreffen, und natürlich die Straßenbahndepots, die neuralgischen Punkte, von denen Leben oder Lähmung des städtischen Verkehrs abhing.

Die *Trjochgorka* mit ihren 6000 Arbeitern ist nicht uncharakteristisch für Moskaus Industrie und Moskaus Proletariat. Moskau hatte kein Putilow-Werk wie Petersburg, eine der größten und modernsten Metallfabriken der Welt überhaupt. In Petersburg/Petrograd waren zwei Drittel des Proletariats Metallarbeiter, allein 30 Prozent aller Metallarbeiter Rußlands konzentrierten sich in Petersburg, und im Durchschnitt entfielen auf einen Betrieb in Petersburg fast 1000 Arbeiter. In Moskau hingegen dominierte die Textilindustrie, dann erst folgte die Metallbranche, stark vertreten waren auch die Nahrungsmittelindustrie und das Verkehrswesen. Die Betriebe waren kleiner, nur knapp 200 Arbeiter kamen im Durchschnitt auf jeden Betrieb. Die meisten Arbeiter, die in die Stadt strömten, hatten ihre Familien noch auf dem Dorf, besaßen oft auch noch ein Stück Land.

Dies mußte auf die «Klassenpsychologie» abfärben, und es war Lenin, der dies deutlich aussprach: «Daß Moskau kleinbürgerlicher ist als Petersburg, das ist allgemein bekannt. Daß es beim Moskauer Proletariat ungleich mehr Verbindung zum Dorf, ungleich mehr bäuerliche Gefühle und mehr Nähe zu den bäuerlichen Stimmungen auf dem Dorf gibt, das ist eine Tatsache, die immer wieder bestätigt worden und ohne jeden Zweifel ist.»

Der riskante Alltag der damals Illegalen ist heute in die Museumsvitrinen geraten: ein Brief Lenins an den 1905 ermordeten Revolutionär Bauman, verpackt in den Bilderrahmen einer Reproduktion mit Murillos Madonna mit dem Kind aus der Galerie Pitti, Florenz, oder die russische Fassung von Lenins Schrift «Was tun?», erschienen im Verlag J. N. W. Dietz Nachf., Stuttgart 1902. Und es finden sich weiter: die von den Revolutionären in den Archiven der Polizeiquartiere und des Innenministeriums gefundenen Spitzelberichte, Flugblätter, Denunziationsmitteilungen, Mitschriften von Versammlungen (aufgeschrieben auf Vordrucken! Wie gemächlich, wie selbstsicher hat die alte Macht doch die Revolution unter «ferner liefen» in die Aktenordner zu verbannen versucht!); ein Mützenband eines Matrosen vom Panzerkreuzer *Potjomkin*; ein Photo von dem zu den Aufständischen übergelaufenen Fabrikantensohn Schmitt; eine Karikatur, die Moskau von einem blutfarbenen Regenbogen beleuchtet und das Wasser der Moskwa als Strom von Blut darstellt. Aber auch Konkreteres ist zu sehen: Granatsplitter, die sich im Gebälk verfangen haben; selbstproduzierte Bomben, Höllenmaschinen und Sammelbüchsen für die Solidaritätskasse.

Frappierend sind die Porträts mit den Gesichtern Moskauer Arbeiter und Intellektueller des Jahres 1905. Welche auch immer man genauer betrachtet (vor mir etwa die Reihe der Arbeiterrevolutionäre: T.N. Rosanow, V.P. Drogin, I.M. Winogradow, A.N. Rosanow, S.M. Sujew, G.K. Krylow – oder die Reihe der Intelligenzija-Gesichter): ich bin frappiert und für sie eingenommen. Es sind offene und doch energische Gesichter, gepflegt – oft mit Schlips und wohlfrisiertem Bart –, es ist weder der Typ des etablierten Funktionärs, auch nicht des bekannten Arbeiterfunktionärs; es sind die Augen derer, die wissen, daß sie recht haben und für eine gerechte Sache kämp-

Selbstgefertigte Bombe der Moskauer proletarischen Garden

N. E. Bauman. Aufnahme 1902

fen, es ist nicht mehr der Zug der Verbitterung der «überflüssigen Menschen», sondern derer, die die erste Generalprobe schon bestanden haben und aussprechen: Das nächste Mal seid ihr dran. Es sind intelligente, energische, tatkräftige Gesichter, die sich noch im Umgang mit den guten Seiten der bürgerlichen Welt geformt haben. Es ist nicht der Typus des heroischen *praktik*, des zum Leiter avancierten ehemaligen Arbeiters. Den Intellektuellen geht die geknickte, zerknirschte, ja verzweifelte, manchmal auch ausgehungerte Physiognomie ab. Es ist die Blüte des Teils der russischen Arbeiter und Intellektuellen, der nicht nachgegeben hat. Was einem natürlich sofort in den Sinn kommt: Wohin sind diese Gesichter gegangen? Welche von ihnen sind eines natürlichen Todes gestorben? Wie hat sich die Physiognomie des Arbeiters verändert und wie die des revolutionären Intellektuellen? Heute sind solche Gesichter jedenfalls seltener in den Reihen der Sowjetregierung zu finden – dies ist auszusprechen ohne Nostalgie, sondern schlicht als Befund –, sie sind eher unter denen der Verbannten zu sehen.

Auch da kommt ein Gedanke in Gang. Mehrmals wird das Butyrka-Gefängnis vorgeführt. Mit Schmitt etwa oder dem Abmarsch der Gefangenen in die Verbannung, bewacht, ein Teil der Gefangenen bereits halbseitig geschoren, ein Teil auch schon mit Fußeisen. Knuten – die mich an die Peitschen der Sklavenhändler erinnern, mit einem kurzen Griff und einem langen, aus Leder geflochtenen Peitschenseil – sind in mehreren Variationen ausgestellt. Auch eine Zwangsjacke, wie sie für besonders gefährliche Gefangene Verwendung fand. Und schließlich eine Rechnung im Original über die Kosten beim Vollzug der Todesstrafe: 5 Rubel, 70 Kopeken (1908; immerhin wurden von 1907 bis 1908 rund 26000 Menschen verurteilt, davon 5000 zur Todesstrafe: so als sollte die Rechnung, die Quittung nicht nur beglichen, sondern eine letzte Anstrengung unternommen werden, den Kern der absehbar sich wiederholenden Revolte auszutilgen). Doch die Rechnung, die Quittung war zu monströs, die Minderheit war nicht auszutilgen. Und woran sollte der Beschauer denken, wenn er weiß, daß die Butyrka auch heute keineswegs zu einem Museum geworden ist?

Die Rechnung, die der Gegenseite aufgemacht wurde, wird in den Räumen «Februar – Oktoberrevolution – Bürgerkrieg» präsentiert. Hier ist die Zeit angehalten: Das Zimmer, in dem am 26./27. Oktober 1917 nachts die erste Sitzung des kriegsrevolutionären Komitees des Krasnopresnensker Rayons stattfand, ist rekonstruiert; in einem anderen Raum mit Thonetstühlen, Bücherschrank und einer Schreibmaschine Marke «Mercedes» arbeiteten die Krasnopresnensker Bolschewiki.

Die folgenden Abteilungen, die der Gegenwart näher rücken, sind für den an den Aufgeregtheiten der Geschichte Interessierten vielleicht weniger relevant, nicht jedoch für den, der in dieser Geschichte als Gegenwart gelebt hat. Die Normalität des Aufbaus, der Übergang zum Alltag wird hier ausgestellt; unwillkürlich verfalle ich in schnellere Gangart, so als kennte ich es schon, so als hätte die

Nachgeschichte der «Haupt- und Staatsaktion» nichts mehr zu bieten außer Produkten der Zigarettenfabrik *Dukat*, Auszeichnungsformularen und Diplomen, die nun neben Lenins Profil das schärfere von Stalin ziert. Doch das ist ein Irrtum.

Die Krasnopresnensker Arbeiter hatten einen ziemlich langen Atem: Sie formierten gesonderte Bataillone, die an die Fronten des Bürgerkriegs im Nordwesten und Südosten gezogen sind; sie stellen eine Kerntruppe für die «Zwanzigtausender», die aufs Land zogen, um der Masse den Kollektivierungsgedanken beizubringen; sie formierten eigene Abteilungen für den Kampf gegen die Hitler-Truppen, und sie zogen noch einmal hinaus aufs Land, zur Neulandgewinnung 1954 (Gründung des Sowchos *Krasnopresnenskaja*). Was ist daran ablesbar? Daß die Arbeiter die Trjochgornaja-Manufaktur tatsächlich zu einer Festung der Revolution gemacht haben, auf die die Bolschewiki sich stützen konnten; daß sie es waren, die mit ihrem Organisationstalent und ihrer Disziplin die ersten Maßnahmen zum Umbau tragen konnten; daß sie das in Rußland so begrenzte Reservoir von organisatorischem und technischem Wissen bereithielten, mit dem die neue Macht umzugehen hatte. Ist es ein Wunder, daß kaum etwas von dieser «Kernschicht» des Proletariats übrigblieb? Ist es ein Wunder, daß die Festung fiel und neue Generationen einrückten, die vom Kampf gegen Prochorow und Selbstherrschaft nichts mehr wußten außer aus den legendären Berichten der Veteranen? Und wo sind die Veteranen heute geblieben? Es muß sie geben, das läßt sich statistisch beweisen: die Veteranen, die 1917 noch miterlebt haben, die Veteranen, die am Bürgerkrieg teilgenommen haben, die die Kader der ersten Fünfjahrpläne bildeten. Es muß sie geben, und es ist anzunehmen, daß sie nicht anders denken als jene Arbeiter, die man in seltenen Exemplaren auch heute noch im Westen trifft: ungebrochen trotz Erfahrungen, die die Masse gebrochen haben; intellektuell aufgeschlossen, da sie eine Schule durchlaufen haben, wie sie nur wenigen Generationen zuteil wird: eine dramatische Beschleunigung der Geschichte, in der sie für einen Augenblick die Chance hatten, «Geschichte» zu machen. Arbeiter, die nicht aufgehört haben, sich ihre eigenen Gedanken zu machen – freilich auch manchmal mit einem Anflug von Selbstmy-

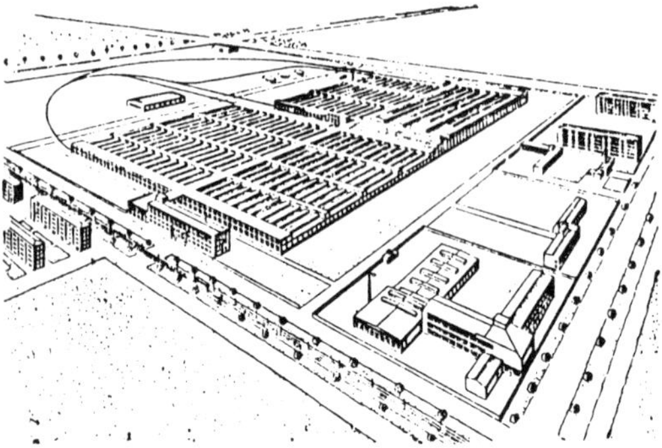

Staatliche Kugellagerfabrik, erbaut 1929–1931

thisierung – aber was macht das! Arbeiter, die mit einem guten Recht auf die heutige Generation sehr nachsichtig, wenn nicht gar geringschätzig blicken.

Es wird viel getan für die Ausbildung einer dynastischen Kontinuität von Arbeiterbewußtsein, und nicht nur in vordergründig politischer Absicht. Es gibt eben ein Kulturhaus der Fabriken, es gibt eben ein Konzert von Michail Pletnjow in der Trjochgornaja, es gibt eben eine Art Internationalismus (und die Thälmann-Plakette der SED-Delegation, die hier war, ist ein Indiz dafür). Es ist neben diesen institutionalisierten Formen der alten Arbeiterbewegung sinnlos, sich auf die Suche nach einem «reinen Proletariat» zu machen.

Und wenn schon, dann müßte sich der Fremde in eine andere Richtung in Bewegung setzen: zu den gewaltigen Fabrik- und Werkanlagen, die schon von ihrer Größe her nur in den Randbezirken errichtet werden konnten. Dort findet er nicht nur eine andere Größenordnung vor. Betriebe wie die Erste Kugellagerfabrik, Kaliber, die SIL-Autowerke oder die Elektromechanische Fabrik sind jeder für sich bereits Arbeitsplatz mehrerer 1000, ja 10000 Arbeiter. Der Stil, in dem sie errichtet wurden, hat nichts mehr gemein mit der neorussischen «Backsteingotik» der ersten Gründerzeit; es sind Anlagen, kühn auf dem Reißbrett entworfen und in der Phase der zweiten Industrialisierung aus dem Boden gestampft. Die meisten wurden zwischen 1930 und 1937 errichtet bzw. rekonstruiert. Vom alten Industriebau haben sie sowenig wie die Abermillionen der proletarisierten Bauern des ersten Fünfjahrplans etwas von der Militanz und Organisiertheit des Petrograder oder Krasnopresnensker Proletariats der Revolutionsepoche.

Nicht nur der Maßstab der Fabriken hat sich ins Unermeßliche vergrößert, sondern auch der Terror, mit dem die zweite Industrialisierung erzwungen wurde. Heute funktioniert, was «bluttriefend vom Kopf bis zur Zeh» zur Welt kam, als bloßes «Arbeitsmittel im Stoffwechsel Mensch–Natur».

Den Bekannten, denen ich erzähle, daß ich mir fast drei Stunden lang das Museum angesehen habe, verzieht sich das Gesicht zu einem Fragezeichen: Weshalb gerade dieses Museum? und: Wie kommt der Mensch überhaupt auf die Idee? Es ist nicht die Kokette-rie mit dem Abseitsliegenden, versuche ich ihnen klarzumachen, sondern die Suche nach etwas, was uns zu einer Verständigung kommen lassen könnte über das, was wir gemeinsam meinen, und über das, was uns unterschiedlich denken läßt. Es folgt natürlich ein Disput über Marx und Marxismus. Er ist so unerfreulich wie der mit der derzeitigen westlichen Linken auch. Auch hier geht es primär um den Marx-Ismus, freilich mit veränderten Vorzeichen. Der gewichtige Unterschied ist der: man weiß über die Sache, die sich im Lichte des Ismus – oder in dessen Schatten – vollzogen hat, Bescheid. Wenn es hier Anzeichen einer ideologischen Lagermentalität gibt, dann mit der Erfahrung realer Lager im Hintergrund.

Museen als Einstieg

Es kommt der Zeitpunkt, wo der Fremde die Angst verliert, ein Museum zu betreten; ja, es kommt sogar der Punkt, wo es ihm ein Bedürfnis ist, ein Museum mehrmals aufzusuchen, wenn auch nur für einen Augenblick. Das ist die Zeit, wenn das Gefühl von einem abgefallen ist, man müsse dies und jenes unbedingt gesehen haben, wenn aber auch das Gefühl geschwunden ist, man müsse sich nun über den Verlust dieses Schamgefühls Rechenschaft ablegen. Erst in einer gewissen Gleichgültigkeit erlischt der Respekt, der den Museumsbesucher zum ehrfürchtigen Betrachter macht.

Eines Abends stoße ich in der Nähe des Pawelezker Bahnhofs auf eine Villa im russischen Stil der Jahrhundertwende. Roter Backstein hinter einem Eisengitterzaun und Bäumen. Das Vestibül nimmt einem gleich alle Schwere von den Füßen. Der Besucher steht inmitten eines neogotischen Interieurs, allerdings in der Farbenpracht der Russen. Es ist das Bachruschin-Theatermuseum.

Alexei Bachruschin, Sproß einer bedeutenden Moskauer Lederfabrikantenfamilie, hatte 1894 bereits das erste russische Theatermuseum gegründet und es 1913 der Akademie der Wissenschaften vermacht; dort lebte und arbeitete er dann von 1898 bis 1920. Die Hand des Sammlers und der Geschmack des Bewohners zeigt sich bis auf den heutigen Tag.

Es ist gerade die Ansammlung von Wichtigem und weniger Wichtigem, die trotz der auch hier gepflegten Periodisierung der Theatergeschichte reizt. Da gibt es Plakate, die die Uraufführung des «Blauen Vogels» von Maeterlinck, des bis heute oft gespielten Symbolisten, ankündigen, aber auch Tschechows «Möwe». Bühnenbildentwürfe und Modelle von Léon Bakst, Alexandr Golowin, Iwan Bilibin. Reminiszenzen an die sagenumwitterten Aufführungen des «Ballet Russe» Djagilews, Gruppenbilder des Ensembles in den «Sai-

Nijinski als Faun. Plakat von Léon Bakst, 1912

sons Russes» in Paris, Léon Baksts Plakat für Nijinskis Auftritt in «L'Après-midi d'un faune» in unvergleichlicher Versenkung in sich selbst.

Weniger gut bestückt ist die Periode des Theater-Oktober, doch geben auch hier die Bühnenbilder der Meyerholdschen und Tairowschen Aufführungen eine Vorstellung davon, daß die Explosion des Theaters sich nicht an die strenge Zäsur 1917 hält: lange vorher wird auf der Bühne antizipiert, was im sozialen Leben noch nicht spruchreif ist, und noch lange danach wird profitiert von den Säften und Ingredienzien der vorrevolutionären Gärung. Wie kommt es, daß gerade in Rußland das Theater zu solch überragender Prominenz gekommen ist? Ersatzhandlung in einer Welt, die unveränderlich schien?

Die Großen des russischen Theaters, angefangen von den Leibeigenen-Theatergruppen, die die Aristokratie sich eingerichtet hatte, bis hin zu Jushin, Olenin, Jermolowa, Katschalow, Pawlowa und Komissarshewskaja sind zu einer Ehrengalerie aufgereiht. Doch interessanter sind die Details: das Plakat, das den Auftritt der Duse ankündigt, das Bild der Isadora Duncan, die Ballettschuhe der Keshinskaja. Und überall Schaljapin, dem man ein gesondertes Zimmer eingerichtet hat: Schaljapin im goldenen Boris-Godunow-Ornat, fahl und mit großer Geste; Schaljapin unterwegs zwischen dem Teatro Colon und dem Jahrmarkt von Nishny Nowgorod; Schaljapin als enthusiastisch gefeierter Heimkehrer im Großen Saal des Konservatoriums in den Bürgerkriegsjahren 1918 und 1919; Schaljapin, der Kraftprotz und Grandseigneur, der Renaissancemensch, der singt, spielt, malt, schriftstellert und von sich selbst eine glänzende Porträtbüste anfertigt. Schaljapin der Volksheld, dem das Volk auch die Extravaganzen in Monte Carlo verzeiht. Schaljapin ist auch im Originalton zu hören: hier in dieser Villa, die die seine hätte sein können.

Ein anderes Museum, das als Einstieg in eine begriffene Geschichte der Stadt in Frage kommt, ist das Museum für die Rekon-

Ausstellungsstück im Zentralen Lenin-Museum: die Kugel, die F. Kaplan am 30. August 1918 auf Lenin abfeuerte und die am 23. April 1922 im Botkin-Hospital durch eine Operation entfernt wurde

struktion Moskaus; leider ist bei meinem Besuch nur die zweite Etage geöffnet. Was ich hier zu sehen bekomme, sind «Reichtum als ungeheure Warenansammlung» und die Reliquien eines atomisierten Moskauer Bürgertums.

Warenästhetik an der Schwelle, wo sie sich vom aristokratischen Vorbild emanzipiert: Teedosen der berühmten Moskauer Firma A.I. Abrikossow; Teekisten, wunderbar gearbeitet, als gelte es mit den farbigen Aufdrucken auch noch den Flair des Ursprungsortes – Hangdschou und Charbin – zu importieren; Bonbonschachteln der großen Moskauer Schokoladen- und Süßigkeitenfabrik v. Einem, das aufgedruckte Bild zeigt die inzwischen abgerissene Christ-Erlöser-Kirche, ein Renommierstück, das auch dem Absatz von Bonbons förderlich war; ein moderner Medikamentenkoffer der Apotheke Ferrein; eine Biskuitdose der Firma François Capitaine. Man sieht schon: Moskau war damals bereits Zentrum der russischen Lebensmittel- und Süßwarenproduktion. Doch auch das «eiserne Zeitalter» macht für sich Reklame: Emil Liphardt und Co., eine auf die Revolutionierung der Agrikultur spezialisierte Firma, läßt ihre Dampfdreschmaschinen und Pflüge von elfengleichen Mädchen mit leichter Hand vorführen. Die Firmen zeigen ihre Auszeichnungen und Plaketten vor und dokumentieren, daß sie Anschluß an die Weltspitze gewonnen haben – die Firma Emil Zindel mit ihren auf der Nishny-Nowgoroder Messe 1899 errungenen Preisen. Auch Michelin fehlt nicht.

Es ist merkwürdig, wie einfach durch die Distanz der Zeit profane Dinge in den Rang von Museumsstücken erhoben werden: eine Schreibmaschine der Marke «Hammond» aus New York, Photoapparate von Merkur und Kodak, Grammophone. Auch das Traditionelle wird erneut in Form gebracht: Samoware des Art nouveau oder neoklassizistisch.

Die Firmen, die die ausgestellten Waren produzierten, sind längst unter neuem Namen in die erweiterte Reproduktion eingetreten. Sie heißen heute «Roter Proletarier» oder «Rot Front». Eigentümer, Ingenieurpersonal, Familienanhang jener großen Namen haben sich indes nur ins Photo retten können. Man sieht sie in Großgruppenaufnahmen: der Fabrikherr patriarchalisch in die Mitte genommen, umgeben von seinen Ingenieuren und Prokuristen, darum herum in Reih und Glied, von vorn nach hinten auf Bänken gestaffelt, die Belegschaft. In der vordersten Reihe sind Kinder zu sehen. Unter einer Vitrine ist ein Strafbuch ausgestellt, das feudale Relikt in der neuen Produktionsweise.

Auch aus der Nachrevolutionszeit rückt eher das Beiläufige ins Zentrum: die während der Oktoberkämpfe von einem Schrapnell durchschlagenen Seiten der Protokolle der Städtischen Duma; einige Exemplare von Majakowskis ROSTA-Fenstern und dann ein in vieler Hinsicht bezugreiches Plakat zum 27. Revolutionsfeiertag 1944 mit der Aufschrift: «So sieht Moskau aus! – So sieht Berlin aus!» Das Plakat zeigt: dort eine Metropole in Schutt und Asche, ohne Aussicht, sich je auf ihrem geschundenen Terrain wieder erholen zu können; hier eine Stadt, die den Schrecken hinter sich hat, aufstrebt, ausholt.

Wem verdankt das Donskoi-Kloster, das im Unterschied zu anderen Klöstern Moskaus erhalten ist – das Simonow-Kloster etwa mußte dem Bau der Fabrik *Dinamo* weichen –, seine Rettung? Sicher nicht nur seinen Mauern, die daran erinnern, daß Moskau mehrmals nur dank der Festungen der Mönche überlebte. Es sind zwei Umstände: erstens ist im Kloster eine Filiale des Schtschussew-Architekturmuseums untergebracht, zweitens sind auf dem Friedhof des Klosters bedeutende Männer und Frauen der russischen Geschichte begraben. Das Museum selbst bietet einen Überblick von der Kiewer Sophien-Kathedrale über die Bauten Nowgorods, Tschernigows, Pskows, Susdals bis hin zu denen Petersburgs und Moskaus an der Wende dieses Jahrhunderts. Die Geschichte der russischen Architektur ist vielleicht noch stärker, als das anderswo der Fall ist, zu empfinden als ein Prozeß des Steinwerdens der Formen.

Man nimmt sich die Bilder, die die Entwicklung von St. Petersburg und Moskau bezeugen, vor, und man stellt fest: mit jedem Jahrhundert verschwindet mehr der unmittelbare Kontakt des Menschen zur Erde, dem Erdreich. – Auf dem Bild, das die Kreuzung von Ochotnij rjad und Twerskaja zu Beginn des 19. Jahrhunderts zeigt, erstreckt sich eine riesige, wie es scheint unbegehbare sumpfige Fläche. Man betrachte das wunderbare Modell eines Klosters in Nowgorod, bei dem die Holzhäuser auf dem großen Klosterterrain durch ein Netz aus Knüppeldämmen miteinander verbunden sind. Mehr als anderswo ist die Befestigung der Erde, des Unterbaus, die bereits künstliche Voraussetzung jeder höheren Kultur. Trockenlegung des Sumpfes als erste Tat der Kultur, wo andere Völker bereits ein festes Erdreich vorfinden! Auch an anderen Bildern wird die von der Natur herausgeforderte Exzentrizität der Architekten und Gärtner sichtbar. Das Bild der *ussadba Neskutschnoje* von 1753 zeigt ein zierliches Herrenhaus und einen riesigen Park, der einzig und allein dazu angelegt scheint, zu demonstrieren, daß auch die russische Landmasse sich in geometrische Formen zerlegen läßt. Alles hat etwas leicht Übertriebenes an sich, das sich nur aus dem Genuß, die Natur selbst bezwungen zu haben, erklären läßt. Es ist das Selbstgefühl derer, die der erste Schritt der Kultur etwas gekostet hat, denen nichts zugeflogen und zugefallen ist; wahrscheinlich müssen auf *dieser* Grundlage auch der Luxus und das Luxusgefühl eine andere Form, einen «Stich» bekommen.

Museen hatten in Rußland eine andere Funktion als in Westeuropa. Sind es dort Sammelpunkte für den aufgehäuften Reichtum der künstlerischen Vergangenheit, eine Demonstration an kostbaren Originalen, eine Zurschaustellung des Besitzes des nur noch Einzigartigen, so ist hier der Zweck offensichtlich ein anderer gewesen: primär Vermittlung, Ausstellung von Kunst, damit man sich mit ihr leibhaftig vertraut machen kann, Exponate nicht als Ausstellung originaler Werte, sondern als Angebot und Gelegenheit, den ästhetischen Geschmack zu schulen, Ort für Schüler der Akademien gleichermaßen wie für das gebildete oder noch unberührte Publikum.

Diese Absicht tut wohl, weil sie den Blick entlastet von der zwangsweisen Wertschätzung und der üblicherweise geforderten Ehrerbietung gegenüber dem «Einzigen» und Entspannung schafft für die Wahrnehmung der tatsächlichen Substanz. Und wer kann heute schon die Originale von den Kopien, noch dazu den guten, unterscheiden? Und die Wahrnehmung der Aura des Kunstwerks ist nicht identisch mit dem Wissen um sein Alter (oder doch?). Museen sind hier pädagogische Veranstaltungen, in schulender und bildender Absicht entstanden – eine Funktion, die noch betont wird durch zwei Umstände: erstens durch den chronischen Mangel an einschlägigem Material in Buchform, das zu erwerben und nach Hause zu tragen wäre, für die intensivere Beschäftigung des Privatmannes; zweitens durch die zum Kanon erhobene Weltanschauung des stufenweisen Fortschritts der Geschichte, durch die klar gezogenen Linien von Weltgeschichte überhaupt, durch die Eindeutigkeit in den Urteilen über Regressivität und Progressivität – kurz, durch die manchmal hilfreiche Vereinfachung der verschlungenen Wege von Geschichte im allgemeinen und der Geschichte der Kunst im besonderen, die es dem lernbereiten Beobachter erlaubt, sich einen Überblick zu verschaffen. Klassisches Beispiel für diese alte russische Tradition und ihre Übernahme durch die Erziehungsdiktatoren ist das Puschkin-Museum, aber auch das Schtschussew-Architekturmuseum am prospekt Kalinina. Kurz: der Fremde lernt Moskauer Museen nicht nur kennen als Reservate eines unbändigen Sammel- und Lerneifers vergangener Generationen, er nutzt die Gelegenheit, sich auch belehren zu lassen, in der angenehmsten und gegenständlichsten Weise.

Auch Stadtteile können Museen sein – Freilichtmuseen.

Der alte Arbat ist entzweigeschnitten wie eine Orange. Die Kanten der Häuser und Gassen, die durch den prospekt Kalinina zertrennt sind, passen, so scheint es, noch heute aufeinander wie zwei säuberlich getrennte Hälften. Je mehr die neue Avenue den Strom von Leben und Geschäftigkeit aufgesogen, kanalisiert hat, desto unbeschadeter blieben die angrenzenden Regionen. Wiederum das schon bekannte Paradox: die sowjetische Art des Kahlschlagens in großem Maßstab legt die ausgesparten, verschonten Bezirke trokken, konserviert sie unwillentlich. Bezirke leben einfach deshalb, weil das Leben um sie herumgeführt wird. Etwas von dem, was die Struktur, den Charakter, das Netzwerk Arbat ausgemacht hat, ist sichtbar noch, wenn man die exponierten Stellen – Museen zum Beispiel – nicht als Museen, sondern als Punkte eines ursprünglich lebendigen Organismus faßt. Die Verknüpfung der «Punkte» ergab sich auch hier wieder mehr oder weniger absichtsvoll-zufällig, die Verknüpfung bot sich an, weil die Bezugspunkte fast in Sichtweite zueinander liegen:

Mich interessierte zunächst, was aus dem Atelier der Wesnins geworden ist, in dem Haus in der nach ihnen benannten Straße (dem ehemaligen Deneshny pereulok). Der Anhaltspunkt sind die großen Atelierfenster des solide gebauten bürgerlichen Hauses. Ein geräumiges Treppenhaus mit großen Fenstern, Türrahmen, die besagen, daß es sich um große herrschaftliche Wohnungen gehandelt hat, führt nach oben. Ich läute im obersten Stock, es wird geöffnet, ein großer schwarzer Hund erschreckt. Doch es ist so: hier war das Atelier, in dem die drei Brüder zunächst gemeinsam wohnten – bis Wiktor heiratete und die Gemeinschaft zerfiel. Das Atelier ist in guten Händen (ein Künstler arbeitet hier), nachdem es fast zwanzig Jahre leer gestanden hat. Der Atelierraum umfaßt zwei Etagen, hat ein hölzernes, elegant nach oben führendes Entresol, das Licht strömt durch ein großes Fenster. Ich erfahre, daß vor mir die «Freie Welt» aus der DDR hier gewesen ist und eine Reportage gemacht hat.

Im ersten Stock des Hauses, auch darauf deutet eine Plakette an der Außenwand hin, wohnte Jewgeni Wachtangow, demnächst soll hier ein *musei-kwartira* eingerichtet werden. Erst später stellt sich heraus, was für eine Bewandtnis es mit der von Lenins Kopf geschmückten Reliefplatte hat, auf der sich keine Inschrift findet, die Aufschluß gibt. Nachlesend erfahre ich: Lenin und Swerdlow statteten am 6. Juli 1918 der deutschen Botschaft, die sich im gegenüberliegenden Gebäude befand, wo heute die italienische Botschaft untergebracht ist, einen Besuch ab. Anlaß war die Ermordung des deutschen Botschafters v. Mirbach durch linke Sozialrevolutionäre. Bljumkin, der Attentäter, wohnte, wie Victor Serge mitteilt, in den zwanziger Jahren nicht weit von diesem Haus einer kleinen Wohnung, die nur mit Teppichen und einem prächtigen Sattel, dem Geschenk eines mongolischen Fürsten, möbliert war.

Schräg über der Straße liegt ein eben renoviertes, fünf Etagen hohes bürgerliches Mietshaus. Die Plakette besagt, daß Lunatscharski hier von 1924 bis zu seiner Entsendung als Botschafter nach Spanien 1933 – er starb auf der Reise unterwegs in Frankreich – gewohnt hat. Natürlich auch er in der fünften Etage, dort, wo ein großes Atelierfenster andeutet, daß die schöpferische Intelligenz Arbeitsbedingungen besonderer Art braucht. Das Treppenhaus, wie in einem der

Schreibtisch von A. Lunatscharski in dessen Wohnung in der Wesnin-Straße

Häuser am Kurfürstendamm oder in der Clausewitzstraße, verkommen zwar, doch breit angelegt – parallel dazu der durch Glas verdeckte Dienstbotenaufgang – und unmißverständlich andeutend, daß es ein Haus des Jahres 1912 ist, das dem Moskauer Kaufmann Mandelstam gehört hat. Das Museum wird repariert (das enttäuschende Schild *Na remont* an der Tür). Die gezielte Frage indes interessiert die Dame an der Tür, sie öffnet, sie zeigt, sie führt durch die Räume, obwohl überall Farbeimer herumstehen und abgedeckte Möbel. Das ist in der Tat ein Ort Lunatscharskis: neben dem Arbeitszimmer mit dem Empireschreibtisch zeigt dies vor allem der große Empfangsraum, zweistöckig, wiederum mit Entresol, zu dem eine Treppe emporführt. Um den Kamin verläuft im Halbrund ein Diwan, eingebaut nach den Wünschen des ehemaligen Besitzers. In der Ecke steht ein Flügel. Es ist vorstellbar, daß hier der kurzsichtige, gut gekleidete, in Französisch, Deutsch wie Russisch gleich gut parlierende, polemisierende, philosophierende Volkskommissar für Aufklärung «lebte und arbeitete» (so heißt es immer auf den Gedenktafeln). Es ist eine bestimmte Lebensform, die hier ihr Zuhause hat: es ist die Kultur, die noch die Spuren des Salons trägt, nun revolutionär umgemünzt. Wer sich am Rande dieses Salons bewegt, der hat zumindest die Chance, auch wenn er nicht akzeptiert, sondern nur wohlgelitten ist, irgendwo unterzukommen. Mit Lunatscharski, dem gefragten Besucher der Petersburger Zirkel und Salons, haben die zur Seite geschobenen Größen der literarischen und öffentlichen Meinung von einst ihren Patron, ihren neuen Mäzen, ihre schützende Hand gefunden. Dies ist kein Mythos. Lunatscharski ist der Typus von Bolschewik, dem später vorgeworfen wird, daß er für die neuen Aufgaben der Revolution von oben zu alt sei. Die Künstler, die hier ein und aus gingen, haben nicht nur zum Dank Stücke dagelassen, sondern weil der Herr und die Dame des Hauses sie schätzten: Natan Altman, Juri Annenkow, F. Maljawin, am Flügel saßen nicht selten Schostakowitsch oder Prokofjew. Von alldem ist jetzt nichts zu sehen. Statt dessen ergibt sich aus der Unterhaltung mit einer der beiden Damen, die wohl selbst eine Schwäche für Lunatscharski und sein Interieur haben, daß sich nicht weit, um die Ecke, das erste Theater Meyerholds und Ossip Briks befand.

Im Eckgebäude, Arbat 55, außen in passablem Zustand, innen sehr heruntergekommen, lebten um die Jahrhundertwende die Bugajews, der Sohn ist bekannter unter dem Namen Andrei Bely. Das Eckhaus war zwischen 1903 und 1907 Zentrum der symbolistischen Revolte. An den sonntäglichen Treffen der «Argonauten» nahmen teil: Andrei Bely, Ellis (L. Kolybinski), Sergei Solowjow, Michail Ertel, Waleri Brjussow, der Maler, Dichter und Komponist Jurgis Baltruschaitis, der Maler Wiktor Borissow-Mussatow, die Komponisten Nikolai Medtner und Sergei Tanejew und schließlich Alexander Blok. In den heutigen Gemeinschaftswohnungen gibt es keinen Hinweis mehr auf die Zeit der heftigen Dispute um Schopenhauer, Nietzsche und Baudelaire.

Orte dieser Art können nicht für sich existieren. Wo ein Fokus ist, da müssen auch andere entzündbare Materien, Geistesverwandte hausen. Ich habe nicht Puschkin im Sinn, der nach seiner Trauung im Hause nebenan gewohnt hat (das Haus wird soeben renoviert), wohl aber das Atelier des Malers Michail Nesterow in der nächsten

Querstraße, dem Siwzew-Wrashek pereulok 43. Oder – etwas weiter entfernt – im Wachtangowski pereulok, fast neben dem Theater: das Haus des Komponisten Skrjabin (Nr. 11). Auch hier wird renoviert. Es ist doch kein Zufall, daß die Intellektuellen dieses Reviers, fast gleichzeitig, unabhängig voneinander und doch von einer gemeinsamen Erfahrung beherrscht, nicht nur ähnliche Gedanken entwickelten, sondern auch die Trennung der Künste, die Sehnsucht nach dem Überschreiten der dem Gesamtkunstwerk entgegenstehenden Trennungslinien empfinden mußten.

Es wäre abwegig, zu behaupten, in den verschonten Gassen sei noch der Klang von Belys Versen oder Skrjabins Klavierstücken zu spüren – gleichwohl ist es dieser Ort. Direkte Spuren finden sich in den Antiquariaten auf beiden Seiten des Arbat und, stark verfremdet durch eine verständnislose Mentalität des großartigen Servierens, im Restaurant *Praga*, dessen mehrfach überbauten Kern immerhin Kekushew 1902 im prunkvollsten Jugendstil errichtet hat. Doch hat sich hier immerhin etwas – jedenfalls momentan – von der Geste des bürgerlichen Umgangs erhalten.

Langer Rede kurzer Sinn: die Verknüpfung solcher Namen auf engstem Raum – Skrjabin, Wachtangow, Meyerhold, die Wesnins, Kekushew, Nesterow, Lunatscharski, die «Argonauten» – gibt eine Ahnung von dem Fokus Arbat, bevor er erlosch.

Man muß, um die Spuren der Mythen ausfindig zu machen, nicht die heute am meisten geschätzten Theater aufsuchen, sondern die mittelmäßigen, zum Beispiel das Wachtangow-Theater auf dem Arbat – denn sie leben von der Konservierung des Mythos. Doch ist auch der nicht unbeschädigt geblieben seit der großen «Turandot»-Inszenierung im Mansurowski pereulok und im Studio des MChAT. Im Programmheft ist verzeichnet «Inszenierung Jewgeni Wachtangow (1922)». Doch wird zugleich angemerkt «in neuer Fassung vom 20. April 1963». Wenn man nur die Szenenphotos vergliche von 1922 und heute – die Differenz wäre nicht allzu groß. Die Masken der Turandot, der Adelma, von Selim, Timur, Kalaf, Pantalone, Truffaldino und Brigella, vor allem aber die Weisen des Diwan – sie sind in erstaunlichem Maße die Wachtangowschen geblieben, so wie sie die Berliner Theaterbesucher der zwanziger Jahre gesehen haben.

«Prinzessin Turandot» von C. Gozzi in der Inszenierung von J. Wachtangow, 1922

Auch die Musik, so sagt man mir, sei der alte «Sound» geblieben, ein irgendwie grotesker Klang, erzeugt auf mit Silberpapier umwickelten Kämmen, seidig bis schäbig. Gozzis Komödie gibt freilich viel her für eine unverstellte Durchführung der Hauptlinien in drei Akten und sechs Bildern. Die *kapustniki*, die zeitgemäßen und zeitgenössischen Anspielungen, die regelmäßig großen Lacherfolg ernten, vor allem wenn sie von den Harlekins kommen, lösen die große Linie nicht auf. Die Fabel der launisch-boshaften und letztlich doch besiegten chinesischen Prinzessin bleibt trotz solcher Einlagen erhalten. Was die Spurenelemente Wachtangows betrifft, so ist es nicht ganz einfach, sie festzustellen: hinter dem Schleiertanz der Dienerinnen, die sehr viel von der sowjetischen Estrade an sich haben; hinter dem senilen und nicht immer komischen Geschwätz des alten Pantalone und hinter den Bocksprüngen des Großen Kanzlers. Doch es gibt sie, sie kommen manchmal urplötzlich ins Geschehen, so als sei man sich des Respekts vor Wachtangow wieder bewußt geworden. Es sind die Momente, in denen Wachtangow die Theaterillusion aufhebt: die Umkleideszenen der Schauspieler zu Beginn, nachdem sie auf der Rampe vorgestellt wurden mit ihrem bürgerlichen Namen, und am Ende des Stücks, wenn sie sich rückverwandeln aus der Fabelgestalt, das Publikum zurückholen auf den Boden der Tatsachen; in den stilisierten, rhythmisierten Bewegungen der Weisen des Diwan (hier mit der Anspielung auf die *akademiki*, d.h. die Akademiemitglieder); im Vorzeigen der Spruchbänder, auf denen im Telegrammstil Einblendungen vorgenommen oder Kommentare geliefert werden. In der Überreizung der Schauspielerei, die nicht nur italienisch-komödiantisch sein soll, sondern auch bewußte Übertreibung, um Distanz zu erzeugen. Und natürlich ist das Bühnenbild – wie aus den Bildern im Foyer hervorgeht – im Grunde das gleiche geblieben.

Gute Szenen, wo die Commedia dell'arte und Wachtangow zum Zuge kommen: die Selbstmorde aus Liebe, grotesk von den Pantomimen vor geschlossenem Vorhang inszeniert. Es gibt viel Gelächter, man freut sich, man hat Vergnügen. Ich denke doch, daß ein tiefer Zusammenhang zwischen der zur Übertreibung und zur Groteske neigenden Spielleidenschaft der Russen und dem sich austobenden Witz der italienischen Volkstheater besteht. Gleichwohl: der Auftritt eines italienischen Straßentheaters könnte zeigen, was heutzutage aus Gozzi, vielleicht auch aus Wachtangow zu machen ist.

Die «Misterija-buff» von Majakowski wird in Moskau mehrfach gegeben. Auch darin konserviert sich ein Mythos – mit Abschattungen, am Wachtangow-Theater anders als am Majakowski-Theater oder an der Taganka. Ich wählte mit Bedacht wiederum die konservativere der Bühnen in der Erwartung, viel von dem alten zu sehen. Und es hat sich gelohnt, vor allem wegen Majakowski: man muß seine Verse stampfen, brüllen, singen hören, um die einstmals eindeutige Einteilung der Welt in Gut und Böse nachvollziehen zu können. Wie einfach ist alles, und wie einfach ist vor allem die Geschichte selbst: Rußland als halbkoloniales Land, als Staatsschiff und «round table» auf die Bühne gebracht (als nach hinten ansteigender Halbkreis, auf dem sich und in dem sich alles abspielt); Rußland in schlingernden Bewegungen; Rußland, verführt von «kadettisch»-liberalen Rhetorikern und Demagogen im Februar; Rußland, die Versöhner beiseite schiebend und die Konstituante auseinandertreibend; Rußland, sich behauptend gegen die Entente. Die Rollen sind klar verteilt. Auf der einen Seite: der Amerikaner, die Amerikanerin; der Franzose und die Französin; der Deutsche und die Deutsche, der zum Zaren kreierte Negus von Abessinien, der russische Spekulant, die Emigrantin, die sich bald nach Konstantinopel, bald nach Berlin, bald nach Paris absetzt. Und dagegen ebenso eindeutig: der Arbeiter und die Arbeiterin, der Grubenarbeiter und die Textilarbeiterin, der Tagelöhner und sein Weib, der Maschinist und die Näherin, der Rotarmist und die Reinigungsfrau. Auch die versuchte, aber natürlich mißglückte Verwischung der Klassengegensätze in Gestalt des «Intelligenzler-Versöhnlers» hat eine Formel gefunden. So kann alles losgehen wie abgemacht und vor Gott Vater und dem Oberteufel sein gutes Ende finden. Indes ist jenseits des hämmernden Rhythmus und der Kontrastierung von «Mensch der Zukunft» und «Abfallhaufen der Geschichte» vieles, was Reiz nur hat, weil es nicht stimmig ist: der aus dem Emblem der Arbeiterfahne entsprungene Proletarier mit seiner überanstrengten Anklagerede gegen Gott Vater, die überzeugungslose Stimme der Gottlosen, die etwas ungelenke Entführung des gottväterlichen Blitzstrahls durch den prometheischen Maschinisten – das alles wirkt angestrengt und übertrieben.

Der Ausblick auf das künftige irdische Paradies lebte damals von der Kraftlosigkeit der alten Welt und der Offenheit des Horizonts. Könnten sich heute Wachtangow und Majakowski doch ebenso souverän und voller Spottlust über die Vergangenheit gewordene Zukunft auslassen! Doch solange die eigene Geschichte nicht in Szene gesetzt werden kann, so lange wird wohl auch das Mysterium vom Untergang der alten Welt immer wieder fröhliche Urständ feiern.

Exkurs über Exkursionen

Exkursija – das russische Wort für Besichtigungsfahrt begegnet einem allenthalben. Ständig werden Exkursionen veranstaltet: durch den Kreml, in die Städte am sogenannten Goldenen Ring, nach Abramzewo, nach Sagorsk, oder spezifischer: auf den Spuren des Moskauer bolschewistischen Untergrunds oder «von der ersten Spartakiade zur Olympiade». Sie werden angeboten von speziellen Büros – bei uns würde man sagen Reisebüros –, von Organisationen wie Gewerkschaften, dem Studentenrat der Universität u. ä. Der Individualreisende ist noch immer Ausnahme. Kennzeichnend sind die Reisegruppen, dicht gedrängt um einen Führer, der speziell für die jeweilige Route ausgebildet ist, einen Kurs durchlaufen hat, wahrscheinlich sogar mit Prolegomena zur Methodik der Exkursion. Was sich bei uns die Fremdenführer in Neuschwanstein oder Linderhof – oft Pensionäre – zunächst mehr zufällig an Wissen aneignen, wird hier systematisiert. Anekdoten und Witze zur jeweiligen Gelegenheit oder zum jeweiligen Exponat werden hier wissenschaftlich tradiert und eingepaukt.

Was tue ich indes: ich mache nichts anderes als eine Exkursion. Meine Parallelexkursion fordert die Frage heraus, worin sie sich eigentlich von denen der staatlichen Stellen unterscheide. Von den offensichtlichen Unterschieden abgesehen – daß ich mich als Individuum zurechtzufinden versuche, daß ich Stellen besuche, die nicht als exkursionswürdig angesehen werden, daß ich überhaupt mit einem Seitenblick begann –, scheint mir folgendes wichtig zu sein:

Auch die offizielle Exkursion ist eine Form des Sichvertrautmachens mit einem geschichtlichen Ort, das Aufsuchen des genius loci wird als besonders geschichtsbewußtseinsfördernd angesehen.

Es ist nicht nur das Eindringen mittels des Wortes, der Imagination, sondern: Puschkins Tintenfaß, Tolstois Diwan, Lenins Bücherregale, die mit Händen anzufassende Knute, der Kiesweg, auf dem sich die Delegierten der Internationale von den Kongreßdebatten erholten – all dies ist weit mehr als bloße Vorstellung. Es ist historische Luft, die eingeatmet wird. «Aneignung der revolutionären Tradition» findet hier eine sinnlich-handgreifliche Stütze.

Was bedeutet dies im Zusammenhang mit der staatlich organisierten Exkursion? Es überträgt sich auf das Erforschen des geschichtlichen Raums eine mitunter penetrante pädagogische Attitüde. Nicht was war, oder wie es hätte sein können, sondern: So ist es gewesen. Und alles wird betrachtet unter dem Blickwinkel: Das war die Lehre der Geschichte. Und mit dem Ergebnis natürlich, daß die Lehre mitgeteilt wird und nicht der schweigende Sachverhalt, der mit dem Gegenstand unter der schützenden Vitrine verbunden ist. Exkursion ist im Grunde wiederum eine Art des Zwiegesprächs, doch hier wird nicht zwiegesprochen, sondern doziert; man erfährt viel, zu viel, so daß vor lauter Wissen das Ohr taub wird, das Auge müde, zu müde für den seitwärts eingestellten Blick.

Exkursowod – das wäre gewissermaßen ein Beruf zur Erlösung der geschichtlich abgesunkenen schweigenden Umgebung, zum Hörbarmachen der bewegten Zeit (das man heute freilich auch schon vollautomatisierten Dioramen übertragen hat), die Aufgabe, das Ohr zu schärfen für das Knirschen im Gebälk der Welt. Im Grunde ist es eine ebenso versöhnende wie aggressive Tätigkeit: versöhnend, indem sie den heute Schweigenden noch einmal das Wort erteilt; aggressiv, indem sie gegen die Widerstände der Gegenwart und der dazwischenliegenden Zeit anzukämpfen hätte. Beides kommt nicht vor in einer Routine, die nur selten durchbrochen wird. Wann wird sie durchbrochen? Dann, wenn die Gegenstände an einen heranreichen: über den Tod eines Verwandten vor Stalingrad, über die Rückkehr des Vaters aus Ostpreußen, dann, wenn man sich daran erinnert, daß ein Onkel an der Metro mitgebaut hat. Kurz: dann, wenn die geschichtlichen Dinge einem naherücken. Exkursion, das kann also sein: Beschreiten der ausgetretenen Pfade, Nachvollzug der Geschichte, die keine Überraschungen mehr bereithält.

Zwischenwelten

In Moskau finden sich Geschäfte, die gegen Valuta so ziemlich alle Waren liefern, die dem westlichen Konsumenten unentbehrlich scheinen. In Moskau gibt es künstliche Paradiese, in deren Gärten und Hallen niemand Schlange zu stehen braucht und in denen das Licht so raffiniert fällt, als ginge es darum, den Warenfetisch zu illuminieren. In Moskau finden sich Bezirke menschlicher Beziehungen, bei denen man vergessen könnte, daß Magnetophone eine bedeutende Rolle im öffentlichen wie privaten Leben spielen.

Doch so verhält es sich nur auf den ersten Blick. Das Nebeneinander von sowjetischer und westlicher Lebensform ließe sich zunächst darstellen als ein schlichtes Nebeneinander und Gegeneinander von unvermischten reinen Formen. Doch es ist nicht so. Der Zusammenprall zweier Lebens- und Verhaltensformen erzeugt eine hybride Kunstform mit allen Seltsamkeiten, Verschränkungen, Abgeschmacktheiten, die Hybriden und Bastarden eigen sind. Die Lebensformen infizieren sich gegenseitig, erzeugen eine bestimmte Stimmung, die einem Weder-noch angehört und eine Verhaltensform des Als-ob hervorbringt. Naturgemäß geschieht dies an den Berührungspunkten beider Welten. Dort, wo Konsumenten der Konsumgesellschaft in Geschäfte geraten, die für sie gemacht sind und doch nicht die ihren sind; dort, wo Leute der Presse und öffentlichen Meinung ihrem Beruf nachgehen und zugleich wissen, daß sie sich zuweilen über das übliche Berufsethos und Verhaltensrepertoire hinwegsetzen müssen; dort, wo sich der sowjetische Bürger in Formen einübt, die nicht die seinen sind. Vielleicht gibt es auch einen Ort, wo die differentia specifica fast bis zur Unkenntlichkeit verschwindet, und zwar – ich mutmaße – in der Welt des Politischen und des administrativ-bürokratischen Trägers des politischen Austauschs: in der Diplomatie.

Natürlich hat die Überlappung zweier Welten Tradition: ist die Geschichte des Sowjetstaates und die Festlegung seines Kurses auf die Losung des «Einholens – Überholens» doch selbst die Bestätigung dafür, daß man zwar mit der feindlichen Welt noch auskommen muß, aber nur auf Zeit, ja daß man sogar einstweilen von ihr lernen muß.

Beispiele für derartige Hybriden begegnen einem allenthalben. Indes fällt es schwer, für sie einen begrifflichen Ausdruck zu finden. «Mischkultur» – darin ist das Wort Kultur zu gewichtig, auch wenn man damit nur Formen des Umgangs, der Gesittung und des Geschmacks meint. Erst recht geht es nicht an, von «bürgerlicher» und «sozialistischer» Kultur zu sprechen, schämt sich das Bürgerliche – zumal in Deutschland – doch seit geraumer Zeit, selbstbewußt aufzutreten; und der sozialistischen Kultur sieht man an, daß sie mit ihren Minderwertigkeitskomplexen nicht fertig wird. Mir fällt für das Phänomen, das mir in Moskau begegnete, kein besseres Wort ein als: Zwischenwelt.

Nichts wäre falscher, als sich auf die Suche nach dem Ort aufzumachen, wo die Zeit stehengeblieben ist, gewissermaßen in der naiven Absicht, den Geist des Fin de siècle oder des Moskau vor der Revolution unverfälscht, rein, authentisch einzuatmen. Das Aroma der verlorenen Zeit entfaltet sich gerade nicht an einer toten Stelle. Es ist herauszuschmecken da, wo man die alte Zeit zur eigenen zu machen suchte. Der Bruch der Form zeigt dabei an, wie es einst gewesen sein könnte.

Klassisches Exempel für jeden, der sich nicht auf eine vergebliche Suche nach der verlorenen Zeit machen will, ist das Hotel *Metropol* am alten Theaterplatz, heute ploschtschad Swerdlowa, wenn man so will, ein «Weißer Platz» des Zivilen, Profanen, Nichtsakralen. Wer das Gebäude betritt, braucht nicht zu wissen, daß der 1899 bis 1903 errichtete Bau in den Oktoberkämpfen Stützpunkt der Weißen war; daß hier in den ersten Jahren nach 1918 die junge Sowjetregierung logierte und später H.G. Wells oder Anatole France. Es wird genügen, wenn er die Augen über die Fassaden, durch die Räume, über die Bewegungen des Personals wie der Gäste hingehen läßt. Kaum lesbar ist im Fries des wunderbaren Hauses die Losung angebracht:

«Nur die Diktatur des Proletariats kann vom Joch des Kapitalismus befreien.» Nicht dies ist bemerkenswert, daß dem ersten Hotel des Bürgertums die Besitznahme durch die neue Klasse aufgeprägt wurde, sondern die Form: die Buchstaben sind gehalten in den Formen der ersten Jahre der Räterepublik, in denen noch der Schwung des Jugendstilornaments nachklingt.

Im Foyer sieht es schon weniger synthetisch aus: da stehen Klubsessel an der marmorgetäfelten Wand. Der Blick auf die Jugendstilfenster und die schönen Lüster in dem Raum, wo die Kasse sich befindet, wird abgelenkt durch ein Kassenhäuschen, das mit Spanplatten verkleidet ist. Im großen Saal, in dessen Mitte eine Fontäne plätschert, überdacht von einer farbigen Glaskuppel, verteilen sich in Rot gehaltene Stühle, Sessel, weißgedeckte Tische mit viel Glas. Die Ruhe der zahlreichen Kellner könnte auf die Gelassenheit eines funktionierenden Restaurantbetriebes schließen lassen – doch auch hier die übliche Warterei auf mißmutig ihren Dienst verrichtende Kellner. Musik ertönt, doch weder spielt eine Kapelle wohltuend banale Caféhausmusik noch eine Jazzband, sondern das, was *dshasowy bend* genannt wird. Die Lautsprecherboxen dröhnen, die Leute erheben sich – und wenigstens tanzen sie, wie sie es gewohnt sind. Doch mit dem Raum von Walcott hat das nichts zu tun.

Es ist gerade nicht die Konfrontierung des Ambientes mit einem ganz anderen; so etwas hat es gegeben und ist auf Bildern früherer Tage nachzuprüfen. Da gab es die Ledermäntel der Kommissare, auf den Teppichen die Wasserlachen vom Schnee, der an den Stiefeln taute, und die gutbürgerlichen Anzüge der Volkskommissare. Was heute auffällt, ist gerade die Verfehlung sowohl des alten Stils wie der Verlust der sicheren Gebärde der neuen Macht, es ist das graue Weder-noch. Es muß so sein, daß die für den elektronischen Lärm Zuständigen den Instinkt, den Kontakt zur «alten Welt» verloren haben, ohne sich in ihrem Gefühl bereits auf eine andere oder jedenfalls feste Geschmacksgrundlage beziehen zu können. In der Aneignung der alten Welt und alten Zeit durch die neuen Herren der zweiten und dritten Generation ist zweifellos so etwas wie ein sowjetischer Talmiglanz entstanden. Weder die Leninsche noch die Stalinsche Periode hat es dazu gebracht. Die Konfrontation mit der alten Kultur hat solche Anbiederei nicht zugelassen. Und die zögernden Rehabilitatoren, die den Restaurateuren die Hand führen, zögern eben zu sehr, um den Glanz der alten Zeit gelten lassen zu können. Also: Der herausfordernde, ich will nicht sagen bezaubernde Reiz solcher Interieurs besteht nicht in der Konservierung oder Wiederbelebung einer alten Zeit, sondern in den Mischformen einer Zwischenwelt.

Die Suche nach einer verlorenen Zeit könnte – wenn überhaupt – an anderer Stelle fündig werden: dort, wo die *deshurnaja* eines «Kulturhauses» plötzlich hinter einer Antiquität von Schreibtisch sitzt; dort, wo der Kassierer der *banja* seine Belege von einer Lampe bescheinen läßt, die vielleicht an dieser Stelle seit 70 Jahren ihren Dienst versieht, niemals den Blicken eines Antiquitätenhändlers ausgesetzt, niemals gefährdet, in einem Museum zu verschwinden. Und die Werktätigen lassen sich auf Stühle nieder, die altehrwürdig-schäbig, unerkannt ihre Dienste tun. Dort lebt die alte Zeit als nützliche weiter, unkenntlich, stolz im traditionell guten, verschlissenen Anzug.

(Es war der nur zufällige Schritt ins Moskauer Postamt in der uliza Kirowa, der mich in Sachen «temps perdu» fast eines anderen belehrt hat. Wer hat nicht die mühsamen, manchmal krampfhaften Versuche von Filmemachern in Erinnerung, für die Zeit ihrer Helden auch das entsprechende Ambiente zu gestalten: Wer hat nicht die haarfeine Verfehlung der Zeit und ihres Stils in Erinnerung, die sich dem Filmbeschauer als irgendwie peinlicher Schmerz einstellt! Das Postamt Moskaus, obgleich es selbst mehrmals umkämpfte Zentrale der Kommunikation, buchstäblich Barrikade gewesen ist, sowohl 1905 als auch 1917, ist der endlich gefundene Ort der «temps perdu» – und zwar außerhalb jeder Restaurationsbemühung. Es ist der zwanglos sich darstellende langsamere Gang einer anderen Zeit. Freilich war an diesem Tag Sonntag. Doch die Ruhe, die hier herrscht, ist nicht nur eine des Sonntags, sondern eine des Raums. Der Wächter am Eingang weist uns darauf hin, daß das Vestibül im venezianischen Stil von den Wesnins konzipiert worden sei und daß dies durchaus nicht besonders bemerkenswert sei, habe er selbst in Philadelphia doch eine ganze Reihe solcher Gebäude gese-

Interieur des Hotels Leningradskaja

«Ich aß gut, trank gut, hatte immer eine Maschine mit Chauffeur vor der Tür, ließ mir von meiner Dolmetscherin Seiten aus der sowjet-russischen Wagner-Literatur vorlesen, die, wie ich entdeckte, immer wieder den chauvinistischen Herrn von Glasenapp abgeschrieben hatte – und grübelte: wie kann ich die Sowjet-Union wenigstens etwas kennenlernen?»
Ludwig Marcuse, Mein zwanzigstes Jahrhundert

hen! Durch das Vestibül mit einer Galerie auf feinen Säulen rundum – auf einer Leiste über den Türen bemerkt man lediglich, daß Hammer und Sichel eingefügt worden sind – tritt man in die Kassenhalle, überdacht von einer das Tageslicht einlassenden Glaskuppel. Der Raum reicht über mehrere Galerien, die durch winzig und zierlich erscheinende Wendeltreppen, wie sie für enge Kontore gebräuchlich waren, verbunden sind – man glaubt das Klappern der Schuhe der nach unten eilenden Kontoristin zu hören. In der Mitte der Halle und an den Seiten befinden sich die Schalter. Schalter besagt noch nichts! Offen, hinter massiven Holzbarrieren, durch Messingrahmen voneinander getrennt und durch Glasscheiben vor der Kundenwelt abgeschirmt, macht alles einen so blitzsauberen und fast wohnlichen Eindruck, daß man meinen könnte, sich verirrt zu haben. Wohnlich: natürlich fehlt auch hier nicht die Lieblingspflanze russisch-sowjetischer öffentlicher Räume: die Palme. Sie steht so, daß sie unweigerlich zu schwerem Holz, blitzendem Glas und Messing mit seiner etwas vornehmen Ausstrahlung gehören muß. Selbst die Stühle sind nicht aus Plastik oder Kunstleder. Und auf den Tischen stehen, als verdienten sie keine besondere Bewachung, schwere Messingschalen mit Tintenfässern und dazugehörigen Federn. Die Fässer sind mit Tinte gefüllt, zum Alltagsgebrauch bestimmt. Das ist der Unterschied. Die verlorene Zeit ist hier noch nicht verloren, sie läuft weiter. Ohne Anstrengung.

Der Wächter sagt uns beim Hinausgehen, daß auch dieses Gebäude restauriert werden soll. Uns will das nicht einleuchten, da es in gutem Zustand ist. Möglicherweise ist die Technik nicht auf dem neuesten Stand, und es ist zu befürchten, daß nach der Restaurierung die eben wiedergefundene Zeit endgültig verloren sein wird.)

Ein anderer Bezirk jener Zwischenwelt sind die Berjoska-Läden, in denen für «harte» Währung gekauft werden kann. Diese Geschäfte sind ebenso bemerkenswert durch das, was es dort gibt, wie durch das, was es dort nicht gibt. In den auf Lebensmittel spezialisierten Berjoskas gleißt das Licht des amerikanischen Supermarket (jedenfalls im Hotel *Meshdunarodnaja*), und für fremde Währung ist zu haben, was Genuß- und Zahlungsfähigkeit des Durchschnittskonsumenten weit überschreiten dürfte. Daß das Einfachste und Selbst-

Friseursalon in der Petrowka

verständlichste zuweilen nicht aufzutreiben ist – ein Gewürz etwa, auf das der fremde Gaumen nicht verzichten will, – zeigt indes an, daß solche Geschäfte künstlichen Inseln gleichen, abgetrennt sowohl vom sowjetischen wie westlichen Konsumbereich. In solchen Reservaten entfalten sich Warenzauber und Kauflust nur verschämt, so als wüßten Ware und Konsument, daß sie auf exterritorialem Gebiet sich bewegen. Deutlicher läßt sich das an der Bücher-Berjoska zeigen. Auch dort ist zu haben, was der sowjetische Leser nicht oder nur über Beziehungen erstehen kann: eine Auswahl von Djagilews Schriften, die Liedertexte Wladimir Wyssozkis, ein Gedichtband Fjodor Sologubs etwa. Defizitäre Ware ist schnell verkauft, und wer es auf spezielle Bücher abgesehen hat, dem bleibt nur, regelmäßig vorbeizuschauen. Man ist so gänzlich vom Angebot abhängig. Zwar funktioniert die Transaktion Geld–Ware und umgekehrt, doch sie ist in vieler Hinsicht gebremst, diszipliniert, entstellt. Was im Dezember letzten Jahres schon Ladenhüter war – etwa Breshnews Erinnerungen –, war es auch im folgenden Jahr noch. Manche Bücher in den Regalen behaupten sich nicht durch das Interesse, das ihnen entgegengebracht wird, sondern auf Anweisung. Niemand kommt also, sie aus ihrem Dasein als Ware zu erlösen. Und was könnte eine Marketingstrategie hier zugunsten des valutabedürftigen Plans ausrichten!

Noch etwas anderes zeigt die Hemmung, der die Warenzirkulation unterworfen ist: die Umständlichkeit der Abrechnungs- und Verpackungsprozedur, der Aufwand an Personal in einem nur bescheiden frequentierten Geschäft. Gewiß haben der Einsatz des Abakus neben der elektronischen Rechenmaschine, die gelassene Desinteressiertheit der Verkäuferin auch ihren Reiz. Indes ist es nicht der Widerstand einer trägen Tradition gegen die Rationalität des Geldes, der sich hier behauptet, sondern die Ineffizienz und Irrationalität eines Wirtschaftsmechanismus, der sich für besonders rationell und kapitalistischer Anarchie überlegen dünkt. Diese Art von «Überlegenheit» wird vom Fremden um so nachhaltiger verspürt, als es keinen Adressaten für seine Unzufriedenheit, seinen Protest gibt: Es ist ja das anonyme System, das ihn nervt, und nicht die Verkäuferin.

Zwischenwelten haben spezifische Eigenschaften. Einerseits geben sie durch die exponierte Stellung der fremden Welt in der eigentlichen Umwelt ein fast experimentell reines Feld ab, auf dem die ansonsten üblichen Gebräuche, Umgangsformen nur noch krasser hervortreten. Andererseits bietet das Zwischenreich, in dem es keine eindeutigen Normen zu geben scheint, auch Raum für Voluntarismus im Normativen: es gibt Aufweichungserscheinungen. Der Taxifahrer beansprucht Gebühren, die ihm weder vom Wert- noch vom Plangesetz her zustehen, sondern er beutet an der Grenze der Welten einfach die Tatsache aus, daß Ausländer in der Regel mehr Geld besitzen (so nimmt er an), und verlangt schweigend seinen Preis, indem er auf die Rückgabe des Wechselgeldes verzichtet. Die Ausländer sind verunsichert in ihrem Trinkgeldgebaren. Und anderseits: Wie wohltuend und befreiend ist es zuweilen, nach Wochen oder Monaten der Abstinenz für einen Augenblick wenigstens ganz «bei sich» zu sein, statt der Mischformen die reinen Formen, statt der Surrogate die Originale genießen zu können – bei deutschen Freunden Brendels Einspielung der Schubert-Sonaten hören oder Rock and Roll tanzen, in der amerikanischen Botschaft Hitchcock, aber auch «antiamerikanische» Filme sehen zu können.

Wer einer ist, das zeigt sich unter Ausnahmebedingungen eher als unter angestammt-normalen: der Tourist, der ohne eigenes Verdienst auffällt, Aufmerksamkeit erregt, nur weil er anders oder gar besser gekleidet ist; der Besitzer von Valuta, der sich leisten kann, was andere sich nicht leisten können, nur weil er der Sphäre des Weltmarktes angehört; der Diplomat, der lediglich aufgrund seines Status plötzlich gleicher als seine Landsleute ist. Moskau ist ein Terrain, wo man seine Beobachtungen in dieser Richtung machen kann und Metamorphosen, vermittelt über Valuta, Kleidung, Status, verfolgen kann, die höchst aufschlußreich sind: Metamorphosen des kleinen Mannes zum spendablen Trinkgeldgeber; des einfachen Beamten zum Mann der groß auftrumpfenden Gesten und der mühsam erworbenen Attitüde. Natürlich gibt es auch Leute, die so bleiben, wie sie sind.

In den Zwischenwelten finden recht häufig Gespräche über Dissens statt: manchmal, weil es eine Radiomeldung diesbezüglich gab, manchmal, weil das Gespräch an einem toten Punkt angekommen ist, selten eigentlich aus dem Interesse heraus, daß damit etwas Wesentliches über die gesellschaftliche Umwelt, in der man lebt, ausgesagt würde. Am verständlichsten noch – und am sympathischsten – sind jene Diskussionen, in denen schlicht konzediert wird, daß auch hier die Leute ohne Angst sagen und schreiben können sollten, was sie wollen – auch um den Preis der «repressiven Toleranz».

Doch interessanter und aufschlußreicher für das Verständnis mancher westlicher Zeitgenossen ist eine andere Haltung: wenn sie vor der Tafel mit Champagner und köstlichem Fleisch Platz genommen haben und Erörterungen anstellen, ob den Urlaub in Biarritz oder in Jalta zu verbringen lohnender sei, zugleich aber darauf «abheben», die «eigentlichen Motive» der Dissidenten zu «hinterfragen», ob da nicht etwa Geltungssucht oder noch niedriger: Verlangen nach Konsum das Hauptmotiv sei. Das fortschrittliche Bewußtsein hat es weit gebracht: Was man sich selbst gewährt, wird anderen von oben herab verwehrt. Nicht zweierlei Maß ist hier der Skandal, sondern daß es sich guten Gewissens als progressiv geriert.

Am prekärsten und verschlungensten ist wohl jener Bereich der Zwischenwelten, in dem schon aus professionellen Gründen Objektivität und Subjektivität, bloße Information und unvermeidliche Wertung, Verstehenwollen des anderen und Beharren auf dem eigenen Standpunkt notwendigerweise Hand in Hand gehen: im Medium der Medien. Es gehört zum Reich der Gedankendiffusion, zumal an so exponierter Stelle, daß beide Seiten sich von zu groben Simplifikationen der jeweiligen Feindbilder distanzieren, sich des wechselseitigen Verstehenwollens versichern und im privaten Gespräch vieles «differenzierter» sehen als im öffentlichen Diskurs. Man macht die Erfahrung, daß das Gegenüber doch nicht ganz so ist, wie es sich gibt oder ausgegeben wird. Die Kluft zwischen System und Mensch scheint unüberwindlich, und das Gefühl, für einen Augenblick bloß «Mensch» sein zu wollen, dürfte auf den Partys, auf denen sich Wodka trinkende Westkorrespondenten und Marlboro rauchende APN-Korrespondenten bunt mischen, übermächtig sein. Das Parkett wird zum Glatteis, auf dem die festen Begriffe unsicher werden. Ich vermute, die Spannung, der Ausnahmezustand zwischen den Welten ließe sich besser verkraften, wenn diskret und distinkt ausgesprochen würde, was der eine über den anderen denkt; man wüßte dann wenigstens, woran man ist.

Über den Verfall der Berichterstattung

Die Tätigkeit von Geschäfts- und Kaufleuten, Bankiers, Technikern, Ingenieuren, die sich vorübergehend in der Stadt niederlassen, ist mir einigermaßen klar, klarer jedenfalls als das, was die berufsmäßigen Berichterstatter hier tun. Von einem hörte ich erst kürzlich, daß er seinem Beruf nachgehen könne, auch ohne die Sprache des Landes zu kennen. Von einem anderen erfahre ich, daß er – nun auch schon geraume Zeit in der Stadt – noch nie mit der Metro gefahren ist. Es gibt hier nichts zu lachen oder zu denunzieren. Die Frage ist mir ganz ernst. Was tut ein ausländischer Korrespondent, wenn er in Moskau bleiben will? Die Meldungen über den Umbau von Regierungsapparaten, über Produktionsziffern von Kolchosen, über Neuerscheinungen auf dem Literaturmarkt, die er sortieren und auswerten soll, kann er im Prinzip auch im Ausland bekommen. Freilich bleibt der gewichtige Faktor der Zeit. Auch erfährt er aus der Lektüre von Zeitungen, der abendlichen Fernsehnachrichtensendung *Wremja*, dem Besuch der Theater mehr, als er in der Ferne wahrnehmen könnte. Doch wird häufig über neue Theaterstücke, eine aufsehenerregende Ausstellung erst dann berichtet, wenn der jeweilige Vorgang schon wieder zur «Meldung» geworden ist, d. h. wenn darüber gesprochen, geschrieben, die Sache «gemacht» worden ist. Alles (und die Meldungen der offiziellen Agentur des Landes am meisten) ist von einer hermetischen Mittelbarkeit. Es gleicht der Geschichte, die man von Stalin erzählt: daß er die Wirklichkeit der kollektivierten Landwirtschaft einzig in Gestalt eines prächtig aufgemachten Filmes wahrgenommen habe.

Es gibt natürlich auch andere Quellen, die man mit der Zeit wahrscheinlich als «gutinformierte Kreise» bezeichnen kann. Im allgemeinen dürfte das jedoch nichts daran ändern, daß der Berichterstatter im wesentlichen an den Stamm der Agenturen angeschmiedet ist und Öffentlichkeit, die es *so* nicht gibt, nur vom Rande her erfährt. Der Mensch der öffentlichen Meinung – am Rande der nicht publizierbaren Meinung. Das hat etwas Anomales an sich. Und wenn er wahrheitsträchtige und wichtige Informationen hat, was tut er, wenn sie mit dem Risiko der Verwarnung verbunden sind? Wie wirkt sich die nicht ausgesprochene Beschränkung auf die Wahl von Sujets, auf die Prioritätensetzung aus? Welche Denkform wächst aus der Berührung einer nachrichtengeilen oder auch seriösen Öffentlichkeit mit einer außerordentlich restringierten Öffentlichkeit? Welcher Blickwinkel auf die Dinge stellt sich ein: Ist es das an Ort und Stelle versetzte Auge des Fremden, ist es der heimisch Gewordene, der für die anderen verständlich machen will, was man von außen gar nicht verstehen kann? Wie schleifen sich die gegensätzlichen Anschauungen – vielleicht auch Weltanschauungen – aneinander ab, und was kommt dabei heraus? Vielleicht eine Denkform, derzufolge es keine wirklichen Gegensätze mehr geben kann; die besagt, daß alles irgendwie verständlich zu machen sei; daß umgekehrt ein «Sicheinfühlen» nicht zu leisten oder nur um den Preis der Preisgabe der eigenen Ansichten zu erbringen sei.

Wer die Arbeitsbedingungen ausländischer Journalisten nur ein wenig kennt, wird einen ironischen oder spöttischen Tonfall meiden. Wo die uns selbstverständlichste Pflicht, eine Meldung zu bringen, gleichgültig, wie der Zensor darüber denken mag, einen Verweis oder gar den Entzug der Arbeitserlaubnis nach sich ziehen kann, ist Behutsamkeit am Platz. In aller Schärfe wird das Problem erst sichtbar, wenn man zum Beispiel die Erfahrungen der Dissidenten im Umgang mit westlichen Korrespondenten studiert. Andrei Amalrik, gewiß kein vorlauter Mann, hält Schockierendes parat zur Unterstützung der These, daß die Vertreter einer freien Presse durchaus nicht frei sein müssen. Der Skandal besteht aber eher darin, daß die Arbeitsbedingungen selbst, die solches Verhalten mitproduzieren, nicht öffentlich thematisiert werden. Auch hier ein Hauch von Normalität über der permanenten Ausnahmesituation.

Auch ein anderer Aspekt, der mehr mit der Form, dem Schreiben selbst, verbunden ist, fiel mir auf. Was mich so frappiert hat bei der Lektüre von Paul Scheffers Moskau-Berichterstattung zwischen 1921 und 1929 – er war hier für das «Berliner Tageblatt» tätig – ist dies: die Unmittelbarkeit, die nur aus dem engen Kontakt mit der Materie erwächst; eine Sprache, die es riskiert, an den Dingen und ihren Veränderungen selbst die Veränderung der politischen Szene abzulesen; ein Schriftsteller, der es riskiert, konkret zu sein, und sich auch nicht scheut, dem Konkreten eine allgemeinere Wahrheit zuzuschreiben, auch wenn sie von den Agenturen noch nicht bestätigt ist. Und schließlich: Scheffer *schreibt*. Warum dies so war, und warum es heute anders ist? Vielleicht sind die Veränderungen auf beiden Seiten so gewaltig seither, daß sie solch urtümlicher und riskanter Berichterstattung den Boden entzogen haben. Damals war der Apparat der Agenturen erst im Aufbau, die Gesellschaft noch nicht derart geschlossen, die Existenz des Journalisten noch keineswegs gesichert, umzäunt. Überhaupt stelle ich mir Scheffer häufig im Hotelzimmer sitzend vor, an seinen Aufsätzen feilend, als Schriftsteller und weniger als jemanden, der sich mit der Organisation von Terminen für Pressekonferenzen und mit Agenturmeldungen herumschlägt (Scheffer durfte nach 1929, wie ich später erfuhr, nicht mehr in die UdSSR einreisen; in einem der Schauprozesse wurde er als Naziagent bezeichnet, und in einer amerikanischen Darstellung der «Großen Verschwörung» wird dies als Beweis genommen).

Und es muß auch Änderungen auf «unserer Seite» gegeben haben, solche, die das geschriebene Wort und die bloße Nachrichtenübermittlung differenziert und verselbständigt haben und die letztlich dazu führten, daß die Redaktion zum allgewaltigen Synthetisierer wurde. Eine Entwertung der Korrespondenten im Zeitalter der Fernschreiber und fortgeschrittenen Arbeitsteilung. Auch der Umstand, daß Sprache, Kenntnis des Landes und seiner Geschichte keineswegs Voraussetzung für diese Tätigkeit sind, ist ein interessanter Umstand: Das hat etwas mit der Ausgleichung der Welt zu einer Medienwelt im internationalen Maßstab zu tun. Medienwelt, in der es vom Standpunkt des Know-how und nicht des Know-what keine Rolle spielt, ob man in Washington, Moskau oder Tokio sitzt.

Dem Verfall der Berichterstattung können vermutlich nur entgegenwirken: Ereignisse, die den ganzen Leerlauf eines großen Teils der Berichterstattung durchkreuzen und dadurch auffliegen lassen; ein Publikum, das immer weniger bereit ist, sich die Surrogate der Medienwelt vorsetzen zu lassen; Berichterstatter schließlich, die bereit sind, der Sache zuliebe etwas zu riskieren. Leerlauf und Routine haben sich zu Unrecht mit Hinweisen auf «Objektivität» gerechtfertigt. Doch Adorno wußte es schon: wahre Objektivität geht vom Subjekt aus. An ihm hängt nicht alles, doch das Entscheidende.

«Alles, was wirklich ist, ist vernünftig»

«Alles, was wirklich ist, ist vernünftig, und alles, was vernünftig ist, ist wirklich.» Engels hatte es noch leicht, in diesem Hegelschen Satz nicht nur eine «philosophische Einsegnung des Despotismus, des Polizeistaats, der Kabinettsjustiz, der Zensur» zu sehen. Mit der Dynamik des bürgerlichen Zeitalters im Rücken konnte er einer beharrenden Wirklichkeit nicht nur eine revolutionäre Vernunft, sondern die revolutionäre Wirklichkeit der bürgerlichen Gesellschaft selbst entgegensetzen.

Die offiziellen sowjetischen Hegel-Erben bedienen sich der Sprache des Philosophen je nach Bedarf. Die grausamste Konsequenz eines ohnehin grausamen Satzes besteht darin, jene, die sich der Vernunft der Wirklichkeit verschließen, für unvernünftig, wenn nicht für verrückt zu erklären. Herrschaftswissen ist raffiniert geworden, nichts bleibt dem Zufall oder dem Unerklärlichen überlassen.

Und doch erfaßt der Protest gegen diese modernste Form der Einsperrung – die freilich Tradition hat seit der hochoffiziellen Unzurechnungsfähigkeitserklärung Pjotr Tschaadajews im frühen 19. Jahrhundert – nur die Oberfläche, die Spitze.

Die Frage stellt sich für mich anders: Wie ist für Menschen, die die sowjetische Wirklichkeit nicht als vernünftig anerkennen, überhaupt das Leben erträglich? Wie können sie sich behaupten angesichts des ungeheuren Massivs einer nicht widerspruchslosen, aber doch ziemlich fest in sich ruhenden Wirklichkeit? Wie ist die Kluft zwischen ihren Lebensansprüchen und dem, was die Gesellschaft zuläßt, überhaupt auszuhalten? Ist es nicht hoffnungslos und zum Verzweifeln?

Nicht wenige der fremden Beobachter entziehen sich diesem Problem, indem sie die Schärfe der Fragestellung auflösen in eine «quantitative Betrachtung». An Sacharow interessiert sie weniger die Sache, um die es geht, als die Frage, «wie repräsentativ» die Sacharowsche Position in bezug auf die gesamte Gesellschaft sei, und unterstellen dabei unterderhand ein Modell politischer Öffentlichkeit, das es hier gar nicht gibt. Sacharow wird dadurch zum Einzelfall, zur Quantité négligeable. Es gab schon einmal eine Epoche, die ohne Aussicht auf unmittelbaren Erfolg die Lebenskraft der besten russischen Geister ausgezehrt hat. Der Ruhm der Nachwelt kann an den zerbrochenen Leben nichts ändern: Radischtschew, die Dekabristen, die Blüte der russischen Jugend von Herzen bis Wera Figner, von Bakunin bis Alexandr Uljanow. Die historische Analogie bietet indes wenig Trost für diejenigen, die heute die Erfahrung von Verbannung, Gefängnis und Exil machen müssen; und sie stimmt auch nicht ganz. Noch der gescheiterte Gang ins Volk hatte die Unruhe auf dem Dorf zum Hintergrund; noch der verzweifeltste Attentäter hatte die Universität als Rückzugsgebiet vor Augen und eine öffentliche Meinung, die sich langsam, aber sicher gegen die Autokratie wandte. Dieser Rückhalt ist heute, so scheint es mir, aus vielen Gründen abgeschnitten, und schon gar nicht existiert jenes Justemilieu der Fortschrittlichkeit, in dem es sich im Westen so komfortabel leben läßt.

Natürlich hatte ich in Moskau keine Diskussion über den Hegel-Satz; doch in der Substanz drehten sich die Diskussionen über Alexandr Sinowjews Bücher um eben dieses Dilemma. Die Reaktion war auffallend ähnlich: das ist die beste Kritik – und die beste Apologie der sowjetischen Gesellschaft. Doch was bedeutet eine Diagnose, deren Anerkennung die Anerkennung des Status quo impliziert? Schon längst ist eine neue Epoche der «überflüssigen Menschen» angebrochen, deren Energien verschlissen, stillgelegt, unterdrückt werden durch einen ungeheuren Raubbau an Talent, Können, Einsatzbereitschaft, Begeisterung.

An Leuten wie Herzen und Sacharow, an denen der Despotismus seine Trägheit und Grausamkeit demonstriert, ist weniger wichtig, wie repräsentativ sie sind, sondern daß es sie wirklich gibt. Allein daß solches Verhalten existiert, steht für den Wandel der Verhältnisse.

Spurensicherung

Städte leben, Menschen sterben. Und doch behauptet eine bestimmte Geschichtsauffassung, daß auch Städte nur Menschenwerk sind, daß Menschen darin gewissermaßen fortleben – eine säkulare Form des Glaubens an das Leben nach dem Tod. Dies wäre eine große Versöhnung und Aussöhnung mit dem Tod. Doch nicht alle, die gelebt haben, haben wirklich gelebt, nicht alle, die gestorben sind, sind auch gestorben. Diese Geschichtsauffassung kennt solche, die fortleben, und solche, die nie existiert haben, auch wenn sie wirklich gelebt haben. Sie will dekretieren, wer bis in alle Ewigkeit fortzuleben hat, wer am Leben gehalten wird. Vielleicht ist es auch nicht bloß die Macht des Dekrets, sondern etwas anderes: daß sie bestimmte Lebende von einst niemals zu den ihren gerechnet hat, so daß sich das Dekret des Vergessens und Verschweigens im Grunde erübrigt. Wer als Sieger aus den Schlachten der Vergangenheit hervorgeht, der muß nicht unbedingt Schweigen fordern, der kann es sich leisten, die Erinnerung an die Unterlegenen auszulöschen.

Moskau ist voll von Stätten der künstlichen Lebensverlängerung und der künstlichen Friedhofsstille. Im Auge habe ich hier nicht die 120 Gedenkstätten, die in irgendeinem Sinne mit der Person Lenins verbunden sind – zu unbezweifelbar steht Lenin über den Parteiungen, zu sehr ist er tatsächlich mit der russischen Revolutionsgeschichte verbunden, als daß man ihn antasten könnte. Die Künstlichkeit von Lebensverlängerung und Schweigen fällt an anderen Punkten auf: dort, wo Leute aus dem zweiten und dritten Glied der geschichtlichen Aktion bewußt in den Vordergrund, ins «Rampenlicht» gezerrt werden, obwohl sie dieses Licht nie gekannt haben und es für sich auch nicht beanspruchen würden, während zugleich die Akteure der ersten Stunde und der verantwortlichsten Arbeit in den Hintergrund geschoben sind. Wie viele Denkmäler und Gedenktafeln finden sich in der Stadt für einen Nogin, Polonski, Meschtscherjakow, die Schwester Lenins – gewiß hervorragende Organisatoren bzw. Schriftsteller –, während einem Mandelstam, einem Bucharin, einem Preobrashenski, einem Pjatakow bis heute keine Ehrung an bescheidenster Stelle gewährt wird und selbst die von den Nachkommen der Ermordeten geforderte verbale Rehabilitierung, die Anerkennung als geschichtlich existierende Personen, verwehrt ist! Doch auch im umgekehrten Sinne ist das Schweigen hörbar: Wie kann man in einer Stadt, deren Physiognomie von den Magistralen, Hochhäusern, Metrotunneln auf Ewigkeit hin definiert ist, den Namen des Erbauers verschweigen! Ich plädiere durchaus nicht für die Rückkehr des Toten ins Mausoleum; nur auf folgendes soll verwiesen werden: Eine Stadt, die über einen ihrer maßgeblichen Erbauer schweigt – ich habe Brechts Gedicht «Wer erbaute das siebentorige Theben» durchaus im Ohr –, hat etwas zu verschweigen, nämlich, daß sie darüber nicht öffentlich mit ihm ins reine gekommen ist und wohl auch nicht kommen kann. Die Grabstele an der Kremlmauer ist ein zu bescheidenes Öhr, als daß die Karawanen der Zwangsarbeiter und die Millionen der Komsomolenthusiasten des *metrostroi* hindurchgehen könnten! Moskau bietet – jedenfalls in dieser Hinsicht – nicht den Anblick des «Dickichts der Städte», es ist wohlgegliedert, übersichtlich. Es liegt eigentlich auch kein Schweigen über der Stadt, sondern das Schweigen indiziert, wie über Geschichte gesprochen wird: selektiv.

Dies ist wohl überall so: man hebt hervor, wem man sich verpflichtet fühlt, man vernachlässigt, was man weniger schätzt – auch an der geschichtlichen Tradition. Und dabei gibt es Konjunkturen, die bald das eine ans Licht bringen und das andere in den Hintergrund schieben. Diese Bewegung gibt es auch hier, doch sie vollzieht sich anders, nicht im Fluß konkurrierender Kräfte, im Wettstreit rivalisierender Ansprüche von unten. Die Geschichtspräsentation ist nicht nur selektiv, sondern auch hermetisch, verkrampft, zu sehr mit einer Schwäche im Selbstbewußtsein der Sieger verknüpft, als daß sie allgemein zugänglich gemacht wäre.

Spuren in dieser Stadt zu lesen – und wo haben sie sich tragischer

Sergei Eisenstein während der Probearbeiten zu seiner Inszenierung von Richard Wagners «Walküre» am Bolschoi-Theater. Aufnahme vom Dezember 1939

gekreuzt als im Vierten Rom der Internationale – ist vielleicht nicht komplizierter als in den westeuropäischen Metropolen, die sie eher durch Gleichgültigkeit löschen, durch Abriß und «mangelndes Geschichtsbewußtsein» der neuen Geschäftsinhaber, aber man muß sich doch an eine gewisse, durch die Umstände nahegelegte Methode halten. Worin besteht sie? Natürlich ist sie detektivisch, wie jede historische Arbeit. Wer Spuren lesen will, muß etwas über die Gepflogenheiten, die Biographie, den Umgang, die Vorlieben und Abneigungen derer, denen er auf die Spur kommen will, wissen. Wo der Täter ist, kann auch das Opfer nicht weit sein. Gewöhnlich weiß man über die Opfer weniger als über die Täter. Also folge man den Spuren der Täter, oder neutraler: den Akteuren der großen Haupt- und Staatsaktionen, und man wird zweifellos die Schatten der Unpersonen aufspüren.

Man muß sich auf den Gemeinplatz begeben, um den Hauptakteuren von damals zu begegnen – keine Photoretusche, kein revidiertes Geschichtsbuch kann daran etwas ändern. Überhaupt sind

Photos, die vor der Zeit der massenhaften Ausschließung aus «der Geschichte» gemacht wurden, eine hilfreiche Brücke zu den Unpersonen. Und welche ästhetischen Skrupel muß es dem Archivar und Retuscheur bereiten, aus den besten Momenten, den «Sternstunden» seiner Geschichte die allerbesten Photos zur Makulatur mit dem Stempel «Aufbewahren für alle Zeit» zu legen! Nehmen wir einen solchen Gemeinplatz:

Das Bolschoi-Theater.

Im Juni 1921 fanden hier die Sitzungen des III. Weltkongresses der Kommunistischen Internationale statt. Ein Blick in die Teilnehmerliste zeigt, daß im Parterre nicht nur diejenigen saßen, die die Stalinsche Retrospektive für würdig erachtete. Im November 1922 fand der IV. Weltkongreß der KI statt, im Dezember desselben Jahres die Gründungsversammlung der Union der Sozialistischen Sowjetrepubliken, auf der gewiß nicht nur Kirow gesprochen hat. Die Mannschaft der ersten Stunde, freilich schon mit ersten Rissen, verursacht durch die Frage des Brester Friedens, durch die Auseinandersetzungen um Gewerkschaftsdemokratie und Wiederzulassung des Kapitalismus in der NEP, war hier noch vollzählig: die Gesichter der intellektuellen und proletarischen Untergrundkämpfer, die nun die Bühne der Geschichte betreten hatten mit Verve, Pathos und dem ihnen unverzichtbaren Austrag von Kontroversen. Und wer führte hier 1928 das große Wort auf dem VI. Weltkongreß der Komintern, wenn nicht Bucharin? Nun war freilich die Mannschaft schon reduziert, Trotzki ausgeschlossen, tatsächlich war er nicht mehr anwesend, die Kunst des Retuscheurs erübrigte sich in diesem Falle.

Auch ist zu bezweifeln, daß bei der Zehnjahrfeier der Oktoberrevolution im Bolschoi-Theater allein Clara Zetkin, Vaillant-Couturier, Henri Barbusse oder das Mitglied der Pariser Commune, Antonie Gay, die prominentesten ausländischen Gäste gewesen sein sollen.

Indes hat das Bolschoi-Theater auch Szenen erlebt, die nicht inszeniert waren und bei denen die Bühne in unmittelbarem Sinne zur Bühne politischen Handelns wurde: Während der V. Allrussische Sowjetkongreß im Bolschoi-Theater tagte, war die neue Macht einen Augenblick lang Gefangene der aufständischen Sozialrevolu-

VOLKSKOMMISSARIAT FÜR JUSTIZWESEN DER UdSSR

PROZESSBERICHT

ÜBER DIE STRAFSACHE

DES ANTISOWJETISCHEN „BLOCKS DER RECHTEN UND TROTZKISTEN“

VERHANDELT VOR DEM MILITÄRKOLLEGIUM DES OBERSTEN GERICHTSHOFES DER UdSSR VOM 2.–13. MÄRZ 1938

gegen

N. I. Bucharin, A. I. Rykow, G. G. Jagoda, N. N. Krestinski, Ch. G. Rakowski, A. P. Rosengolz, W. I. Iwanow, M. A. Tschernow, G. F. Grinko, I. A. Selenski, S. A. Bessonow, A. Ikramow, F. Chodshajew, W. F. Scharangowitsch, P. T. Subarew, P. P. Bulanow, L. G. Lewin, D. D. Pletnjow, I. N. Kasakow, W. A. Maximow-Dikowski und P. P. Krjutschkow

angeklagt der Verbrechen, vorgesehen in den Artikeln 58^{1a}, 58^{2}, 58^{7}, 58^{8}, 58^{9} und 58^{11} des Strafgesetzbuches der RSFSR, und gegen Iwanow, Selenski und Subarew außerdem der Verbrechen gemäß Artikel 58^{13} des Strafgesetzbuches der RSFSR.

VOLLSTÄNDIGER STENOGRAPHISCHER BERICHT

MOSKAU 1938
HERAUSGEGEBEN VOM VOLKSKOMMISSARIAT FÜR JUSTIZWESEN DER UdSSR

Deckblatt des offiziellen Prozeßberichts gegen Bucharin u. a., 1938

«Also beschlossen wir: jetzt
Abzuschneiden den eigenen Fuß vom Körper.
Furchtbar ist es, zu töten.
Aber nicht andere nur, auch uns töten wir, wenn es nottut,
Da doch nur mit Gewalt diese tötende
Welt zu ändern ist, wie
Jeder Lebende weiß.
Noch ist es uns, sagten wir,
Nicht vergönnt, nicht zu töten. Einzig mit dem
Unbeugbaren Willen, die Welt zu verändern,
begründeten wir die Maßnahme.»
Bertolt Brecht, Die Maßnahme

tionäre, die mit der Ermordung des deutschen Botschafters v. Mirbach am 7. Juli 1918 und der zeitweiligen Gefangensetzung der Sowjetregierung diese zur Aufkündigung des Friedens von Brest-Litowsk zwingen wollten.

Aber auch mehr der Tradition des Hauses entsprechende musikalische Ereignisse von politischer Brisanz gingen hier über die Bühne: Alte Bolschewiki, die noch die Narben der Kosakensäbel im Gesicht trugen, mußten im Dezember 1935 mit ansehen, wie anläßlich eines Jubiläums der OGPU die alten Kosakenhäuptlinge in den Logen Platz nahmen und das kosakische Element auf die Bühne gebracht wurde. Auch Barometerfunktion spielte das Theater zuweilen: Bei der Aufführung der Oper «Die Dekabristen» von Juri Schaporin am 27. Juni 1953 fehlte einer in der Zarenloge des Theaters – Berija. Das Zeichen, daß die alte Zeit vorbei sei, war gesetzt.

Und das Theater gab die Bühne ab für tragische Verstrickungen. Als ich mir «Rheingold» im Bolschoi-Theater ansah in einer ganz dem Mythos verhafteten Inszenierung – das Programmheft grenzte sich deutlich ab gegen die «vulgärsoziologischen Interpretationen, wie sie im Westen üblich geworden sind» –, wurde mir bewußt, daß auch Sergei Eisenstein, der revolutionäre Regisseur par excellence, sich um Wagner verdient gemacht hat. Wagner war nach dem Abschluß des Hitler-Stalin-Paktes als Inkarnation des deutschen Genius besonders gefragt; durch Eisenstein wurde ihm eine Interpretation zuteil, die die Chéreau-Entdeckung so neu nicht mehr erscheinen läßt, wie es sich in der Rede vom «Jahrhundertring» darstellt. Es liegt nahe, daß der Regisseur des «Panzerkreuzer Potjomkin» Wagner am ehesten verstand – furchtbar nur, daß sein und Wagners Genius in der «Walküren»-Inszenierung von 1939 dem beispiellosen Pakt die Weihe gaben.

Oder nehmen wir den Gemeinplatz Gewerkschaftshaus, vormals Gebäude der Adelsversammlung, Szenerie für Tolstois «Krieg und Frieden» wie für harmlose Gymnasiastinnen-Abschlußbälle, von denen Zwetajewa berichtet.

Die Adelsversammlung, nach der Revolution den Gewerkschaften übergeben und damit Zentrum einer neuen «proletarischen Öffentlichkeit», war der Ort, an dem Millionen Arbeiter und Bauern

1924 von Lenin Abschied nahmen. Der Säulensaal des Gewerkschaftshauses hat die Erben Lenins noch um den Sarg vereint gesehen. 1953, als der große Sieger im Kampf um die Nachfolge selbst aufgebahrt war, war von denen, die sich 1924 im Säulensaal versammelt hatten, kaum noch jemand am Leben. Die beiden Säle, der Oktobersaal als der kleinere und der Säulensaal als der größere, haben die Geschichte, die zwischen diesen beiden Daten liegt, miterlebt. Ich denke hier weniger an die Auftritte von Thälmann, Thorez, Van Minh beim Antifaschistischen Kongreß 1932, auch nicht an Rabindranath Tagore, der am 24. September 1930 im Säulensaal eine Rede hielt. Ich denke – und ich dachte anläßlich des Besuchs von Konzerten im Säulen- und Oktobersaal – an das Szenario der Moskauer Prozesse. Es bedarf der historischen Imagination, denn Bilder, auf denen vom Ambiente der Säle etwas zu erkennen ist – die weißen glänzenden Säulen, die mächtigen Lüster dazwischen –, sind selten.

Die weniger bekannten Prozesse gegen die sogenannte Industriepartei (25. November bis 7. Dezember 1930), die Verhandlungen gegen die Menschewiki im März 1931 oder der Prozeß gegen die Angestellten und Ingenieure der englischen Firma Vickers-Metropolitan im April 1933, die allesamt der Sabotage, der Vorbereitung der Restauration des Kapitalismus und der Intervention beschuldigt wurden, fanden im Säulensaal statt. Hier gab es bereits abenteuerliche Beschuldigungen und – was bedeutsamer ist – die ersten Schuldbekenntnisse. Für die großen Schauprozesse war der etwas kleinere Oktobersaal reserviert. Im August 1936 verhandelte hier vor rund 150 ausgewählten Gästen das Militärkollegium des Obersten Gerichtshofs die sogenannte «Strafsache des trotzkistisch-sinowjewistischen terroristischen Zentrums» gegen Sinowjew, Kamenew, Bakajew, Mratschkowski, Ter-Waganjan und andere. Ein Jahr später, im Januar 1937, verhandelte hier dasselbe Gericht die «Strafsache des sowjetfeindlichen trotzkistischen Zentrums» gegen Pjatakow, Radek, Sokolnikow, Serebrjakow und andere. Und wiederum ein Jahr später, vom 2. bis 13. März 1938, kam es hier zum Finale mit der «Strafsache des antisowjetischen Blocks der Rechten und Trotzkisten» mit den Hauptangeklagten Bucharin, Rykow, Jagoda, Krestinski, Rakowski und vielen anderen.

N. I. Bucharin, 1888–1938

«Unwirklich, unheimlich war die Sachlichkeit, die Nacktheit, mit der diese Männer unmittelbar vor ihrem so gut wie sicheren Tod ihre Handlungen, ihre Schuld darlegten und erklärten. Es ist schade, daß die Verordnungen der Sowjet-Union verbieten, in den Gerichtssälen Photographien herzustellen und Grammophonplatten. Hätte man der Weltöffentlichkeit vorgeführt, nicht nur was die Angeklagten gesagt haben, sondern auch wie sie es gesagt haben, ihren Tonfall, ihre Gesichter, ich denke, es gäbe dann nur mehr wenige Ungläubige.»
Lion Feuchtwanger, Moskau 1937

Für denjenigen, der sich dort zu einem Skrjabin-Klavierabend eingefunden hat, ist einfach nicht vorstellbar, was Tatsache ist. Er sitzt dort, wo damals Walter Duranty, Joseph Davies oder Lion Feuchtwanger Platz genommen haben, um mitzuteilen, was vor ihren Augen abgelaufen ist. Oben saßen: Ulrich, der Gerichtsvorsitzende, mit kahlrasiertem Schädel und Schweineäuglein, der Militärjurist Nikitschenko, der später bei den Nürnberger Prozessen als Richter fungiert, Wyschinski, der staatliche Ankläger mit grauem Schnauzbart, gestärktem Hemdkragen und elegantem Anzug an der Stelle, wo die Pianistin plaziert ist. Es ist der Raum für Krestinskis momentanen Widerruf und für Bucharins letztes Gefecht, eloquent ausgetragen in den Kategorien der Hegelschen Dialektik, den Staatsanwalt überlistend und doch selbst einer eigentümlichen List der geschichtlichen Vernunft verfallen. Der Ort, an dem die Augenzeugen zu sehen meinten, was sie sahen, verdiente ein Memorial besonderer Art. Doch wie wäre die Selbstentleibung der Vernunft, der Stichtag der modernsten Götzendämmerung bildlich zu fassen?

Es gab auch noch ein anderes, ein musikalisches Finale in den Räumen der alten Adelsversammlung: 1948, als von der Stirnseite des Säulensaals Bannflüche gegen den Formalismus eines Schostakowitsch oder Prokofjew geschleudert wurden – «einstimmig» vom ersten Kongreß des Komponistenverbandes.

Oder nehmen wir noch einen anderen Kreuzungspunkt: das Hotel *Metropol*, das nach der Übersiedlung der Sowjetregierung Hauptquartier der neuen Regierung war mit Notküchen, Notwohnungen, wo die Regierungsmannschaft vorerst wohl so weitergelebt hat, wie sie es aus der Zeit der Emigration gewohnt war: dicht an dicht, in der Küche Schlange stehend, die Vorteile des feudalen Ambientes kaum genießend. Aus einer Fußnote in einem Text entnehme ich, daß im Zimmer 305 Sitzungen über Wirtschaftsfragen stattfanden; der Autor Larin nennt die Teilnehmer: die Linken Lomow und Bucharin, Lenin und er selbst sowie Krshischanowski. In dem Zimmer mit der Nummer 305 residiert heute eine finnische Firma. Die Gedenktafeln an der Außenseite erwähnen natürlich Lenin, aber es war nicht Lenin allein, der die neue Regierung bildete. Das *Metropol* – das ist der Ort, wo sie kurzzeitig alle noch unter einem Dach waren, schliefen, aßen, verhandelten, empfingen.

An einem Hotel wie dem *Metropol* wird sinnfällig, wie recht Konstantin Paustowski hatte, als er schrieb: «Die Geschichte von Häusern ist manchmal interessanter als das Leben eines Menschen. Häuser überdauern die Menschen und sind oft Zeugen mehrerer Generationen.

Stalin und Molotow, aufgenommen im Mai 1929 am Seiteneingang des Bolschoi-Theaters

> *«Stalin wirkt von allen mir bekannten Männern, die Macht haben, am schlichtesten. Ich sprach mit ihm freimütig über den geschmacklosen und maßlosen Kult, der mit seiner Person getrieben wird, und er antwortete ebenso freimütig. Es sei ihm, sagte er, leid um die Zeit, die er auf Repräsentation verwenden müsse. Das ist glaubhaft.»*
> Lion Feuchtwanger, Moskau 1937

Ich bin überzeugt, wenn man die Geschichte irgendeines Hauses erzählte, dem Leben seiner Einwohner nachginge, ihre Charaktere erforschte und die Ereignisse beschriebe, die sich in dem Haus zugetragen haben, daß ein sozialer Roman entstünde, der vielleicht bedeutender wäre als die Romane von Balzac.

Könnten Dinge lebendig werden, wie würden sie dann das Unterste zuoberst kehren, wieviel reicher wäre das Leben: sie wüßten schon zu erzählen.»

Doch eine Geschichte des *Metropol* gibt es nicht. Es gibt allerdings Geschichten, in denen das *Metropol* Kulisse ist, fast unvermeidlicher Magnet, dessen Kraftfeld sich zumeist die Fremden in Moskau ausgesetzt fühlten. Ehrenburg sah hier im März 1917, als Moskau auf das «dritte Klingelzeichen» wartete, verzweifelte französische Liberale Sekt trinken und mit großen Blättern unaufgeschnittener Kerenski-Rubel die Rechnung begleichen. Viktor Serge besuchte im Hotel Barbusse, der zu den Revolutionsfeiern 1927 nach Moskau gekommen war. Von Max Hölz, dem anarchistischen Rebellen aus dem Vogtland, wird berichtet, er habe 1929, nach seiner Entlassung aus dem Zuchthaus Brandenburg, einer Einladung Stalins in die UdSSR folgend, im Hotel *Metropol* logiert. Im Mai 1933 – der unruhige Hölz stand ständig unter Kontrolle – habe er sich in seinem Zimmer 269 mit 60 Patronen verschanzt, um sich gegen eine Verhaftung durch die GPU zu verteidigen. Hölz verschwand später ebenso wie sein damaliger Zimmernachbar im *Metropol*, der kommandierende General der sowjetischen Fernostarmee, General Blücher. Klaus Mann, der zum ersten Schriftsteller-Allunionskongreß 1934 nach Moskau eingeladen worden war, fühlte sich im *Metropol* weit abseits vom «sowjetrussischen Leben». Oskar Maria Graf hingegen scheint den gebotenen Genüssen kräftig zugesprochen zu haben. Hotel *Metropol*, die bürgerliche Enklave im sowjetischen Moskau, ist indes auch Hintergrund für Kopf und Kragen kostende Kriminal- und Spionagegeschichte: Es ist der Ort, an dem Oleg Penkowski, der sowjetische Oberst, dem englischen Geschäftsmann Greville Wynne am 27. Mai 1961 Spionagematerial übergab, also Vaterlandsverrat beging.

Die Geschichte eines Hauses ist ausführlich beschrieben worden: die des Hotel *Lux*, der Herberge der Kommunistischen Internationale der dreißiger Jahre; die Geschichte eines anderen – des düsteren Hauses der Regierung, schräg dem Kreml gegenüber auf der anderen Moskwaseite gelegen – ist sogar Literatur geworden: in Juri Trifonows «Haus an der Moskwa»; indes bleiben die realen Gestalten hinter den fiktiven zu rekonstruieren.

Der Gemeinplatz, der Schauplatz der Demiurgen der Weltgeschichte hat indes auch seine Grenzen. Gewöhnlich vollziehen sich Schicksale oder das, was ein Leben zu einem Schicksal macht, an dessen Rändern, wenn nicht überhaupt außerhalb der Hauptschauplätze. Und es kommt etwas anderes hinzu: Was einer in einer Stadt an Spuren sichern will, das hängt sehr davon ab, auf welcher Fährte er selbst sich bewegt, wie vertraut er bereits im Umgang mit jenen ist, denen er auf die Spur kommen will. Kommt der Fremde aus Deutschland, dann will er es wahrscheinlich mit seinen deutschen Landsleuten aus der Vergangenheit versuchen; kommt er aus Amerika, liegen ihm die Amerikaner näher, Dreiser, Sinclair und natürlich John Reed.

Die Spurensuche muß nicht ganz so ziellos und zufällig ausfallen, wie es die Undurchsichtigkeit einer über die Vergangenheit hinwegwuchernden Stadt zunächst vermuten lassen würde. Eine Stadt ist vielen Vaterstadt – also stehen hier Geburtshäuser und Stätten der Jugendjahre. Nicht schwierig ist es, solche Spuren ausfindig zu machen, wenn der Vater auf seinen Sohn stolz sein kann (oder es heute jedenfalls ist). Puschkin ist bekanntlich Moskauer von Geburt, geboren in einem Haus in der heutigen Baumanskaja uliza 10. Alexandr Herzen ist Moskauer und wurde geboren im Haus Twerskoi bulwar 25. Dostojewski ist Moskauer, geboren im Armenkrankenhaus in der heute nach ihm benannten uliza Dostojewskogo 2, wo sein Vater als Arzt tätig war.

Moskau ist nicht nur die Stadt der wirklichen Helden, sondern auch der fiktiven. Wer die Umgebung der Helden aus Tolstois «Anna Karenina» aufsuchen will, der muß sich in den Englischen Club in der alten Twerskaja 21 begeben oder zum Leningrader Bahnhof, dem ehemaligen Nikolajewski woksal, wo Anna zum erstenmal mit Wronski zusammentraf. Wenn er die Stelle, an der sie ihrem Leben ein Ende machte, besichtigen will, dann muß er mit der *elektritschka* auf der Eisenbahnlinie nach Gorki hinausfahren bis zur Station *Shelesnodoroshnaja*. Alexandre Dumas (1803–1870) hat den Helden seiner «Aufzeichnungen eines Fechtlehrers», den Dekabristen I. A. Annenkow, wohnhaft in der alten Powarskaja uliza 48, erst Jahre nach der Fertigstellung des Romans zu Gesicht bekommen, 1858 in Nishni Nowgorod.

Moskau wäre nicht die wirkliche Hauptstadt dieses Landes, wenn die Meister seiner Sprache, die Präzeptoren seiner Stimmung und seines Gewissens nicht in dieser Stadt gelebt hätten, zeitweise zumindest, und sich mit ihr auf das innigste verwoben hätten. Für den Literaturkundigen ist es nicht allzu schwierig, sie ausfindig zu machen, zumal Exkursionen organisiert werden, die entlang der literarischen Schauplätze, der wirklichen und der fiktiven Helden verlaufen (und es ist gar die Stelle auszumachen, an der der Vorsehung gemäß auf die Sekunde genau der Kopf Berlioz' durch die Räder der Straßenbahn vom Rumpf abgetrennt wurde: auf dem rechteckigen Platz um die Klaren Teiche). Wer kennt die Namen, nennt die Straßen: Denis Fonwisin, Gavriil Dershawin, Alexandr Radischtschew, Nikolai Nowikow, Iwan Krylow, Nikolai Karamsin, Wassili Shukowski, Alexandr Gribojedow (letzterer geboren im Haus Nr. 42 in der heutigen uliza Kirowa), Wilhelm Küchelbecker (dort, wo heute das Hochhaus auf der ploschtschad Wosstanija steht), Gogol (Pogodinskaja uliza 10–12), Tschechow in dem kleinen Häuschen gegenüber dem Planetarium (Sadowaja-Kudrinskaja 6), das heute von mehrstöckigen Mietshäusern eingerahmt ist.

Der Musiker oder musikalisch interessierte Laie wird eine andere Blickrichtung einschlagen. Ihn wird vermutlich berühren, daß Franz Liszt am 25., 27. und 29. April des Jahres 1843 stürmisch umjubelte Konzerte im Bolschoi-Theater gab und ihm bei den anschließenden Empfängen und Essen Moskau zu Füßen lag. Doch auch für Liszt war Moskau ein musikalischer Gewinn: er machte hier Bekanntschaft mit den Moskauer Zigeunern. Ein Jahr darauf gaben Clara und Robert Schumann in Moskau ihr Debüt. Clara Schumann absolvierte drei Konzerte, am 8. April 1844 im Maly-Theater und am 15. und 23. April in der Adelsversammlung; sie logierten im Hotel *Dresden*, in der Twerskaja 6, heute befindet sich dort (an der Sowetskaja ploschtschad, gegenüber dem Moskauer Stadtsowjet) das grusinische Spezialitätenrestaurant *Aragvi*.

Als «Wagnerianer» wird man mit besonderem Entzücken vernehmen, daß der Meister auch hier seinen Auftritt hatte. Er dirigierte drei Konzerte am 13., 15. und 17. März 1863 im Bolschoi-Theater, untergebracht war er im Hotel *Billo* in der Bolschaja Lubjanka 9. Wagner machte indes nicht nur durch seine Musik Furore, sondern auch durch seine Dirigierweise. Es wird berichtet, daß er der erste Dirigent war, der in Moskau zum Orchester, nicht zum Publikum gewandt dirigierte; Wagner, der Theater- und Musikrevolutionär, fegte die Tradition beiseite; er wandte sich ganz den Musikern zu und von dem wohl mehr auf Schau als Gehör eingestellten Publikum ab. Indes scheinen sich Wagners Eindrücke von der Stadt wesentlich um seine Kasse gedreht zu haben.

Tschaikowski darf nicht vergessen werden. Er wohnte bei seinem Verleger Jürgensohn im Kolpatschny pereulok 9 und im Hotel *Rossija*, Kusnezki most 7. Wer sich unmittelbar in des Künstlers Umgebung zurückwünscht, wird nicht darauf verzichten, Alexandr Skrjabins Wohnung in der uliza Wachtangowa 11 aufzusuchen; vorher wohnte er in der heutigen Oktjabrskaja 31. Hector Berlioz war zweimal in Moskau, 1847 und 1867. 1867 dirigierte er ein Konzert in der Manege mit einem 700 Mann umfassenden Chor und Orchester. 12000 Besucher waren bei dem Spektakel zugegen.

Man könnte die Liste fortsetzen, doch vermittelt die Feststellung «XY ist hier gewesen» nicht eigentlich das, was den Spurensucher in Atem hält. Daß nämlich die Menschen, die ihm bedeutsam erscheinen, nicht Denkmäler ihrer selbst waren, daß sie auch nicht einfach Sehenswürdigkeiten in ihrer Stadt waren oder später geworden sind, sondern daß sie Elemente, aktive Kräfte eines lebendigen Organismus waren, daß nicht eigentlich die Stadt sie beherbergt hat, sondern umgekehrt: daß sie die Stadt zu dem gemacht haben, was sie war und was sie geworden ist. Es ist ein Interesse an diesem Kosmos und an dem in ihm Produzierten, was den Fremden in Bewegung setzt.

Es verbinden sich hier in eigentümlicher Weise die Lebenskreisläufe mit den Funktionskreisen einer Stadt. Die Organisation des individuellen Lebens trifft manchmal mit der Organisation der Stadt zusammen. Ganz deutlich ist dies, wenn man Endpunkt und Anfang betrachtet: Geburtshäuser und Friedhöfe (einen ebenso großen Schatz wie an Geburtshäusern hat Moskau auch an Grabstellen vorzuweisen). Was geschieht dazwischen? Es gibt Schulen, Gymnasien, Universitäten, wo individuelle Bildung und gesellschaftliche Organisation des Wissens zusammentreffen. Etwa die Institution der Slawisch-griechisch-lateinischen Akademie in der heutigen uliza 25 Oktjabrja, die der Archangelsker Fischersohn Michail Lomonossow besuchte. Es gibt das traditionsreiche Vierte Moskauer Gymnasium in der heutigen uliza Tschernyschewskogo, wo sich beispielsweise der Pionier der russisch-sowjetischen Luftfahrt Shukowski, aber auch der Theaterreformer Konstantin Stanislawski klassische Bildung aneigneten. Es gibt die Moskauer Universität, die erste und älteste der Universitäten Rußlands, die sich schmücken kann mit den Sternen am Himmel der russischen Wissenschaft und Kultur – an der sich aber auch die ersten Zirkel des Untergrunds bildeten. Da gibt es schließlich die Hotels, das modernste Medium der Kommunikation und der erträglichen Anonymität. Moskauer Hotels – abgerissene und umgebaute, renovierte, konservierte und umfunktionierte: was könnten sie erzählen! Wie Hotels in aller Welt – damals – tragen auch sie Allerweltsnamen: Hotel *Royal*, Mjasnizkaja 13, Hotel *Continental*, Theaterplatz 3/6, Hotel *Sewernaja*, Kalantschewskaja 15, Hotel *Lux*, Twerskaja 10. Hotel *National*, *Grand Hotel*, Hotel *Savoy* und Hotel *Metropol* natürlich. Das Hotel *Dresden* hat Turgenjew gesehen, das *Lux* den unglücklichen Dichter Jessenin (der sich freilich nicht in diesem, sondern in einem anderen Hotel die Pulsadern geöffnet hat, im *Angleterre* in Leningrad, dem heutigen *Astorija*), das Hotel *France* in der Twerskaja 3 und die Hotels *Louvre* und *Madrid* (heute uliza Gorkogo 15) beherbergten Alexandr Blok. Majakowski lebte offensichtlich bescheidener, in der Pension *San Remo* im Dmitrowski pereulok 9. Jedes der großen Häuser hat viel gesehen, besonders als die Reisen und Pilgerfahrten nach Rußland in Mode kamen. Anatole France war ein Freund Rußlands schon lange vor der Zeit, schon 1913 stieg er im *National* ab. H. G. Wells logierte am 22. Juli 1934 im *National*, Theodore Dreiser im *Grand Hotel*, Stefan Zweig 1928 ebenda, Henri Barbusse im *National* und *Savoy*, Rabindranath Tagore 1930 im *Grand Hotel*, Sir Bernard Shaw residierte 1931 im *Metropol* und Julius Fučik, der von den Nazis in Plötzensee gehängte Widerstandskämpfer, im Hotel *Europa* an der Neglinnaja 4. Manchmal kommt es auch vor, daß die Stadt den Fremden ein Denkmal setzt, nicht aber den eigenen Söhnen: zwar wird etwa Auskunft gegeben, daß im Lawruschinski pereulok 17, gegenüber dem Eingang zur Tretjakow-Galerie, Johannes R. Becher, Friedrich Wolff, Alfred Kurella gewohnt haben; daß Pasternak hier einige Jahre gelebt und während der Kriegstage als Mitglied der Luftschutzbrigade auf dem Dach des Hauses gegen die deutschen Flugzeuge auf Wache stand, das erfährt man eher auf Umwegen.

Es gibt Punkte, die einen bei näherer Identifikation in Erstaunen und Schrecken versetzen. Ahnungslos schweift der Blick des Fährtensuchers über die von Schechtel errichtete Villa Rjabuschinskis, später Domizil des proletarischen «Sturmvogels» Maxim Gorki, mit ihren lilienförmigen Treppenaufgängen und organisch gestalteten Fenstern. Wer könnte diesen Ort in einem Atemzug mit der Sphäre der Macht nennen, noch dazu mit der Formulierung des rücksichtslosen Anspruchs der Macht an die Kunst? Und doch ist es so. Hier, in den Räumen dieses Traums von Form und Vernunft, wurde im Gespräch zwischen Gorki und Stalin am 26. Oktober 1933 die berüchtigte Formel von den Schriftstellern als den «Ingenieuren der Seele» geprägt (andererseits ist der Kontrast doch wieder nicht so frappierend: war es nicht der sich von Traditionen freimachende und zur großen Synthese strebende Jugendstil, der die Bedürfnisse der Moderne mit dem subtilen Geschmack *zwanglos* vereinigen wollte? Und zwischen Rjabuschinskis mäzenatischer Geste und Stalins nicht wenig einleuchtender Formel lagen nur knapp dreißig Jahre!).

Und es gibt Punkte, an denen die Unendlichkeit der Macht zusammenfällt mit der Endlichkeit der Mächtigen. Naturgemäß sind sie in der Nähe der Entscheidungszentren zu suchen. Etwa in dem Gebäude, das dem Alexandergarten gegenüberliegt und in dem heute die Notenabteilung der Lenin-Bibliothek untergebracht ist. Tafeln erinnern in diesem Haus, prospekt Kalinina 1, früher Domizil der Komintern, daran, daß Lenins Schwester, eine verdiente Parteiarbeiterin, hier gelebt hat; eine wohl erst spät angebrachte Plakette erinnert an den Moskau-Aufenthalt Antonio Gramscis und Ho Tschi Minhs (über Tschou En-lai, der in Moskau auf dem Weg von Göttingen und Berlin nach China mehrmals Station machte, ist nichts zu finden). Ein solcher markanter Punkt ist auch das Haus der Regierung, schräg dem Kreml gegenüberliegend auf der anderen Moskwaseite: die unten an den Eingängen angebrachten Plaketten geben nur einen dürftigen Einblick in die prominente Schar seiner ehemaligen (und heutigen) Bewohner. Immerhin findet man Dimitrows bulgarischen Schädel und das harte Profil der Stassowa, sogar Tuchatschewskis hat man sich erinnert – doch ist dies bei weitem nicht die Geschichte des «Hauses an der Moskwa».

Erst recht deutlich wird dies am heutigen Hotel *Zentralnaja*, dem ehemaligen *Lux*, in der uliza Gorkogo. Den Ratten im Hofe, dem lettischen Portier, der auf sie Jagd machte, den länger oder kurzfristig dort wohnenden Funktionären der Komintern und ihren Familien ist nicht hier, sondern anderswo, in den Heimatländern der Zurückgekehrten, ein Denkmal gesetzt worden. Herbert Wehner könnte darüber Präziseres mitteilen. Wenn solche Häuser zu einem Mythos wurden, dann wohl aus einem einfachen Grunde: an kaum einer anderen Stelle hat sich im Schicksal ihrer Bewohner das Schicksal des Landes konsequenter vollzogen. Vielleicht sind die Gästelisten dieser Häuser nur die verdichtete Matrix für die unbegreiflichen Vorgänge des Verschwindens, Wiederauftauchens, des Glaubens und Nichtbegreifenkönnens der gesellschaftlichen Vorgänge in diesem Lande in den dreißiger Jahren. Jenseits des Begreifens vollzog sich jedoch eine Wahrheit, unverrückbar und Stein geworden in Stätten wie der Lubjanka, dem mächtigen und doch unscheinbaren Gebäude einer Versicherungsgesellschaft aus vorrevolutionärer Zeit. Die einschlägigen Auskunftsmittel zitieren solche Punkte – doch nur für die «Vorzeit». Butyrki ist etwa allgemein bekannt als der Ort, an dem Majakowski kurzzeitig interniert war oder der aktive Revolutionär und Fabrikantensohn Schmitt 1905 zu Tode kam. Keine Spur jedoch führt von diesen Gefängnissen in die Neuzeit dieser Institutionen.

Es ist indes ein freilich erklärbares Paradox, daß die Nachgeborenen ausgerechnet über die Gefängnisse Moskaus am ausführlichsten und detailliertesten informiert sind. Für jene Gefangenen, die überlebt haben, war es in dem Moment, wo ihnen zur festen Gewißheit wurde, daß sie kein Irrtum hierhergebracht hatte, Verpflichtung, aufzuschreiben, was sie gesehen und erlebt haben – ja es war Ausdruck des Überlebenswillens. Daraus resultiert wohl die Akribie der Schilderung, die detektivische Rekonstruktion der Zahl von Treppenstufen, Höhe der Hallen, Inhaltsverzeichnisse der Gefängnisbibliotheken usf. Wir wissen über Interieur, Stimmung, Mobiliar dieser Gefängnisse besser Bescheid als über manch zugänglicheren Ort. Zutritt hierzu verschafft die Lektüre, eine unermeßlich große und lehrreiche: Jewgenija Ginsburg, Margarete Buber-Neumann,

Blick in den Innenhof des Butyrki-Gefängnisses

«Als wir ausstiegen und endlich um uns sahen, erkannten wir den Hof des politischen Untersuchungsgefängnisses Butyrki. Wir waren da wieder angekommen, wo der Jammer begonnen hatte. Es war im Januar 1940. In den Gängen und Zellen von Butyrki brannten dunkelblaue Glühbirnen, eine gespenstische Beleuchtung. Die Gesichter hatten die Farbe von Wasserleichen.»
Margarete Buber-Neumann, Als Gefangene bei Stalin und Hitler

Alexander Weissberg-Czybulski, Susanne Leonhard, Anton Ciliga, Andrei Amalrik.

In vielen Fällen verliert sich hier die Spur: Wohin die einst berühmten Namen, nun zu Monstern oder Unpersonen verwandelt, verbracht wurden, verschickt wurden, wer weiß es. Nicht immer ist der Fall so eindeutig wie bei Solshenizyn, der aus dem Lefortowo nach Zürich-Kloten verbracht wurde. Wendete jemand ein, die Blickrichtung auf die Stätten der Einschließung sei gesucht und abnorm, so ist einfach zu antworten: auch Berlin hat sein Moabit, auch Paris hat seine Santé, und was bedeutsamer ist: die Geschichte und die Form der Einschließung bzw. Ausschließung «sozialer Pathologie» ist eine andere. Nicht überall steht sie im Schatten des «Engels der Revolution», der steil aufragenden Gestalt auf dem Platz vor dem

Gebäude der ehemaligen Versicherungsanstalt; nicht überall ist der Delinquent von vornherein in die Position des Apostels der Vergangenheit und der a priori zum Scheitern verurteilten «historischen Perspektivlosigkeit» versetzt. Diese Situation muß abfärben nicht nur auf die Eingeschlossenen, sondern auch auf diejenigen, die um die Existenz solcher Institutionen der Einschließung wissen.

Die organisierte Form hier praktizierter gesellschaftlicher Anamnese findet in einem so unübersichtlichen Organismus wie dieser monströsen Stadt ein hervorragendes Exerzierfeld; andererseits ist dieses Feld zu widerborstig, chaotisch, zu gewichtig im unverwüstlichen und leicht übersehbaren Detail, als daß sich auf Dauer Einbrüche vermeiden lassen. Der Versuch einer Spurensicherung ist in gewisser Weise auch ein Rettungsversuch, ein Akt wider die Resignation und Einebnung. Und welchen Erfolg eine solche Aktion hat, dürfte auch Aufschluß darüber geben, wie es um die Kräfte bestellt ist, die mit der Vergeßlichkeit und dem Vergessen nicht leben wollen.

Sonstige Adressen

Alpenrose, Restaurant, Puschetschnaja uliza 4 (heute Haus des Lehrers)
Butyrki, uliza Nowoslobodskaja 45
Karo-Bube-Ausstellungssaal, Puschkinskaja uliza 11
Deutscher Club, Puschetschnaja uliza 9 (heute Haus der künstlerischen Arbeiter)
Herzen-Haus, Twerskoi bulwar 25
Interlit, Kusnezki most 12
Institute der Roten Professur, Metrostrojewskaja uliza 53
Kammer-Theater, Twerskoi bulwar 23
Komakademija, Mjusskaja ploschtschad 6
Lawruschinski pereulok 17, Wohnhaus von u. a. Wsewolod Wischnewski, Fjodor Panfjorow, Michail Prischwin, Konstantin Fedin, Ilja Ehrenburg, Wiktor Schklowski, Johannes R. Becher, Friedrich Wolf, Alfred Kurella, Boris Pasternak, Erich Weinert

Kino *Forum*, Sadowaja-Sucharewskaja 14
Hotel *Lux*, uliza Gorkogo 10, zeitweiliges Domizil, laut R. v. Mayenburg, von: Georgi Dimitrow, Ernst Fischer, Klement Gottwald, Ho Tschi Minh, J. Humbert-Droz, A. und O. Kuusinen, Arthur London, A. Marty, Imre Nagy, H. Neumann, Margarete Buber-Neumann, A. Pauker, Wilhelm Pieck, Mátyás Rákosi, Rudolf Slánský, Ernst Thälmann, Maurice Thorez, Tito, Palmiro Togliatti, Tschou En-lai, Walter Ulbricht, Herbert Wehner, Otto Winzer, Richard Sorge, Wolfgang Leonhard, Ignazio Silone, u. a.
Moskauer Kindertheater (N. Saz), uliza Gorkogo 23 (heute Dramatisches Theater, früher Kino *Ars*)
Redaktion der «Prawda» 1923, uliza Gorkogo 18
Rosta-Fenster-Werkstatt, Malaja Lubjanka 16
Russische Privatoper S. I. Mamontows, Puschkinskaja uliza 6 (Theater der Operette)
Zentralkomitee der KPdSU, Staraja ploschtschad 4

Über das Sprechen mit Toten

Mit Steinen und Wänden zu sprechen hat etwas Gestörtes an sich, und wenn man es mit einiger Beharrlichkeit betreibt, glaubt man sich rechtfertigen zu müssen. Es ist ja nur auf den ersten Blick eine Hinwendung zu Steinen und Wänden; man will ja durch sie hindurch mit dem Kopf. Und zwar zu einem anderen, der dort studiert, gelebt, gedacht, geschrieben hat. Es ist virtuelle Kommunikation mit Leuten, die nicht mehr sprechen können, von deren Geist sich vielleicht etwas in der Umgebung inkorporiert hat. Oder genauer: dessen Denken wir uns konkreter vergegenwärtigen können, sofern wir seine Umgebung kennengelernt haben.

Aber es bleibt trotz allem etwas Künstliches, das nach Ersatz für lebendige Unterhaltung zwischen zwei Lebenden aussieht. An anderer Stelle ist vielleicht etwas zu bemerken über die enttäuschten Hoffnungen angesichts «verzerrter Kommunikationsbedingungen», über unterschiedlich besetzte Begriffe und die schiere Hilflosigkeit einer Verständigung zwischen Leuten, die sich eigentlich eine Menge zu sagen haben müßten. Doch ist das Moment von Gestörtheit nicht einfach durch bessere Diskussions-«Strategie» wegzubekommen, da die Bedingungen, unter denen sie angewandt wird, selbst gestört sind. Die Tatsache, daß der Suchende etwas sehen will, was nicht auf den ersten Blick benannt werden kann oder gar plakatiert ist; das Wissen darum, daß die Denkmäler und Erinnerungstafeln nur sehr selektiv angebracht sind, erzeugt ein «inneres Vakuum», provoziert einen Instinkt, daß mehr dasein muß, als sichtbar ist oder gezeigt wird.

Schweigen über Vergangenheit muß nicht immer verordnet sein, es kann auch bedeuten: Gras ist gewachsen, Vergessen hat sich ausgebreitet, nur die wichtigsten und die für die Geschichte und erst recht für die Zukunft ergiebigsten Personen und Daten bleiben im Gedächtnis. Wo unmittelbar nach dem Sieg noch Denkmäler umgestürzt oder nächtens entfernt werden mußten, da hat für die später Geborenen einfach die Zeit selbst, die «Irrelevanz» ihr Werk getan. Was man nicht weiß, macht einen nicht heiß. Das stimmt. Und wenn einer weiß, dann läuft er ständig mit heißem Kopf durch die Ebenen und Täler, über die Treppen und Gerüste der Stadtlandschaft. Er will ja nicht etwas enthüllen, sondern nur mit etwas oder mit jemandem in Beziehung treten, von dem er vermutet, daß dessen Spur nicht ganz getilgt sein kann. Und wenn doch, daß dann wenigstens die Brücke der Imagination hinüberführe auf die andere Seite, die nicht mehr sprechen kann – oder noch nicht. Es ist auch abzusehen, daß die Energie und die Bewegung, die solche Verstörung in sich birgt, die sich im Abtasten der Landschaft freisetzt und doch wieder auflädt, erst aufgebraucht sein wird, wenn der Defekt selbst beseitigt ist: wenn die Ruinen – allesamt – freigeschaufelt und jedem interessierten Auge zugänglich sein werden.

Samoskworetschje

In Moskau, wo das Planmäßige das historisch Gewachsene zu dominieren scheint, ist der Fremde, der nicht darauf gefaßt ist, ein Viertel im alten Sinne vorzufinden, von heller Begeisterung erfüllt, wenn er in ein solches gerät. Es ist, als träten ihm die Winter- und Frühlingsszenen von Wassili Polenow und Michail Larionow in ihrem klaren Licht und den prallen Farben vor Augen; es ist, als müßte nur ein Pferdefuhrwerk um die Ecke biegen, und schon sei das Moskau der Vorzeit wieder im Bilde.

Auf ein solches Viertel stieß ich heute auf dem Weg von der Oktjabrskaja ploschtschad zur Tretjakow-Galerie. Der Weg wird immer wieder verändert durch neue Aussichten und Ansichten, ungewohnte Perspektiven und Ausblicke. Das Gewirr der Gassen ist selbst auf dem besten Stadtplan nicht zu entziffern, man überläßt sich daher lieber gleich dem Augenschein. Gassen mit Häusern, die noch kein Restaurator besichtigt hat, an denen die Feuchtigkeit hochklimmt, zwei Stockwerke hoch, gewöhnliche Steinhäuser ohne besonderen Schmuck. Die Farben sind die von Larionows Bildern: grell, eruptiv. Dunkles Ziegelrot, schneeweiße Bänder der Ornamente, dunkelgrüne Tannen und Fichten, und dies bei Schnee auf den Straßen und der dunklen Menschenschlange, die vor dem Eingang der Tretjakow-Galerie wartet. Vermutlich erreichte die Galerie einstmals die Höhe der sie umgebenden Häuser. Heute ist es anders. Flankierend auf beiden Längsseiten des Baus von Wasnezow sind mehrgeschossige Gebäude errichtet worden, die etwas an die in westdeutschen Städten noch stehengebliebenen Betonbunker der Kriegszeit erinnern. Dazwischen duckt sich heute die Galerie. Warum hat man diese Häuser in dieser Umgebung errichtet? Zum Beweis, daß man höher hinaus kann als Tretjakow?

Die andere Entdeckung waren die zahlreichen Kirchen, viele nicht mehr als Gotteshäuser genutzt. In eine geriet ich hinein, sie dient einer Exportfirma als Depot. Über den Türen waren noch die kirchenslawischen Inschriften zu sehen. Und hinter dem Pult am Eingang saß die Pförtnerin, so als wolle sie einem das Geld für die Kerzen, die der Gläubige aufsteckt, abnehmen. Weiter hinten, im eigentlichen Kirchenraum, waren Stapel zu sehen. Es ist abzusehen, wann man sich auch hier eines anderen besinnen wird und das Gebäude wiederherstellt. Dies geschieht ja bereits bei den meisten Kirchen des Viertels. Man beginnt immer außen, mit der Vergoldung der Kuppeln, der Renovierung der Fassaden – so bei der Kirche aller Bedrängten oder bei der Auferstehungskirche. Vor manchen kleinen Kirchen und Kapellen – so im Hof eines Hospitals, im Hinterhof eines großen Wohnblocks – sind an den rostenden Eisenzäunen oder Eingangstoren Schlösser angebracht. Es ist nicht direkter Verfall, sondern eher hat man den Eindruck, man habe die Kirchen nur zeitweise aus dem Verkehr gezogen und nicht die allerletzte Rücksichts- und Bedenkenlosigkeit aufgebracht, sie zu beseitigen. Die Kirchen warten auf ihre Wiedereröffnung, das ist ihnen anzusehen. Und schon heute sind sie die wenigen Räume innerhalb der Stadt – neben den Museen –, wo sich Menschen ohne den Lärm des Offiziösen versammeln können.

Was unterscheidet dieses Viertel Samoskworetschje von anderen, mehr oder weniger erhalten gebliebenen des alten Moskau? Etwa vom Arbat oder Kusnezki most? Ich denke folgendes: Das eine wie das andere waren reine Wohn- und Geschäftsviertel urbanen Zuschnitts. Hier ist es genau anders: Hier besteht – ich empfand es wenigstens so – ein ausgeglichenes Verhältnis von Geschäften, Wohnungen und vor allem kleineren und größeren Fabrikbetrieben und Werkstätten. Hier durch die Straßen zu gehen bedeutet, sich mit der Kulisse der Filme Eisensteins bekannt zu machen. Ich ging durch die Straßen Samoskworetschjes, als gerade Feierabend war. Anders als um Kusnezki most, ganz zu schweigen von der uliza Gorkogo, wo der Käuferstrom die Bewegung diktiert, das Gewimmel nicht identifizierbarer Massen, meist nicht einheimischer, sondern von fern her angereister Einkäufer, bleiben hier die Arbeiter nach Feierabend in Grup-

Blick von der Kremlseite nach Samoskworetschje. Aufnahme um 1925

pen zusammen, besprechen noch etwas, bevor sie zur Metro oder zum Bus gehen, rauchen eine Zigarette oder trinken ein Bier in einer der Kwas-Trinkhallen oder unter freiem Himmel. Es ist hier ein anderer Rhythmus: nicht die Rennerei nach den immer defizitären Waren, sondern die erste Minute nachlassender Anspannung derjenigen, die die Arbeit hinter sich haben, geprägt. Es gibt für einen Augenblick verweilende Gemeinschaft, ein «Kollektiv», es kommt ein Gespräch auf. Die Menschen halten inne. Das Viertel ruht in sich, ist kein Durchgangspunkt. Auch die Geschäfte sind hier anders. Weil der Strom der Käufer hierher nicht findet, ist es stiller, fast mittelstädtisch: mit den breiten Straßen und dem weiten Himmel darüber, mit den nicht mehr als drei Stockwerke hohen Häusern hat dieses Viertel etwas von einer Provinzstadt an sich.

Mein Gott, welch ein Blick von der Bolschaja Ordynka aus über die Moskworezker Brücke! Man blickt von hier aus auf den Roten Platz hinab, wo man es doch gewohnt ist, von der uliza Gorkogo zum Roten Platz hinaufzublicken, ohne jemals seine Wölbung überblicken zu können. Wie freundlich und behäbig ist der Anblick von hier «oben». Verständlich nun auch, weshalb von der Höhe dieses

Die ehemalige Moskworetschjer Straße. Aufnahme um 1850

roten Bezirks in den Oktobertagen der Kreml unter Beschuß genommen werden konnte. Die Kulisse, die der Beschauer ansonsten vom Zentrum aus sieht, ist nun von rückwärts zu erschließen: Das Kraftwerk, das sich dem Bewohner des Hotels *Rossija* nachts illuminiert mit der Parole «Sowjetmacht plus Elektrifizierung – das ist Kommunismus» darbietet, erscheint von der Rückseite tatsächlich wie ein Kraftwerk. MOGES arbeitet, speit Dampf und Rauch aus den fünf Schornsteinen, man hört förmlich das Summen und Stampfen der Turbinen hinter den riesigen Glasflächen, die hier nicht ein Konstruktivist, sondern Sholtowski zu verantworten hat. Die Insel, die von Moskwa und Überschwemmungskanal gebildet wird, ist fast geometrisch aufgeteilt; der Grund und Boden war knapp, als G. List und v. Einem hier ihre Fabriken bauten und knapp daneben ihre Villen. In einer von ihnen ist heute die britische Botschaft untergebracht – 1968, als alle Welt auf die Straße ging, riskierten hier Andrei Amalrik und seine Frau Gysel eine Demonstration gegen das britische Engagement in Biafra.

Der Fluß liegt ganz ruhig, weil die Eisschollen keine Wellen aufkommen lassen. Die Schollen stoßen manchmal aneinander und geben einen kaum hörbaren Ton. Was die alten Stadtteile so belebt und den Gang nicht ermüdend macht, ist dies: Es bietet sich mit jedem Schritt ein anderer Anblick, eine überraschende Perspektive. Geh über den prospekt Kalinina, und du bist erschöpft, noch bevor du ein Viertel des Prospekts überwunden und den Zielpunkt eingeholt hast!

Fabriken zu besichtigen macht einen befangen: sind sie doch keine Denkmäler, tote museale Objekte, sondern immer noch, auch wenn es historische Punkte sind, Produktionsstätten, lebende Organismen. Und es kommt noch etwas hinzu: es ist nicht nur die Furcht, einem der Arbeiter möglicherweise erklären zu müssen, worauf man es abgesehen habe – auf die rote Vergangenheit des Betriebs, in dem er sein Brot verdient –, sondern es ist auch die herrschende Ansicht, daß vieles in der Stadt (insbesondere Produktionsstätten) vor den Augen des Fremden zu verbergen sei (und wie seltsam nimmt sich ein Tourist mit Photoapparat in der Nähe von Fabriken aus…). Was könnte einem Ausländer erkundigenswert erscheinen, wenn nicht die Gegenwart? Etwas in Furcht, in Erklärungsnot zu kommen – das war die Ausgangslage des Fremden, der indes nichts weiter wollte, als den Komplex aus rotem Fabrikgemäuer, meist in neorussischem Stil errichtet, aus Klostermauern, Türmen und einem Gewirr von Straßen auflösen.

Das tiefe Rot der Fabrikanlagen läßt einen nicht los. In dieser Farbe sind Fabriken, Klöster, Klostermauern, Straßenbahndepots gehalten. Die Depots an der Oktjabrskaja ploschtschad oder auch der Betrieb «Roter Proletarier», ursprünglich Gopper und dann Bromley; nur die vorgeschobene Glasfassade stammt aus den zwanziger Jahren, seitlich sind die alten Anlagen in rotem Klinker zu sehen.

1903 wurde hier ein sozialdemokratischer Arbeiterzirkel gegründet. Die Arbeiter beteiligten sich aktiv an den Moskauer Dezemberkämpfen und an der Oktoberrevolution. Wie den Angehörigen der anderen Samoskworetschjer Betriebe fiel ihnen logischerweise die Verteidigung der Übergänge über die Moskwa zu: Kamenny most und Krymski most. Ein Betrieb, der 1857 gegründet wurde, läuft nun schon über ein halbes Jahrhundert unter neuer Regie.

Die Straße weiter hinunter reihen sich Fabrikgebäude der alten

Art, immer in tiefem Rot, so daß man sich fragt, ob nicht von daher und ganz selbstverständlich die Farbe der Fabriken zur Farbe der Revolution wurde, es erscheint soviel naheliegender als die Übernahme der abstrakten Tradition des Roten Banners. Aus dem Fabrikhof tönt überlaut Musik. Es ist *subbotnik*. In den Parkanlagen sind Feuer entzündet, um Laub und Papier zu verbrennen. Es hat etwas von Frühlingsfeier, Abschied vom Winter an sich. Die Luft ist vom Brandgeruch herb. In der Ferne schimmert durch den Rauch und über einzelne Feuer hinweg die abweisend hohe Mauer des Donskoi-Klosters, nicht weit, an der Ecke zur uliza Ordshonikidse, liegt das Kommunehaus.

Ein Stück fahre ich mit der Straßenbahn über den Serpuchowski wal, an der Klostermauer entlang, bis zum Radioturm, der, durch die ausschlagenden Birken gesehen, selbst zart wie eine Birke sich erhebt. Im Umkreis des Stahlrohrgespinstes finden sich zum Teil restaurierte Wohnkomplexe, die man in den zwanziger Jahren errichtet hat. Von dort zum Samoskworetschjer *univermag* an der Danilowskaja ploschtschad, ein Kaufhaus, das eine ähnliche Fassade aufweist wie ein Kaufhaus gegenüber der Gedächtniskirche am unteren Ende des Kurfürstendamms. Die Seite wechselnd, durchquere ich ein Areal, das Fabrik sein könnte, danach stelle ich jedoch fest, daß es Kasernen sind. Auch dies ist von Bedeutung. Um die ganze Pawlovskaja herum sehe ich viel Militär, Soldaten mit roten Abzeichen, die hier ihren *subbotnik* ableisten. Dem Fremden wird etwas unangenehm zumute. Doch die Erfahrung ist wichtig: Wo die Kasernen der Arbeit liegen, da können auch die wirklichen Kasernen nicht fern sein. Offensichtlich sind es die Alexandriner-Kasernen, deren Soldaten in den revolutionären Kämpfen mit den Arbeitern des Rayons fraternisiert hatten. Ich gehe an den Kasernen vorbei. Wieder Fabrikgelände, doch mit einer erneuerten Fassade: der ehemalige Betrieb Michelson, eine Bastion sowohl der ersten wie der dritten Revolution, denkwürdiger Ort des Attentats der Fanny Kaplan auf Lenin. In der Kantine des Betriebs, einem Gebäude, das offensichtlich ebenfalls in den dreißiger Jahren gebaut wurde, esse ich zu Mittag. Es ist gerade Schichtwechsel, die Arbeiter teilen sich in Gruppen, unterhalten sich. Auch auf diesem Platz ertönt Musik.

Samoskworetschje in der Graphik von Dmitri Sobolew

Was bei den Industrieanlagen auffiel: die Konzentration der Arbeiterwelt. Meist enthalten die Produktionsgebäude ein Kulturhaus, die Gewerkschaftsorganisation, eine meist gut ausgestattete *stolowaja*, Kindergärten. Aber alles dreht sich um die Produktion. «Jeder Betrieb ist unsere Burg», so lautete die Bolschewisierungsformel, die die westlichen Kommunisten niemals haben in die Tat umsetzen können. Und es ist vorstellbar, daß eine solche Zentrierung des gesamten Lebensablaufs Einstellungen und Sichtweisen hervorbringt, die sehr wenig zu tun haben mit der zersplitterten Apperzeption des Arbeiterkonsumenten. Ort eines Community-Gefühls, oder auch Überbleibsel der *obschtschina*, der alten Dorfgemeinschaft. Samoskworetschje ist indes nicht nur der rote Arbeiterstadtteil. Vor 1698, also vor Peters I. Schlag gegen die Strelitzen, war es Strelitzensiedlung und noch davor tatarisches Viertel, woran heute noch Straßennamen erinnern: Ordynka, Baltschug, Tatarski pereulok, Tolmatschowski pereulok und andere. Und es war seit der Mitte des letzten Jahrhunderts Viertel der reichen Kaufleute, besonders um die Pjatnizkaja und die Ordynka. Von der Pjatnizkaja aus ergeben sich schöne Blicke, wie sie nur noch auf alten Bildern zu sehen sind: die Schichten zweier Jahrhunderte, jenes Bild, das Moskau für die Fremden so fremdartig, malerisch, gemischt, geschäftig gemacht haben muß. Über den Bürgerhäusern immer wieder Kuppeln, russischer Barock, spitze Glockentürme in Rot und Weiß vor grasgrünen und gelben Fassaden. Und im Fluchtpunkt der Straße taucht irgendwann

wieder die Farbenpracht – ich will nicht sagen eines Zirkuszelts – der Basilius-Kathedrale auf. Aus dieser Perspektive ist sie ganz Teil der Stadt und nicht, wie von der alten Twerskaja aus gesehen, Kontrapunkt. Von hier aus ist denkbar, daß die Kathedrale nicht als asiatischer Fremdkörper empfunden wurde.

Dem Fremden, der gewohnt ist, die ungeheuren Distanzen immer noch nach seinen gewohnten Koordinaten von Raum und Zeit einzuschätzen, kommt natürlich nichts mehr zupaß als die Metro, die pfeilschnell den Untergrund durchquert, um ihn am gewünschten Punkt an die Oberfläche zu lassen. Die Perspektive, die er dadurch gewinnt, hat etwas von der eines Maulwurfs an sich: wo immer er an die Oberfläche kommt, bietet sich ihm der unmittelbare Umkreis seines Erdhügels dar, von dem er dann mit kleinen blanken Äuglein umherblickt. Die Stadt, das gewachsene, strukturierte, vielfach miteinander verwobene Gespinst aus Straßen, Fluchtpunkten, Fassadenketten, Ausblicken löst sich so auf in die Kulisse, die die Metrostationen umstellt.

Dabei gibt es in Moskau ein Verkehrsmittel, das – wie sollte man seinen Ort zwischen superschneller Metro und unendlich ermüdender Fortbewegung des Fußgängers beschreiben? – seine «Dienste tut», auf eine altmodische und doch menschen- und zeitgerechte, ja unentbehrliche Weise. Der Fremde verfällt weniger darauf, sich seiner zu bedienen, weil dort, wo er sich gewöhnlich niederläßt, dieses Vehikel kaum in Erscheinung tritt. Und doch ist die

Fahrt mit der rot-gelb gestrichenen Tram aufregend, gerade durch die verlangsamte Fahrt, durch die Altertümlichkeit, mit der sie anfährt und anhält, durch das menschliche Tempo, mit der sie die weitaus kleineren Entfernungen zwischen den Haltestellen zurücklegt. Der Passagier sieht nicht nur mehr, sondern er sieht überhaupt: anders als in den Metrotunneln, anders als in den Bussen, die, weil sie sich ebenerdig fortbewegen, fast immer mit undurchsichtigen, von Staub und Matsch verklebten Fensterscheiben fahren (jedenfalls zu bestimmten Jahreszeiten). Die Tram bewegt sich gewissermaßen über dem Gewimmel, ihr Ziel ist durch die Gleise vorgeschrieben, sie kennt kein Ausweichen und hat daher so etwas wie ein Vorfahrtsrecht. Ein aristokratisches Überbleibsel, sich distanzierend von der Masse der öl- und benzingespeisten Autos, aber auch von der Transportweise der blinden Passagiere im Untergrund.

Das Erstaunliche ist: die Tram hat wohl ihre Endhaltestellen in den Außenbezirken, doch auf geheimnisvolle Weise reichen ihre Schienen bis ins Zentrum, aus dem sie ansonsten verbannt sind. Sie durchquert Bezirke, in denen sich auf merkwürdige Weise die frühen und die jüngsten Jahre der Stadt begegnen. Dieser Gürtel zwischen Zentrum und Außenbezirken war schon zu sehr bebaut, als daß man, wie auf freiem Felde gewissermaßen, die neuen Wohnsilos hätte errichten können; sie waren aber auch alt und veraltet genug, um durch Neubauten verjüngt zu werden. Es sind die Viertel, in denen das Moskauer Proletariat der Jahrhundertwende zu Hause war, wo sich die großen Fabriken einlagerten in Wohngebiete, wo ab und zu auch die Villa der Fabrikbesitzer zu sehen ist (heute als «Haus der Kultur» des jeweiligen Betriebs genutzt). Schlägt man die Karte auf, so zeigt sich eine solche Zone, die einstmals Vorstadt war, nun aber überwachsen ist durch die weiter nach außen vorgelagerten modernen Vorstädte, ganz deutlich.

Die Fahrt auf der Tram Nr. 3, von der Metrostation *Kachowskaja* bis zum Anfang des Sretenski bulwar (also bis zur Metrostation *Kirowskaja*), gibt einen Eindruck von diesem Gürtel, der jenseits des Augenmerks sowohl der Reisebüros wie der Besucher liegt. Für diese scheint nur zweierlei zu bestehen: das Zentrum und die Vorstadt. Doch die Vorstadt von ehedem – das ist das rote Moskau.

Es ist bereits Frühling geworden, die Stadt fällt in ihr schmutziges Braun zurück, doch schon anders als in winterlichen Tauwetterphasen – ein Ende ist absehbar. Das Wasser steht schon nicht mehr überall, es fließt ab, wer weiß wohin, und verdunstet schon unter der wärmenden Sonne. Den Leuten ist an diesem Sonntag anzumerken, daß ihnen leichter ist. Die Mützen sind zu Hause geblieben, man kann den Halbschuhen schon einiges zumuten, es sind Ferien für die Schulkinder, streunende Hunde haben sich auf den arg mitgenommenen Rasen gelegt, auf einen bestimmten Punkt, wahrscheinlich dort, wo eine Wärmeleitung im Boden verläuft, die Luft hat sich verändert, der Himmel erscheint weiter.

Die Tram Nr. 3 rumpelt an einem der Kolchosmärkte vorbei. Menschentrauben, wie man sie ansonsten nur bei Sammelplätzen von Demonstrationen gewohnt ist, hängen rund um das Gebäude, an die Mauer gelehnt sind Stangen, an deren Spitze weiße Zettel angebracht sind. Es geht, so erfahre ich, um Wohnungstausch. Ferner werden Ersatzteile getauscht oder gehandelt. Über Warschawskoje schosse – rechter Hand das gewaltige internationale Postamt, das zumindest an diesem Sonntag menschenverlassen daliegt, linker Hand die Bäder – fährt uns die Tram bis zum Flußhafen. Und hier beginnt das Gewirr, das einen verstehen läßt, warum die sowjetischen Planer es vor allem hinsichtlich Industrie- und Wohnbauten zu einer neuen Übersicht, Planmäßigkeit, Großräumigkeit bringen wollten. Mag sein, daß das Braun, die für die Moskauer Übergangszeiten charakteristische Farbe, den Eindruck verstärkt: noch bringt kein Grün, noch kein von der Sonne zum Strahlen ermuntertes rötliches Mauerwerk das Farbenspektrum dieses Rayons zum Leuchten.

Straße, Eisenbahnlinie, Fluß drängen sich hier zusammen: die Gleise, die zum Pawelezker Bahnhof führen, überqueren Warschawskoje schosse, die Tram biegt in der Tulskaja Bolschaja uliza nach rechts ab in den Danilowski wal. Die Straße wird eng, man spürt die Ökonomie, die die Fabriken eng zusammenrücken ließ, Werkgelände mit Schienen, die über die Straße führen, Torbogen im altrussischen Stil, in dem fast alle Fabriken der Jahrhundertwende gebaut sind. Die Fabriken haben sich ausgedehnt, sie sind

Moskauer Gehöft. Ölbild von W. D. Polenow, 1878

hinübergewachsen selbst über die Mauern des Danilow-Klosters. Ist es nicht eigenartig, daß die Mauern der russischen Klöster, die Barriere, die die Abgeschiedenheit des russischen Mönchtums sicherstellte, den Umgrenzungen der Gründerzeit-Fabriken nicht unähnlich sind? Noch der russische Kapitalismus hat sich in die Tradition eingefügt, mit der er untergehen sollte. Heute sind die Tore des Klosters verschlossen: Kirchengelände wurde Werksgelände.

Die Tram Nr. 3 überquert am Pawelezker Bahnhof vorbei – auf ihm ist heute die Lokomotive zu sehen, die den toten Lenin aus Gorki (heute Gorki Leninskije) in die Stadt zurückbrachte – den Gartenring und schießt, als hätte sie nun freie Fahrt durch die Nowokusnezkaja, auf die Metrostation zu; der Charakter des Viertels ist schon nicht mehr genau zu bestimmen. Einerseits liegen hier immer noch große Werke, andererseits scheint es schon eine bessere Wohngegend für diejenigen gewesen zu sein, die innerhalb des Boulevardrings keinen Platz mehr fanden und sich mit der Gegend zwischen Boulevard- und Gartenring begnügen mußten. Mit der Überquerung der Moskwa ändert sich die Szene: der Blick – immer aus dem wunderbaren, allseits durchsichtigen Gefährt der Tram Nr. 3 gerichtet – geht frei von den goldenen Kuppeln des Kreml im Westen über das schrecklich-grandiose Hotel *Rossija* und die städtische Waisenanstalt, deren Größe nur durch die Gleichmäßigkeit ihrer nicht allzu hohen Fassaden gemindert wird, bis hin zu dem jenseits der hier einmündenden Jausa liegenden Hochhaus an der Kotelnitscheskaja nabereshnaja. Das Hochhaus macht von hier aus nicht den schlechtesten Eindruck: es öffnet sich wie ein Patron der Stadt, dem Zentrum zugewandt, und breitet in Gestalt seiner mächtigen Flügel die Hände schützend über den inneren Kern der Stadt. Es markiert eine Grenze nicht nur durch seine Unübersehbarkeit, es ist nicht nur «Wolkenbügel», sondern Gebirge, das hier vielleicht sogar am rechten Ort aufragt.

Auf dem Pokrowski bulwar, wenn sich die Fahrt bergauf verlangsamt, tritt ein anderes Moskau vor das Auge des Passagiers der Tram Nr. 3, der nun, begleitet von fast unveränderten Fassaden des 19. Jahrhunderts, flankiert von dem schmiedeeisernen Gitter, das den Mittelstreifen des Boulevards einfaßt, eskortiert von noch blattlosen Bäumen, bis hinauf zur Metro *Kirowskaja* fährt. Die Tram – ich weiß nicht, ob die Linie später gelegt wurde – fährt heute jedenfalls von der Roten Stadt von ehedem zur Weißen Stadt von ehedem. Die Tram hat Sinn für Geschichte.

Metro

Das Kernstück der Moskauer Metro ist nun fast ein halbes Jahrhundert alt, und doch ist die Moskauer Metro noch immer Verkehrsmittel und Zeitmaß der Zukunft. Es zeigen sich kaum Spuren der Abnutzung: die unterirdischen Hallen, die Pracht der Überführungen und Übergänge, die Wände aus gelbem Marmor und weißgeädertem rotem Granit, die schweren und regelmäßig postierten Bronzelüster stehen wie ehedem. Die Skulpturen von Sportsmann und Sportlerin, Mutter und werktätigem *intelligent*, Werkzeugmacher und Komsomolbrigadier verharren in der gespannten Haltung seit über vierzig Jahren. Die in die Vergangenheit zurückweisende Pracht könnte vergessen machen, daß der Beschluß der Metrobauer und Architekten auch für heute und weit in die nächsten Jahrzehnte hinein Geltung hat.

Wie gemächlich, wie hausbacken erscheint dem Fremden die Berliner U-Bahn, wenn er in Stoßzeiten in die Moskauer Metro gerät: etwa früh zwischen sieben und acht Uhr in den Vororten, auf den Umsteigebahnhöfen in der Mittagszeit und wiederum abends nach Arbeitsschluß oder am Wochenende, wenn halb Moskau unterwegs zu den Bahnhöfen ist. Fast immer sind die Plattformen zwischen den mächtigen Pylonen schwarz von Menschen; die Züge, obwohl von der Länge eines Vorortzugs und in den Stoßzeiten in halbminütigem Abstand aufeinander folgend, sind kaum in der Lage, die Perrons auch nur für wenige Augenblicke von den Menschenmassen zu befreien; kaum ist der eine Zug abgefahren, füllt sich der Raum sogleich wieder neu. Die Menschenbewegung ist zweckmäßig dirigiert durch übersichtliche Zeichengebung, sie wird in Röhren geleitet, die keinen Gegenverkehr zulassen, durch Tunnels von weißem Licht, die keine Reklame stört.

Tumulte und Verwirrung gibt es da, wo die Menschenströme sich noch nicht geteilt haben, die Zögernden und nach Orientierung Suchenden den Wissenden und zielbewußt zum Übergang Eilenden im Wege stehen. Der Menschenstrom entwickelt einen starken Sog dort, wo die Bahnen und Kanäle sich verengen, an den Zugängen zu den Rolltreppen, an deren oberem und unterem Ende uniformierte Wärterinnen in Aluminiumhäuschen sitzen und bei Bedarf die Treppen auf- oder abwärts dirigieren, je nach der Stärke des Menschenstroms und je nach der Frequenz der Richtung. Die Stauung der Massen an den Rolltreppen der Umsteigebahnhöfe ist die Stunde der Stärkeren. Wer stärker ist, kommt nicht nur schneller auf die Rolltreppe, die nicht schnell genug laufen kann, sondern er forciert auch das Tempo der Masse. Der körperliche Druck, den die Schnelleren auf die Langsameren ausüben, erzeugt einen eigentümlichen Sog nach vorn, der Uneingeweihte könnte es mit der Angst zu tun bekommen. Wo alles sich vorwärts bewegt, könnte Stillstand tödlich sein. Doch nichts – oder kaum etwas – passiert, und selbst an Wochenendtagen, wenn Betrunkene in die Metro wollen, werden sie sogleich von der Miliz abgefangen, mit geschultem Blick aussortiert und in einer der Ausnüchterungszellen am Metroeingang festgehalten.

Was die Riesenstadt ist, empfindet man am stärksten dort, wo täglich Millionen auf engstem Raum zusammengepreßt miteinander auskommen müssen, wenn sie ihr Ziel erreichen wollen. In den Zügen der Metro – und noch schlimmer in den Bussen – entwickelt sich eine Art Biomechanik, wenn die zum Ausstieg Entschlossenen sich zur Waggontür vorarbeiten. Noch während der Zug das Tempo vermindert, formt sich eine Gesamtbewegung von Leibern, Armen, Beinen, Taschen nachziehenden Händen in Richtung Ausgang; die Masse muß stark genug sein, um sich dem Ansturm der Einsteigenden zu widersetzen.

Die Moskauer Metro ist ein Pionierwerk der Moderne, das noch weit in die Zukunft hineinreicht, weniger wegen der exorbitanten Pracht, mit der sie gestaltet wurde, sondern vielmehr wegen der Unerbittlichkeit ihres Zeitmaßes, dem sie die Passagiere unterwirft, wegen des Rhythmus, den sie ihnen abverlangt. Sie ist eine erstrangige Institution der Zivilisation – und dies nicht wegen des berühmten

Lesers in der Metro, der von Ilf und Petrow schon in den Tagen nach der Eröffnung der ersten Linie beobachtet wurde und bis heute als Kernfigur aller Beweise für die anders geartete Beziehung der Russen zu ihrer Literatur herhalten muß. Sie zivilisiert, indem sie alle vor dem Maß der Zeit und ihrem berechneten Rhythmus gleich macht und ihnen auf unerbittliche Weise Umgangsformen angewöhnt, ohne die der gesellschaftliche Organismus zusammenbrechen würde. Die über Lautsprecher an den Rolltreppen verkündete Aufforderung «Rechts stehen – links gehen» hat einen tieferen Sinn, als es im ironischen Song des Liedermachers zum Ausdruck kommt: das Überholmanöver der schneller Gehenden kann nur dort funktionieren, wo die geordnete Bewegung aller stillschweigend als Voraussetzung akzeptiert ist. Die Metro ist eine Schule der Disziplin, ein Instrument von Vergesellschaftung, einer freilich äußerlich bleibenden, aber dennoch notwendigen.

Der Fremde, der zuweilen entsetzt ist über die Härte, mit der um einen Sitzplatz gekämpft wird, glaubt dennoch, daß die Metro und verwandte Einrichtungen mehr zur Ausbildung einer Kultur des gesellschaftlichen Umgangs – «Höflichkeit» – beigetragen haben als alle Aufrufe und Kampagnen zur Bildung des «kultivierten Menschen».

«Äußerlich» meint freilich eine Einschränkung; sie heißt soviel wie «von außen erzwungen», noch nicht von innen heraus akzeptiert. Dies kann studieren, wer sich in den Moskauer Straßenverkehr begibt, in dem der Fußgänger dem Besitzer des Autos hoffnungslos unterlegen ist. Dem Automobilisten, dem durch das Auto ausgezeichneten individuellen Teilnehmer am gesellschaftlichen Verkehr, kommt unzweifelhaft Vorrang und Vorfahrt in allen Fällen zu. Noch nicht einmal der Anflug einer Rücksichtnahme auf den Mitbürger in Gestalt des Fußgängers hat sich ausgebildet. Hier lebt sich aus, was in der Metro so schon nicht mehr möglich ist: die blanke Macht der Stärkeren. Dies wird wohl erst anders werden, wenn Rücksichtnahme für den Automobilisten selbst als Gebot einsichtig wird, d. h. wenn die Zunahme des Autoverkehrs den Grad erreicht hat, wo Nichtbeachtung des anderen das eigene Risiko beträchtlich erhöht.

Es wäre reizvoll, eine Geschichte der Metro unter dem Gesichtspunkt der gesellschaftlichen Kultur zu verfassen; sie müßte den ästhetischen Schock, den das neue Fortbewegungsmittel auslöste – und immer noch auslöst, wie man in den Gesichtern derjenigen, die sich ihm erstmalig anvertrauen, ablesen kann –, beschreiben, die neue Zeiterfahrung analysieren. Dabei wäre vermutlich eine Entdeckung zu machen: daß Tempo, Pünktlichkeit, Rationalität der Metro nur das Janusgesicht einer anderen Zeit sind. Denn was in der rasenden Fahrt in der Metro an Zeit gewonnen wird, wird an anderer Stelle durch die Mühsal des Wartens, die unendliche Langsamkeit in der Organisierung des alltäglichen Lebens wieder verloren. Es ist eben nicht die Maxime von *time is money*, die hier gesellschaftlich wirksam ist. Wenn die Intourist-Führer den Fremden die Metro vorführen, dann hat dies Sinn: die Metro wird so lange eine Sehenswürdigkeit bleiben, solange ihre «Schrittmacherfunktion» für eine erdrückend langsame Zeit außerhalb der Metro nicht erloschen ist.

Leichter als anderswo läßt sich in der Metro auch eine Vorstellung von der Landkarte des Reiches gewinnen. Wer auf der Rolltreppe in die Tiefe gleitet, hat Zeit zum Räsonnement, wenn die hunderttausend Gesichter sich auf der anderen Seite an ihm vorbeibewegen. Nirgendwo habe ich größere Vielfalt der Gesichter, der Rassen, der Hautfarbe, der Kleidung, der Bewegungsform gesehen als hier. Die Individualität, die hier die Gesichter beherrscht, verdankt sich indes nicht dem exzentrischen Make-up oder sensationellem Kopfputz. Es ist eine Individualität, die es noch nicht nötig hat, sich von den von der Mode diktierten Standards zu distanzieren, um das eigene Gesicht zu wahren.

«Wir haben die Metro!» – so lautete eine der Inschriften auf den Transparenten, die im Mai 1935 auf der Demonstration zur Eröffnung der Metro mitgeführt wurden. Eine Demonstration zur Eröffnung eines städtischen Verkehrsmittels, nein: zur Eröffnung der Metro der Metropole, was könnte mehr verdeutlichen, daß die Geschichte der Arbeit für einen winzigen Moment auch ein Moment der Geschichte, eine Zäsur, geworden ist. Die Moskauer Metro ist vielleicht mehr als andere nicht einfach ein Bauwerk, das sich im Einklang mit den Konjunkturen des städtischen Wachstums erwei-

Menschen in Moskau. Photographie von Henri Cartier-Bresson, 1953

terte, im stillen weiterwuchs, wie es einem so alltäglich-nützlichen Ding, wie es ein öffentliches Verkehrsmittel ist, zukommt. Nein: die Moskauer Metro will als geschichtliches Ereignis verstanden werden, sie hat eine Geschichte.

Als der erste Schacht ins Erdreich getrieben wird, in der Russakowskaja uliza, geschieht dies natürlich nicht an irgendeinem Tag, sondern am 7. November 1931, dem 14. Jahrestag der Oktoberrevolution. Als die ersten Fördertürme errichtet werden – auf der Mjasnizkaja, in Sokolniki und auf dem Ochotny rjad –, strömen die Moskauer zur Besichtigung zusammen. Romain Rolland, schon gebrechlich, schont sich nicht und sucht in Begleitung Gorkis die Metrostroi-Komsomolzen auf. Und wenn mich nicht alles täuscht, dann ist auf einer Photographie – im Vordergrund Demjan Bedny und Alexandr Besymenski – mit Proletenkappe, Lederjacke und Hornbrille Bert Brecht zu Besuch bei den Metrobauern auf dem Schacht Nr. 10 auf dem Ochotnyj rjad auszumachen; ein Gedicht hat er ihnen jedenfalls gewidmet. Und wer trägt die auf dem Reichstag gehißte Fahne der Roten Armee auf der Siegesparade auf dem Roten Platz? Der Metrobauer und Held der Sowjetunion Konstantin Samsonow. Und bevor die Metro am 15. Mai 1935 um sieben Uhr früh dem öffentlichen Verkehr übergeben wird, wird pflichtgemäß erst einmal dem VII. Sowjetkongreß berichtet: 2500 Arbeiter von *Metrostroi* marschieren in Arbeitskleidung auf die Abschlußsitzung des VII. Kongresses am 6. Februar 1935, rapportieren und geben grünes Licht. In der Nacht des 6. Februar fahren die 2500 Delegierten des Kongresses als erste Passagiere in den ersten acht Zügen der Metro auf der fertiggestellten Linie von *Sokolniki* bis zur Station *Dworez Sowetov* (heute *Kropotinskaja*).

So wie die Hochhäuser womöglich Monument der krampfhaften Selbstdarstellung einer auslaufenden geschichtlichen Periode geworden sind, so ist die Metro ein Monument ihrer Epoche: das Monument einer Schlacht unter Tage, das Magnitka im Untergrund Moskaus.

Julius Fučik, der den Metrobau aus nächster Nähe beobachtet hat, meinte: Wenn jede Stadt, die an den Bau einer Untergrundbahn ging, ihre speziellen Probleme gehabt habe, so seien sie in Moskau alle zusammengekommen. Berlin hatte seine Schwierigkeiten mit dem hohen Grundwasserspiegel, London mit dem anarchischen Wurzelwerk von Kanalisation, Kabeln und Tunneln, Paris und Madrid standen vor Problemen, weil die ziemlich nah an der Erdoberfläche geführten Tunnels mit den alten Fundamenten der Gebäude kollidierten. In Moskau kamen zu all diesen Schwierigkeiten noch die komplizierten geologischen Verhältnisse des Grundes, auf dem die Stadt errichtet ist. Und ein gewisser Herr Sieghart, Ingenieur der Siemens-Bau-Union, wird heute noch namentlich erwähnt einfach deshalb, weil er sein Patent, wie nämlich der sandige Untergrund stabilisiert werden könnte, nicht preisgeben wollte.

Die Idee, Moskau – einstmals aus Dörfern bestehend und nicht so recht zur Stadt zusammengewachsen – durch eine Revolutionierung der Verkehrsmittel zur Stadt zu machen, ist schon vor der Revolution gedacht worden. Es kam nicht dazu, obwohl die Erhöhung des Tempos selbst innerhalb einer Generation ziemlich radikal anmutet: noch bis in die siebziger Jahre des vergangenen Jahrhunderts ging die Bevölkerung zu Fuß, 1872 fuhr die erste Pferdebahn von der Iberischen Pforte zur Twerskaja. 1903 wurde die erste Straßenbahn eröffnet, die aber aufgrund des Verkehrschaos kaum schneller vorankam als ihre Konkurrenten – die *iswoschtschiki* mit ihren Pferdefuhrwerken. 1907 tauchte dann das erste Auto auf, Taxis kamen in Mode, und fast 20000 Moskauer Fuhrleute standen vor dem Ruin. 1924 erschien als neues Massenverkehrsmittel der Autobus. Schon früh war von der Metro die Rede: 1902 suchten die Amerikaner um eine Konzession zum Bau der Metro nach, der Ingenieur Balinski unterbreitete der Moskauer Stadtduma einen eigenen Vorschlag. Er wurde abgelehnt. Auf alten Ingenieurzeichnungen kann man sich eine Vorstellung davon machen, wie sich die zukunftsorientierten Techniker und Architekten die Lösung des Moskauer Verkehrschaos vorstellten: Untergrundbahnen, Hochbahnen, sogar Luftschiffe und Flugzeuge sind eingezeichnet – neben einem motorisierten Schlitten.

Und dann fallen die Entscheidungen rasch, ja: es werden Berge versetzt. Im Juni 1931 nimmt das Plenum des ZK der Kommunistischen Partei den Beschluß zum unmittelbaren Beginn des Metrobaus an. Im November werden Probeschächte ausgehoben und Fördertürme errichtet. Geologen erforschen 1932 den Grund entlang der geplanten Linie. Laut Sownarkom avanciert der Metrobau «zum wichtigsten staatlichen Bauvorhaben».

Im März 1933 wird auf dem ploschtschad Swerdlowa bereits der zwölfte Schacht vorangetrieben. Nach 21 Tagen hat der Schacht eine Tiefe von 18,3 Metern – zwei Monate eher als vorgesehen. Auf Schacht Nr. 20 wird erstmals die neue Technik, den Grund zu vereisen, angewandt, um die Tunnels voranzubringen. Im Mai 1933 schickt der Komsomol seine erste Tausenderschaft auf den Bau. Gleichzeitig beginnt im Mytischtschinski-Betrieb die Arbeit an Konstruktion und Bau der Waggons. Juni 1935: unter dem Ochotny rjad treffen die Schächte Nr. 10 und Nr. 11 aufeinander. 4,3 Meter wurden an einem Tag gebaut, wie berichtet wird: 400 Prozent der Tagesnorm. Im Januar 1934 nehmen neben Soldaten und Eisenbahnarbeitern 37000 Arbeiter aus Moskauer Betrieben an den *subbotniki* teil. Im Mai arbeiten insgesamt über 70000 Menschen an der Metro – sie werden aus allen Landesteilen herbeigerufen oder kommen freiwillig: vor allem aus den im Bergbau erfahrenen Regionen des Donbass, aus dem Ural, vom Kaukasus. Im Februar ist im Schacht Nr. 29 das erste Tunnelstück fertig: 220 Meter. Im Mai wird zum erstenmal ein Vortriebsschild eingesetzt, im Juni nimmt die erste unterirdische elektrische Station ihren Betrieb auf. Im Oktober erprobt man die erste in der Sowjetunion projektierte und gebaute Rolltreppe. Am 15. Oktober rollt der erste Wagen – mit der Nummer 1 – aus dem Depot über das 2,5 Kilometer lange Stück zwischen *Sokolniki* und Komsomolskaja ploschtschad. Im November wird der Tunnel unter der ploschtschad Dsershinskogo fertiggestellt. Im Januar 1935 verlegt man unter der Straße zur ploschtschad Swerdlowa die letzten Gleise: die Linie ist fertig.

Die Linie, die innerhalb von vier Jahren entstand, umfaßte folgende dreizehn Stationen:

Sokolniki, *Krasnye Worota* (heute: *Lermontowskaja*), *Kirowskaja*, *Dsershinskaja*, *Ochotny rjad* (heute: *prospekt Marxa*), *Biblioteka imeni Lenina*, *Dworez Sowetow* (heute: *Kropotkinskaja*), *Park Kultury imeni Kominterna* (heute: *Kalininskaja*), *Arbatskaja* und *Smolenskaja*.

Daß dies alles nur möglich war aufgrund der militarisierten Form der Arbeit, ist kaum anzunehmen. Eher war es eine gewaltige Anstrengung, bei der sich Militantes mit Militärischem vermischte: schon sprachlich kommt das zum Ausdruck in «Front des Metrobaus», «Stoß- und Stachanow-Arbeit», «Helden der Arbeit», «Bekämpfung der Schädlingsarbeit». Vermutlich lügen nicht alle Bilder, es gab den Heroismus und selbstlosen Einsatz von Zehntausenden, und es gab tatsächlich eine zur materiellen Gewalt gewordene Idee: daß dies die schönste Stadt der Welt werden solle. Auch dies ist wiederum ein Teil der «anderen Wahrheit», über die uns der Epiker des Gulag nicht aufklärt. Sie ist so kompliziert wie das Rätsel des Autobahnbaus, das bei uns auch heute noch der anderen schrecklichen Wahrheit im Wege steht.

Die Metro ist wohl auch ein Symbol für ungeheures Organisa-

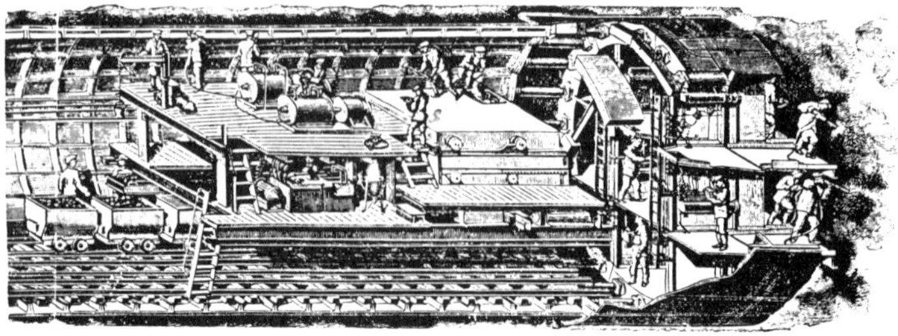

Metrobau im Schildvortrieb

«Und all dies
War in einem einzigen Jahr gebaut worden
Und von so vielen Bauleuten
Wie keine andere Bahn der Welt. Und keine
Andere Bahn der Welt hatte ja so viele Besitzer.»
Bertolt Brecht

tionstalent und Findigkeit in aussichtslos erscheinenden Situationen. Rottert, der sich in New York, Philadelphia, Detroit, Berlin und Paris umgesehen hat, der die Arbeiten am Bau des konstruktivistischen Hauses der Staatsindustrie in Charkow und des Dneproges geleitet hat, ein der Sowjetmacht ergebener *spez*, war Kommandeur der zehntausendköpfigen Armee unter Tage, ihm zur Seite jener Typus des Ingenieurs, der sein Wissen nicht mehr in erster Linie auf der Akademie, sondern in der Praxis erworben hatte, Jegor Abakumow aus dem Donbass, ein *praktik*, von dessen technischem, organisatorischem und menschlichem Geschick alles abhing.

Der Metrobau ging auch im Krieg weiter: *Novokusnezkaja*, *Awtosawodskaja* etwa oder *Ismailowski park* wurden in den Kriegsjahren errichtet – obwohl Tausende der Metrobauer an die Front abgezogen waren, Hunderte von Betrieben nun für die Front produzierten.

In den Kriegsjahren erwirbt die Metro schnell den Ruf des sichersten Zufluchtsortes: Moskau trotzte den Armeen Hitlers, auch wenn die Revolutionsfeierlichkeiten nicht wie üblich im Großen Theater, sondern eben in der Metrostation *Majakowskaja* stattfanden (6. November 1942). Die Metro nahm auch den Generalstab auf: für lange Zeit hielten aus eben diesem Grund die Züge nicht auf der Station

Kirowskaja. Eine andere Quelle nennt die Station *Kirowskaja* als Luftschutzkeller für das diplomatische Korps. Die Metro schützte die vor Bombenangriffen Flüchtenden – nicht anders als in Berlin –, zwischen Juni und Dezember 1942 kamen hier, so wird erzählt, 213 Kinder zur Welt. Und doch ist die Kriegsgeschichte der Moskauer Metro eine andere als die der Berliner Untergrundbahn. Wen wundert, daß die Herren des siegreichen Moskau in der Zeit nach dem Krieg auch die Metrobauer wissen ließen, daß nun anders, gewaltiger, schöner, kolossaler zu bauen sei – wies es sich für Sieger gehöre. Die Ringlinie entstand im wesentlichen in der Nachkriegszeit, etwa bis 1953. Dies ist schon nicht mehr die kräftige und doch schöne Architektur der Vorkriegszeit, sondern alles ist zu schön, zu prächtig, zu mächtig. Byzanz triumphiert über die Ethik der Stoßarbeit, das goldglänzende Mosaik oder Deckengemälde über die schmucklose Kassettendecke. Doch welchen Sinn ergibt der Versuch, den Himmel auf Erden ausgerechnet unter die Erde verlegen zu wollen, in die Tunnels des modernen Massenverkehrs?

In diesen Tagen wird in den Zeitungen mitgeteilt, daß man die Metrostationen *Majakowskaja*, *Kropotkinskaja* und das von Ladowski in Form einer Muschel errichtete Vestibül der Station *Lermontowskaja* zu «Denkmälern der Architektur» erklärt habe. Sie alle liegen im inneren Bezirk der ersten Bauabschnitte der dreißiger Jahre. Inzwischen ist das Netz über diesen Bezirk weit hinausgewachsen: 114 Stationen werden gezählt, täglich benutzen im Schnitt sechs Millionen Menschen die Metro (einer Zählung aus dem Jahre 1976 zufolge waren es bis dahin rund 40 Milliarden), rund 40 Prozent des Passagierverkehrs wird über die Untergrundbahn abgewickelt.

Und ständig wird weitergebaut, auf manchen Plänen ist bereits die neue Nord-Süd-Linie eingezeichnet (von *Otradnoje* im Norden nach *Krasny majak* im Süden). Die neue Linie unterquert das gesamte Zentrum, kreuzt die bestehenden Linien an den Stationen *Nowoslobodskaja*, *Arbatskaja* und *Dobryninskaja*. Freilich gibt es auch hier noch Stoßarbeit, Helden und Heldenfeiern – doch etwas hat sich normalisiert, das Jahrhundertbauwerk ist nun bloß noch sinnvoll und zweckmäßig. Dies zeigt sich am deutlichsten in den seit den sechziger Jahren gebauten Metrostationen, die sich freilich dem großen Vorbild verpflichtet fühlen. Die Anlagen sind ebenfalls groß, mit glänzenden Materialien ausgestattet, doch alles ist «normaler»: die Übergänge sind kürzer, die Treppen von der Erdoberfläche nach unten nicht so unendlich, Rolltreppen sind nicht mehr überall nötig, das Auge wird nicht irritiert durch ein Übermaß an Schmuck (*Gorkowskaja, Puschkinskaja, Warschawskaja, Prospekt Wernadskogo* usw.). Die Metro ist gewachsen mit den Generationen, die diese Stadt errichtet haben: sie ist der Ausdruck ihrer Tatkraft, ihrer Vorstellungen, auch ihrer Erwartungen eines schöneren Lebens. Daher liegt es in einer Stadt, in der sich ohnehin geschichtliche Epochen wie im Zeitraffer zusammengedrängt haben, nahe, diese «Generationendifferenz» auszumachen.

Es gäbe freilich auch einen anderen Weg. Man könnte sich zum Beispiel auf der literarischen Linie fortbewegen: von der *Majakowskaja* zur *Puschkinskaja*, von der *Gorkowskaja* zur *Lermontowskaja* oder *Turgenewskaja*. Man könnte sich zwischen den Bahnhöfen bewegen und feststellen, wie sich der Einzugsbereich der Bahnhöfe bereits in den Ornamenten der jeweiligen Metrostationen ankündigt. Doch ist es vielleicht am sinnvollsten, sich tatsächlich auf den Spuren der Generationen, d.h. der zeitlichen Bauabschnitte fortzubewegen oder jene Stationen aufzusuchen, an denen die Handschrift des Architekten die Signatur der Zeit zum Ausdruck bringt. Ich nenne sie der Einfachheit halber zusammenfassend: die Linie der Ethik der Stoßarbeit, die Linie des triumphierenden Feldherrn, die Linie der normalen Fortbewegung.

Die Linie «Ethik der Stoßarbeit» umfaßt die vor und während des Krieges gebauten Stationen, also im ersten Bauabschnitt (1935):

Sokolniki
Krasnoselskaja
Komsomolskaja
Lermontowskaja
Kirowskaja
Dsershinskaja
Prospekt Marxa
Biblioteka imeni Lenina
Kropotkinskaja
Park Kultury

Kalininskaja
Arbatskaja
Smolenskaja

Im zweiten Bauabschnitt (1938) sind dies:

Ploschtschad Swerdlowa
Majakowskaja
Belorusskaja
Dinamo
Aeroport
Sokol

Im dritten Bauabschnitt (1944):

Baumanskaja
Elektrosawodskaja
Semjonowskaja
Izmailowski park

Fast alle diese Stationen sind von einer eindrucksvollen, strengen, manchmal auch als zu schwer empfundenen Schönheit; dort regiert zwar nicht die Sparsamkeit – das ganze Land trug bei zum Bau: aus Leningrad kam die Technik, aus dem Altai, dem Ural, dem Kaukasus der Granit, Porphyr, Labrador –, sondern der Wille zu einer *eigenen* Ästhetik der Pioniere. Es ist sicher auch kein Zufall, daß sich hier sowohl die strengen Formen des Akademikers Fomin und die noch vom Konstruktivismus abgeleiteten Linien eines Duschkin finden. Fomin (1872–1936), der bei Kekushew und Schechtel, den Meistern des Jugendstils in Moskau, gelernt und gearbeitet hatte, ist der Architekt der Stationen *Lermontowskaja* und *Ploschtschad Swerdlowa*. Duschkin (1903–1977), ein «Junger» also, ist der Erbauer der Stationen *Kropotkinskaja*, *Ploschtschad Rewoljuci*, *Majakowskaja*, *Awtosawodskaja*, *Nowoslobodskaja*. Ladowski, der Professor von WChUTEMAS, hat *Dsershinskaja* konzipiert, Gonzkewitsch die Stationen *Biblioteka imeni Lenina* und *Kalininskaja*. Der in Rom ausgebildete Architekt Iofan, Urheber des phantastisch-irrsinnigen «Palast der Sowjets»-Projekts, wirkte mit bei der Gestaltung der Station *Baumanskaja*; Helfreich hat sich im Vestibül der Station *Nowokusnezkaja* in die Liste der Metrobauer eingereiht. Der an Oskar Schlemmer erinnernde Deineka hat die Deckengemälde in den Kuppeln der Metrostation *Majakowskaja* gestaltet.

Treppe im Haus Neidhart in St. Petersburg. Arch. I. A. Fomin, 1913

Durchgang in der Metrostation Swerdlow-Platz. Arch. I. A. Fomin, 1936–1938

Vielleicht ist es zu gewagt, in Anbetracht so verschiedener Leute wie Fomin und Duschkin eine einheitliche Linie zu hypostasieren, doch scheint es mir evident, daß – die «Urlinie» abfahrend – die Stationen allesamt von diesem strengen, verhaltenen Stil beherrscht sind. Dies wird wohl am deutlichsten, wenn von dieser «Generation» zu der folgenden umgestiegen wird. Man kann dies an den Verbindungsbahnhöfen von dieser «Urlinie» zur Ringlinie tun, die im wesentlichen zwischen 1945 und 1953 gebaut worden ist: also die Ringstationen *Komsomolskaja*, *Kurskaja*, *Belorusskaja*, *Kijewskaja*, *Park Kultury*, usw. Die Gewölbe überspannen hier nicht einfach die beidseitigen Marmorsäulenreihen, sondern werden ein selbständiger Raum: in der Station *Komsomolskaja* wird sie zur Projektionsfläche für Geschichte: für die militärischen Heldentaten Alexandr Newskis, Dimitri Donskois, für Suworow und Kutusow, für die über den Faschismus triumphierende Parade. Auf der Kijewskaja-Ringstation sind es Bilder, die die «historische» Freundschaft zwischen der Ukraine und Rußland beschwören. Das heißt, die Decke ist nicht mehr bloß eine Decke, sondern Raum für magische Vorgänge. Der

Blick soll in die Höhe gelenkt, der Passant belehrt werden. Man kann hier verstehen, warum die Beschäftigung von Tausenden von Malern, Stukkateuren, Mosaikbildnern usw. anderwärts unterbleiben mußte: wo die Gegenwart sich schon zur Geschichte stilisiert, kann kaum Energie für die Pflege der Geschichte selbst übrigbleiben.

Die Linie der Normalität ist die Linie der einfachen Fortbewegung, sie breitet sich aus, über den Ring hinaus, wo die neue Stadt wächst. Man hat zweifellos wieder bei den früheren Meistern gelernt. Duschkin, der Meister der *Majakowskaja*, hat retrospektiv sehr klare Worte gefunden: «Optischer Betrug bringt nichts. Für einen fensterlosen Raum, wie es die Metro ist, ist das Licht lebenswichtig, ein organisch strukturelles Element, das das Material belebt und die räumlichen Lösungen betont.» Sein Credo: die Station *Kropotinskaja* (an der *Majakowskaja* kritisiert er, daß nicht alle damals projektierten konstruktiven Möglichkeiten auch praktisch umgesetzt wurden). Er gesteht, daß er sich zwecks Lösung der ihm gestellten Aufgabe, dem Metrobau, in die ägyptische Gräberarchitektur eingearbeitet habe. Die Säulenhallen aus den unterirdischen Labyrinthen der Pyramiden dienten ihm als Vorbild für die konstruktiven Lösungen. Und: in der Strenge drückt sich der Respekt des Architekten vor den Metrobauern aus, vor jedem Zentimeter, den sie dem steinernen Orkus abgewinnen.

Illustration

Es geht nicht um die Fixierung des Ausgefallenen, Überambitionierten. Es geht um keine Koketterie mit dem Abseitigen und nicht um eine elitäre Verhöhnung dessen, der an die Illustriertenbilder oder Reiseprospekte gewöhnt ist.

Das Bild hat gegenüber dem Text einen eigenen Wert – wenn das Bild beweisen soll, was der Text an sich nicht hergibt, dann ist der Text schwach. Bilder sind eine gewisse Stütze für den Lesenden, ein Lese- und Merkzeichen, ein Anhaltspunkt, von dem aus die Imagination weitergeht. Fremd ist der Illustration auch der pädagogische Zeigefinger: Dies mußt du sehen, und wenn du es nicht siehst, dann hast du eben nichts gesehen. Die Bilder fügen sich zwangslos ein in den Text, der ein großes Fragment ist und der zunächst nur wiedergibt, was *ich* sehe und möglicherweise auch andere.

Die Bilder sollen einfangen, fixieren, was man wahrnimmt, was man aber eher im Unterbewußtsein registriert, dorthin verdrängt, um genug Kraft für die große Perspektive und das Wesentliche mit dem Fluchtpunkt am Ende zu haben. Die Bilder registrieren das Beiläufige, das, was nebenherläuft tagaus, tagein. Unser Sehen ist ja in Wirklichkeit ein Lesen über weite Strecken, doch wir lesen in bekannten und vertrauten Kontexten auch nicht jedes Wort, jeden Satz silben- und buchstabenweise, sondern erfassen ihn in einem Zug, als Ganzes. Oft wird aber das Ganze nur kenntlich, wenn man durch das einzelne Moment hindurchgeht, etwa den Klang einer Silbe, den Schnörkel einer Redewendung. Wir sind von Zeichen umgeben, wir können ohne sie nicht leben, uns nicht zurechtfinden, obgleich sie für uns als selbständige Chiffren nicht existieren: Theaterplakate mit roten Lettern, die ein neues Spektakel ankündigen; Plaketten an Bus- und Tramhaltestellen; Wegweiser überhaupt; Schilder von Kaufhäusern: *Atelje*, *Uniwermag*, *Moroshenoe*, *Tabak*, *Produkty*; Gedenktafeln mit gestalteten Reliefs, Geburts- und Todesdatum; schwarze Tafeln mit goldenen Buchstaben an den Eingängen der Behörden usw. Das Beiläufige ist, sobald der Fußgänger stehenbleibt, nicht mehr beiläufig, er hält inne, er stutzt. Dabei gehe ich davon aus, daß im Prinzip jedes Detail, weil es ein geschichtliches ist, mit seiner Zeit verbunden, von ihr hervorgebracht, ein gültiges Dokument ist, ein lesbarer Buchstabe oder gar eine Silbe zu dem großen Text, der Geschichte heißt. Jede Zeit hat ihren eigenen Schriftzug, ihre eigene Haltung, ihre eigene Art, anzugeben oder sich zurückzuhalten. Bekanntlich steigert das Lesen alter Texte die Fähigkeit, in den Geist einer Zeit einzudringen, gewissermaßen mit ihr intim zu werden. Die Details sind gegeben, sind steinerne, marmorne, eiserne Ablagerungen in der Stadtgeschichte. Der Text ist geschrieben. Wir können nichts ändern. Wir können uns ihm nur mit gehörigem Respekt nähern, so wie man ein altes Buch mit besonderer Sorgfalt behandelt. Es gibt natürlich eine gewisse Minimalvoraussetzung für dieses Lesen des Textes. Und schließlich geht es noch um etwas: das Lesen eines Buches muß einem Freude machen, es muß schön sein, das gehört gewissermaßen zur Wahrhaftigkeit. Die Einheit, die die Bilder einem Text geben können, muß offen sein, nicht oktroyiert, nicht hermetisch. Ihr Zusammenhang muß so sein wie der Text: die Punktierung eines Bildes, das Fragment ist (und ich für meinen Teil behaupte, daß Moskau sich nicht als Ganzes, Einheitliches darstellen läßt, sondern nur als Fragment). Also nicht der Versuch, eines dieser vielen impressionistischen Mosaike legen oder malen zu wollen. Die Gestaltung eines Mosaiks ist auch oft genug die Ausrede für das Fehlen eines einheitlichen und durchgehenden Gedankens.

Aber wie gesagt: das Ganze läßt sich nicht «machen», wie man einen idealen Querschnitt, einen Bilderbogen, der von jedem ein bißchen zeigen soll, zusammenstellt. Sondern: es fügt sich zusammen oder es tut es nicht.

Beispiele: «Jedes Detail ist Zeit en miniature.» Ich nehme nicht ganz willkürlich eines heraus: *Eingänge*. Eingänge besagen viel: wie soll der Gast empfangen werden, welcher Gast oder Kunde wird überhaupt erwartet; wird der Kommende eingeladen, abgewiesen, eingeschüchtert, auf Abfertigung vorbereitet, auf Kommendes vorbereitet? Ist es ein Privathaus, eine Villa, ein Geschäftshaus, eine Behörde, ein Ministerium, ein Laden, ein Hotel, ein Wohnhaus (was für ein Wohnhaus?), eine Fabrik (und was für eine Fabrik, eine für Schwerarbeiter oder eine für geistige Arbeiter?). Dies alles läßt sich in gewisser Weise ablesen am «Text» der «Eingänge». Und es läßt sich auch der Gang der Zeit ablesen: etwa, daß er nivellierend auf die differenzierte Aufwartung, die der bürgerliche Kaufmann seinem Kunden zukommen ließ, gewirkt hat; oder: daß sich das Imponiergehabe der Behörden beträchtlich gesteigert hat. So ist z. B. die Aufforderung an Türen «*propusk* aufgeschlagen vorzeigen» fast eine Signatur des neuen Zeitalters: ohne *propusk* kommt man nirgendwo mehr hinein; oder: daß die Eingänge etwa der gewaltigen Hochhäuser so weit zurückgesetzt sind, daß sich gewiß kein zufälliger Passant auf den Weg macht, die Distanz zwischen Straßenrand und Eingangstor zu überwinden, denn wer dorthin geht, der wohnt auch in den privilegierten Bastionen.

«Den laufenden Film anhalten.» Dazu gehören, was ich oben schon angedeutet habe, die Etiketten des Alltags, die sich uns unbewußt einprägen, an denen sich eine Stadt aber gewissermaßen selbst erkennt: Kioskaufschriften (*Tabak, Knigi, Bukinist*), Geschäftsschilder, einfach oder in Leuchtreklame (*Produkty, Uniwermag*), politische Wegweiser («Es lebe die kommunistische Arbeit», «Vorwärts zum Kommunismus», «Friede», «Erfüllen wir die Beschlüsse des Novemberplenums» usw.). Man braucht hier nur ein paar Buchstaben festzuhalten, und schon kennt der hier Lebende den Rest der Losung. Dazu gehören auch die Kürzelmonster – meist goldene Buchstaben auf schwarzem Grund, Metall hinter Glas –, die dem Eingeweihten ebenfalls mitteilen, wo er sich befindet – auch wenn er vielleicht den Sinn der Abkürzung nicht kennt.

«Stadt im Zeitraffer.» Es ist schwierig, unabhängig vom Kontext zu erklären, was damit gemeint ist. Daher zunächst einige Beispiele: Man behauptet oft – auch von kritischer Seite – daß es einen krassen Bruch gegeben habe zwischen der Architektur der zwanziger und der dreißiger Jahre und alles folgende nur noch Schund gewesen sei («Zuckerbäcker»). Ein solches Urteil hält keiner gründlichen Überprüfung stand. Man sehe sich die Übergangsbauten an, wo sich Konstruktivismus und Klassizismus auf originelle Weise verbinden; man betrachte einmal in Ruhe ohne die Aufgeregtheit, sobald es um Zuckerbäckerei geht, die Säulenanordnung in der Metrostation *Ploschtschad Swerdlowa*. Es beweist hier das *Detail*, daß der üblicherweise gedachte Zusammenhang nicht stimmt (und dies zu zeigen ist oft schon genug!). Oder die Überdachungen der Hauseingänge. Sie sagen etwas über das örtliche Klima, über die Kultur des Wohnens, über die Konservierung und die Haltbarkeit alter, oft siebzig Jahre alter Konstruktionen. Oder schmiedeeiserne Gitter um die Villen – fast ein eigener Zweig der Jugendstilgeneration. Oder Türen, die hier aus Not überlebt haben, nicht durch neue ersetzt wurden. Oder das Gebirge *Metropol* – ich spiele fast mit dem Gedanken, daß sich an diesem Haus, in verschiedener Belichtung und Beleuchtung, prismatisch mehrere Zeiten zusammenfassen lassen, raffen lassen, verdichten lassen (Balkons, Fenster, Lampen, geschmacklose Modernisierung, Aufsätze auf dem Dach, die Inschrift des Frieses, die Kamine usw.). Oder der Kreml – über dem Gesamtensemble kommt man meist nicht dazu, das zu sehen, woraus er besteht: aus Kuppel, Zackenreihe der Mauer, aberwitziger Farbkombination (Grasgrün, Habsburger Gelb, Karminrot, Blutrot – die Fahne auf dem Senatsgebäude! –, die Weißtannen). Dabei setzt sich die «Rätselhaftigkeit» des Kreml gerade aus diesen uns ungewohnten Kontrasten zusammen.

Klöster und Friedhöfe

Den Reisenden, die Moskau noch vor dem großen Umbau sehen durften, gingen Auge und Herz über beim Anblick der «vierzigmal vierzig Kirchen». Ihr Blick wurde gelenkt von einer Kirche am Ende eines Prospekts, in der Ferne einer Anhöhe, überrascht von dem Glockenturm in einer der Hauptgeschäftsstraßen oder angezogen vom Mauerwerk eines Klosters in einem Park. Wer heute nach Moskau kommt und beim Anblick einer Stadt voller Kirchen und Klöster ins Schwärmen gerät, der sagt, wie mir scheint, nicht die Wahrheit. Denn die Pracht von einst ist entthront. Nun ist es nötig, sich sogleich gegen ein Mißverständnis abzusichern. Noch immer sieht man in Moskau, oder besser: findet man in Moskau möglicherweise mehr Kirchen und Klöster als in christlich gebliebenen Städten Mitteleuropas.

Auf der Suche nach Klöstern und Kirchen geht es also um etwas anderes: um die Feststellung, daß sich der «Dekorationswechsel» wahrscheinlich nirgends nachhaltiger vollzogen hat als gerade in der Entwertung der von Kirchen bestimmten alten Silhouette Moskaus. Man hat die Kirchen nicht abgerissen, sondern in den Schatten gestellt. Gewiß sind auch kostbarste Kleinodien altrussischer Kirchenkunst der Spitzhacke zum Opfer gefallen. Zu denken wäre hier beispielsweise an das Tschudow-Kloster im Kreml oder das Simonow-Kloster, das dem Bau des Kulturhauses der SIL-Autowerke weichen mußte. Doch scheint Liquidierung nicht die vorrangige Lösung gewesen zu sein; kirchliche Bauwerke wurden nicht abgerissen, sondern umdefiniert – manchmal auch beides: das Strastnoi-Kloster, dort, wo heute Puschkin-Denkmal und Kino *Rossija* stehen, war nach der Revolution Zentralmuseum für Gottlosenpropaganda, später wurde es abgerissen.

Wenn früher die Häuser in bezeichnender Distanz und angemes-

Mariä-Schutz-Kirche «am Graben», sogenannte Basilius-Kathedrale, erbaut 1555–1561

sener Proportion um die Klöster herum errichtet wurden, so wird heute deutlich, daß die Kirchen um jeden Quadratmeter freien Lichts und ungestörten Blicks zu kämpfen haben. Der Respekt ist verschwunden: Kirchen sind in Hinterhöfe gewandert, von den viele Stockwerke hohen Wohnmaschinen eingekreist und dadurch ihres «Stellenwertes», ihrer Stellung beraubt. Man findet sie nicht dort, wo man sie erwartet, sondern am ehesten dort, wo man nicht auf sie gefaßt ist: von den Hauptmagistralen abgedrängt, im Innenbezirk der von Modernisierung noch verschonten Viertel, im fast vertrauten Verbund mit Fabriken, eingeschlossen von den erweiterten Geländen großer Betriebe, manchmal auch von innen aufgebrochen durch die Etablierung eines Instituts, eines Speditionslagers oder einer Fabrik zur Herstellung von Schuhen oder einer Druckerei. Und nicht zu vergessen: man findet sie auch herauspräpariert wie eine Muskelfaser aus dem übrigen Körper und ausgestellt als lebloses Symbol, als bloße Schale eines ausgestorbenen Fossils, konserviert im Schatten von Hochhäusern – wie jenes weiße Kirchlein des Simeon Stolpnik am prospekt Kalinina. Es wird viel gesprochen über die Vernachlässigung, gar Herunterwirtschaftung, ja Zerstörung von Kirchen und Klöstern, doch meist in einem bloß technisch-architektonischen Sinn. Das viel Wesentlichere: daß man den Kirchen und Klöstern ihre Aura, die Sphäre des Unberührbaren genommen hat, den Umkreis der Ehrfurcht entweder bewußt zerstört oder mitleidlos der Schutzlosigkeit preisgegeben hat – darüber wird meist geschwiegen. Ich weiß nicht, woran es liegt: möglicherweise daran, daß selbst den aus dem Abendland Kommenden der Sinn für das Nichtprofane der Kirchenwelt abhanden gekommen ist. Der eigentliche Tod von Kirchen und Klöstern läßt sich weniger an der äußeren Zerstörung ablesen als vielmehr an der Bezeichnung, die die sowjetischen Kunstführer diesen Stätten gegeben haben: *Pamjatniki architektury*, d. h. Architekturdenkmäler. Dies ist die äußerste Profanierung, ja Entweihung, die solchen Orten angetan werden kann.

Stätten der Magie und des Kultus, einer Wahrheit, die tatsächlich von einer anderen Welt ist, lassen sich nicht schlicht umfunktionieren, sie sträuben sich gegen einen ihnen äußerlichen Zweck. Die Kuppelwölbung, an der noch die Farbspuren des «Gott-erbarmedich» sichtbar sind, ist nicht gespannt worden, um als Ersatzteillager zu dienen. Die Apsis, die einst den Raum hinter der Ikonostase barg, ist nicht für Regale eingerichtet, sondern für anderes und meinetwegen Höheres.

Nicht überall ist die Entweihung von Stätten des Gegners so forciert worden wie im Bereich der Kirchen. Es war der neuen Macht offensichtlich leichter, die Villen der alten Herrenklasse den in Moskau residierenden Vertretern ausländischer Staaten zur Verfügung zu stellen und so den Anstand zu wahren. Der französische Botschafter im neorussischen Palais des Kaufmanns Igumnow, der westdeutsche in einer Villa in der uliza Worowskogo, der amerikanische in der Residenz im Arbat-Viertel – all dies wahrt Takt und Stil.

Die Gründe, weshalb gerade die Klöster und Kirchen zur Zielscheibe einer bilderstürmerischen Entweihung wurden, sind geläufig: diese Bauwerke wurden begriffen als über Jahrhunderte hin funktionierende Stütze eines verhaßten Regimes, das nichts von seinem Reichtum, seinem Wissen und seinen Privilegien mit jenen teilen wollte, die anfänglich sich wohl noch mit einem Teil davon begnügt hätten, schließlich aber doch «alles zu werden» entschlossen waren. Kein Zufall, daß die als «Horte des finsteren Mittelalters» attackierten Klöster nach der Revolution in Stätten der Aufklärung umfunktioniert werden sollten; kein Zufall, daß man ein Nonnenkloster wie das Nowodewitschi-Kloster zum Museum der Befreiung der Frau umfunktionierte. Indes zeigte sich in solchen Aktionen nicht durchweg die Souveränität des Besserwissenden, sondern auch eine Schwäche: Wer den Gegner von einst so bewußt demütigt, der ist mit dem tausendmal totgesagten und tausendmal entlarvten Rivalen von einst noch nicht fertig geworden. Etwas von der Befangenheit des Siegers, der sich seiner Sache offensichtlich nicht sicher genug ist, ist auch heute der Art und Weise, wie die orthodoxe Kirche im öffentlichen Leben zugelassen ist, anzumerken.

Es wäre allerdings nicht zutreffend, die Einkreisung des Kirchlichen, die Profanierung dieser Sphäre oder zumindest ihre Beschränkung nur auf die Intervention der Sowjetmacht zurückzuführen. Bereits um die Jahrhundertwende mußten sich namhafte Architekten und Städteplaner inmitten des Booms, der das kapitalistische Moskau erfaßt hatte, für die Erhaltung der Kirchen und Klöster einsetzen. Bewegt und wehmütig berichtet schon der Autor eines Reiseführers von 1914, wieviel die neue kapitalistische Metropole von der alten Substanz der Stadt, von den Türmen und schützenden Mauern verschlungen hat. Eisenbahnen, Straßenbahnen, Mietshäuser legten schon Hand an diese Silhouette, lange bevor an eine zentrale sozialistische Stadtplanung zu denken war. Ja, es mutet wie Ironie an, daß die Autoren des Generalplans von 1935 gerade dies im Auge hatten: der durch Geschäftshäuser, Banken, Gesellschaftsbauten nivellierten Skyline Moskaus, die die Vertikale der Kirchen und Glockentürme verschlungen hatte, wieder zu ihrem Recht zu verhelfen! Die Silhouette der sieben Hochhäuser, die heute die Stadt beherrscht, ist nichts anderes als die Metamorphose der Vertikale der Kirchen und Glockentürme des alten Moskau, die Neugliederung einer Stadt durch architektonische Imperative, nachdem die Imperative der Vergangenheit nivelliert waren, ausgedient hatten.

Wenn der Einbruch in die Sphäre des Heiligen nicht nur auf Intervention von höherer Stelle zurückzuführen ist, womit läßt er sich dann als breitenwirksam erklären? Gewiß spielte in den ersten nachrevolutionären Jahrzehnten die atheistische Propaganda, die Entlarvung der Kirchenmänner, eine beträchtliche Rolle. Dies geschah mit oft vulgärmaterialistischen Broschüren, importiert aus dem Westen: Literatur der Französischen Revolution, Dietzgen, Mehring, Kautsky. Doch stärker als die Atheismuspropaganda des Komsomol dürfte anderes wirksam geworden sein: Mangel an solide gebauten Häusern. Wer heute als Drucker in einer der Kirchen-Fabriken arbeitet, für den hat sich die ursprüngliche Bestimmung des Raums längst verflüchtigt.

Wenn allzu forcierte Taktlosigkeit ein Zeichen von Unsicherheit ist – um welche Unsicherheit handelt es sich dann? Vielleicht kann man die Frage mit einer Gegenfrage beantworten: Was bewegt zu welchem Zeitpunkt die Behörden, der bedrohten Sphäre von einst wieder Existenzrecht zu gewähren? Wie erklärt es sich, daß Kirchen wiederhergestellt, sorgfältig restauriert und zum Teil der Kirche wieder zur Benutzung übergeben werden? Es sind sicherlich nicht nur die Einkünfte, die sich aus dem touristischen Geschäft ergeben. Mir scheint, es ist ein Gefühl, daß man jenseits der Haltung zur russischen *Kirche* zunehmend empfindet, daß es sich vor allem um *russische* Kirchen handelt, daß sie wie alles, was dem unmittelbar konkreten Bezug, der unmittelbaren Berührung und Gegnerschaft entzogen ist, aufgenommen werden in den umfangreichen Bestand der nationalen Kultur. Freilich war dies schon immer, seit dem Dekret Lenins von 1919 zum Schutz der «wertvollen Kulturdenkmäler», die offizielle Linie. Wenn sich jetzt verstärkt ein Bemühen um Konservierung der Vergangenheit zeigt, dann ist es zugleich viel elementarer als der explizite Wille der Revolutionäre, insbesondere solcher von Bildung wie Lunatscharski, das Erbe der Vergangenheit aufzunehmen: es ist die Empfindung, daß die Modernisierung des Landes Wunden geschlagen hat, die vom Wachstum der Gesellschaft nicht mehr gefüllt werden können. Die zerfallenden Kirchen und Klöster werden von einem wachsenden Bewußtsein dafür, daß die «Ressource Sinn» nicht unerschöpflich ist und daß zumal die nationale Komponente dieser Ressource defizitär geworden ist, profitieren. Zumindest in der Weise, daß sie äußerlich wiederhergestellt und statt als Fabrik und Lager als Museum oder Kulturstätte genutzt werden können.

Es war ja auch die tödliche Bedrohung der Sowjetunion durch die Armeen Hitlers, die Stalin, den rücksichtslosesten aller Realisten, zu einer Neubestimmung des Verhältnisses zur Kirche bewegt hat: der Metropolit Sergei, die Zielscheibe der Gottlosenpropaganda von ehedem, wird gebraucht für die Mobilmachung zum Großen Vaterländischen Krieg gegen Hitler. Erst in jenen Tagen, da der Metropolit den Kampf zur Verteidigung der Heimat zur Christenpflicht erklärt, tritt er erstmals in vollem Ornat wieder ins Licht der Öffentlichkeit. Doch dürfte dieser Akt kalkulierter Rehabilitierung der hierarchischen Spitze wenig gemein haben mit einer Wiederherstellung des Raums, in dem russische Frömmigkeit – und sie ist gewiß kein Klischee des Moskau-Reisenden Rilke! – sich über Jahrhunderte hin ausgedrückt hat.

Wenn die Klöster Moskaus mit ihren festungsartigen Mauern, den Glockentürmen, Kirchen und Refektorien einst allgegenwärtig waren, heute aber von allen Seiten eingeschlossen sind, so macht das schier vergessen, daß es nicht zuletzt die Klöster waren, die die Geburt und das Wachsen der Stadt ermöglicht hatten. Vom Grundriß der rasch wachsenden Stadt eingeholt und heute eher zentrumsnah gelegen, lassen sie nicht mehr ohne weiteres erkennen, daß die Stadt im Schutz der Klöster – und zwar im buchstäblich militärisch-strategischen Sinne – groß geworden ist. Man braucht sich jedoch nur die Linie, auf der die bedeutenden Klöster angelegt wurden, vor Augen zu führen; die Anlagen haben die Stadt gegen Süden und Südosten abgeschirmt. Vom Südwesten bis zum Südosten zieht sich der Halbkreis, der gebildet wird vom Nowodewitschi-Kloster, dem Donskoi-Kloster, dem Danilow-Kloster und dann wieder auf der anderen Moskwaseite vom Simonow-, Nowospasski- und Andronikow-Kloster. Und es sind entlang des heutigen Boulevardrings die Klöster, die den Boulevards einst ihren Namen gegeben haben; auch sie lagen an der Stelle des längst niedergerissenen Walls, der Moskau auf der Nordseite umgab.

Nicht die Flucht vor der Welt, die Flucht in die Abgeschiedenheit hat die Klöster an den Rand der wachsenden Stadt getrieben – was durch die im Unterschied zum westeuropäischen Mönchstum so entschieden introvertierte Tradition des Ostkirchentums ja erklärbar wäre. Vielmehr hat sich die Stadt hinter den Festungswällen der Klöster an der südlichen Peripherie entwickelt. Sie liegen, wenn man so will, aufgereiht an der vorgeschobensten Linie des christlichen Abendlandes. Dieser Linie hat es Europa in gewissem Sinne zu verdanken, daß die Bedrohung durch tatarisch-mongolische Reiterstürme nur eine Episode blieb. Das wehrhafte Moskau und nicht zuletzt seine Klöster und Kirchen haben für diese Entlastung mehr als einmal mit Brandschatzung und Vernichtung bezahlt.

Was ein Fremder auf einem Friedhof – zumal dem des Neujungfrauen-Klosters – zu suchen hat oder sucht, ist nicht ganz einfach anzugeben. Sich der Nähe der Toten auszusetzen, sich in den Kreis ihrer «sterblichen Überreste» zu begeben, ihnen Reverenz zu erweisen, einfach einer nicht näher begründbaren Neugier nachzugeben? Man kann den Friedhof als Wissender durchschreiten, von einem Grab zum anderen. Die Verknüpfungen werden eine bestimmte Logik haben: etwa von Chruschtschows Grabdenkmal – Neiswestny hat dem weichen Bauerngesicht fast condottierehafte Züge aufgeprägt – zum Grab Twardowskis, auf dem nur ein großer, wohl von Gletschern abgeschliffener Fels ruht; von dort vielleicht zu dem etwas ferner liegenden Grab Schukschins, das fast noch frisch erscheint. Man kann sich die Nekropole generationsweise oder nach bestimmten Disziplinen erschließen: erkennbar ist, wo Mitglieder der Akademie, berühmte Wissenschaftler und Gelehrte, wo Künstler oder aber die Helden der Armee in einer bestimmten Konzentration begraben liegen. Man wird solche Zielstrebigkeit aber schlecht durchhalten können, weil jedes Grab, an dem man vorbeigeht, schon deshalb, weil es ein Grab ist, Aufmerksamkeit verlangt. Es sind nicht nur markante Denkmäler – wie die der Architekten Fomin, Helfreich oder Iofan, die sich auch nach dem Tode noch zu ihrer Profession bekennen –, die ablenken, es ist nicht die symbolische Verewigung des Lebenswerks des Toten, die einen den Schritt verlangsamen läßt: etwa ein Panzermodell, eine Rakete aus Granit oder ein mit herabhängenden Schwingen daliegender Schwan – auf dem Grabmal des großen Sängers Sobinow, von Wera Muchina gestaltet –, ein riesengroßer Zeppelin aus Marmor, der an den Absturz gemahnt, oder die vielen kleinen Gräber bzw. Urnennischen in der Mauer des Friedhofs; es ist auch nicht nur die bei aller Planmäßigkeit verwirrende Überfüllung des Raums mit Gräbern, oft mit einem Bänkchen davor, sondern etwas anderes: unwillkürlich liest man die Daten, die die Grenzen des Lebens markieren, unwillkürlich wird man durch die Porträts festgehalten, unwillkürlich erschrickt man davor, einem, den man als Lebendigen aus dem, was er geschrieben hat, kennengelernt hat, nun plötzlich als Toten wiederzubegegnen (so erging es mir im Anblick des bescheidenen Grabes von Abram Moissejewitsch Deborin).

Solche Daten sind wie ein großes Netz, in dem sich das Leben verschiedener Generationen und Zeitläufe verschlingt. So findet sich etwa die Grabstelle des Volkstümlers Aschenbrenner – und nahe der Klostermauer scheint der Platz der Volkstümler und ältesten Revolutionärsgeneration zu sein – mit den Lebensdaten 1842 bis 1926; auch Wera Figner, die viel berühmtere Kampfgefährtin, die zwanzig Jahre in der Schlüsselburger Festung interniert war, liegt

Trotzki während seiner letzten öffentlichen Rede in Rußland – auf Joffes Begräbnis am 19. November 1927

«Als der Zug dem Friedhof näher kam, begannen die Zwischenfälle. Für einen Augenblick traten wir vor dem hohen zinnengekrönten Portal auf der Stelle; das Zentralkomitee hatte Befehl gegeben, nur etwa 20 Personen einzulassen. ‹Dann›, erklärten Trotzki und Sapronow, ‹kommt der Sarg auch nicht hinein und die Reden werden hier auf der Straße gehalten.›»
Victor Serge, Erinnerungen eines Revolutionärs

hier begraben. Dies besagt immerhin eine Lebensspanne, in die die geschichtliche Erfahrung der sechziger, der siebziger, der achtziger Jahre, der beginnenden Arbeiterbewegung, der ersten russischen Revolution, der Februarrevolution und der Oktoberrevolution fiel. Ein Leben, das von der 48er Revolution in West- und Mitteleuropa bis zur Etablierung der Sowjetmacht hinreicht. Wie viele Jahre dieses Leben im Untergrund, in der Verbannung, in der Emigration, im Gefängnis zugebracht wurden, läßt sich nur schätzen. Sicher ist jedoch: Es gibt Generationen, deren Lebenskreis bereits durch eines der genannten Ereignisse zu einem mit «Geschichte» gefüllten Leben geworden wäre, und es gibt Generationen, denen solche Art geschichtlicher Beschleunigung nur aus Büchern geläufig ist. Sie blieben unberührt von der Zusammenraffung der Zeit auf einen Punkt, waren eingebettet in Normalität. Doch vielleicht ist auch das eine Idealisierung: Entscheidungen sind auch in «normal» erscheinenden Zeiten verlangt, und scheinbarer Stillstand, scheinbares Gleichmaß sind oftmals ja erkauft durch höchst anomale Garantien.

Zeit des Stillstands – das ist auch die Geburtsstunde der hoffnungs-

Glockenturm des Neujungfrauen-Klosters

losen Aktivisten und des Lebensgefühls der «überflüssigen Menschen». Lebensdaten wie die Aschenbrenners lassen sich auf dem Friedhof noch mehr finden, sie stehen für eine Generation, die die Revolution schon als den natürlichen Endpunkt der Verausgabung ihrer Lebensenergien – oder aber auch als Brüskierung und Vernichtung ihrer Hoffnungen – betrachten konnte. Es gibt andere Einsatz- und Endpunkte: Die Generation der um 1890 Geborenen, die, wenn nichts Besonderes dazwischengekommen ist, bis in die jüngste Gegenwart hinein gelebt haben. Die sich sehenden Auges und unter Einsatz all ihrer Kräfte an der Oktoberrevolution beteiligten und mehr als bloß Augenzeugen waren (häufig vermerkt: Eintritt in die RKP(b)), deren Lebensmitte in Anspruch genommen wurde vom Aufbauwerk der zwanziger und dreißiger Jahre, und die nach der Erfahrung des Ersten Weltkrieges auch noch die des Zweiten verkraften mußten. Zwei Kriege in einer Generation, Hungersnot und Vernichtung der industriell potentesten Region des Landes – auch dies ist eine katastrophische Erfahrung, die zu überstehen nicht jedem gegeben ist. Es gibt Daten, die verraten, daß es einzelnen erspart war, der inneren Katastrophe zu begegnen. Majakowskis Grabmal, auf dem der Dichter noch energischer blickt als auf dem Denkmal auf dem nach ihm benannten Platz, weist auf das Jahr 1930 hin; auf der Grabstelle Allelujewa Stalinas ist die Jahreszahl 1932 vermerkt. Die Toten dieser Jahre, die von eigener Hand aus dem Leben schieden, geben nicht ganz die Zäsur wieder, die die dreißiger Jahre für nicht wenige abgaben. Doch sind hier diejenigen nicht bestattet, die unfreiwillig, gewaltsam, auf höheren Befehl, künstlich, vor der Zeit aus dem Leben ihrer Generation ausschieden, einfacher: liquidiert wurden. Für sie wird es weder hier noch in der Nekropole an der Kremlmauer des Roten Platzes eine «ewige Ruhe» geben. Insofern ist der Friedhof, der Ort der erbarmungslos objektiven Daten, ein Ort der Unwahrheit: indem er die Toten dieser Jahre verschweigt, nicht preisgibt, wer sich hier und wann den schon Bestatteten anschloß. Doch er ist wahrhaftig zugleich: indem er dokumentiert, daß es diese Zäsur nicht gegeben haben darf und den «Feinden des Volkes» auch heute keine Ruhe gewährt wird.

Es ist vor diesem Hintergrund bei den Personen von Rang nicht ganz selbstverständlich, daß ihr Leben sich über jene Zäsur hinaus erstreckt hat, bei manchen sogar um etliche Jahre: man denke etwa an Anastas Mikojan, Litwinow, Deborin. Wenn heute ein Grab frühzeitigen Tod anzeigt, dann ist dies nicht mehr ein Anzeichen für jähe Wendungen «der» Geschichte, sondern wohl eher Anzeichen für die Härte einer «normal» gewordenen Zivilisation, für die der Infarkt zur Massenerscheinung geworden ist.

Wie wenig möchte der Fremde angesichts der Würde des Ortes, des in ihm verkörperten Stolzes dieses Landes auf seine großen Toten, ja auch seine Helden, ins Rechten verfallen! Doch umgekehrt: wie wäre es, wenn er die Handschrift des Todes nur als ein Zeichen der Natur ansähe, wo doch die Entscheidung, wer hier seine Ruhe finden darf, per ZK-Beschluß gefällt worden ist und gefällt wird!

«Dort, wo die drei Kiefern stehen, da ist das Grab», sagte der uns

Entgegenkommende. Wir waren ausgestiegen auf der Station *Peredelkino*, mit der *elektritschka* keine halbe Stunde vom Kiewer Bahnhof entfernt. *Peredelkino* – das ist ein Mythos, von den Bildern her, die die Reporter um den gejagten Pasternak aufgenommen haben: die Datscha, die Birkenwälder, die sanften Hügel, die Bahnstation, die Umzäunungen des Friedhofs, das Weizenfeld, das Menschengedränge um den im offenen Sarg liegenden Dichter, dessen Gesicht auch im Tod nichts von der marmornen Strenge, ja Kälte verloren hat. Doch die Augen waren verschlossen: die Augen mit den großen, dunklen Pupillen. Unter den drei Kiefern fanden wir das Grab, mit frischen Blumen, zwei Frauen mit einem Buch unter dem Arm. Über den ganzen Hang hinweg ziehen sich von blau oder weiß gestrichenen Zäunen umgebene Gräber hin, nicht nur die von Schriftstellern der Kolonie, sondern auch die der Einheimischen.

Wir erhalten Auskunft, weit mehr, als wir wünschen, von einem, der das Grab betreut, der auf der Bank sitzt, einen Notizblock herauszieht. Er richtet sich dann zu voller Größe auf, mit kahlem Schädel, großen Augen hinter dicken Brillengläsern. Natürlich hören wir, daß Pasternak fast Philosoph (Marburger Richtung, Neukantianer aus der Schule Cohens) geworden wäre; daß er mit Neuhaus Freundschaft bewahrte, auch nachdem er dessen Frau geheiratet hatte. Daß der Grabstein mit einem verblüffenden Porträt (es zeigt Pasternaks scharf-energisches Kinn, die kräftigen Lippen, die scharfe Nase und ein Auge, das angebracht ist wie das der Nofretete: nicht nach vorn blickend, sondern auf den Betrachter hin, aus dem Relief heraus) aus schlechtem Material (Sandstein) geschaffen sei und vieles mehr. Weit hinten, hinter einer Ackerfläche zwischen den Birken und Föhren nicht wahrzunehmen, liegt Pasternaks Datscha, mit neuem Dach versehen, doch mit ungewisser Zukunft: satzungsgemäß muß sie an den Fonds des Schriftstellerverbandes zurückgegeben werden, und ob sich dann eine Gedenkstätte noch verwirklichen läßt, ist mehr als zweifelhaft.

Die Ehrung der Toten hat in diesem Land etwas Besonderes an sich. Tolstois Tod wurde zu einer Massendemonstration von Hunderttausenden; Muromez' Tod wurde zu einer Kundgebung des «anderen Rußlands» gegen den Stolypinschen Terror; die Trauerfeierlichkeiten für Bauman, das prominente Mitglied der Bolschewiki, gerieten zu einer Kraftprobe. Und Lenins Begräbnis: aus dem ganzen Land waren Menschen herbeigeströmt, um Abschied zu nehmen im Haus der Gewerkschaften. Als Joffe nach seinem Selbstmord auf dem Friedhof des Neujungfrauen-Klosters bestattet wurde, kam es zu einem Gerangel zwischen der Gruppe um Trotzki und dem ZK. Als Stalins Leichnam im Haus der Gewerkschaften aufgebahrt war, überflutete eine Welle von Trauer, Hysterie und Erleichterung die Stadt. Und in jüngerer Zeit: der Abschied von Pasternak, der von Twardowski, von Schukschin, vor allem aber von dem Sänger Wyssozki – das alles waren Manifestationen unaussprechlicher Achtung und Liebe des Volkes für seine Dichter und Schriftsteller. Ist es, weil hier alles, was geschieht und gesprochen wird, noch mehr mit leibhaftigen Menschen verbunden ist? Ist es, weil das Wort noch kostbarer ist als anderswo?

Postskriptum aus Anlaß eines Besuches im Neujungfrauen-Kloster: Wie kommt es, daß Wladimir Tatlin sein Atelier ausgerechnet im Glockenturm des Klosters (in der zweiten Etage) eingerichtet hat? Möglicherweise können Kunsthistoriker den inneren Zusammenhang zwischen der Konstruktion des Turms der III. Internationale und der Architektur des russischen Glockenturms nachweisen.

Wissen und Sehen

Vielleicht ist der Versuch, eine Stadt zu lesen, doch allzu naiv. Es gibt weite Strecken, die einen im Stich lassen, weiße Flecken. Zwar entwickelt das Spurenlesen einen bestimmten Sog, oftmals kommt man jedoch nicht weiter. Das Vertrauen in die Aufschlußkraft des gesehenen Details ist nicht unbegrenzt, erst recht nicht die Fähigkeit, es auch erschließen zu können. Das Auge, das mit dem Wahrgenommenen nicht so recht fertig wird, zieht sich aufs Wissen zurück. Ich merke in solchen Situationen, wie ich dazu neige, auf andere Möglichkeiten zurückzugreifen, die uns heute erlauben, die Jahrhunderte kreuz und quer zu durchschreiten, Verknüpfungen herzustellen, Assoziationen zu wagen, die am jeweiligen Gegenstand zwar einen Halt finden können, nicht jedoch primär an ihm zu erkennen sind.

Die Versuchung, sich die Siebenmeilenstiefel der Nachgeborenen anzuziehen, die optischen Geräte aus Geschichte und Kulturwissenschaft zu verwenden, den vermittelnden Blick der Zeitgenossen, wie er sich in Biographien und Reportagen erhalten hat, als Zitat zu übernehmen, statt das eigene Auge zu schulen, ist allzu groß. Was dieser Versuchung entgegensteht, ist zunächst nur einmal die Angst vor der unerschöpflichen Menge des Rohmaterials – eine Angst, die zum Teil ganz pragmatisch begründet ist: es ist eben nur eine bestimmte Zeit, die der Fremde hier verbringen kann. Es sind ihm Grenzen gezogen – Grenzen, die er allerdings nicht akzeptieren will, nicht aus Eigensinn, sondern weil er ja von Anfang an nichts anderes vorhatte, als an dieser Stadt nachzulesen, was er an geschichtlicher Imagination von ihr bereits besaß, freilich auch mit dem Risiko, einen Bruch und eine Revision zuzulassen. Er will sich die Freiheit nicht nehmen lassen, seine Stadt zu entdecken, die Kulisse seines virtuellen Geschichtemachens, die Traumlandschaft eines ebenso faszinierenden wie tragisch bedrohten Neuanfangs, die Bühne, die mit den Geistern derjenigen bevölkert ist, die entweder heute akzeptiert sind oder keine Aussicht darauf haben, je aus dem Bannkreis der Unpersonen herausgelassen zu werden.

In seiner Imagination sind sie alle vorhanden, noch unterschiedslos, und so ist es eigentlich die Phantasie oder die Freiheit eines ungebundenen historischen Bewußtseins, die ihn seinen Schritt lieber dorthin als hierhin lenken lassen, die ihm die Zuversicht geben, der frei umherschweifende Blick lege vielleicht doch mehr bloß als das enzyklopädisch geschulte Wissen, das die Dinge für sich nimmt und – hier jedenfalls – nicht die Freiheit hat, die dunklen Stellen unbehelligt aufzusuchen oder die hellen in wirklich helles Licht zu rükken.

Die Enzyklopädie zu Moskau, erschienen 1980, die ich nach ersten Vorbehalten nun doch mit großer Spannung und großem Gewinn zur Hand genommen habe, verdeutlicht mir ein Problem, das mit der Sehweise verbunden ist. Ein großes Nachschlagewerk mit der üblichen Gliederung: Allgemeine Kapitel, geographisch-geologische Lage, klimatische Lokalisierung, historischer Abriß, Darstellung des künstlerischen, wissenschaftlichen, sportlichen usw. Lebens, gefolgt sodann von den Abschnitten A bis Ja, die alles irgendwie Bemerkenswerte in dieser Stadt festhalten mit exakten Daten und Zahlen. Die Enzyklopädie präsentiert ein objektives Nachschlagewerk, in dem Prioritäten durch die Folgerichtigkeit und Unerschütterlichkeit des Alphabets verschleiert sind. Freilich gibt es allenthalben die penetrante Spur einer Subjektivität, die Geschichte tilgt oder setzt (man suche nur unter «T» etwa Trotzki oder unter «B» Bucharin). Diese Stadt weiß in ihren Selbstdarstellungen nichts von der blutigen Spur, die mit ihrer Entstehung verbunden ist; eingefaßt und sakralisiert sind nur die allenthalben in den revolutionären Kämpfen vergossenen Tropfen und Ströme von Blut; es gibt kein Scheitern als große Lebenserfahrungen, sondern Scheitern nur als Moment einer großen geschichtlichen Lehre, heruntergedrückt zu einem Moment, obgleich sich darin die Lebenserfahrung, vielleicht die Lebenskraft einer ganzen Generation kristallisiert hat. Übriggebliebenen ist nur das Konstruktive, das Stärkere, das Stein Gewordene. Selbst die sprichwörtlichen «Abfallhaufen der Geschichte» figurieren hier nur als Glied in der aufsteigenden Linie des Fortschritts.

Man läßt die Toten nicht zur Ruhe kommen, man läßt sie nicht in Frieden, auch wenn über sie geschwiegen wird. Das Schweigen und Verschweigen hinsichtlich bestimmter «Unpersonen», das so unnatürlich und künstlich ist, fällt nur nicht auf, weil der Puls der Stadt so geschwind geht, weil die Blutzufuhr von allen Seiten stärker ist, als es das Herz verkraften könnte. Die Metropole ist vital, und weshalb sollte man vom Tod sprechen?

Und trotzdem fällt das Schweigen hier deutlicher auf als in westlichen Metropolen. Wer wüßte nicht, daß auch Paris und Berlin ihre lange verschwiegenen Plätze haben – die Stelle, an der Rosa Luxemburg erschlagen wurde etwa –, doch sind sie vielleicht weniger verschwiegen als ignoriert, und es hat immer Leute gegeben, die daran – auch öffentlich – etwas geändert haben. Solche Stimmen gibt es hier aus Ordnungsgründen nicht. Zurück zur Frage der Sichtweise, der des enzyklopädisch Geschulten und der des sich phänomenologisch Schulenden. Vielleicht lassen sich einige Aspekte systematisieren.

Der Wissende sucht und sieht in der Stadt, was er weiß oder zu wissen glaubt. Der bloß Sehende nimmt in der Stadt wahr, was ihm auf den ersten Blick einen Anreiz bietet.

Der Wissende nimmt die Objekte, die ganze Stadt als Totales oder in ihren Einzelobjekten in Besitz, er ergreift sie, ergreift Besitz. Der Sehende wird von den Objekten ergriffen, wird selbst zum Objekt seiner Umgebung, sie bildet sich in ihm ab, er wird gewissermaßen zum Medium, durch das die Schweigenden zum Sprechen kommen.

Für den Wissenden ist das Material nur Illustration einer vorgängig geordneten Welt, die er als ganze ohnehin nicht rekonstruieren kann, die Stein gewordene Wirklichkeit wird ihm zur Illustration des ordnenden Denkens. Die Wirklichkeit wird verfügt. Er illustriert sich und seine Macht. Für den Sehenden ist das Material widerständig und gibt erst nach und nach preis, was ihm nicht einfach ablesbar ist. Sehen ist eine Art von sanfter Gewalt gegenüber der groben Gewalt des Wissenden, dem sich die Gegenstände subsumieren.

Das Wissen verhält sich zum Gegenstand wie das Ganze zum Teil, es ist immer schon klüger als die Sache, die geronnene Geschichte ist, es ist ihm voraus. Das Sehen fragt an und muß mit dem Fragment, mit der Oberflächenfaktur sich zunächst zufriedengeben. Doch es geschieht etwas Merkwürdiges bei diesem Kontakt zwischen dem Sehenden und dem Gegenstand: die Kraft des Gegenstandes geht auf den Sehenden über. Es überträgt sich die in ihm eingeschlossene Energie, sie wird frei, sie kommt zu Wort – während der Wissende die Dinge zu Wort kommen läßt –, eine scheinbar großzügige und doch vernichtende Geste des Herrn.

Natürlich ist das eine ideale und daher falsche Übertreibung, nichts ist so extrem in Wirklichkeit ausgeprägt: der Sehende weiß, der Wissende sieht, beide in dem Maße, wie sie sehen und wissen.

Und doch kann die Polarisierung helfen in der Situation des Wanderers, der die Enzyklopädie aufgeschlagen hat und es als aussichtslos empfindet, die Stadt in den Griff zu bekommen. In den Griff bekommen! Aber das will er ja nicht!

Die Enzyklopädie beispielsweise hat auf drei Übersichtskarten die Folien der Architektur der Jahrhundertwende, der zwanziger Jahre und der dreißiger und vierziger Jahre gezeichnet. Mit einem Blick sozusagen sind die verschiedenen Ebenen, die sich im wirklichen Bild übereinandergeschoben haben, getrennt und lassen sich mühelos wieder zusammenfügen. Doch etwas fehlt darin: die Beziehung zwischen den verschiedenen Ebenen, der Respekt, den die eine vor der anderen Generation empfindet, vielleicht auch die Überheblichkeit und Arroganz, die nur im Verhältnis der einen zur anderen sich messen läßt.

Selbst für die Organisation einer «Tour» läßt sich die Folie nur bedingt gebrauchen: Was sich vom 19. Jahrhundert erhalten hat als mächtiges, Raum und Gesichtskreis Bildendes und den Geschmack Formendes, existiert nicht als isoliertes Denkmal auf planer Fläche, sondern als Überrest, Reliquie, Schutt, herausgeputztes Denkmal. Sein gegenwärtiger Zustand selbst indiziert, was aus ihm geworden ist und möglicherweise, warum aus ihm dies geworden ist.

Vielleicht verhält sich die ganze Sache auch wesentlich einfacher, ja trivialer. Die Versuchung, mehr zu wissen, als man sieht, ja vielleicht alles zu wissen und auf die Erde herniederzusteigen und sich darin wiederzuerkennen, ist so groß, weil sie so bequem ist. Diese Art der Erschließung setzt sich keiner Gefährdung aus: der Vereinseitigung, der Überspitzung, der Auslassung, der Subjektivität. Und der Fremde schielt immerzu nach dieser allen und allem gerecht werdenden Objektivität, obgleich er auch genau weiß, daß einzig sein subjektiver Blick dem schon Bekannten etwas anderes, vielleicht Neues abgewinnen kann.

Übrigens: Auch das Reden von sich selbst in der dritten Person – der Fremde – ist der Versuch, das unreine Ich zu neutralisieren und zu objektivieren. Für den Schreibvorgang hat die dritte Person den Vorteil, direkter, spontaner bestimmte Dinge aufschreiben zu können, nicht immer an der Kette der Reflexion, d. h. in Zurückwendung auf sich selbst. Es ist jedenfalls keine Methode der Verschleierung, denn zu verantworten hat der Autor auch die dritte Person.

Die Spur Walter Benjamins

Mein Besuch bei der alten Dame hatte kein Ergebnis gebracht. Schnell stellte sich heraus, daß sie zwar Asja Lazis und Bernhard Reich gekannt hatte, wie sie überhaupt so ziemlich alle Berliner Moskau-Reisenden gegen Ende der zwanziger Jahre gekannt zu haben schien, an Benjamin habe sie jedoch keine Erinnerung. Außerdem sei das «Moskauer Tagebuch», so gestand sie, nicht besonders interessant. Meine Hoffnung, über sie gewissermaßen Kontakt aufzunehmen zu dem aus Berlin kommenden Moskau-Besucher der Jahre 1926/27, ging also nicht in Erfüllung. Asja Lazis, derentwegen Benjamin nach Moskau gereist war, derentwegen er sich in den knapp zwei Monaten seines Aufenthalts zu verzehren schien, war 1979, fast neunzigjährig, gestorben. Bernhard Reich, den Benjamin vom Deutschen Theater in Berlin her kannte, war bereits 1972 gestorben. Trotz des unmittelbaren Mißerfolgs blieb vom Besuch bei der alten Dame ein wichtiger Eindruck: Wie sie so wenig Aufhebens vom Besuch des Ausländers machte und gleich zur Sache kam; wie sie in ihrem weißen Morgenmantel dasaß, in einem harten, aber fehlerfreien Deutsch ihre Sätze formte; wie sie von den schweren *Papirossy* eine nach der anderen rauchte und sie in der Hand hielt, als handle es sich um ein langes Elfenbeinmundstück, und wie sie zwischendurch, wenn ihr eine Vokabel nicht schnell genug zur Verfügung stand, freimütig fluchte – dies alles ergab ein Bild von einer Frau, die sich die Freizügigkeit ihrer Bewegungs- und Ausdrucksformen noch in einer anderen Zeit angeeignet hatte.

Es ist weitaus schwieriger, Benjamins Spuren in Moskau ausfindig zu machen, als die Stadt, wie sie im «Tagebuch» beschrieben ist, wiederzuerkennen. In Moskau war dieser Schriftsteller schon damals wenig beachtet, und heute ist sein Name nur den Spezialisten für linksbürgerliche Marxismus-Interpretation» im Westen geläufig.

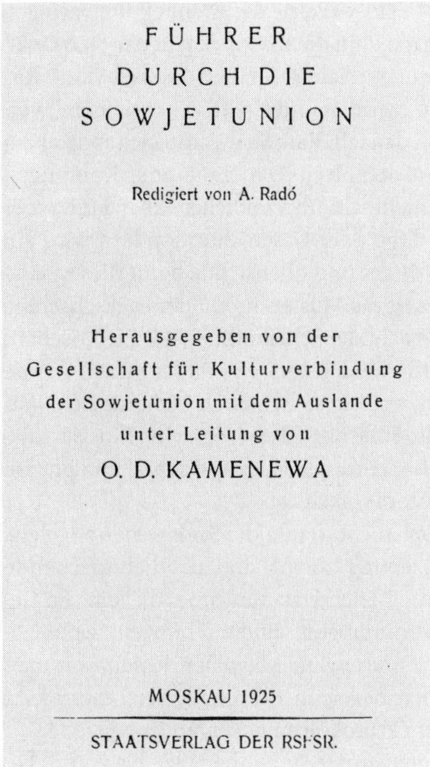

FÜHRER
DURCH DIE
SOWJETUNION

Redigiert von A. Radó

Herausgegeben von der
Gesellschaft für Kulturverbindung
der Sowjetunion mit dem Auslande
unter Leitung von
O. D. KAMENEWA

MOSKAU 1925

STAATSVERLAG DER RSFSR.

Deckblatt des Reiseführers, der vom Institut der O. D. Kamenewa herausgegeben wurde

«Angekommen bin ich am 6 Dezember. Im Zuge hatte ich mir für den Fall, daß niemand am Bahnhof sein sollte, einen Hotelnamen nebst Adresse eingeprägt. (An der Grenze hatte man mich mit der Angabe, zweiter Klasse sei nicht zu haben, nachzahlen lassen.) Es war mir angenehm, daß mich niemand aus dem Schlafwagen steigen sah. Aber auch an der Sperre war niemand.»
Walter Benjamin, Moskauer Tagebuch

Moskau, wie Benjamin es im Tagebuch beobachtet und beschreibt, wie er es zum Städtebild formt – das ist so packend genau, so frisch, als sei keine Zeitspanne vergangen, in der Bilder sich ändern oder Bilder von Staub stumpf werden können. Und dies, obwohl Benjamin sich noch in einer «Prärie der Architektur» bewegte. Der große Umschwung, nach dem die tosende Stadt der NEP Disziplin annahm, nach dem weite Areale von Holzhäusern befreit, Kirchen aus dem Weg geräumt wurden und Hochhäuser errichtet werden sollten, kam erst Jahre danach. Eine Stadt kann sich radikal ändern und bleibt sich selbst doch treu. Die Treue oder Kontinuität erscheint bei Benjamin nicht als überzeitlicher Charakter einer Stadt, abgeleitet aus ihrer Lage oder Geschichte, sondern wird am Detail abgelesen. Und auf dieses und offensichtlich nur dieses hatte es Benjamin abgesehen. Es ist die Musterung auf der Lackschachtel, die er erstehen will; das Gesicht der Schaffnerin in der Elektrischen; die Form des russischen Kirchenfensters. Die Bilder muten an wie handgearbeitete Preziosen, und sie stehen doch nicht für sich. Was Benjamin über die doppelte Stille des schneegeplagten Moskau sagt, über die Weite des Moskauer Himmels, das ist so scharf und präzise gefaßt, daß es einem den Atem verschlägt.

Und doch ist das Tagebuch nicht so sehr der Stadt wegen angelegt. Asja Lazis und seine Beziehung zu ihr sind das beherrschende Thema. Wer diese akribische Berichterstattung über die feinsten Gemütsschwankungen, Verstimmungen, Enttäuschungen, zeitweiligen Hoffnungen liest, wird unfreiwillig Mitwisser dessen, was man als diszipliniierteste Intimität bezeichnen könnte; der Leser bleibt nicht unberührt von diesem Protokoll einer vergeblichen Liebe.

Die Tagebucheintragungen vom 9. Dezember 1926 bis zum 1. Februar 1927 legen das Netzwerk frei, in dem sich Benjamin bewegte. Die maßgeblichen Stütz- und Anlaufpunkte sind leicht auszumachen. Da ist das sogenannte Institut der Kamenewa, also die «Gesellschaft für Kulturverbindung der Sowjetunion mit dem Auslande» (VOKS), die dem von diesem Institut 1925 herausgegebenen Reiseführer zufolge zwei Büros unterhielt: das eine im 2. Sowjethaus, das heißt im Hotel *Metropol*, das andere im Volkskommissariat des Äußeren, Kusnezki most 5/15, 5. Eingang, Wohnung 60. Den Routen seiner Spaziergänge nach zu schließen, suchte Benjamin das letztgenannte Büro im «Narkomindel» auf, also an der Ecke Kusnezki most/uliza Dsershinskogo – schräg gegenüber von der Lubjanka (im Innenhof des Gebäudes ist eine Statue des von Weißen ermordeten bolschewistischen Diplomaten Worowski zu sehen). Die zweite Konstante in der Topographie des Tagebuchs ist Benjamins Hotel: Hotel *Tyrol* auf der Sadowaja-Triumfalnaja, zeitweilig auch das Hotel *Liverpool* – heute Hotel *Ural* –, in dem auch Kisch und Toller logierten. Dazwischen als Ruhepunkte für den Wanderer in der Stadt: immer wieder Restaurants und Cafés, etwa Hotel *Savoy*, das heutige Hotel *Berlin*, an der Ecke Puschetschnaja uliza/uliza Shdanowa, im Schatten des Kaufhauses *Detski Mir* gelegen, oder das französische Café im pereulok Stoleschnikow (welches von den heutigen Cafés dort das französische gewesen sein könnte, ließ sich nicht herausfinden). Für Benjamin, der laut Lazis nur unregelmäßig zu Mittag aß und dann auch meistens nur Schokolade, spielten Cafés und Konditoreien jedenfalls eine herausragende Rolle. Auch die Cafés im *Praga* und *Lux* umging er nicht. Der dritte Stützpunkt, wenn nicht Fluchtpunkt in der Stadt, wird für Benjamin das Sanatorium gewesen sein, in dem Lazis ihre Krankheit auskurierte und in dem es zu den ersehnten, noch öfter aber gescheiterten Rendezvous kam. Es handelte sich um das Sanatorium Rott in einer Seitenstraße der Twerskaja, der heutigen uliza Gorkogo.

Von diesem «Dreieck» aus erschließt er sich die Stadt – zu Fuß, mit der Droschke, auf dem Schlitten, manchmal auch im Auto. Unterbrechungen sind die lästigen Gänge zum Valutatausch in der Staatsbank in der Neglinnaja, zum Reisebüro in der Petrowka. Und natürlich die Besprechungen über seinen Goethe-Artikel für die Große Sowjetenzyklopädie, den Radek süffisant kommentiert und Lunatscharski als zwar «ungeeignet», aber doch «talentiert» einstuft. Die im Tagebuch sichtbar werdende Karte des Benjaminschen Moskau verrät wenig Lust auf die obligatorischen Sehenswürdigkeiten und entspricht ganz seiner eigenen Neigung. Es sind die Buchhandlungen auf Kusnezki most, und es sind immer wieder die Theater:

Im Meyerhold-Theater, das sich an der Ecke von Twerskaja/Bolschaja Sadowaja befand – dort, wo heute der Tschaikowski-Konzertsaal steht –, lernt er Andrei Bely, Majakowski, Lunatscharski und den Meister selbst kennen, den er in einer heftigen Debatte erlebt. Er sieht dort sowohl das Spektakel «Her mit Europa!» als auch die legendäre «Revisor»-Aufführung.

Am 21. Dezember gerät er in ein seiner Meinung nach schlechtes Stück im Theater Korsch, heute Filiale des Künstlertheaters in der uliza Moskwina. Im Akademischen Künstlertheater Stanislawski (heute Gorki-Künstlertheater) sieht er «Tage der Turbins» von Bulgakow, und im Theater der Revolution – heute Majakowski-Theater – kommt er bei der Aufführung von «Kaufen Sie einen Revolver» zu der Feststellung: «Man konnte sehr deutlich beobachten, was aus Meyerholds Bühne wird, wenn ein ahnungsloser Regisseur so versucht, sie zu übernehmen.»

Von Tairow hat er O'Neills «Liebe unter den Ulmen» und «Tag und Nacht» am Kammertheater gesehen, Wachtangows Stil konnte er in dem alten Gebäude auf dem Arbat noch studieren und in der Villa Morosows, dem heutigen Haus der Freundschaft am Kalinin-Prospekt, die Ausläufer des Proletkulttheaters. Benjamin kann das revolutionäre sowjetische Kino nicht außer acht lassen. Den seinerzeit berühmten Film «Der sechste Teil der Erde» sieht er im Kinotheater *Arbat*. Nur wenige der Museen, die Benjamin planmäßig oder instinktiv aufgesucht hat, sind noch an der Stelle, wo sie sich einst befanden. Die Tretjakow-Galerie sucht er zweimal auf – das erste Mal ist sie wegen Reparatur geschlossen: *Na remont*, wie nicht selten auch heute noch. Es sind aber insbesondere das Spielzeugmuseum und das Museum für Heimindustrie, die es ihm, dem leidenschaftlichen Sammler von Spielzeug, antun. Eine große Entdeckung sind ihm die ehemalige Morosow-Sammlung, nun geführt als «Zweites Museum der neuen Kunst des Westens» in der uliza Kropotkina 21; diese Sammlung ist heute dem Puschkin-Museum einverleibt, nicht anders als die ehemalige Schtschukin-Sammlung, damals geführt als «Erstes Staatsmuseum der neuen Kunst des Westens».

Von der neuen Architektur hat Benjamin noch kaum etwas sehen können, doch bei einer Fahrt durch Samoskworetschje sah er den «Moskauer Sender, der anders als alle, die ich sonst sah, geformt ist».

Solch gegenständlich vermittelte Begegnung mit Benjamin gerät leicht in die Nachbarschaft zu Personenkult; doch ging es bei der Benennung der Lokalitäten auch gar nicht um diese selbst. Wiederum sind sie nur Anhaltspunkte für eine historische Imagination, die den Ortsvorteil nutzen will, um begreifen zu können: Was trieb ihn und viele andere seiner Generation und Denkungsart hierher, und was brachten sie mit, um selber begreifen zu können, was in dieser Stadt vor sich ging? Es gibt noch eine andere als die physische Spur, die zurückführt – noch hinter das Jahr 1926/27 – und die weiterführt in Richtung Gegenwart. Dazwischen liegt ein Abgrund, tiefer, als jeder Stadtumbau ihn aufreißen könnte – oder, wenn man so will: dazwischen liegt ein geschichtlicher Erfahrungsgipfel, an dem sich die Strahlen der Aufklärung bis heute brechen, jenseits Dämmerung verbreitend.

Die Spur, die Benjamins Tagebuch legt, eröffnet zugleich Spuren in andere Richtungen. Asja Lazis, die Freundin für wenige Augenblicke, hat ihre Erinnerungen in dem Buch «Revolutionär im Beruf» aufgezeichnet. Asja Lazis hatte Benjamin bereits 1924 auf Capri kennengelernt.

Bernhard Reich hat seine «Erinnerungen aus fünf Jahrzehnten deutscher Theatergeschichte» unter dem bezeichnenden Titel «Im Wettlauf mit der Zeit» vorgelegt. Mit Reich, der von Wien nach Berlin gekommen war, um bei Max Reinhardt zu arbeiten, verband Benjamin nicht allein Freundschaft, sondern auch der beiden gemeinsame Berliner Theaterhintergrund.

Die entscheidende Spur indes habe ich in Moskau verfehlt. Noch lebt dort einer, der Benjamin von Angesicht zu Angesicht gesprochen hat. Im «Tagebuch» wird er als «klug und sympathisch» beschrieben, der «Referent im Außenministerium für Zentraleuropa», Partner einer geplatzten Verabredung im Proletkulttheater. Doch ist es kein Zufall, daß ich ihn in Moskau nicht umstandslos auffinden konnte. Gnedins Memoiren sind unter dem Titel «Katastrophe und zweite Geburt» in der «Bibliothek des Samisdat» Nr. 8, die von der Herzen-Stiftung in Amsterdam herausgegeben wird, im Jahre 1977 erschienen – in russischer Sprache, nicht aber in Rußland. Jewgeni Gnedin ist – dies erfahre ich während der Korrektur der Druckfahnen – am 12. August 1983 im Alter von 84 Jahren gestorben.

Auch der Kontakt zwischen Benjamin und Gnedin kam bereits zwei Jahre vor dem Moskau-Aufenthalt zustande. Gnedin gehörte damals zur sowjetischen Handelsvertretung in Berlin, war mithin Teil der äußerst aktiven Gruppe sowjetischer Diplomaten im Haus

Unter den Linden Nr. 7, die rege Kontakte nicht nur zu den kommunistischen Organisationen unterhielt, sondern auch gute Drähte zur kulturellen Szene Berlins, insbesondere zur damals größten russischen Kolonie außerhalb der Sowjetunion. Gnedin hieß mit vollständigem Namen eigentlich Jewgeni Alexandrowitsch Gnedin-Helphand und war der Sohn von Alexander Parvus-Helphand, der in den neunziger Jahren aus Rußland emigrierte und dann mit Rosa Luxemburg und Karl Liebknecht den linken Flügel der deutschen Sozialdemokratie führte. Die Geburt Jewgenis war, wie es sich für einen Sozialdemokraten gehörte, in der Dresdener «Sächsischen Arbeiterzeitung» vom 1.12.1898 annonciert worden. Parvus-Helphand, 1905 noch aktiver Teilnehmer der russischen Revolution, schlug dann jedoch einen anderen Weg ein. Er avancierte zum Financier und Unternehmer, half Lenins Rückkehr aus der Schweiz auf Geheiß des deutschen Generalstabs mitorganisieren und sah fortan seine Aufgabe in der Weiterentwicklung des modernen Kapitalismus. Tatjana, Jewgenis Mutter, trennte sich von Parvus-Helphand, kehrte nach Rußland zurück und distanzierte sich von ihrem Mann. Als Parvus-Helphand 1924 starb, hinterließ er ein nicht unbeträchtliches Erbe; ein Teil davon sollte Jewgeni Gnedin zufallen. Gnedin fuhr zur Regelung der Erbschaft 1924 nach Berlin, um für die Sowjetmacht vor allem jenen Teil des Parvus-Erbes zu sichern, der auch heute noch avantgardistisch anmutet: das «Institut zur Erforschung der Ursachen und Folgen des Weltkrieges», das von Parvus gegründet worden war. Der Streit um die Erbschaft zieht sich bis 1927 hin, Gnedin lernt das Gestrüpp der konkurrierenden Interessen kennen – weitere Familienmitglieder, Berliner Spekulanten, sozialdemokratische Freunde des alten Parvus, Parteivorstand der SPD usf. – und dabei auch die Stadt. Sehr zur Genugtuung Bucharins, der den Wert des Parvus-Archivs kannte, gelangten die Bestände schließlich nach Moskau. Die Villa Parvus' auf Schwanenwerder wird indes kaum zehn Jahre später Domizil des Joseph Goebbels.

Die Wege, die sich im «Moskauer Tagebuch» überkreuzen, der Personenkreis, der in Erscheinung tritt, hat also Voraussetzungen. Was immer der Grund gewesen sein mag dafür, daß Benjamin das «Moskauer Tagebuch» mit dem ominösen und vielsagenden Ne-

Verkaufsstand mit Kinderspielzeug. Aufnahme um 1920

«Dann gibt es Männer, die Körbe voll Holzspielzeug haben, Wagen, und Spaten, gilb und rot sind die Wagen, gilb oder rot die Schaufeln der Kinder... Auch gibt es hier eine unmittelbarere Beziehung von Holz und Farbe als sonst wo. Man merkt das an den primitivsten Spielsachen so gut als an den kunstvollsten Lackarbeiten.»
Walter Benjamin, Moskauer Tagebuch

bentitel «Spanische Reise» versah, es frappiert den Leser, der die Umständlichkeit der Verständigung heute kennt, doch die Selbstverständlichkeit, mit der sich Benjamin in Moskau bewegt, die Leichtigkeit, mit der sich der Besucher aus Berlin im Moskauer Milieu zurechtfindet und es verstehen kann – sozusagen stillschweigend. Man kann diese Selbstverständlichkeit nicht anders interpretieren denn als die Folge dessen, daß der Austausch zwischen der Weimarer Kultur und der frühen sowjetischen wie von selbst funktionierte, eben deshalb, weil entscheidende Probleme als gemeinsame aufgefaßt wurden, die Frontlinie als identische begriffen war. Weit mehr als die Achse Paris–Moskau hat die Achse Berlin–Moskau das Gesicht der zwanziger Jahre geprägt, weitaus dramatischer ist sie in den Jahren danach auch zerbrochen worden. Und wenn bisher

Paris / Moskau und nicht Berlin / Moskau zum Zentralthema einer Retrospektive wurde, so liegt dies weniger an der Sache als an den historischen Folgen, die über die Sache hinweggegangen sind.

Der Hinweis auf die konkreten Elemente dieses offensichtlichen Gleichklangs zwischen dem Berlin und dem Moskau der zwanziger Jahre erklärt viel:

Da verband zwischenstaatlich der «Geist von Rapallo» das in Versailles gedemütigte Deutschland und das am Boden liegende Sowjetrußland; da gab es eine russische Kolonie in Berlin, die viele der berühmten Namen russisch-sowjetischer Kultur vereinigte: Berdjajew, Bely, Pasternak, Pilnjak, Fedin, Tynjanow, Alexei Tolstoi, die Ehrenburgs, Marina Zwetajewa. Berlins russische Kolonie hatte eigene Zeitungen, Verlage, Buchhandlungen, Vereine, Musikveranstaltungen – kurz, einen lebendigen Organismus, der auf das Leben der Stadt abfärben mußte. Es kamen die Gastspiele Tairows, die Filmaufführungen Eisensteins, Ausstellungen von Malewitsch und Lissitzky. Ein Piscator war für das Moskauer Meyerhold-Publikum verständlich, aber schon nicht mehr sensationell; und für das schockgewöhnte Berliner Publikum war die sowjetische Dramaturgie ihrerseits nur ein weiterer Schock. Es gab so etwas wie eine gemeinsame Erfahrungsbasis, die vom Café *Landgraf* in der Kurfürstenstraße und vom Café *Leon* am Nollendorfplatz bis zum Café *Lux* in der Moskauer Twerskaja reichte.

Doch reicht die Bezeichnung dieses fast gegenständlichen gemeinsamen Raums eben nicht aus, um zu begreifen, was jenen Trend in Bewegung gesetzt hat, der von Leuten, die selbst keinen Grund zur Denunziation haben, nicht selten als Revolutionstourismus denunziert wird. Benjamins Text zeigt, gerade weil er vorsichtiger ist als die emphatischen Lobpreisungen der KP-nahen Moskau-Reisenden, auch eine Landkarte der geheimen Motive, auch wenn diese nur in Fragestellungen sichtbar werden.

Die Intellektuellen, die seit den zwanziger und dreißiger Jahren hierhergekommen sind – und Sartres Reise in den fünfziger Jahren ist bereits der Ausklang dieser Linie –, traten ihrerseits schon die Erbschaft ihrer Zeit an. Es war nicht bloß die revolutionäre Aufwallung, die Kühnheit des Experiments in fast allen Branchen der Kultur und des Alltagslebens, was die westliche linke Intelligenz hierherzog, sondern ein viel Tieferes, das mit Spenglers «Untergang des Abendlandes» bezeichnet war: die unausgesprochene Vorstellung, daß im Osten noch die Kraft sei, uns vor dem Unbehagen in der Kultur, vor der Entzweiung von Ratio und Emotion, von Physis und Geist zu retten. Dies ist bezeichnenderweise ebenfalls schon wieder zu einem Mythos geworden, und wie jedem Mythos wohnt ihm tiefe Erfahrung und Sehnsucht inne, die gestillt werden wollen. Es ist eine Tendenz, die quer verläuft zu den Lagern der westlichen und slawophilen Orientierung – wieso auch sollten Rolland, Anatole France, Gide, Benjamin oder Hoetzsch eine westliche oder slawophile Position beziehen. Moskau, das hier als die Inkarnation Rußlands steht, war zwar nie das Dritte Rom für sie, doch die Hoffnung, daß dieses Land noch nicht erschöpft, daß seine menschlichen Ressourcen zu entfesseln seien und eine Vermenschlichung unserer Kultur zustande bringen könnten – diese Hoffnung war bei allen vorhanden, auch wenn der eine nur reiste, um Gorki zu treffen, der andere, um Asja doch für sich zu gewinnen. Der Blick in den Osten war primär ein Phänomen in Intellektuellenkreisen, nicht so sehr bei Arbeitern, von einigen Momenten vielleicht abgesehen: jenem, als über die Schützengräben hin bekannt wurde, daß die russischen Arbeiter «den Krieg beenden wollten» – was der Wirklichkeit entsprach und sich bis Kiel und Berlin durchsprach –, jenem vielleicht, als während der Weltwirtschaftskrise die Millionen von Arbeitslosen auf der Straße lagen, dort aber, in Sowjetrußland, Arbeiter mit Fachkenntnissen gebraucht wurden. Tausende zogen damals in die Sowjetunion. Die Neigung der westlichen Intellektuellen war anderer Art: hier suchten sie, was ihnen im eigenen Land verwehrt war – die Verschmelzung mit dem Arbeiter der Hand, die Überwindung der Kluft, die die Mandarine und Literaten abtrennte vom Volk, die Vorstellung, daß es möglich sei, herauszutreten aus der tödlichen Isolierung der schriftstellernden individualistischen Existenz, daß noch eine Chance gegeben sei für die Umsetzung des Gedankens und der Vernunft in eine von Massen getragene Tat. Es dürfte schwierig sein, die verschiedenen Stimmungen und Fraktionen der nach Osten Reisenden auf einen Nenner zu bringen. Gewiß waren es jedoch nicht

Kropotkinskaja nabereshnaja. Aufnahme Mitte der zwanziger Jahre

«Berlin ist für den, der aus Moskau kommt, eine tote Stadt. Die Menschen auf der Straße erscheinen einem ganz trostlos vereinzelt, jeder hat es sehr weit zum anderen und ist inmitten eines großen Stückes Straße vereinsamt. Weiterhin: mir kam, wie ich vom Bahnhof Zoo in den Grunewald fuhr, die Gegend, durch die ich mußte, geputzt und gescheuert, unmäßig gereinigt, unmäßig komfortabel vor. Es ist mit dem Bild der Stadt und der Menschen dasselbe wie mit dem Bilde der geistigen Zustände: die neue Optik, die man auf sie gewinnt, ist der unzweifelhafteste Ertrag eines russischen Aufenthalts. Mag man auch Rußland noch so wenig kennen lernen – was man lernt, ist Europa mit dem bewußten Wissen von dem, was sich in Rußland abspielt, zu beobachten und zu beurteilen.»
Walter Benjamin, Moskauer Tagebuch

nur die unmittelbaren Neuerungen, die diese Menschen anzogen: Hier ist im Grunde die westliche Intelligenz nur sich selbst begegnet. Was ihr an Malewitsch, Tatlin, Golossow, Majakowski und anderen so faszinierend vorkam, war nicht primär die Revolution der Form, der neue Klang, sondern, daß die Form, der Klang hinausgingen, daß sie befreit schienen von der bloß ästhetischen Spekulation einer Elite, daß sie wirksam werden und Anerkennung finden konnten. Nicht also die Begegnung des Petrograder und Moskauer künstlerischen Milieus mit dem Berliner, nicht die Begegnung von El Lissitzky und den Bauhausleuten – gewiß fruchtbar und anregend – war das Faszinierende, war ausschlaggebend für die Bewegung nach Osten, sondern die Aussicht darauf, daß Lissitzkys Theorien von den Komsomolzen aufgenommen würden, daß die Überreife der bürgerlichen Theaterkultur, auch die in ihr sich ausbildende Destruktivkraft, von einem wißbegierigen und lerneifrigen Publikum aufgenommen, zur Praxis werden könnte. In gewissem Sinne war es die Flucht aus einer Welt, die als sterbend empfunden wurde, in eine Welt, von der man sich Heilung erwartete.

Doch in wie engem Umkreis bewegten sie sich! Sie besuchten die Städte, die wie die ihren waren; sie besuchten die Ateliers, die nicht anders, höchstens schäbiger als die ihren waren; sie besuchten zum Teil Kollegen, die sie von früher kannten, aus der Zeit des Exils, von Ausstellungen in Berlin, München oder Paris. Die neue Macht und die jungen Minister, das waren die Gesichter ihrer Generation, waren ihresgleichen, und alles, was als unangenehm empfunden wurde, konnte noch mit gutem Recht auf die Unerfahrenheit der jungen Republik zurückgeführt werden, die mit aller Sympathie unterstützt wurde. Man lese nur die Notizen von Benjamin, Toller oder Oskar Maria Graf; mit welch kindlicher Naivität standen sie den Eindrücken offen, vermerkten als sensationell, was ihnen anderswo nicht aufgefallen wäre. Und sie konnten sprechen in einer Sprache, die auch hier noch gesprochen wurde; es bedurfte noch keines Dolmetsch, denn alles war noch in den Maßbestimmungen des Begreiflichen zu fassen. Wie anders hätten das sowjet-russische Theater, der russische Film, die Ausstellungen von Köln und Hannover in diesen Jahren auch nur ein Publikum, ein begeistertes zudem, finden können! Die revolutionäre Kunst und Kultur setzte an dem Erfahrungsbereich der kritischen bürgerlichen Intelligenz an, überbot diese in einem grandiosen Laboratorium, das Petrograd / Leningrad und Moskau hieß. Wer sich damals gegen Berührung wehrte, war weniger Sowjetrußland als vielmehr die bürgerlichen Mächte, die sich bedroht sahen. Doch das Terrain, auf dem sich die linken Intellektuellen bewegten, war nicht identisch mit dem Laboratorium der sozialen Umwälzung und schon gar nicht mit den unermeßlichen

Flächen, die kollektiviert und industrialisiert wurden. Die vorgestellte Synthese von Hand und Kopf, von Kunst und Revolution, von Individuum und Masse, wie sie kurzlebig in den Straßen und Arbeiterklubs von Leningrad und Moskau stattfand und wahrgenommen wurde, blieb ein Übergangsmoment, das verschlungen wurde von weitaus mächtigeren Kräften in einer neuen Konstellation. Moskau in den zwanziger Jahren, das ist so etwas wie ein Fluchtpunkt für das schlechte Gewissen der linksbürgerlichen Intelligenz, die dort vor Augen hat, was ihr zu Hause nicht gelingt, und die mit den Lehren, die sie zu ziehen gedachte, daheim nicht viel anfangen konnte.

Die Spuren, die sich im Moskauer Tagebuch kreuzten, liefen dann auseinander. Asja sieht Benjamin zwei Jahre später in Berlin noch einmal, doch als Gnedin 1935 erneut für ein Jahr an die Sowjetbotschaft zurückkehrt, ist Walter Benjamin bereits ausgebürgert. (Es könnte indes sein, daß er dort Hilde Benjamin, die spätere Justizministerin der DDR und Schwägerin Benjamins, getroffen hat; sie war bis 1939 Rechtsberaterin der sowjetischen Handelsgesellschaft.)

Die Spuren berühren sich jedoch noch einmal, wenn auch eher in einem unvorhergesehen brutalen und übertragenen Sinne. Gnedin wird schon im ersten Jahr nach Benjamins Heimkehr nach Berlin in seiner Eigenschaft als Berichterstatter Augenzeuge des ersten großen Schauprozesses, der sogenannten Schachty-Affäre, 1928 im Säulensaal des Gewerkschaftshauses; ebenso aus allernächster Nähe verfolgt er die Schauprozesse gegen die sogenannte Industriepartei und gegen die Menschewiki (mit der Schwester eines der Staatsanwälte dieser Prozesse, Sofija Krylenko, war übrigens Benjamin 1924 in Capri und dann in Moskau zusammengetroffen). 1937 und 1938 wird Gnedin Augenzeuge der beiden großen Schauprozesse, in deren Zentrum Radek und Bucharin stehen.

Gnedin ereilt die Katastrophe am 2. Mai 1939, ausgerechnet an der Stelle, wo er sich mit Benjamin im Januar 1927 verabredet hatte, aber nicht erschienen war: in der Villa Morosows, Eisensteins Proletkulttheater. Nun, am Abend des 2. Mai 1939, ist Gnedin hier auf Einladung des japanischen Geschäftsträgers in Moskau. Telephonisch aus der Runde herausgerufen, begibt er sich ins Volkskommissariat des Äußeren – direkt ins Verhör, in dem Molotow, Berija, Malenkow

Villa A. A. Morosows. Arch. W. A. Masyrin, 1895–1899

«Dann stand ich eine Stunde lang im Vorraum postiert. Mein Warten war aber ganz umsonst. Einige Tage später hörte ich dann, in genau demselben Raume sei auch Gnedin gewesen und habe auf mich gewartet. Es ist fast unerklärlich, wie das zugegangen sein kann. Daß ich, erschöpft wie ich war und bei meinem schlechten Gedächtnis für Physiognomien, ihn in Mantel und Mütze nicht wiedererkannte, ist denkbar, aber daß es ihm ebenso gegangen sei, klingt unglaublich.»
Walter Benjamin, Moskauer Tagebuch

Regie führen. Es geht um die Absetzung Maxim Litwinows, des bisherigen Außenministers und Repräsentanten einer antifaschistisch gerichteten Politik gegen Hitler. Litwinow, unglücklicherweise auch noch Jude, ist untragbar geworden – am 21. August 1939, also kaum vier Monate später, wird der Hitler-Stalin-Pakt in Moskau unterzeichnet. Am 10. Mai 1939 wird Gnedin verhaftet – er braucht von seinem Arbeitsplatz im Narkomindel nur die Straße zu überqueren. Wie hatte doch Benjamin am 19. Januar 1927 in sein Tagebuch notiert: «Auf dem Hin- und Rückweg zu Gnedin passierte ich das Tscheka-Gebäude. Davor geht immerzu ein Soldat mit aufgepflanztem Bajonette auf und ab.»

Mit dem Abschluß des Vertrages zwischen den Nazis und Stalin brachen auch in Frankreich, wohin Benjamin geflüchtet war, die letzten Dämme. Antifaschisten werden zu Tausenden interniert. Etwa zur gleichen Zeit – im Februar 1940 – werden in sowjetischen Lagern deutsche Kommunisten und Nazigegner, die in der Sowjetunion Zuflucht vor Hitler gesucht hatten und unter abstrusesten Beschuldigungen verhaftet worden waren, in Auslieferungshaft genommen – darunter Carola Neher, die Polly aus Brechts «Dreigroschenoper», die Benjamin gut bekannt war. Carola Neher starb noch in sowjetischer Haft; für die anderen endete die Fahrt aus sowjetischen Lagern im August 1940 in deutschen KZ – so für Margarete Buber-Neumann in Ravensbrück.

Während Asja Lazis bereits nach Kasachstan deportiert worden ist und Jewgeni Gnedin in der Lubjanka zu gespenstischen Geständnissen gebracht werden soll, bricht der Flüchtling Benjamin von Marseille aus zur letzten Etappe seiner Flucht auf. Am 27. September 1940, bedroht von Auslieferung an die Gestapo, setzt er bei Port Bou an der Grenze zu Spanien seinem Leben ein Ende.

Das Terrain, aus dem Benjamin in den zwanziger Jahren aufgebrochen war und das er nach allen Richtungen zu erkunden den Mut hatte, wurde von zwei Seiten her aufgerollt: von den Nationalsozialisten frontal und fast mit bloßem Auge zu erkennen; von Stalins Leuten verlarvt in den erzwungenen Selbstbezichtigungen ihrer Opfer. Daß Moskau auch in den dreißiger Jahren noch Zufluchtsstätte war, ändert nichts daran, daß es aufgehört hatte, Fluchtpunkt für die Vorstellungen von einer besseren Welt zu sein. Moskau mag seither Hauptstadt eines Weltreichs geworden sein, in dem die Sonne nicht mehr untergeht – Zufluchtsort der «Erniedrigten und Beleidigten» ist es schon lange nicht mehr. Eher umgekehrt hat sich die Bewegung, und sie verläuft unter umgekehrten Vorzeichen. Es ist sonderbar und einleuchtend zugleich, daß die Flüchtlinge von einst die Flüchtlinge von heute nicht verstehen. Unmöglich fast erscheint es, einen gemeinsamen Nenner, eine gemeinsame Sprache für die Fluchtbewegung von damals und heute zu finden. In Arthur Koestler, selber flüchtend und mit Benjamin die eiserne Ration Morphium teilend, haben möglicherweise die vier Personen, um

Russisch - Deutsche Luftschiffahrt - Gesellschaft

„DERULUFT“

Regelmäßiger täglicher Personenverkehr zwischen Moskau-Königsberg-Berlin-London in komfortablen Sechssitzer-Aeroplanen Fokker III, mit Rolls-Royce 360 PS-Motoren

Flug- und Fahrplan

Eisenbahn	Aeroplan	Mitteleuropäische Zeit		Mitteleuropäische Zeit	Aeroplan	Eisenbahn
	6.00	Abflug	Moskau	Anflug	4.45	
	3.15	Anflug	Königsberg	Abflug	7.30	
7.37		Abfahrt	Königsberg	Ankunft		5.52
6.48		Ankunft	Berlin, Schl. Bahnhof	Abfahrt		6.15
7.14		Ankunft	Berlin Fried. Bahnhof	Abfahrt		5.49
	10.00	Abflug	Berlin	Anflug	4.30	
	11.30	Anflug	Hannover	Abflug	3.00	
	12.00	Abflug	Hannover	Anflug	2.30	
	1.35	Anflug	Amsterdam	Abflug	11.35	
	2.05	Abflug	Amsterdam	Anflug	11.05	
	4.30	Anflug	London	Abflug;	8.00	

Auskünfte: Deutschland: Hamburg-Amerika-Linie, Berlin W 8, Unter den Linden 8; Deruluft, Berlin NW 7, Sommerstraße 4. Union d. S. S. R.: Deruluft, Moskau, Neglinnyj Projesd 10. Qu. 8a. Stadtbureau

«31 Januar. Meine Abreise war durch Bestellung des Platzes, die ich am 30ten veranlaßt hatte, nun auf den 1ten unwiderruflich festgesetzt. Es galt aber endlich, den Koffer zu verzollen.»
Walter Benjamin, Moskauer Tagebuch

die es hier ging, ihren Autor gefunden. Die Sonnenfinsternis, die das ans Licht gewöhnte Auge zwingt, sich auch in der Dämmerung zurechtzufinden, war offensichtlich nicht dunkel, nicht anhaltend genug, um zu zeigen, was ist. Das Benjaminsche Bild vom Angelus Novus dagegen läßt die Rede vom Exzeß, dem vorübergehenden und die Normalität nur zeitweilig unterbrechenden Ereignis nicht mehr zu.

«Er hat das Antlitz der Vergangenheit zugewendet. Wo eine Kette von Begebenheiten vor *uns* erscheint, da sieht *er* eine einzige Katastrophe, die unablässig Trümmer auf Trümmer häuft und sie ihm vor die Füße schleudert. Er möchte wohl verweilen, die Toten wekken und das Zerschlagene zusammenfügen. Aber ein Sturm weht vom Paradiese her, der sich in seinen Flügeln verfangen hat und so stark ist, daß der Engel sie nicht mehr schließen kann. Dieser Sturm treibt ihn unaufhaltsam in die Zukunft, der er den Rücken kehrt, während der Trümmerhaufen vor ihm zum Himmel wächst. Das, was wir den Fortschritt nennen, ist *dieser* Sturm.»

Statt einer Bibliographie

Die folgenden Seiten geben eine Zusammenstellung wichtiger Baudenkmäler Moskaus, die zusammengenommen so etwas wie den Originaltext Moskau bilden. Vollständigkeit war nicht angestrebt. Der Schwerpunkt liegt auf Moskau als Stadt des ausgehenden 19. und des beginnenden 20. Jahrhunderts sowie den zwanziger und dreißiger Jahren dieses Jahrhunderts. Die Reihenfolge ist chronologisch. In der Regel wurden angegeben Gebäude, Adresse und Baumeister.

Als Quellen für die Zusammenstellung dienten unter anderem:

- Moskau – Enzyklopädie, Moskau 1980 (russ.)
- Kunstdenkmäler in der Sowjetunion. Moskau und Umgebung. Moskau / Leipzig 1978
- Moskau. Architekturdenkmäler 1830–1910, Moskau 1977 (russ.)
- S. O. Chan-Magomedow, Pioniere der sowjetischen Architektur, Dresden 1983
- Russian Avantgarde. Art and Architecture (ed. Catherine Cooke), London 1983

Bauten bis zu Beginn des 17. Jahrhunderts

Mariä-Himmelfahrts-Kirche
(Uspenski sobor)
Kreml, 1475–1479

Mariä-Verkündigungs-Kathedrale
(Blagoweschtschenski sobor)
Kreml, 1484–1489

Kirche der Gewandniederlegung
Mariä (Zerkow Rispoloshenija)
Kreml, 1484–1485

Facettenpalast (Granowitaja palata)
Kreml, 1487–1491

Kirche Trifons «in Naprudnoje»
(Zerkow Trifona «w Naprudnom»)
Trifonowskaja uliza 38, 1492?

Erzengel-Michael-Kathedrale (Archangelski sobor)
Kreml, 1905–1908

Glockenturm Iwan der Große (Kolokolnja Iwana Welikogo)
Kreml, 1505–1508

Anna-Empfängnis-Kirche «in der Ecke» (Zerkow Satschatija Anny «tschto w uglu»)
Moskworezkaja nabereshnaja 3, 1530

Christi-Himmelfahrts-Kirche in Kolomenskoje (Zerkow Wosnessenija w sele Kolomenskom)
Kolomenskoje, 1532

Mariä-Schutz-Kirche «am Graben», sog. Basilius-Kathedrale (Sobor Pokrowa «tschto na rvu»)
Krasnaja ploschtschad, 1555–1561

Dreifaltigkeits-Kirche in Choroschewo (Troizkaja zerkow w sele Choroschewe)
Karamyschewskaja nabereshnaja 15, 1598

Danilow-Kloster (Danilowski monastyr)
Danilowski wal

Neues Erlöser-Kloster (Nowospasski monastyr)
Krestjanskaja ploschtschad

Andronnikow-Kloster (Andronnikow monastyr)
Prjamikowa ploschtschad 10

Neujungfrauen-Kloster (Nowodewitschi monastyr)
Nowodewitschi projesd 1

Simonow-Kloster (Simonowski monastyr)
Wostotschnaja uliza 1 / 3

Don-Kloster (Donskoi monastyr)
Donskaja ploschtschad 1

Bauten des 17. Jahrhunderts

Mariä-Schutz-Kirche in Medwedkowo (Zerkow Pokrowa v Medwedkowe)
Kolskaja uliza, 1640

Kirche Mariä-Schutz n Rubzewo (Zerkow Pokrowa w Rubzewe)
Bakuninskaja uliza 83 b, 1619–1626

Mariä-Himmelfahrts-Kirche in Petschatniki (Zerkow Uspenija w Petschatnikach)
Uliza Sretenka 3, 1695

Refektorium der Kirche des Sergius von Radonesh im Hohen-Peter-Kloster (Trapesnaja zerkow Sergija Radoneshskogo)
Uliza Petrowka 28, um 1690

Dreieinigkeits-Kirche in Troizkoje-Lykowo (Zerkow Troizy w Troizkom-Lykowe)
Lykowskaja 3-ja uliza, 1698–1703

Mariä-Geburts-Kirche «in Putinki» (Zerkow Roshdestwa Bogorodizy w Putinkach)
Uliza Tschechowa 4, 1649–1652

Kirche Mariä-Schutz in Fili (Zerkow Pokrowa w Filjach)
Nowosawodskaja uliza 47, 1690–1694

Haus des Bojaren Trojekurow (Palaty bojarina Trojekurowa)
Georgijewski pereulok 4, Ende des 17. Jahrhunderts

Dreifaltigkeits-Kirche «in Nikitniki» (Zerkow Troizy «w Nikitnikach»)
Nikitnikow pereulok 8, 1688–1701

Kirche Mariä-Tempelgang «in Baraschi» (Zerkow Wwedenija «w Baraschach»)
Baraschewski pereulok 8, 1688–1701

Nikolaus-Kirche «in Bersenjewka» (Zerkow Nikoly «na Bersenjewke»)
Haus des Awerki Kirillow (Palaty Awerkija Krillowa)
Bersenjewskaja nabereshnaja 20 und 22, 1650–1657

Auferstehungs-Kirche «in Kadaschi» (Zerkow Woskresenija «w Kadaschach»)
2-i Kadaschewski pereulok 7/2, 1657

Kirche Gregors von Neocaesarea (Zerkow Grigorija Neokesariskogo)
Uliza Bolschaja Poljanka, 1662–1669

Nikolaus-Kirche in Chamowniki (Zerkow Nikoly «w Chamownikach»)
Uliza Timura Frunse 1, 1679–1690

Mariä-Himmelfahrts-Kirche in Weschnjaki (Zerkow Uspenija w Weschnjakach)
Uliza Junosti 2, 1644–1645

Boris- und Gleb-Kirche in Sjusino (Zerkow Borisa i Gleba w Sjusine)
Perekopskaja uliza 9, 1688–1704

Bauten des 18. Jahrhunderts und der 1. Hälfte des 19. Jahrhunderts

Haus Baryschnikow (Dom Baraschnikowa)
Uliza Kirowa 42, Arch. M. F. Kasakow, 1797–1802

Menschikow-Turm (Menschikowa baschnja)
Telegrafny pereulok 15a, Arch. I. P. Sarudny, 1704–1707

Haus N. F. Apraxins (Dom Apraxina)
Uliza Tschernyschewskogo 22, Arch. unbek., 1766–1768

Kleines Theater (Maly Teatr)
Ploschtschad Swerdlowa 1/6, Arch. A. F. Elkinski, O. I. Beauvais, 1821–24

Großes Theater (Bolschoi Teater)
Ploschtrschad Swerdlowa 2, Arch. O. I. Beauvais, A. A. Michailow, 1825 und 1855–1856

Haus der Adelsversammlung (Dom Blagorodnogo sobranija)
Puschkinskaja uliza 1/6, Arch. M. F. Kasakow, Mitte 18. Jahrhundert

Manege (Manesh)
Ploschtschad 50-letija Oktjabrja 1/9, Arch. A. A. Betancourt, 1827

Universität (Universitet)
Prospekt Marxa, Arch. M. F. Kasakow, 1782–1784, D. Gilardi, 1817–1819

Haus Paschkows (Dom Paschkowa)
Prospekt Marxa 26, Arch. W. I. Bashenow, 1784–1786

Haus Lunins (Dom Lunina)
Suworowski bulwar 12a, Arch. D. I. Gilardi, 1818–1822

Haus Gagarins (Dom Gagarina)
Uliza Worowskogo 25a, Arch. D. Gilardi, 1820

Haus Demidows (Dom Demidowa)
Gorochowski pereulok 4, Arch. M. F. Kasakow, 1779–1791

Kirche Iwans des Kriegers (Zerkow Iwana Woina)
Uliza Dimitrowa 46, Arch. I. P. Sarudny (?), 1709–1717

Kirche aller Bedrängten (Zerkow Bogomateri «wsech skorbjaschtschich radosti»)
Bolschaja Ordynka 20, Arch. W. I. Bashenow, 1783–1791, O. I. Beauvais, 1828–1833

Haus der Lopuchins (Dom Lopuchinych)
Kropotkinskaja uliza 11, Arch. A. G. Grigorjew, 1817–1822

Haus Chruschtschow (Dom Chruschtschowa)
Kropotkinskaja uliza 12/2, Arch. A. G. Grigorjew, 1814

Haus Dolgorukow (Dom Dolgorukowa)
Kropotkinskaja uliza 19, Arch. M. F. Kasakow, 1780

Golizyn-Hospital (Golizynskaja bolniza)
Leninski prospekt 8, Arch. M. F. Kasakow, 1796–1801

Senatsgebäude
Kreml, Arch. M. F. Kasakow, 1776–1787

Kriegskommissariat (Krigskommissariat)
Nabereshnaja, Maxima Gorkogo, Arch. N. N. Legran, 1778–1780

Scheremetjew-Pilgerasyl (Strannoprijomny dom)
Bolschaja Kolchosnaja ploschtschad 3, Arch. E. S. Nasarow, G. Quarenghi, 1794–1810

Kirche des Metropoliten Philipp (Zerkow Filippa Metropolita)
Uliza Giljarowskogo 35, Arch. M. F. Kasakow, 1777–1778

Haus Rasumowski (Dom Rasumowskogo)
Uliza Kasakowa 18–20, Arch. A. A. Menelas, 1799–1802

Neskutschny Palast (Neskutschny dworez)
Leninski prospekt 14–20, Arch. P. Ijest, 1756–1830er Jahre

Landsitz Kuskowo (Ussadba Kuskowo)
Kuskowo, Arch. z. T. Leibeigene F. S. Argunow, M. F. Mironow, 1740–1780

Schloßruine Zarizyno
Zarizyno, Arch. M. F. Kasakow, W. I. Bashenow, I. W. Jegotow, 1787–1793

Landsitz Ostankino (Ussadba Ostankino)
1-ja Ostankinskaja uliza 5, Arch. F. Camporesi, P. I. Argunov u. a. 1791–1798

Gebäude des Vormundschaftsrates (Opekunski Sowet)
Soljanka uliza 14, Arch. D. I. Gilardi, A. G. Grigorjew, 1823–1826

Provianthäuser
Krymskaja ploschtschad 2, Arch. F. M. Schestakow, W. P. Stassow, 1829–1831

Haus der Ussatschew-Naidjonows (Dom-Ussadba Ussatschewych-Naidjonowych)
Uliza Tschkalowa 53, Arch. D. I. Gilardi, A. G. Grigorjew, 1829–1831

Kirche der Großen Auferstehung (Zerkow Bolschogo Wosnessenija)
Uliza Gerzena 36, Arch. A. G. Grigorjew oder F. M. Schestakow, 1827–1840

Haus der Witwen (Wdowy dom)
Ploschtschad Wosstanija 1/2, Arch. I. D. Gilardi, 1775, D. I. Gilardi, 1823

Leningrader Bahnhof (Leningradski woksal)
Komsomolskaja ploschtschad, Arch. K. A. Thon, 1849

Großer Kremlpalast (Bolschoi Kremlewski dworez)
Kreml, Arch. K. A. Thon, 1838–1849

Bauten der 2. Hälfte des 19. Jahrhunderts und Anfang des 20. Jahrhunderts

Kiewer Bahnhof (Kiewski woksal)
Ploschtschad Kiewskogo woksala, Arch. I. I. Rerberg, W. K. Oltarschewski, W. G. Schuchow, 1912–1917

Kasaner Bahnhof (Kasanski woksal)
Komsomolskaja ploschtschad, Arch. Ju. F. Dietrichs, 1899

Tretjakow-Galerie (Tretjakowskaja galereja)
Lawruschinski pereulok 10, Arch. W. M. Wasnezow, 1900–1905

Hotel Lux
Uliza Gorkogo 10, Arch. N. A. Eichenwald, 1911

Hotel National
Uliza Gorkogo 1, Arch. A. I. Iwanow, 1903

Hotel Metropol
Prospekt Marxa 1, Arch. W. F. Walcott, 1899–1903

Puschkin-Museum für Bildende Künste (Musei isobrasitelnych iskusstw imeni Puschkina)
Uliza Wolchonka 12, Arch. R. I. Klein, P. Boizow, 1898–1912

Polytechnisches Museum (Politechnitscheski musei)
Nowaja ploschtschad 3/4
Arch. I. A. Monigetti, N. A. Schochin P. A. Wojeikow, W. I. Jerameschanzew, 1877–1907

Historisches Museum (Istoritscheski musei)
Krasnaja ploschtschad 1/2, Arch. W. O. Sherwood, 1875–1881

Zentrales Lenin-Museum (Zentralny musei W. I. Lenina)
Ploschtschad Rewoljuzii 2, Arch. D. N. Tschitschagow, 1890–1892

Kaufhaus Muir and Merilees
Petrowka uliza 2, Arch. R. I. Klein, 1908–1910

Petrowski-Passage
Petrowka uliza 10, Arch. S. M. Kalugin, B. W. Freidenberg, 1903

Nikolski-Passage
Uliza 25 Oktjabrja 5, Arch. L. N. Kekuschew, 1899–1900

Kaufhaus Wojentorg
Prospekt Kalinina 10, Arch. S. B. Salesski, 1911–1913

Jelissejew-Delikatessenhandlung
Uliza Gorkogo 14, Arch. G. W. Baranowski, 1898–1901

Krankenhaus, benannt nach K. T. Soldatenkow
2-i Botkinski projesd 5, Arch. I. A. Iwanow-Schitz, 1908–1926

Schanjawski-Universität
Mjusskaja ploschtschad 6, Arch. I. A. Iwanow-Schitz, 1910–1913

Städtische Grundschule
Bolschaja Pirogowskaja uliza 9, Arch. A. A. Ostrogradski, 1909

Höhere Kurse für Frauen
Malaja Pirogowskaja uliza 1, Arch. S. U. Solowjow, 1910–1913

Handelsschule für Männer und Frauen
Stremjanny pereulok 28, Arch. S. U. Solowjow, A. W. Schtschussew, 1911–1912

Zentrales Postamt
Uliza Kirowa 26a, Arch. O. R. Munz, L. I. Nowikow, W. A., L. A., A. A. Wesnin, 1911–1912

Moskauer Künstlertheater
Projesd Chudoshestvennogo teatra 3, Arch. F. O. Schechtel, 1902

Internationale Handelsbank
Kusnezki most 15/8, Arch. S. S. Eibuschitz, 1898

Bankgebäude J. W. Junker & Co.
Kusnezki most 18, Arch. A. E. Erichson, L. A., W. A., A. A. Wesnin, 1913

Bürogebäude Chomjakow
Petrowka uliza 3/6, Kusnezki most 6/3, Arch. I. A. Iwanow-Schitz, 1899–1900

Gebäude der Moskauer Handelsgesellschaft
Nowaja ploschtschad 2, Maly Tscherkasski pereulok, Arch. F. O. Schechtel, 1909

Internationale Handelsbank
Uliza Kuibyschewa 9 links, Arch. A. E. Erichson, 1910–1911

Geschäftshaus
Staropanski pereulok 6/8, Arch. A. W. Iwanow, 1898–1899

Gebäude der Gesellschaft Arschinow
Staropanski pereulok 5, Arch. F. O. Schechtel, 1899

Bankgebäude Rjabuschinski
Ploschtschad Kuibyschewa 2, Arch. F. O. Schechtel, 1903–1904

Handelshof
Ploschtschad Nogina 5, Arch. I. S. Kusnezow, 1912–1913

Gebäude des Kaufmann-Klubs
Uliza Tschechowa 6, Arch. I. A. Iwanow-Schitz, 1907–1909

Typographie «Utro Rossii»
Projesd Skworzowa-Stepanowa 3, Arch. F. O. Schechtel, 1907

Typographie A. A. Levenson
Trjochprudny pereulok 11, Arch. F. O. Schechtel, 1900

Typographie I. D. Sytin
Uliza Gorkogo / Puschkinskaja ploschtschad, Arch. A. E. Erichson, 1905–1907

Wohnhaus Stroganow-Schule
Uliza Kirowa 24, Arch. F. O. Schechtel, 1904–1907

Wohnhaus I. E. Kusnezow
Uliza Kirowa 15, Arch. B. M. Welikowski, A. N. Miljukow, A. A., W. A. Wesnin, 1910

Wohnhaus der Ersten Russischen Versicherungsgesellschaft
Kusnezki most 5/21, Arch. L. N. Benois, A. I. Gunst, 1905–1907

Wohnhaus Sokol
Kusnezki most 3, Arch. I. P. Maschkow, 1902–1903

Gebäude der Moskauer Versicherungsgesellschaft
Staraja ploschtschad 5, Arch. F. O. Schechtel, 1901

Wohnhaus der Moskauer Handelsgesellschaft
Uliza Soljanka 1, Arch. W. W. Sherwood, I. A. German, A. E. Sergejew, 1912–1915

Wohnhaus I. P. Issakow
Kropotkinskaja uliza 28, Arch. L. N. Kekuschew, 1906

Wohnhaus F. I. Afremow
Sadowaja-Spasskaja uliza 19, Arch. O. O. Schischkowski, 1904

Wohnhaus Schamschin
Uliza Frunse 8, Arch. F. O. Schechtel, 1909

Haus Mindowski
Uliza Worowskogo 44, Arch. L. N. Kekuschew, 1903

Haus S. P. Rjabuschinski
Uliza Katschalowa 6/2, Arch. F. O. Schechtel, 1900–1902

Haus Tarassow
Uliza Alexeja Tolstogo 30, Arch. I. W. Sholtowski, 1909–1912

Haus Bachruschin
Uliza Gorkogo 12, Arch. K. K. Hippius, 1901–1902

Haus Korobkow
Pjatnizkaja uliza 33, Arch. L. N. Kekuschew, Ende der 90er Jahre

Haus I. E. Zwetkow
Kropotkinskaja nabereshnaja 29, Arch. W. M. Wasnezow, 1897

Haus S. G. Morosow
Uliza Alexeja Tolstogo 17, Arch. F. O. Schechtel, 1893–1898

Haus Schechtel
Uliza Sholtowskogo 28. Arch. G. O. Schechtel, 1896

Haus Schechtel
Bolschaja Sadowaja uliza 4, Arch. F. O. Schechtel, 1909–1910

Haus P. I. Schtschukin
Malaja Grusinskaja uliza 15, Arch. B. W. Freidenberg, 1898

Haus W. Wasnezow
Pereulok Wasnezowa 13, Arch. W. M. Wasnezow, 1892

Haus A. A. Morosow
Prospekt Kalinina, Arch. W. A. Masyrin, 1895–1899

Haus Igumnow
Uliza Dimitrowa 43, Arch. N. I. Posdnejew, 1889–1893

Wohnhaus P. N. Perzow
Soimonowski projesd 1, Arch. S. W. Maljutin, N. K. Shukow, 1905–1907

Haus L. N. Kekuschew
Metrostrojewskaja uliza 25, Arch. L. N. Kekuschew, 1902–1903

Villa Deroshinskaja
Kropotkinski pereulok 13, Arch. F. O. Schechtel, 1901

Villa Jakunzikow
Pereulok N. A. Ostrowskogo 10, Arch. W. F. Walcott, 1902

Villa Gutheil
Pereulok N. A. Ostrowskogo 8, Arch. W. F. Walcott, 1900

Villa Kekuschew
Uliza Lunatscharskogo 8, Arch. L. N. Kekuschew, 1898–1899

Borodino-Brücke
verbindet Smolenskaja ploschtschad und ploschtschad Kiewskogo woksala, Arch. R. I. Klein, 1909–1912

Fabrik Krasny Oktjabr
Berenewskaja nabereshnaja 6, gegr. 1867 von F. T. K. von Einem

Zuckerraffinerie Krasnaja Presnja
Mantulinskaja uliza 7, gegr. 1859 von W. P. Berg

Fabrik Krasnaja Presnja
Presnenski wal 14, gegr. 1879 von I. Koss

Tabakfabrik «Dukat»
Uliza Gascheka 6, gegr. 1891

Konditoreifabrik «Bolschewik»
Leningradski prospekt 15, gegr. 1855 von Siou A. & Co.

Kompressorenfabrik Borez
Skladotschnaja uliza 6, gegr. 1897 als Betrieb «Gustav List»

Konditoreifabrik P. A. Babajew
Malaja Krasnosselskaja uliza 7, gegr. 1804 als Fabrik Abrikossows

Trjochgornaja Manufaktura
Rotschdelskaja uliza 15, gegr. 1799 von W. I. Prochorow

Kattundruckerei
Derbenewskaja nabereshnaja 7, gegr. 1823 von Bucher, nach 1847 als Firma E. Zindel

Fabrik «Hammer und Sichel»
Solotoroshski wal 11, gegr. 1883 als Firma Ju. Gujon

Knöpfefabrik N. D. Balakirew
Bakuninskaja uliza 74, gegr. 1888 von B. Rontaller

Fabrik «Krasny Fakel»
Ploschtschad Repina 14, gegr. 1863 als Maschinenbaufabrik G. List

Fabrik Kompressor
2-ja uliza Entusiastow 5, gegr. 1869 von A. K. Dangauer

Kammgarnfabrik
Uliza Ossipenko 82, gegr. 1863 von Schrader A. mit Söhnen & Co.

Betrieb «Krasny Bogatyr»
Krasnobogatyrskaja uliza 2, gegr. 1887 von L. S. Poljakow u. a.

Pumpenfabrik, benannt nach M. I. Kalinin
Uliza Semljatschki 13, gegr. 1864 als Firma Dobrow und Nabgolz

Baumwollfabrik, benannt nach M. W. Frunse
Warschawskoje schosse 9, gegr. 1867

Elektromechanischer Betrieb, benannt nach Wladimir Iljitsch
Partiny pereulok 1, gegr. 1847 als Firma W. Ja. Gopper, ab 1916 als Betrieb L. A. Michelson

Fabrik «Krasny Proletari»
Krasnoproletarskaja uliza 16/1, gegr. 1869 von I. N. Kuschnerew

Tuchfabrik, benannt nach Pjotr Alexejew
Michalkowskaja uliza 48, gegr. 1835 von W. I. Jokisch

Erste Mustertypographie, benannt nach A. A. Shdanow
Walowaja uliza 28, gegr. 1876 als Typographischer Betrieb Sytin

Bauten der zwanziger Jahre des 20. Jahrhunderts

Dubrowka Wohnkomplex
zwischen Krutizki wal, 1-ja Dobrowskaja uliza und Scharikopodschipnikowskaja uliza, Arch. M. I. Motyljow, N. Molokow, 1925–1928

Wohnviertel an der Uliza Ussatschewa
Uliza Ussatschewa, Arch. A. I. Meskow, 1925–1927

Schabolowka Wohnkomplex
Uliza Lestewa 18, Arch. G. Ja. Wolfenson, 1926–1930

Sokol Gartenstadt
zwischen uliza Alabjana, Wolokolamskoje schosse, uliza Lewitana, Surikowa, Polenowa, Wrubelja, Arch. W. A. Wesnin, N. W. Markownikow, u. a. 1923–1930

Wohnhaus Narkomfin
Uliza Tschaikowskogo 25 B, Arch. M. Ja. Ginsburg, 1928–1930

Wohnhaus Gosstrach
Malaja Bronnaja uliza 21, Arch. M. Ja. Ginsburg, 1926

Kulturpalast des Proletarischen Rayons
Wostotschnaja uliza 4, Arch. A. A., L. A., W. A. Wesnin, 1931–1937

Klub des Betriebs «Hammer und Sichel»
Wolotschajewskaja uliza 11/15, Arch. I. F. Milinis, 1929–1933

Klub der Eisenbahner
Komsomolskaja ploschtschad 4, Arch. A. W. Schtschussew, 1925

Klub der Schuhfabrik «Burewestnik»
3-ja Rybinskaja uliza 18, Arch. K. S. Melnikow

Klub der Pjotr-Alexejew-Fabrik
Michalkowskaja ploschtschad 64, Arch. L. A. Wesnin, 1927

I. W. Sujew-Klub
Lesnaja uliza 18, Arch. I. A. Golossow, 1928

I. W. Russakow-Klub
Stromynskaja ploschtschad 10, Arch. K. S. Melnikow, 1927–1929

Klub des Betriebs «Kautschuk»
Uliza Pljuschtschicha 64, Arch. K. S. Melnikow, 1927

S. P. Gorbunow-Klub in Fili
Nowosawodskaja uliza 27, Arch. Ja. A. Kornfeld, 1930–1938

Fabrik Kompressor
2-ja uliza Entusiastow 5, rekonstruiert 1929–1940

Fabrik «Krasny proletari»
Malaja Kalushskaja uliza 15, Erweiterung Ende der zwanziger Jahre

Autofabrik, benannt nach dem Leninschen Komsomol
Wolgogradski prospekt 32, 1930

Elektrofabrik «Dinamo», benannt nach S. M. Kirow
Uliza Leninskaja sloboda 26

Moskauer Staatliches Elektrisches Kraftwerk (MOGES-1)
Rauschskaja nabereshnaja 10, Kesselhaus von 1924, Arch. I. W. Sholtowski

Fabrikküche
Leningradski prospekt 7, 1929

Haus der Regierung – Wohnkomplex
Uliza Serafimowitscha 2/20, Arch. B. M. Iofan, D. M. Iofan, 1928–1931

Kommunehaus
Uliza Ordshonikidse 8/9, Arch. I. S. Nikolajew, 1929–1930

Kommunehaus
Gogolewski bulwar 8, Arch. M. O. Barschtsch, W. N. Wladimirow, I. F. Milinis, L. S. Slawina, A. L. Pasternak, 1929

Kaufhaus am Serpuchowplatz
Dobryninskaja uliza 1/3, Arch. K. Jakowlew, 1928–1929

Mostorg Kaufhaus
Uliza Krasnaja Presnja 48/2, Arch. L. A., A. A., W. A. Wesnin, 1927

Stadion «Dinamo»
Leningradski prospekt 36 w, Arch. A. Ja. Langman, L. Sh. Tscherikower, 1928

Institut W. I. Lenin
Sowetskaja ploschtschad 1/3, Arch. S. E. Tschernyschew, 1925–1927

Zentralinstitut für mineralische Rohmaterialien
Staromonetny pereulok 29, Arch. W. A. Wesnin, 1925–1929

Staatliche Lenin-Bibliothek
Prospekt Kalinina 3, Arch. W. A. Schtschuko, W. G. Helfreich, 1928–1941

Planetarium
Sadowaja-Kudrinskaja uliza 5, Arch. M. O. Barschtsch, M. I. Sinjawski, 1928–1929

Gebäude der Gesellschaft «Dinamo»
Uliza Dsershinskogo 12, Arch. I. A. Fomin, A. Ja. Langman, 1928–1929

Bürogebäude
Uliza Kuibyschewa 11, Arch. W. M. Majat, 1927–1928

Gebäude Mosselprom
Kalaschny pereulok 2/10, Arch. D. Kogan, 1923–1924

Gostorg-Gebäude
Uliza Kirowa 47, Arch. B. M. Welikowski, M. O. Barschtsch, G. Wegman, M. Gaken, 1925–1927

Narkomsem-Gebäude
Orlikow pereulok 1 / 11, Arch. A. W. Schtschussew, 1928–1933

Zentrossojus-Gebäude
Uliza Kirowa 39, Arch. Le Corbusier, N. Ja. Kolli, 1928–1935

Zentraler Telegraph
Uliza Gorkogo 7, Arch. I. I. Rerberg, 1925–1927

Sendeturm der Komintern
Schabolowka uliza 53, W. G. Schuchow, 1922

Iswestija-Gebäude
Puschkinskaja ploschtschad 5, Arch. G. B. Barchin, 1925–1927

Zeitungskombinat «Prawda»
Uliza Prawdy 24, Arch. P. A. Golossow, 1931–1937

Klub der Gesellschaft ehemaliger politischer Häftlinge
Uliza Worowskogo 33, Arch. A. A., W. A., L. A. Wesnin, 1931–1934

Mausoleum für W. I. Lenin
Krasnaja ploschtschad, Arch. A.W. Schtschussew, 1924–1930

Bauten der dreißiger bis fünfziger Jahre des 20. Jahrhunderts

Wohnhäuser uliza Gorkogo
Nr. 35, Arch. D. N. Tschetschulin, 1936–1938
Nr. 64, Arch. M. I. Sinjawski, 1936–1948
Nr. 4–6, 8, 15–17, Arch. A. G. Mordwinow, 1937–1940
Nr. 25, Arch. A. Burow, 1938
Nr. 48, Arch. M. Ja. Ginsburg, 1949
Nr. 56, Arch. I. E. Roshin u. a., 1954

Wohnhäuser Leningradski prospekt
Nr. 60, Arch. B. W. Jefimowitsch, 1938
Nr. 62, Arch. S. M. Krawzew, 1938
Nr. 56, Arch. S. M. Rosenfeld, 1939
Nr. 27, Arch. A. K. Burow, B. N. Blochin

Wohnhäuser Kutusowski prospekt
Nr. 22, 24, 25, 29, 30–32, Arch. S. M. Rosenfeld, 1938–1950

Wohnhäuser Sadowaja-Triumfalnaja uliza
Nr. 4–18, Arch. S. M. Rosenfeld, 1949

Wohnhäuser Leninski prospekt
Nr. 42, Arch. A. W. Wlassow, 1937
Nr. 55, Arch. A. W. Schtschussew, 1937
Nr. 18, 20–21, 23–26, 28, Arch. A. G. Mordwinow, 1939–1940
Nr. 12, 16, Arch. D. N. Tschetschulin, 1939–1940
Nr. 11, Arch. I. W. Sholtowski, 1949

Wohnhaus
Prospekt Marxa 16, Arch. I. W. Sholtowski, 1933–1934

Wohnhäuser Sadowaja-Kudrinskaja
Nr. 8, arch. A. W. Warschawer, 1939
Nr. 28–30, Arch. L. W. Rudnew, W. O. Munz, W. E. Ass, 1947

Hotel Ukraina
Kutusowski prospekt 2/1, Arch. A. G. Mordwinow, 1957

Verwaltungs- und Wohnhochhaus
Lermontowskaja ploschtschad, Arch. A. N. Duschkin, B. S. Mesenzew, 1953

Hochhaus des Außenministeriums
Smolenskaja ploschtschad, Arch. W. G. Helfreich, M. A. Minkus, 1948–1952

Hochhaus
Ploschtschad Wosstanija, Arch. M. W. Possochin, A. A. Mndojanz, 1950–1954

Hochhaus
Kotelnitscheskaja nabereshnaja, Arch. D. N. Tschetschulin, A. K. Rostowski, 1948–1952

Hotel Leningradskaja
Kalantschewskaja uliza 21/40, Arch. L. M. Poljakow, A. B. Borezki, 1953

Lomonossow-Universität
Leninskie gory, Arch. L. W. Rudnew, S. E. Tschernyschew, P. W. Abrosimow, 1949–1953

Hotel Moskwa
Prospekt Marxa 7, Arch. A. W. Schtschussew, L. I. Sawelew, O. A. Stapran, 1935

Hotel Sowetskaja
Leningradski prospekt 32, Arch. I. I. Loweiko, W. W. Lebedew, P. P. Schteller, 1950–1952

Hotel Peking
Bolschaja Sadowaja uliza 5/1, Arch. D. N. Tschetschulin, 1956

Metrostation Ploschtschad Swerdlowa
Arch. I. A. Fomin, L. M. Poljakow, 1938

Metrostation Majakowskaja
Arch. A. N. Duschkin, Ja. G. Lichtenberg, Ju. P. Afanasjew, 1938

Metrostation Kropotkinskaja
Arch. A. N. Duschkin, Ja. G. Lichtenberg, 1935

Vestibül der Metrostation Kirowskaja
Arch. N. Ja. Kolli, 1935

Metrostation Lermontowskaja
Arch. I. A. Fomin, N. N. Andrikanis, 1935; Vestibül: N. Ladowski, 1935

Metrostation Komsomolskaja-Kolzewaja
Arch. A. W. Schtschussew u. a., 1952

Metrostation Komsomolskaja-Kirow-Frunse-Linie
Arch. D. N. Tschetschulin, 1935

Große Steinbrücke
Arch. W. G. Helfreich, M. A. Minkus, W. A. Schtschuko, 1938

Große Moskworezker Brücke
Arch. A. W. Schtschussew, 1938

Ausstellung der Errungenschaften der Volkswirtschaft bzw. Landwirtschaftliche Allunionsausstellung
Arch. W. A. Schtschuko, W. G. Helfreich, K. S. Alabjan u. a., 1939–1941 und 1954–1958

Nördlicher Flußhafen
Leningradskoje schosse 89, Arch. A. M. Ruchljadew, W. F. Krinski, 1937

Kino Udarnik
Uliza Serafimowitscha 2, Arch. B. M. Iofan, 1931

Tschaikowski-Konzertsaal
Bolschaja Sadowaja uliza 20, Arch. D. N. Tschetschulin, 1938–1940

Haus der Architekten
Uliza Schtschussewa 7, Fassadenumbau 1940 A. K. Burow

Gosplan-Gebäude
Prospekt Marxa 12, Arch. A. Ja. Langman, 1932–1936

M. W. Frunse-Militärakademie
Projesd Dewitschego polja 4, Arch. L. W. Rudnew, W. O. Munz, 1937

Wachtangow-Theater
Uliza Arbat 26, Arch. P. W. Abrosimow, 1946–1947

Theater der Sowjetarmee
Ploschtschad Kommuna 2, Arch. K. S. Alabjan, W. N. Simbirzew, 1934–1940

Autofabrik I. A. Lichatschow
Awtosawodskaja uliza 23, Arch. E. M. Popow, A. A., W. A., L. A. Wesnin, Anfang der dreißiger Jahre

Erste Kugellagerfabrik GPS-1
Scharikopodschipnikowskaja uliza 13, gegr. 1932

Register

Abbildungsnachweis

K. I. Albrecht, Der verratene Sozialismus, Berlin/Leipzig, 1939: 212
P. A. Aleksandrow/S. O. Chan-Magomedow, Iwan Leonidow, Moskwa, 1971: 85
Almanach de St. Pétersbourg 1910: 205 (rechts)
Architektura SSSR, 1982, 4: 90, 108, 169, 323
Ausstellungskatalog Paris–Moscou, Paris 1979: 194
W. N. Beloussow/O. W. Smirnowa, W. N. Semenow, Moskwa 1980: 88
Bolschaja Sowetskaja Enziklopedija, Moskwa. 1926ff: Bd. 39 (1938): 340
Henri Cartier-Bresson, Menschen in Moskau, Düsseldorf 1955: 336
S. O. Chan-Magomedow, Pioniere der sowjetischen Architektur, Dresden 1983: 87, 102 (unten), 105 (unten), 118 (oben)
Il dissenso culturale nell'URSS. Documenti letterari, e del Samizdat, o. O. o. J.: 172 (Mitte)
dpa: 33
Eshegodnik architektorow chudoshnikow, XIV wypusk, Leningrad 1935: 128
Privatbesitz Sigurd Freitag: 146, 162, 241, 288
Führer durch die Sowjetunion, Moskau 1925: 383
Führer durch Moskau und Umgebungen, von P. Großmann und J. Knöbel, Moskau 1882: 200 (rechts), 201
René Fülöp-Miller, Geist und Gesicht des Bolschewismus, Wien 1926: 96, 102, 277, 375
Grafika Dm. Sobolewa, o. O. o. J.: 327, 328
Istorija Moskwy, Bd. IV, Moskwa 1954: 258, 330
Istorija Moskwy, Bd. V, Moskwa 1955: 261
Istorija sowetskoi architektury 1917–1958, Moskwa 1962: 117
H. R. Knickerbocker, The Soviet Five-Year-Plan and its Effect on World Trade, London 1931: 109
W. Kostotschkin. Drewnerusskie goroda, Moskwa 1972: 63, 224, 225
A. J. Kowalew/W. A. Kowalewa, Promyschlennaja architektura Sowetskoi Rossii, Moskwa 1980: 264

Jay Leyda / Zina Voynow, Eisenstein at work, New York 1982: 300
El Lissitzky – Proun und Wolkenbürgel, Schriften, Briefe, Dokumente, Dresden 1977: 45
Literaturnaja Enziklopedija, Moskwa 1929: 172, 179
Memorialny kabinet A. W. Lunatscharskogo, Moskwa 1975: 274
M. Minkus / N. Pekarewa, I. A. Fomin, Moskwa 1953: 344
Allan Monkhouse, Moscow 1911–1933, Boston 1934: 125
Moskau. Das Gesicht der Städte, Berlin 1929: 254, 322, 351, 359, 378, 381
Moskwa – Pamjatniki architektury 1830–1910-ch godow, Moskwy 1977: 39, 70, 72, 81, 155, 157, 181
Moskwa. Planirowka i sastroika goroda 1945–1957, Moskwa 1958: 134
Neue Illustrierte, April 1955: 164
Pamjatniki architektury Moskwy, Moskwa 1982: 221
Early Soviet Photographers, by Daniela Mrazkova and Vladimir Remeš, Oxford 1982: 185
Rheinische Post 5. 8. 1950: 57
M. I. Rzjanin, Pamjatniki russkogo sodtschestwa, Moskwa 1950: 139, 140, 142, 228, 359
Privatbesitz Karl Schlögel: 162
15 Eiserne Schritte. Ein Buch der Tatsachen aus der Sowjetunion, Berlin 1932: 218
B. S. Semenkow, Pamjatnye mesta Moskwy, Moskwa 1959: 160
Sowetskaja architektura, 1951 Bd. I: 46, 47, 48, 49, 51, 52, 55, 92
Sowetskaja architektura, Bd. 18, Moskwa 1969: 110
Große Sowjet-Enzyklopädie, Berlin 1952: 231
Die Sowjetunion, 1954: 286
Sowjetunion heute, 1967, 1968: 196, 249, 251, 268
Charles Spencer, The World of Serge Diaghilev, New York 1974: 77, 267
Spisok politsakljutschonnych SSSR, Bruxelles 1983: 315
Stalin k 60-letiju so dnja roshdenija, Moskwa 1939: 307
Trotsky. A documentary by Francis Wyndham and David King, Harmondsworth 1979: 358
Ullstein Bilderdienst, Berlin: 305
L. W. Warsar / J. S. Jaralow, M. A. Minkus, Moskwa 1982: 121
Wsja Moskwa 1926: 210